여해

이순신의 영정(50×83cm).

위 사진은 군복 차림한 이순신의 영정이다(이필근 소장). 우측 하단에 "여해진영(汝諧眞影)"이라고 적혀 있다.(여해는 이순신의 자(字)) 이는 약 150년 전후에 그려진 것으로 조선후기 국내의 이순신 사당에 소장되었던 것으로 추정된다. 현존하는 영정들에 비해 얼굴의 상이 비교적 잘 그려진 것으로 평가된다.

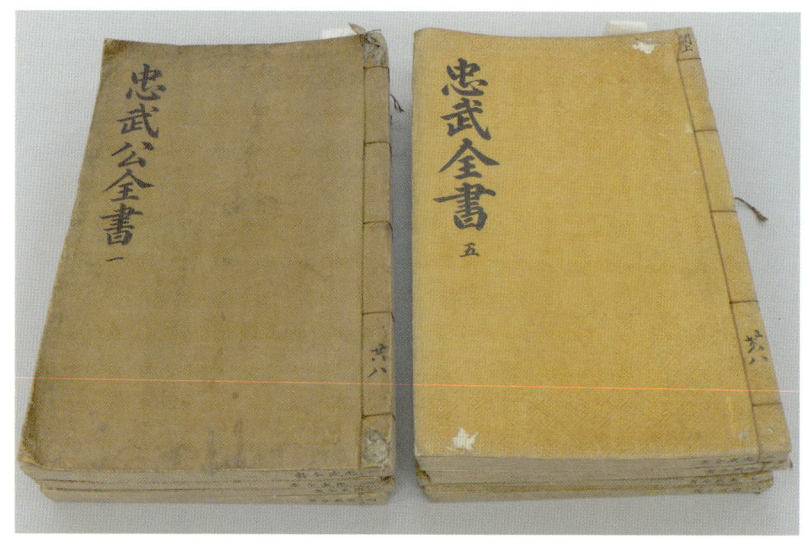

1795년에 간행된 이충무공전서, 국립고궁박물관 소장. 여기에 최초 해독본 난중일기가 실렸다.

◎ 이순신 어록

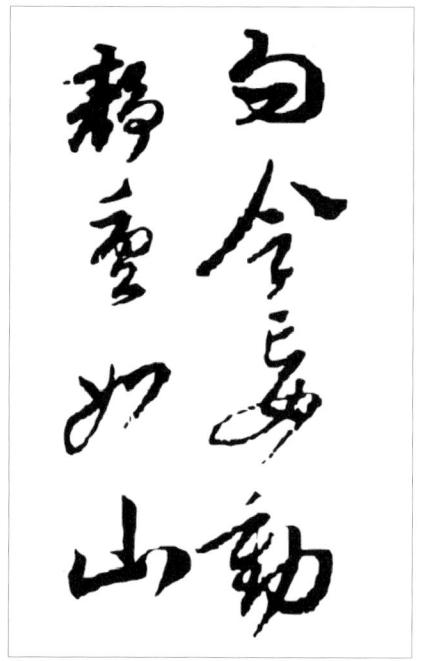

이순신의 친필 "勿令妄動 靜重如山"(집자본)

경거망동하지 말고, 산처럼 침착하게 하라.(勿令妄動靜重如山)
- 옥포해전 때 이순신이 말한 어록

1592년 5월 7일 정오, 이순신의 조선함대가 옥포 앞바다에 이르러 사도첨사 김완(金浣)과 여도 권관 김인영(金仁英) 등이 신기전(神機箭)을 쏘아 적이 있다고 알렸을 때 이순신이 부하 장수들에게 "경거망동하지 말고, 산처럼 침착하게 하라"고 명하였다. 이 8자는 난중일기(국사편찬위원회 사진)에서 뽑아 집자한 것이다.

◎ 이순신 가계도

- 조부 – 백록(百祿)
- 조모 – 초계변씨(변성 딸)
- 부친 – 정(貞)
- 모친 – 초계변씨(변수림 딸)
- 큰형 – 희신(羲臣) 아들 뇌(蕾)
  - 분(芬)
  - 번(蕃)
  - 완(莞)
- 둘째형 – 요신(堯臣) 아들 봉(菶)
  - 해(荄)
- 본인 – 순신(舜臣)
- 부인 – 상주방씨(방진 딸) 아들 회(薈)
  - 열(悅)(초명 울(蔚))
  - 면(葂)(초명 염(苒))
  - 딸(홍비 부인)
  - 서자 훈(薰)
  - 서자 신(藎)
- 동생 – 우신(禹臣)

◎ 충무공 이순신 장군 묘소

◎ 이순신의 새로운 편지(추정)

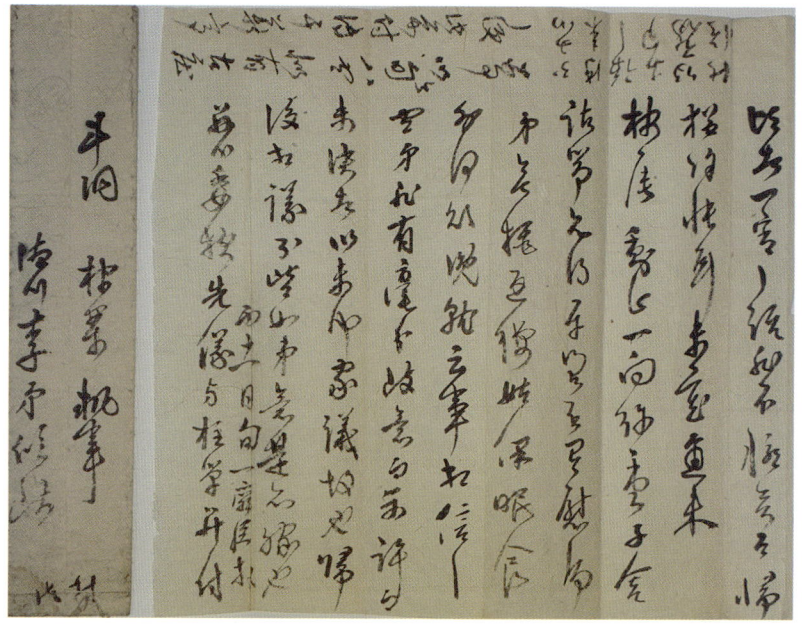

이순신 편지, 이필근 소장

　지난번에 하룻밤 동안 나눈 이야기는 결코 내키지 않은 것은 아니었지만, 돌아와서도 여전히 아쉬움이 남았습니다. 살피지 못했지만 요즘 형님의 체후가 내내 더욱 건강하시고, 자제와 여러 분들도 무사하신지요. 구구한 마음에 우러러 위로가 됩니다. 저는 별 탈 없이 돌아와서 일상을 잘 챙기며 지내고 있는데, 무슨 일로 수고롭게 해드릴 수 있겠는지요. 서로 믿고 의지하는 사이에 제가 자세히 뜻을 표하지 아니하여 허락한 듯 보였으나 결정을 내리지 못한 것은 아직 집안의 의견을 듣지 못했기 때문입니다.

　집으로 돌아간 후 가족과 상의한 결과, 모든 것이 제 뜻과 같았습니다. 이 또한 혼인의 문제입니다. 이에 연락을 드리오니 강의(剛儀, 신랑측 예물)와 주단(柱單)을 함께 보내주시는 것이 어떠한지요. 이번 달 18일 사이에 고향으로 가는 인편이 있을 것 같으니 그 전에 이를 신청(薪亭)으로 부쳐 전달하면 전해서 가져올 수 있습니다. 이를 살펴주심이 어떠한지요. 나머지는 갖추지 못했습니다. 삼가 바랍니다.

　병(丙)년 11월 11일 순신(舜臣) 올림.

　두동 체안 집사. 덕천(덕수) 이씨 아우 문후 편지를 씀. 근봉.

　頃者一宵之話 非不穩矣 卽歸猶餘恨耳 未審邇來 棣候動止 一向彌重 子舍諸節 亦得平善否 區區慰仰 弟無撓返棲 姑保眠食外 何行浼就云事 相信之間 弟非有毫分致意 而 示許而未決者 以未聞家議故也 歸後相議 則皆如弟意 是亦嫁也 玆以委報 先儀與柱單 并付如何 以今旬八間 似有古庄之便 此前付傳于薪亭 則可以傳來 諒之如何 餘不備 伏惟 丙十一月旬一 舜臣拜

　斗洞 棣案 執事 德川 李弟 候狀 謹封

◎ 한산도가

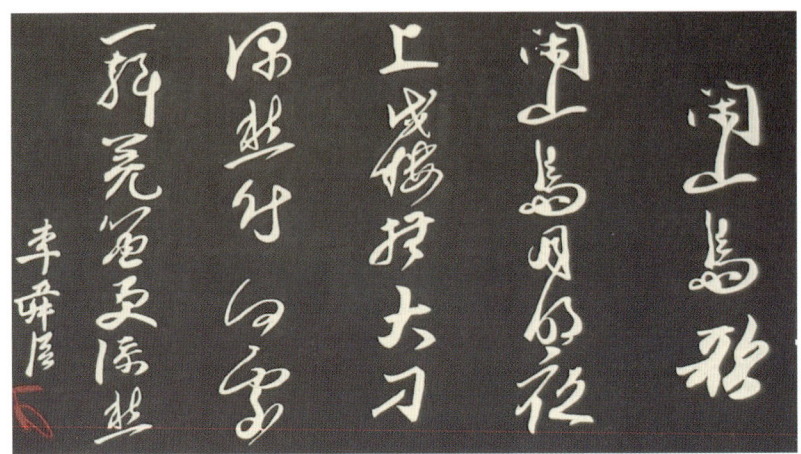

수루안에 걸린 한산도가 현판-노승석 집자. 이순신의 조카 이분(李芬)이 쓴《행록》에 실린 한산가(閑山島歌)의 글자를 초서체 난중일기에서 뽑아 집자하고, 이것으로 수루의 주련과 현판을 만들어 걸었다.(2017년 국가유산청 문화재위원회 승인 및 제작)

아래의 한문본 한산도가가 이순신의 원작이다.

한산섬 달 밝은 밤에
수루에 올라 큰 칼을 어루만지며 깊은 근심을 할 때
어디서 한 가락 강적소리는 더욱 근심을 더하네

閑山島月明夜
上戍樓撫大刀深愁時
何處一聲羌笛更添愁

한산섬 달밝은 밤에 수루에 올로 앉아
큰칼 옆에 차고 깊은 시름 하던 차에
어디서 일성호가는 남의 애를 끊나니
- 청구영언 시조

◎ 새로 밝힌 백의종군로 단성유적지

산청군 간공마을 진입로에 서있는 640여 년 된 느티나무. 사진 여해연구소
4백여 년 전 이순신이 백의종군 중에 이 옆을 지나 삼가로 넘어 갔다

　　1597년 6월 1일 이순신은 저녁 단성과 진주 경계 사이에 있는 박호원(朴好元)의 농노(農奴) 집에서 유숙하고, 6월 2일 일찍 출발하여 단계 시냇가에서 아침밥을 먹은 후 삼가현으로 갔다.(난중일기) 여기서 단계 시냇가에서 삼가현으로 가는 여정을 새롭게 밝혔다. 단계 시냇가는 현재 산청의 벽계마을에 있는 단계천 부근이고, 삼가현으로 가는 길은 두곡마을을 지나 연산(連山) 간공(艮公) 마을을 경유하는 곳이다. 간공은 그 당시 유일하게 합천으로 가는 구길이었다.

◎ 신발굴 – 문헌고증으로 출전을 밝힌 예①

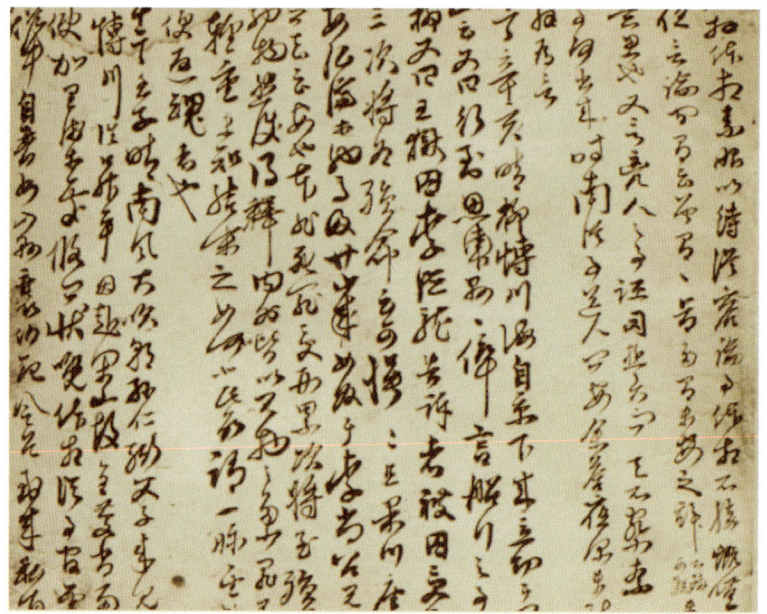

국보 76호 난중일기(국사편찬위원회 사진)

안(安)씨는 본디 죽을죄도 아닌데 여러 번 형장을 맞아 거의 죽게 되었다가 물건을 바치고서 석방이 되었다는 것이다. 안팎이 모두 바치는 물건의 많고 적음에 따라 죄의 경중을 결정한다니, 아직 결말이 어떻게 날지 모르겠다. 이것이 이른바 "백전(百錢)의 돈으로 죽은 혼을 살게 한다(一陌金錢便返魂)."는 것이리라.

-난중일기 1597년 5월 21일-

이 글귀는 구우(瞿祐)의 《전등신화(剪燈新話)》《영호생명몽록(令狐生冥夢錄)》에 나오는 7언 율시의 일부내용이다. 일맥금전(一陌金錢)은 백장의 종이돈(一百錢)으로 한 꿰미의 돈을 의미하며, 일맥(一陌)은 돈의 단위이다. "맥(陌)"자가 《난중일기초》와 후대의 모든 판본(서울대교수 판본 포함)에는 "맥(脈)"자로 오독되어 있었다. 물건을 바치고 석방되는 행태를 풍자하기 위해 인용한 것으로 본래는 영호선(令狐譔)이 부유하고 탐욕스런 자가 돈으로 환생한 것을 비판한 글이다. 이 글귀가 최덕중의 《연행록일기》에도 나온다.

◎ 신발굴 – 문헌고증으로 출전을 밝힌 예②

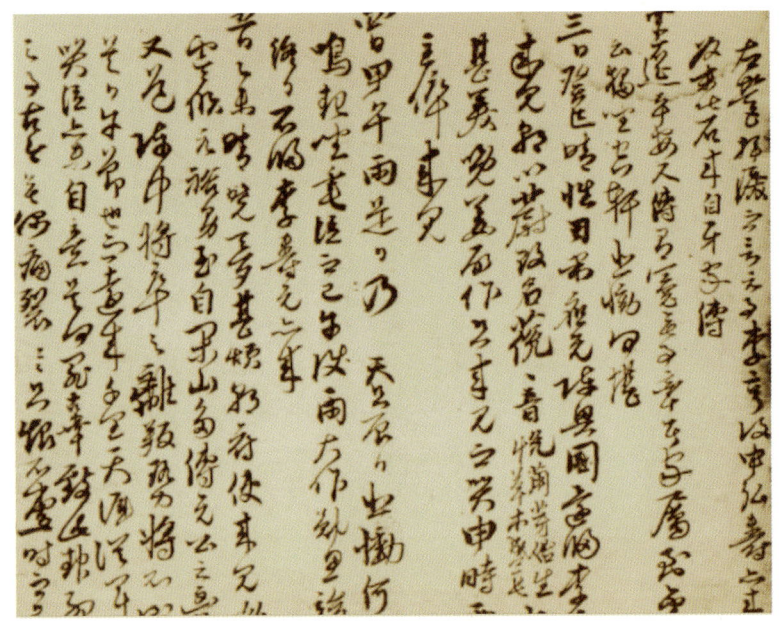

국보 76호 난중일기(국사편찬위원회 사진)

"아침에 둘째아들 울(蔚)의 이름을 열(䒹)로 고쳤다. 열(䒹)의 음은 열(悅)이다. 싹이 처음 생기고 초목이 무성하게 자란다는 뜻이다.(䒹音悅, 萌芽始生, 草木盛長) 글자의 뜻이 매우 아름답다."   -난중일기 1597년 5월 3일-

이순신의 둘째아들의 개명한 이름인 열(䒹)자에 대한 풀이 8글자 "萌芽始生, 草木盛長"의 출전을 처음 밝혔다. 이 글은 당(唐)나라 때 혜림(慧琳)이 지은《일체경음의(一切經音義)》24권 〈대방광여래 불사의경계경(大方廣如来不思議境界經)〉에 나온다.

◎ 유성룡이 쓴 이순신의 전사 기록

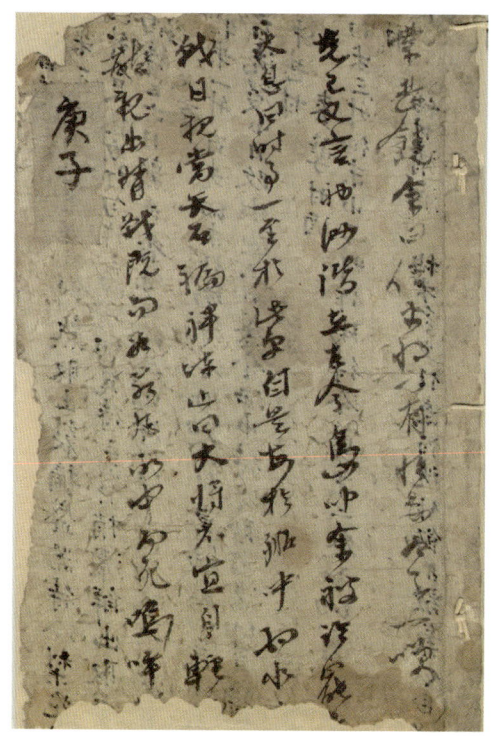

유성룡이 적은 이순신의 전사기록
노승석번역《경자 대통력》발췌, 국립고궁박물관ⓒ

〈원문〉
…
(家)業甚饒 余曰 (信乎)將(門)有(將妻) 爲之一笑 □(鄭) 克己又言 初汝諧 在古今島 聞余 被論罷□...(去 失聲) 太息日 時事一至於此乎 自是每於船中 酌水□...(禱死) 戰日 親當矢石 褊裨諫止日 大將不宜自輕 □...(汝諧不) 聽 親出督戰 旣而爲飛丸所中而死 嗚呼 □...(悲夫)

*괄호는 『서애전서』『잡저』별기에서 보완한 글자

위 내용은 2022년 국외소재문화유산재단의 의뢰로 노승석이 《경자 대통력》을 해독하는 과정에서 발견하고, 같은 해 11월 국가유산청이 해독 내용을 발표하였다.

〈번역문〉
… 가업이 매우 넉넉하였다. 내가 말하기를 "(진실로 장수의 가문에 장수의 아내가 있다.)"라고 하여 이 때문에 한바탕 웃었다. (정) 극기(克己)가 또 말하기를, "당초 여해(汝諧, 이순신의 자)가 고금도(古今島)에 있을 때 내가 논핵을 받아 파직된 것을 듣고 (이순신이 목놓아) 크게 탄식하기를 '시국 일이 한결같이 이 지경에까지 이른 것인가'라고 하였다. 이로부터 매번 배안에 있을 때는 맑은 물을 떠 놓고 (빌며) … 전쟁하는 날에 직접 시석(矢石)을 무릅쓰자, 부장(副將)들이 간언하여 만류하기를 '대장께서 스스로 가벼이 하시면 안 됩니다.'라고 하였다. (그러나 여해는) 듣지 (않고) 직접 출전하여 전쟁을 독려하다가 이윽고 날아온 탄환을 맞고 전사하였다."고 하였다. 아아! (슬프다)

임진왜란 주요 해전지

● 오관 : 순천도호부, 보성군, 낙안군, 광양현, 흥양현

● 오포 : 사도진, 여도진, 녹도진, 발포진, 방답진

✱ 주요 해전

옥포해전 1592년 5월 7일
합포해전 1592년 5월 7일
적진포해전 1592년 5월 8일
사천해전 1592년 5월 29일
당포해전 1592년 6월 2일
당항포해전 1592년 6월 5일
율포해전 1592년 6월 7일
한산도해전 1592년 7월 8일
안골포해전 1592년 7월 10일
부산포해전 1592년 8월 29일~9월 1일
웅포해전 1593년 2월 10일~3월 6일
2차 당항포해전 1594년 3월 4일~5일
장문포해전 1594년 9월 29일~10월 4일
칠천량해전 1597년 7월 15일~16일
어란포해전 1597년 8월 28일
벽파진해전 1597년 9월 7일
명량해전 1597년 9월 16일
고금도해전 1598년 2월
흥양해전 1598년 3월 18일
절이도해전 1598년 7월 18일~19일
예교성해전 1598년 9월 20일~10월 4일
노량해전 1598년 11월 19일

역자 서문

　인류의 역사 속에서 인간사회의 도덕(道德)에 대한 인식은 동서고금 (東西古今)을 막론하고 항상 만고불변의 진리처럼 중시되어 왔다. 그것은 한 나라가 융숭하게 발전하고 백성이 편히 생활하는데 절대적인 가치의 기준이 되므로, 과학문명이 고도로 발달한 현대사회에서도 인간의 도덕 추구는 정신적 결핍을 충족할 수 있어 여전히 절실하게 요구되고 있다.

　역사의 뒤안길에서 우리는 4백여 년 전의 인물인 충무공(忠武公) 이순신(李舜臣, 1545-1598)을 항상 기억하고 있다. 그것은 임진왜란이라는 전대미문의 전쟁을 맞아 남다른 희생정신으로 대의(大義)를 실천하고, 절체절명의 위기에 놓인 나라를 구원하여 마침내 동아시아의 평화를 이룬 큰 업적이 있기 때문이다. 역사 기록을 보면 후대의 여러 학자들은 이미 이순신을 중흥(中興)의 대업을 이룬 인물로 평가하였다.

　이순신은 본래 어려서부터 유학(儒學)을 배운 선비 출신의 장수로서 전형적인 문무겸전의 인물이다. 특히 중국 진(秦)나라 말기의 황석공이 장량에게 전해준《소서(素書)》를 탐독하여 천하 경영의 원리를 터득하고, 병서와 제자서에도 능통하였다. 이러한 학문적인 뒷받침으로 인해 이순신은 임진왜란의 7년 동안《난중일기(亂中日記)》를 쓸 수 있었다.《난중일기》는 최고지휘관이 직접 참전하여 보고 들은 사실을 적은 세계에서 유일한 기록유산으로서 정사에도 없는 진중의 이야기들이 망라되어 있으므로 전쟁문학의 백미라고 한다.

　임진왜란이 1592년 4월 14일 새벽 6시경 부산포 우암 바다에서 발생하지만, 이순신은 1592년 1월 1일부터《난중일기》를 쓰기 시작하였다. 남다른 혜안이 있었기에 전쟁이 일어나기 전에 먼저 붓을 든 것이다. 그후 7년 동안 일기를 쓰면서 자신을 성찰하고 앞일을 철저히 대비했다. 특히 이순신은 "나라의 치욕을 크게 씻으라[大雪國辱]"는 어머니의 말씀을 고이 간직한 채 탁월한 전략과 전술을 내어 불패의 신화를 이루었다. 무엇보다 긴박한 전쟁 속에서 작성된《난중일기》는 현실 초극의 강한 의지가 담긴 이순신 정신의 산물이라 하겠다.

후대에는 이러한《난중일기》의 가치가 인정되어 1795년 정조의 명으로《이충무공전서》의《난중일기》가 처음 간행되었고, 1935년 일본인 중심의 조선사편수회에서 전편을 해독하여《난중일기초》를 간행하였다. 20세기 중반부터 이 두 판본을 대본으로 한 홍기문과 이은상의 번역서가 주종을 이루었는데, 이것이 후대에 큰 영향을 미쳤다. 그러나 학계에서 판본과 번역상의 문제가 제기됨에 따라 오류를 바로잡는 교감(校勘)번역이 필요하게 되었다.

2007년 국가유산청 현충사의 의뢰로《충무공유사》를 완역하여 〈일기초〉에서 새로운 일기 32일치를 찾아내었고, 2008년 친필 초고본《난중일기》와 이본의 오류를 교감하고 정본화된 원문을 만들어《난중일기의 교감학적 검토》논문으로 박사학위를 받았다. 이를 토대로 번역한《교감완역 난중일기》(2010)가 민음사에서 간행되었는데, 이 책은 2013년 6월 유네스코 세계기록유산에 난중일기 등재 시에 심의자료로 채택되었다. 또한 2014년 홍기문의《난중일기》를 발굴하고 이를 반영하여 간행한《교감완역 난중일기》(증보판)가 명량 영화 제작에 대본이 되기도 하여 세간에 큰 주목을 받았다.

그후 배흥립의《동포기행록(東圃紀行錄)》에서 1일치, 고상안의《태촌집(泰村集)》에서 3일치의 난중일기를 찾아내고, 이를 반영한 개정판《교감완역 난중일기》(2016)를 간행하였다. 또한 난중일기의 유적지 4

백여 곳에 대한 조사 작업을 진행하여 수년간 약 5만여 km를 왕복하며 산과 바다, 섬, 성곽, 관아, 누대, 사당, 봉수 등을 답사하고 정확한 위치를 찾았다. 이를 반영한《난중일기 유적편》(2019)을 간행하고, 이때《교감완역 난중일기》개정 2판을 간행하였다.

몇 년 사이 한국과 중국의 방대한 고전DB자료에서 임진왜란 관련한 새로운 문헌 자료들을 다수 발견하였다. 이에 문헌학과 고증학의 관점에서 난중일기를 새롭게 분석하고 종합 정리하여《신완역 난중일기 교주본》(2021)을 간행하였다. 여기서는 보다 더 정교한 분석 작업을 하여 최대의 학술고증을 진행하였다.

10여 년 동안 난중일기의 오류를 교감한 사례는 2백여 건이고, 새로 찾은 일기는 36일치다. 특히 이순신의 초서(草書) 글씨체는 왕희지(王羲之)와 손과정(孫過庭)의 중간단계에서 형성된 서체임을 감안하여 이 두 서체를 다년간 임서하며 연구한 것이 난중일기 해독에 큰 도움이 되었다.

이제 이순신이 탄신한 지 8주갑인 해에《교감완역 난중일기》개정 3판을 간행하게 되었다. 이 책은 교주본을 토대로 수정 보완하되 가독성을 높이기 위해 각주를 줄이고 누구나 읽기 쉽도록 어려운 용어들을 한글로 풀이하였다. 이 책의 부록에는 이순신이 현씨집안에게 보낸 편지를 모은《서간첩》과 유적지 사진을 모은《사진첩》을 수록하였다.

이 책의 미진한 부분에 대해서는 독자제현(讀者諸賢)의 질정(叱正)을 바라며, 끝으로 이 책이 나오기까지 원고를 교정하고 임진왜란과 이순신에 대한 정보를 주신 관계자분들께 감사드리는 바이다.

2025년 2월 여해(汝諧) 연구실에서

노 승 석(盧承奭)

해 설

　일본의 무장 도요토미 히데요시(豊信秀吉)는 1582년부터 8년 동안 일본의 60여 국을 평정하고 해외 통상의 길을 열기 위해 대륙에 대한 침공 작전에 착수하였다. 1588년 12월 히데요시가 대마도주 소 요시시게(宗義調)에게 조선 국왕이 일본에 알현하라고 독촉하자, 조선은 1590년 4월 29일 황윤길과 김성일, 허성을 일본에 통신사로 파견했다.

　그후 11월에 통신사가 일본에 선조(宣祖)의 문서를 전하니 히데요시는 이들에게 "곧바로 명나라에 쳐들어 간다"는 글을 주었다. 이듬해 황윤길(서인)과 김성일(동인)이 귀국하여 선조에게 전쟁에 대해 서로 다르게 보고하였다.[1] 이때 조정은 일본의 침입에 대비하기 위해 비변사에 장수감이 될 만한 인재를 추천하라고 명하자, 유성룡이 정읍 현감으로 있던 이순신을 천거하여 전라좌수사에 임명되었다. 특히 이순신은 2년 전에 이산해와 정언신의 추천으로 특별채용 된 이력이 있었기에, 정읍 현감(종6품)에서 진도 군수(정5품)와 가리포 첨사(종3품)를 거쳐 좌수사(정3품)에 승진할 수 있었다.

　당시 조정에서는 순변사 신립(申砬)의 건의에 따라 수군을 없애고 육지에서만 전쟁하라고 명하였다. 그러자 이순신이 "바다의 도적을 차단

---

[1] 황윤길은 부산으로 돌아와 반드시 전쟁이 일어날 것이라고 하였으나 김성일은 그러한 것을 보지 못했는데 윤길이 민심을 동요하므로 맞지 않다고 말하였다. (유성룡, 《징비록》권1)

하는 데는 수군만한 것이 없으니, 해전과 육전을 어느 한 쪽도 폐할 수 없습니다."라고 보고하니, 조정에서 이를 따랐다. 이순신은 좌수영에 속한 진영들을 정비하고 쇠사슬을 바다 어귀에 가로질러 치고, 큰 군함을 개조하여 거북선[龜船]을 만들어 위에 화살촉과 칼날을 꽂고, 창과 대포는 안에 배치하여 적을 대비하였다.

그후 소 요시토시가 부산포에 와서 전쟁을 예고했지만, 조정이 아무런 답변을 하지 않았다. 그후 1591년 8월 5일 히데요시는 맏아들 쓰루마쓰(鶴松)의 죽음을 계기로 전쟁을 선포하였다. 명나라 정벌 날짜를 '1592년 3월 1일'로 정하고 1592년 1월 5일 군대 조직을 편성했는데, 수군과 육군이 모두 28만여 명이었다. 또 부하 장수들에게 나고야에 모여 대마도와 일기도(壹岐島)로 진군하도록 명하였다.

이때 이순신은 전라좌수영과 5관 5포[2]를 정비하고 무예 훈련을 본격적으로 시작하였다. 석공들을 동원하여 해상 연안에 성을 쌓고 일본군의 해상침투에 대비하였다. 민간인과 승병도 동원되었고, 활 만드는 공인에게 화살통과 긴 화살, 짧은 화살을 만들게 하였다. 순시선을 운행하여 지형과 적의 상황 등을 살피게 하고, 거북선에서 지자(地字)와 현자(玄字) 대포 쏘는 시험도 하였다.

2월 12일 고니시 유키나가가 사신을 부산에 보내어 '조선 국왕이 입조하거나 길을 빌려줄 것'을 요구했다. 3월 20일 가토 기요마사가 대마도에 도착했고, 4월 13일 유키나가 부대가 출동하였다. 경상도 가덕진 응봉(鷹峯)의 봉수 담당자 이등(李登)과 연대(烟臺) 담당자 서건(徐巾) 등이 전응린과 황정에게 "오늘 4월 13일 오후 4시경에 왜선 90여 척이

---

[2] 전라좌수영 산하의 5관(官)과 5포(浦)를 말한다. 5관은 행정 고을로서 순천도호부, 보성군, 낙안군, 광양현, 흥양현이고, 5포(浦)는 해안의 수군기지로서 사도진, 여도진, 녹도진, 발포진, 방답진이다.

부산포로 향했다."고 보고하였다. 이튿날인 4월 14일 새벽 6시경에 부산 황령산 봉수군 배돌이(裵乭伊)가 우병사와 좌수사에게 "왜적들이 부산포 우암(牛岩)에 세 갈래로 나뉘어 진을 치고 해 뜰 때 성을 포위하여 교전하였다."[3]고 보고하였다. 드디어 4월 14일 새벽 6시경 임진왜란이 발생한 것이다.

그 후 일본군은 내륙에 상륙하여 상주와 충주까지 나아갔다. 왜군의 북상 소식에 당황한 원균(元均)은 이영남을 이순신에게 보내어 지원을 요청했다. 4월 16일 이순신은 전라 진영의 장수들과 모여 회의하였는데, 군관 송희립과 녹도만호 정운이 적극 호응하였다. 이에 이순신은 기뻐하며 "오늘의 할 일은 오직 나가서 싸우다가 죽는 것 뿐이다. 감히 나갈 수 없다고 말하는 자는 목을 벨 것이다."라고 말했다. 이때 히데요시는 명도(名島)에서 일본군이 부산과 동래를 함락시켰다는 보고를 받고, 26일부터 나고야 진영에서 총지휘하였다. 이순신은 5월 7일 옥포 해전에서 왜군과 첫 교전을 벌여 왜선 26척을 분멸하는 첫 번째 전공을 세웠다.

① 친필본《난중일기》

《난중일기》란 이름은 1795년 조선의 정조(正祖)가《이충무공전서》의 간행을 명하여 윤행임(尹行恁, 당시 34세)과 유득공(柳得恭, 당시 47세)이 편집하면서 편리상 붙인 것이고, 원래는 연도별[4]로 되어 있다. 단, 《을미일기》는 친필본이 전하지 않고 전서본이 있으며,《충무공유사(忠

---

3 이순신,《이충무공전서》〈장계〉〈인왜경대변장〉
4 난중일기의 원래 이름은 연도별로 분책되어 있는데,《임진일기》,《계사일기》,《갑오일기》,《을미일기》,《병신일기》,《정유일기》,《무술일기》이다. 이것들을 묶어 편리상 난중일기라고 한 것이다.

武公遺事)》의 〈일기초〉에 일부 초록된 내용이 있다.《정유일기》는 Ⅰ·Ⅱ 두 책으로 되어 있다.

《난중일기》내용은 주로 전쟁의 상황과 보고 내용, 공문을 발송한 일, 상벌에 관한 사건, 보고서를 올린 일 등이며, 편지 내용들도 들어있다. 또한 공사간의 인사 문제와 가족의 안부에 대한 걱정, 그리고 진중 생활에서 느끼는 울분과 한탄 등 자신의 솔직한 심정을 토로하기도 했다. 간혹 자신이 지은 시와 문장과 함께 옛 시문과 병서를 인용한 글도 있다.

친필본은 전편이 초서로 작성되어 있는데, 긴박한 상황에서 심하게 흘려 적은 글씨들과 삭제와 수정을 반복한 흔적이 자주 보인다. 후대의 판본에는 이 부분에 해당하는 글자들이 대부분 오독되거나 미상으로 남게 되었다. 특히 큰 전쟁이 일어난 해(임진·정유·무술)에는 일기량이 일정하지 않고 누락이 심한 반면, 큰 전쟁이 없었던 해(갑오·을미·병신)는 비교적 일정하게 적혀있다.

《정유일기》는 먼저 일기를 적었다가 나중에 다시 재작성하여 두 책이 되었다. 이로 인해 이 두 일기는 1597년 8월 4일부터 10월 8일까지 66일간의 일기가 서로 중복되어 있다.《정유일기》의 필기 상태만 보아도 유난히 심하게 흘려있고 훼손된 부분이 많다. 이는 그 당시 이순신이 파직과 투옥, 백의종군 중에 모친상까지 당한 악순환의 상황에서 기록한 것임을 짐작케 한다.

1959년 1월 23일에 친필본《난중일기》는《임진장초》및《서간첩》과 함께 총 9책이 국보 76호로 지정되었다. 이 친필본은 이순신이 전사한 후 아산의 이순신의 종가에 대대로 소장되어 오다가 현재는 현충사에 소장되어 있다. 1967년 난중일기의 도난 회수사건이 일어난 이듬해에 문화재관리국에서 영인하여 간행하였다. 2013년 6월 난중일기가 유네스코 세계기록유산에 등재되었다. 최고 지휘관이 전쟁에 직접 참전하면서 일기를 쓴 것은 세계역사상 어디에도 그와 같은 유례가 없다고 평가하였다.

② 후대의 《난중일기》 판본

친필본을 옮겨 적은 책으로는 비록 적은 분량이지만, 《충무공유사》의 〈일기초〉가 유일하다. 이는 1693년(숙종 19) 이후 미상인에 의해 옮겨졌는데, 새로운 일기 32일치[5]를 포함하여 총 325일치의 분량이 들어있다. 활자본으로는 1795년에 간행된 전서본 《난중일기》와 1935년 조선사편수회에서 간행한 《난중일기초》가 있다. 이 두 활자본은 후대의 대표적인 이본으로서 가장 많이 활용되고 있다.

전서본은 옮기는 과정에서 긴 문장을 요약하거나 동음의 글자와 통용하는 방법을 사용하여 글자가 바뀌기도 하였다. 전서본 일기의 날짜는 친필본보다 많은데, 햇수로는 7년이고 85개월인 2,539일 중에서 1593일 동안의 기록이 실려 있다. 이 중에는 친필본에 없는 일기들도 실려 있어 누락된 일기의 일정 부분을 보완해주고 있다.

③ 근현대의 《난중일기》 번역서

1953년 설의식이 《난중일기》 일부를 처음 번역하여 《난중일기초(亂中日記抄)》를 간행하였고, 1955년 11월 30일에 벽초(碧初) 홍명희(洪明熹)의 아들 홍기문(洪起文 1903~1992)이 전문을 처음 번역하여 《리순신

---

5 노승석이 조선일보 2008년 4월 2일자에 기고하여 「난중일기 '빠진 32일치'」라는 제목으로 내용을 공개하였다. 32일치는 《충무공유사》 전편을 해독한 결과물에서 발견된 것인데, 기존 친필본에 없는 《을미일기》 30일, 《병신일기》 1일, 《무술일기》 1일치를 말한다.

장군전집》으로 평양에서 간행하였다. 여기에는 장계, 시문, 편지를 함께 실었는데, 간혹 북한사투리도 보인다. 이 책이 알려지기 전까지는 이은상이 최초 번역한 것으로 잘못 알려졌는데, 이 책을 입수한 노승석이 2013년 5월 31일 KBS 9시 뉴스에 처음 공개하면서 세간에 알려지게 되었다.

　1960년 4월에 이은상이《이충무공난중일기》(문교부)를 간행하면서《충무공유사》의〈일기초〉에 실린《무술일기》10월 7일부터 11월 17일까지의 사진을 처음 소개하고 무술년의 빠진 내용을 보충하였다. 1968년에는 초고본과 전서본을 합본한《난중일기》완역본을 간행했다.(현암사)

　④ 교감본과 교주본 간행

　근현대에 간행된《난중일기》번역서는 대략 50여 종인데, 홍기문과 이은상의 번역이 주종을 이루었다. 그러함에도 번역상의 여러 가지 문제점들이 남아 있어서 학계에서는 오류를 바로잡는 교감(校勘)의 필요성이 제기되었는데, 무엇보다 오역과 부정확한 출전 및 인명과 지명 등을 바로잡는 일이 시급하였다.

　이에 필자는 초고본과 이본 및 번역서들을 비교 분석하여 오독과 미상의 문제들을 해결하고 정본화작업을 진행하였다. 그 결과 2009년《난중일기의 교감학적 검토》-그 정본화를 위하여-라는 박사 논문으로 교감본《난중일기》를 최초로 완성하였고, 그후 이 교감본을 토대로 번역하여 2010년 4월《교감완역 난중일기》(민음사)를 출간하였다.

　2013년 6월 19일 난중일기가 유네스코 세계기록유산에 등재되었는데, 이때《교감완역 난중일기》가 국제자문위원회에 심의 자료로 제출되었다. 2014년 7월 23일 증보판《교감완역 난중일기》(여해)를 출간

했는데, 이순신이 인용한 《삼국지연의》내용을 처음으로 소개하였다. 이 책이 성균관대 성균고전 100선에 선정되었다.

그후 2016년 12월 약포 정탁의 《임진기록》에 실린 이순신의 장계 초본(1594, 3, 10)에서 명나라 담종인의 금토패문의 전문을 처음 소개했다. 2019년 10월 전라좌수영 산하의 5관 5포와 해전지, 각 진영과 관아, 봉수, 누대 등 이순신의 유적지 4백여 곳을 조사하고, 동년 11월 11일 《교감완역 난중일기》개정 2판(여해)을 간행하였다. 2010년부터 간행된 《교감완역 난중일기》의 내용이 27종의 중고교 교과서에 수록되었고(한국문학예술저작권협회 2019년 통계자료), 2020년 12월 대구교육대 DNUE 50 Greatbooks 교양도서에 선정되었다.

그후 2021년 3월 최대 규모의 문헌고증으로 교감(校勘) 역주(譯註)한 《신완역 난중일기 교주본》을 출간하였다. 이 책은 다년간 수집한 한국과 중국의 이순신 관련한 방대한 문헌으로 문헌학과 고증학의 관점에서 《난중일기》용어와 인명, 지명 등을 분석하여 주석한 책이다. 지금까지 해독한 《난중일기》원문 글자는 새로운 일기 36일치를 합하여 모두 93,022자이고, 새롭게 문헌 고증한 사례는 4백여 건이다.

목 차

역자 서문   14
해설   17
일러두기   28

임진년(1592)

- 1월, 전쟁 대비를 위해 붓을 잡다   31
- 2월, 초도순시길에 오르다   34
- 3월, 거북선 운항을 시험하다   39
- 4월, 임진왜란이 발생하다   43
- 5월, 옥포로 출동하다   47
- 6월, 당포해전을 치르다   50
- 8월, 부산 가덕으로 출동하다   54

계사년(1593)

- 2월, 웅포해전을 치르다   61
- 3월, 웅천에서 왜군을 섬멸하다   69
- 5월, 명나라의 패문이 왔다   75
- 6월, 견내량을 탐색하다   85
- 7월, 한산도로 진을 옮기다   95
- 8월, 삼도 수군을 지휘하다   103
- 9월, 폐단을 보고하다   109

갑오년(1594)

- 1월, 어머니께 문후드리다   117
- 2월, 정찰활동을 강화하다   124
- 3월, 금토패문을 받아보다   133
- 4월, 별시의 과거시험장을 열다   139
- 5월, 생포한 왜군을 심문하다   143
- 6월, 명나라의 장홍유가 오다   149
- 7월, 유성룡의 사망소식이 잘못 전해지다   154
- 8월, 아내의 병이 위중하다   163
- 9월, 장문포로 출동하다   169
- 10월, 왜적이 숨어 나오지 않는다   175
- 11월, 포상 징계하는 장계를 올리다   181

을미년(1595)

1월, 꿈속에 부친을 만나다　191
2월, 도양의 벼를 포구에 나누다　195
3월, 한산도에 활연습장을 만들다　199
4월, 권율의 거짓 보고를 비판하다　203
5월, 삼도 장졸이 활연습을 하다　208
6월, 어머니의 병을 걱정하다　213
7월, 나라에 인재가 없는 것을 걱정하다　219
8월, 촉석루에서 패망을 슬퍼하다　225
9월, 선거이에게 이별시를 주다　230
10월, 수루의 대청 공사를 하다　234
11월, 원균의 편지를 비판하다　238
12월, 삼천진에서 이원익을 만나다　242

병신년(1596)

1월, 명나라와 일본의 상황을 듣다　247
2월, 둔전의 벼를 되질하다　255
3월, 연일 몸이 불편하다　263
4월, 일본 정보에 대한 보고를 받다　270
5월, 풍신수길이 화친을 결정하다　275
6월, 4도의 장수들이 모여 활쏘기를 하다　281
7월, 명나라 사신 수행원이 정해지다　285
8월, 한산도를 출발하여 순시하다　292
윤8월, 완도의 요충 남망산에 오르다　297
9월, 전라일대에서 평온한 시간을 갖는다　302
10월, 어머니를 마지막으로 배알하다　307

정유년 I (1597)

4월, 출옥 후 백의종군길에 오르다　311
5월, 누추한 집을 전전하다　319
6월, 합천의 권율 진영에 도착하다　328
7월, 원균의 패전을 듣고 동산산성에 오르다　339
8월, 삼도수군통제사의 복직 교서를 받다　350
9월, 수군을 재건하여 명량대첩을 이루다　355
10월, 휴식 후 법성포로 가다　360

정유년 Ⅱ(1597)

- 8월, 삼도수군통제사의 복직 교서를 받다   365
- 9월, 수군을 재건하여 명량대첩을 이루다   370
- 10월, 셋째 아들 면(葂)이 전사하다   377
- 11월, 군공으로 은자 20냥을 받다   385
- 12월, 선조가 상중에 육식을 명하다   390

무술년(1598)

- 1월, 판옥선 건조를 마치다   397
- 9월, 예교성전투가 시작되다   398
- 10월, 육군이 후퇴하나 이순신은 계속 도전하다   400
- 11월, 노량해전에서 이순신이 전사하다   403

서간첩	407
사진첩	427
참고문헌	482
난중일기 교감대조표	488
충무공 이순신 연보	495

*일러두기

1. 《교감완역 난중일기》는 《신완역 난중일기 교주본》의 내용을 토대로 작성하고 가독성을 높인 책이다.
2. 이 책의 저본은 국보 76호 난중일기 초고본(현충사 소장)이고, 활자본은 1795년에 간행된 《이충무공전서》와 1935년에 간행된 《난중일기초》이다.
3. 한자로 된 전문용어를 가급적 한글로 풀고, 각주를 최대한 줄였다.
4. 부록의 서간첩은 이순신이 현씨집안 사람에게 보낸 편지를 모은 서첩이고,(국보 76호) 사진첩은 난중일기에 나오는 주요 유적지 사진을 모은 것이다.

壬辰日記

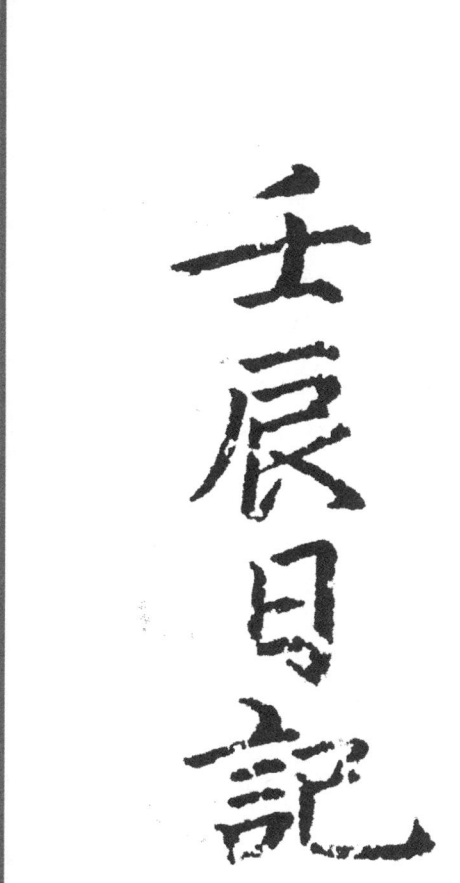

임진년

1월부터 이순신은 전쟁에 대비하여 진영과 무기를 점검하고, 전라도의 발포·사도·여도·방답진을 순시하였다. 3월 거북선 시험하고, 4월 14일 임진왜란이 발생하여 27일 출전명령이 내려졌다. 5월 옥포해전에서 첫 승리하고, 29일 사천해전에 거북선을 처음 사용하였다. 6월 당포·당항포 등의 해전과 7월 한산도해전에서 전공을 세웠다. 8월 부산포해전에서 왜선 백 척을 격파했는데 이때 정운(鄭運)이 전사하였다.

임진왜란 약사

1592년 4월 14일 묘시에 부산포 우암(牛岩)에서 왜군이 조선군과 교전하고 동래성과 부산성을 함락하여 임진왜란이 발생한다. 신립이 충주에서 패전하자 선조는 파천을 결정한다. 5월 일본군이 임진강을 건너자, 6월 이덕형이 대동강회담을 열었으나 결렬되고 선조는 의주로 갔다. 7월 명나라 부총병 조승훈(祖承訓)부대가 평양성전투에서 패했다. 8월 2차 평양성전투에서 패하고 금산전투에서 조헌이 전사했다. 10월 김시민이 진주성전투에서 승리하고 12월 명나라군대의 군량지원을 계획하고 이여송부대가 도착했다.

임진년(1592)
기회를 놓치면 후회해도 소용없을 것이다.

1월
전쟁 대비를 위해 붓을 잡다

1일임술 맑음. 새벽에 아우 여필(汝弼, 우신)과 조카 봉(菶)[1], 맏아들 회(薈)[2]가 와서 이야기했다. 다만 어머니를 떠나 두 번이나 남쪽에서 설을 쇠니 간절한 회한을 가눌 수 없다. 병마절도사(이광)의 군관 이경신(李敬信)이 병사의 편지와 설 선물, 그리고 긴 화살과 짧은 화살 등 여러 가지 물건(임금 진상용)을 가지고 와서 바쳤다.

2일계해 맑음. 나라(인순왕후 심씨)의 제삿날이라 출근하지 않았다. 김인보(金仁甫)와 함께 이야기했다.

3일갑자 맑음. 동헌에 나가 별방군(보루 군사)을 점검하고 각 관아와 해상기지[3]에 공문을 작성하여 보냈다.

---

1 봉(菶 1563~1650)은 이순신의 형 요신(堯臣)의 맏아들이다.

2 회(薈 1567~1625)는 이순신의 맏아들이다.

3 관아와 해상기지는 전라좌수영 산하의 5관(官)과 5포(浦)다. 5관은 행정 고을로서 순천도호부, 보성군, 낙안군, 광양현, 흥양현이고, 5포는 해안의 수군기지로서 사도진, 여도진, 녹도진, 발포진, 방답진이다.

4일을축 맑음. 동헌에 출근하여 공무를 보았다.

5일병인 맑음. 그대로 뒤의 동헌에서 공무를 보았다.

6일정묘 맑음. 동헌에 나가 공무를 보았다.

7일무진 아침에는 맑다가 늦게부터 눈과 비가 종일 번갈아 내렸다. 조카 봉(菶)이 아산으로 갔다. 임금께 하례하는 글을 받들고 갈 남원 유생이 들어왔다.

8일기사 맑음. 객사 동헌에 나가 공무를 보았다.

9일경오 맑음. 아침을 일찍 먹은 뒤에 객사 동헌에 나가 전문을 봉하여 올려 보냈다.

10일신미 종일 비가 내렸다. 방답(여수 돌산)의 신임 첨사(이순신(李純信))[4]가 부임하여 들어왔다.

11일임신 종일 가랑비가 내렸다. 늦게 동헌에 나가 공무를 보았다. 이봉수[5]가 선생원(여관)의 돌 뜨는 채석장에 가서 보고 와, "이미 큰 돌 열일곱 덩어리에 구멍을 뚫었다."고 보고했다. 서문 밖의 성 주위 연못(해자)이 네 발 쯤 무너졌다. 심사립과 이야기했다.

12일계유 궂은비가 개지 않았다. 식사한 후에 객사 동헌에 나갔다. 본영(전라좌수영)과 각 포구의 관리들에게 우수자를 뽑기 위해 활쏘기를 시험했다.

13일갑술 아침에 흐림. 동헌에 나가 공무를 보았다.

14일을해 맑음. 동헌에 나가 공무를 본 뒤에 활을 쏘았다.

15일병자 흐렸으나 비는 오지 않았다. 새벽에 망궐례를 행했다.

---

4 이순신(李純信 1554~1611)은 방답 첨사 겸 중위장으로서 옥포해전에서 전공을 세웠다. 당항포, 한산, 부산포 등의 해전에서 활약하고 노량해전에서 이순신이 전사했을 때 전쟁을 수습했다. 무의공.

5 이봉수(李鳳壽)는 제갈량의 진법에 밝고 주요 나루터에 철쇄를 설치하고 화약을 만들어 군대에 공급했다.

16일정축 맑음. 동헌에 나가 공무를 보았다. 각 관아의 벼슬아치들과 아전 등이 인사하러 왔다. 방답의 병선 군관과 아전들이 병선을 수리하지 않았기에 곤장을 쳤다. 우후(정4품)와 임시 관리가 제대로 단속하지 않아 이 지경에 이른 것이니 해괴함을 참지 못하겠다. 자기 한 몸 살찌울 일만 하고 이와 같이 돌보지 않으니, 앞날의 일을 알 만하다. 성 밑에 사는 토병 박몽세는 석수로서 선생원의 쇠사슬 박을 돌을 뜨는 곳에 갔다가 온 이웃의 개들에게까지 피해를 끼쳤으므로 곤장 80대를 쳤다.

17일무인 맑았지만 춥기가 한겨울과 같다. 아침에 순찰사(이광)와 남원 판관에게 편지를 썼다. 저녁에 쇠사슬 박을 구멍 낸 돌을 실어오도록 배 4척을 선생원으로 보냈는데, 김효성이 거느리고 갔다.

18일기묘 맑음. 동헌에 나가 공무를 보았다. 여도(고흥 여호리)의 천자선(1호선)이 돌아갔다. 무예가 우수한 자에 대한 보고와 대신 품계 받기를 청하는 목록을 봉해 순영(전주 감영)으로 보냈다.

19일경진 맑음. 동헌에서 공무를 본 뒤에 각 군대를 점검했다.

20일신사 맑았지만 바람이 크게 불었다. 동헌에 출근하여 공무를 보았다.

21일임오 맑음. 동헌에 나가 공무를 보았다. 감목관이 와서 잤다.

22일계미 맑음. 아침에 광양 현감(어영담)[6]이 와서 인사했다.

23일갑신 맑음. 둘째 형님(요신)의 제삿날이라서 출근하지 않았다. 사복시[7]에서 받아와 기르던 말을 올려 보냈다.

24일을유 맑음. 맏형(희신)의 제삿날이라서 출근하지 않았다. 순찰사의 답장을 보니, "고부(정읍) 군수 이숭고(李崇古)를 유임해 달라고 올린 장계

---

6 어영담(魚泳潭)은 광양 현감으로서 옥포와 적진포에서 왜선을 격파하였다. 이듬해 조방장에 임명되고 노량 해전에서 전공을 세웠다. 1594년 한산도에서 전염병에 걸려 병사하였다.

7 사복시(司僕寺)는 수레와 말, 말의 사육 등에 관한 일을 관장하는 관아이다.

때문에 거듭 여론의 지탄을 받아 사임장을 냈다."고 한다.

25일병술　맑음. 동헌에 나가 공무를 본 뒤에 활을 쏘았다.

26일정해　맑음. 동헌에 나가 공무를 본 뒤에 흥양과 순천의 두 원(배흥립[8]·권준)[9]과 함께 이야기했다.

27일무자　맑음. 오후에 광양 현감(어영담)이 왔다.

28일기축　맑음. 동헌에 나가 공무를 보았다.

29일경인　맑음. 동헌에 나가 공무를 보았다.

30일신묘　흐렸지만, 비는 오지 않았다. 초여름같이 따뜻했다. 동헌에 나가 공무를 본 뒤 활을 쏘았다.

2월
초도순시길에 오르다

1일임진　새벽에 망궐례를 행했다. 안개비가 잠깐 뿌리다가 늦게 갰다. 선창(연안 시설)으로 나가 쓸 만한 판자를 점검하여 고르는데, 때마침 작은 항만 안에 숭어 새끼가 구름처럼 몰려들기에 그물을 쳐서 2천여 마리를 잡았다. 장관이라고 말할 만하였다. 그대로 전선 위에 앉아서 술을 마셨고, 우후(이몽구)[10]와 함께 새 봄의 경치를 구경하였다.

8　배흥립(裵興立 1546~1608)은 흥양 현감으로서 전선을 건조했다. 옥포, 합포, 적진포 해전에 참전했다.

9　권준(權俊 1548~1611)은 순천부사로서 이순신의 휘하에서 중위장이 되어 당포, 한산 등지에서 전공을 세웠다. 1592년 7월 당포에서 왜군의 대장을 죽이자 온 군중들이 경하하였다.

10　이몽구(李夢龜 ?~1597)는 이순신의 휘하로 가서 전라도 우후로서 김완, 이억기 등과 함께 당항포에서 적선 12척을 분멸하였다. 정유재란 때 수군이 패했을 때 도

2일계사 맑음. 동헌에서 공무를 보았다. 쇠사슬을 건너질러 설치하는데 쓸 크고 작은 돌 80여 개를 실어 왔다. 활 10순(巡)¹¹을 쏘았다.

3일갑오 맑음. 새벽에 우후(이몽구)가 각 포구의 죄상을 조사하기 위해 배를 타고 나갔다. 공무를 마친 뒤에 활을 쏘았다. 탐라 사람이 자녀 여섯 명을 데리고 도망쳐 나와 금오도(여수 남면)에 배를 대었는데, 방답 경비선이 붙잡아서 데려왔다. 그래서 죄인의 진술을 받고 순천으로 보내어 가두라고 공문을 써 보냈다. 오늘 저녁에 화대석(등불 거는 기구) 네 개를 실어 올렸다.

4일을미 맑음. 동헌에 나가 공무를 본 뒤에 북봉의 연대(여수 종고산)를 쌓은 곳에 오르니, 쌓은 곳이 매우 좋아 전혀 무너질 리가 없었다. 이봉수가 힘쓴 일임을 알 수 있었다. 종일 구경하다가 저녁 무렵에 내려와서 해자 구덩이를 둘러보았다.

5일병신 맑음. 동헌에 나가 공무를 본 뒤에 활 18순을 쏘았다.

6일정유 맑았지만 종일 바람이 크게 불었다. 동헌에 나가 공무를 보았다. 순찰사(이광)의 편지 두 통이 왔다.

7일무술 맑았으나 바람이 크게 불었다. 동헌에 나가 공무를 보았다. 발포(고흥 내발) 권관(종9품 무관)이 부임했다는 편지가 왔다.

8일기해 맑았지만 또 바람이 크게 불었다. 동헌에 나가 공무를 보았다. 이날 거북선에 쓸 돛베 29필을 받았다. 정오에 활을 쏘았다. 조이립(趙而立)과 변존서¹²가 우열을 겨루었는데 조이립이 이기지 못했다. 우후(이몽구)가 방답에서 돌아왔는데 방답 첨사가 진심으로 방비한 일을 매우 칭찬했다. 동헌 뜰에 석주 화대를 세웠다.

주했고 1597년 10월 처형명령을 받았다.

11 한 사람이 5개 화살을 쏘는 것을 1순(巡)이라고 한다.

12 변존서(卞存緖)는 훈련원 봉사를 지냈고 당항포 해전에서 전공을 세웠다.

9일경자 맑음. 새벽에 쇠사슬 꿸 긴 나무를 베어 올 일로 이원룡에게 군사를 거느리고 돌산도로 가게 했다.

10일신축 안개비가 오면서 개다 흐렸다 했다. 동헌에 나가 공무를 보았다. 김인문이 감영에서 돌아왔다. 순찰사(이광)의 편지를 보니, "통역관들이 뇌물을 많이 받고 명나라에 무고하여 군사를 청하는 일까지 했다. 그뿐 아니라 명나라에서도 우리나라가 일본과 더불어 딴 뜻이 있는 것이 아닌가 의심하게 하였으니, 그 흉포하고 패악한 짓은 참으로 말할 가치조차 없다. 통역관들은 이미 잡아 가두었다 한다. 해괴하고 분통함을 참을 수 없다.

11일임인 맑음. 식사를 한 뒤에 배 위에 나가 새로 뽑은 군사들의 인원을 조사하였다.

12일계묘 맑고 바람도 고요하다. 식사를 한 뒤 동헌에 나가 공무를 보았다. 해운대[13]로 자리를 옮겨 활을 쏘았다. 꿩 사냥을 구경하느라 매우 조용히 하다가 군관들은 모두 일어나 춤을 추고 조이립이 절구의 시를 읊었다. 저녁이 되어서 돌아왔다.

13일갑진 맑음. 전라 우수사 이억기[14]의 군관이 왔기에 화살대 큰 것, 중간 것 백 개와 쇠 50근을 보냈다.

14일을사 맑음. 아산의 어머니께 문안하려고 나장(병조 하급관리) 2명을 보냈다.

15일병오 비바람이 크게 쳤다. 동헌에 나가 공무를 보았다. 석공들이 새로 쌓은 포구의 성 밖 구덩이가 많이 무너졌기에, 이들을 처벌하고 다

---

13 해운대(海雲臺)는 여수시 수정동과 덕충동 사이에 있는데, 여기서 이순신이 사격과 사냥하는 것을 구경하였다.

14 이억기(李億祺 1561~1597)는 순천부사와 전라우수사가 되어 이순신, 원균 등과 함께 당항포, 한산도, 부산포 등에서 왜적을 대파했다. 칠천량 해전에서 원균과 함께 전사했다.

시 쌓게 했다.

16일정미 맑음. 동헌에 나가 공무를 본 뒤에 활 6순을 쏘았다. 새로 들어온 군사와 임무를 마친 군사들을 검열했다.

17일무신 맑음. 나라(세종)의 제삿날이라 출근하지 않았다.

18일기유 흐림.

19일경술 맑음. 순찰을 떠나 백야곶(여수 화양반도)의 감목관에게 가니, 순천 부사 권준이 그 아우를 데리고 와서 기다리고 있었다. 기생도 왔다. 비 온 뒤 산 꽃이 활짝 피었는데[15] 빼어난 경치를 말로 표현하기 어려웠다. 저물녘에 이목구미(여수 이목리)에 가서 배를 타고 여도(고흥 여호리)에 이르니 고흥 현감(배흥립)과 여도 권관(만호)이 나와서 맞았다. 방비를 검열하였다. 흥양 현감은 내일 제사를 지내야한다고 먼저 갔다.

20일신해 맑음. 아침에 각가지 방비와 전선을 점검해 보니, 모두 새로 만든 것이고, 무기도 완전한 것이 적었다. 늦게 출발하여 영주(고흥)에 이르니 좌우로 핀 산꽃과 교외에 자란 봄풀이 그림과 같았다. 옛날에 있었다던 영주[16]도 이런 경치가 아니었을까.

21일임자 맑음. 공무를 본 뒤에 주인이 자리를 베풀고 활을 쏘았다. 조방장 정걸[17]이 와서 만나고 황숙도도 와서 함께 취했다. 배수립(裵秀立)도 나와 함께 술잔 나누니 매우 즐거웠다. 밤이 깊어서야 헤어졌다. 신홍헌에게 술을 걸러 전날의 심부름하던 여러 하인들에게 나누어 먹이도록 했다.

---

15 이순신이 초도 순시하기 위해 좌수영에서 출발하여 백야곶에 도착한 뒤 이곳 이영산에 핀 진달래꽃을 구경하였다.

16 영주(瀛州)는 옛날 중국전설에 신선이 살았다는 삼신산(봉래·방장·영주)의 하나이다.

17 정걸(丁傑 1516~1597)은 1593년 충청수사로서 권율에게 두 척의 배로 화살을 보내주어 행주에서 승리하게 해 주었다. 판옥선과 불화살 등을 제조하고 80세의 고령으로 한산도 진중에 머물러 있었다.

22일계축 아침에 공무를 본 후 녹도(녹동 봉암)로 가는데 황숙도도 같이 갔다. 먼저 고흥의 전선소에 이르러 배와 기구를 직접 점검하고, 그 길로 녹도로 갔다. 곧장 새로 쌓은 봉두 문루 위에 올라가 보니, 경치의 빼어남이 경내에서 최고이었다. 만호(정운)[18]의 극진한 마음이 미치지 않은 곳이 없었다. 흥양 현감(배흥립)과 능성 현령 황숙도, 만호(정운)와 함께 취하도록 마시고, 대포 쏘는 것도 구경하느라 촛불을 한참동안 밝히고서야 헤어졌다.

23일갑인 흐림. 늦게 배가 출발하여 발포에 도착하니, 역풍이 크게 불어 배가 갈 수가 없었다. 간신히 성머리에 대고는 배에서 내려 말을 타고 갔다. 비가 크게 내려 일행 모두가 꽃비에 흠뻑 젖었다. 발포로 들어가니 해는 이미 저물었다.

24일을묘 가랑비가 산에 가득히 내려 지척도 분간할 수 없었다. 비를 무릅쓰고 길을 떠나 마북산(고흥 옥강리) 아래 사량(沙梁)에 이르러 배를 타고 노질을 재촉했다. 사도(고흥 금사리)에 이르니, 흥양 현감(배흥립)이 벌써 와 있었다. 전선을 점검하고 나니, 날이 저물어 그대로 머물러 잤다.

25일병진 흐림. 여러 가지 전쟁 준비에 결함이 많아 군관과 색리들을 처벌하고 첨사는 잡아들이고 교수[19]는 내보냈다. 방비가 다섯 해안기지 가운데 가장 하위인데도 순찰사의 포상하는 장계 때문에 그 죄상을 조사하지 못했으니 우스운 일이다. 역풍이 크게 불어 배를 출발시킬 수 없어서 그대로 머물러 잤다.

26일정사 이른 아침에 출항하여 개이도(여수 개도리)에 이르니, 여도의 배

---

18 정운(鄭運 1543~1592)은 1591년 녹도만호가 되고, 이순신 휘하에서 송희립과 함께 참전하였다. 옥포, 당포, 한산 등의 해전에서 전공을 세우고, 부산포해전에서 우부장으로 선봉에서 싸우다가 전사하였다.

19 교수(敎授)는 서울의 4학 및 도호부 이상 각 읍의 향교에 둔 종 6품 문관직이다. 향교의 생도를 가르치고 수령을 보좌하였다.

와 방답의 마중하는 배가 나와서 기다렸다. 날이 저물어서야 방답에 이르러 공사간의 인사를 마친 뒤 무기를 점검했다. 긴 화살과 짧은 화살은 쓸 만한 것이 하나도 없어서 걱정했으나 전선이 조금 완전하니 기쁘다.

27일무오 흐림. 아침에 점검을 마친 뒤에 북봉에 올라가 주변 형세를 살펴보니, 외롭고 위태로운 외딴섬이 사방에서 적의 공격을 받을 수 있고, 성과 성 주위의 연못 또한 지극히 부실하니 매우 걱정스러웠다. 첨사(이순신)가 심력을 다했지만 미처 설치하지 못했으니 어찌하겠는가. 늦게 배를 타고 경도(여수 대경도)에 도착하니, 아우 여필, 조이립과 군관, 우후(이몽구) 등이 술을 싣고 마중 나왔다. 함께 즐기다가 해가 져서 관아로 돌아왔다.

28일기미 흐렸지만 비는 오지 않았다. 동헌에 나가 공무를 본 뒤에 활을 쏘았다.

29일경신 맑으나 바람이 크게 불었다. 동헌에 나가 공무를 보았다. 순찰사의 공문이 왔는데, 중위장(이순신)을 순천 부사로 교체했다니, 한탄스럽다.

3월
거북선 운항을 시험하다

1일신유 망궐례를 행했다. 식사 후에 별군과 정규군을 점검하고, 근무를 마친 군사는 점검하고서 내보냈다. 공무를 마친 뒤에 활 10순을 쏘았다.

2일임술 흐리고 바람이 불었다. 나라(장경왕후 윤씨)의 제삿날이라 출근하지 않았다. 승군 백 명이 돌을 주웠다.

3일계해 저녁 내내 비가 내렸다. 오늘은 명절(삼짇날)이지만 비가 와서 답청[20]을 할 수 없었다. 조이립, 우후(이몽구), 군관들과 동헌에서 함께 이야기하며 술을 마셨다.

4일갑자　맑음. 아침에 조이립을 이별하고 객사 대청에 나가 공무를 본 뒤, 서문의 해자 구덩이와 성벽을 더 올려 쌓은 곳을 순시했다. 승군들이 돌 줍는 일을 성실히 하지 않아 우두머리 승려에게 곤장을 쳤다. 아산에 문안 갔던 나장이 들어왔다. 어머니께서 편안하시다는 소식을 들으니 매우 다행이다.

5일을축　맑음. 동헌에 나가 공무를 보았다. 군관들이 활을 쏘았다. 저녁에 서울 갔던 진무가 돌아왔다. 좌의정(유성룡)이 편지와 《증손전수방략》[21]이라는 책을 보내 왔다. 이 책을 보니 수전과 육전, 화공법 등에 관한 사항을 일일이 설명했는데, 참으로 만고에 뛰어난 이론이다.

6일병인　맑음. 아침 식사를 한 후 나가 앉아 무기를 점검하니, 활, 갑옷, 투구, 화살통, 환도(휴대용 칼)가 대부분 깨지고 훼손되어 제 모양을 이루지 못한 것이 매우 많았기 때문에 아전, 궁장, 무기 담당자 등을 논죄하였다.

7일정묘　맑음. 동헌에 나가 공무를 본 뒤 활을 쏘았다.

8일무진　종일 비가 내렸다.

9일기사　종일 비가 내렸다. 동헌에 나가 공무를 보았다.

10일경오　맑으나 바람이 불었다. 동헌에 나가 공무를 본 뒤 활을 쏘았다.

11일신미　맑음.

20　답청(踏靑)은 봄에 들에 나가 푸른 풀을 밟고 산보하는 것이다. 주로 삼짇날 행하는 풍속이다.

21　《증손전수방략(增損戰守方略)》은 유성룡이 1591년 여름 20여 조목의 이론을 적은 병법서이다. 1594년 10월 1일 다시 10조를 만들어 《전수기의십조》라고 간행하고 각 도의 장수들에게 배부하였다. 주로 화포발사법, 수중 무기설치와 해상전 등을 논했다.

12일임신 맑음. 식후에 배 위로 나가서 경강선(京江船, 한양 세곡선)을 점검했다. 배를 타고 소포(여수 종포)로 나가는데 때마침 동풍이 크게 불고 격군(보조사공)도 없어 다시 돌아왔다. 곧바로 동헌에 출근하고 활을 10순을 쏘았다.

13일계유 아침에 흐림. 순찰사(이광)에게서 편지가 왔다.

14일갑술 종일 큰비가 내렸다. 이른 아침에 순찰사를 만날 일로 순천으로 가는데, 비가 크게 와서 갈 길을 분간할 수가 없었다. 간신히 선생원에 가서 말을 먹이고 해농창평(순천 해룡 해창리)에 도착했다. 길가에 물 깊이가 거의 석 자나 되어 어렵게 순천부에 다다랐다. 저녁에 순찰사와 그간 쌓인 이야기를 나누었다.

15일을해 흐리다가 가랑비가 오더니 저녁에 갰다. 다락 위에 앉아서 활을 쏘고, 군관들은 편을 갈라 활을 쏘았다.

16일병자 맑음. 순천 부사(권준)가 환선정(喚仙亭, 죽도봉공원)에 술자리를 베풀고 겸하여 활도 쏘았다.

17일정축 맑음. 새벽에 순찰사에게 돌아갈 것을 고하고 선생원에 가서 말에게 꼴을 먹인 뒤 본영으로 돌아왔다.

18일무인 맑음. 동헌에 나가 공무를 보았다.

19일기묘 맑음. 동헌에 나가 공무를 보았다.

20일경진 비가 크게 내렸다. 늦게 동헌에 나가 공무를 보고 각 방(房, 6방)의 회계를 살폈다. 순천 부사가 수색하는 일을 기한에 미치지 못했기에 대장(代將), 아전, 도훈도[22] 등을 추궁하여 꾸짖었다. 사도 첨사(김완)[23]에게도 만남을 약속할 일로 공문을 보냈는데, 혼자서 수색했다고 하였다.

---

22 도훈도(都訓導)는 지방 향교에서 교육을 담당한 훈도(종9품)들 중의 우두머리이다.

23 김완(金浣 1546~1607)은 사도 첨사로서 옥포, 당포, 한산 등지에서 전공을 세웠다. 1597년 원균의 조방장으로서 적에게 패하여 일본에까지 붙들려갔다 탈출했다. 후에 함안 군수에 임명되었다.

또 반나절 동안에 내나로도(고흥 동일면), 외나로도(고흥 봉래면)와 대평도, 소평도[24]를 수색하여 그날로 포구에 돌아왔다고 하니, 이 일은 너무도 거짓된 것이다. 이를 조사할 일로 흥양현과 사도진에 공문을 보냈다. 몸이 매우 불편하여 일찍 들어왔다.

21일신사 맑음. 몸이 불편하여 아침 내내 누워 앓다가 늦게야 동헌에 나가 공무를 보았다.

22일임오 맑음. 성 북쪽 봉우리 아래에 도랑을 파내는 일로 우후(이몽구) 및 군관 열 명을 나누어 보냈다. 식후에 동헌에 나가 공무를 보았다.

23일계미 아침에는 흐리다가 저녁에 맑았다. 식후에 동헌에서 공무를 보았다. 보성에서 보내올 판자가 아직 들어오지 않았기에 색리에게 다시 공문을 보내어 담당자를 수색하여 잡아들이게 하였다. 순천에서 사환으로 온 소국진에게 곤장 80대를 쳤다. 순찰사가 편지를 보내어, "발포 권관은 군사를 거느릴만한 재목이 못 되므로 조치하겠다."고 하므로 아직 갈지 말고 그대로 유임하여 방비하도록 하라고 답장을 보냈다.

24일갑신 나라(소헌왕후 심씨)의 제삿날이라 출근하지 않았다. 전라 우후(이몽구)가 수색하고 무사히 돌아왔다. 송희립[25]이 순찰사(이광)와 도사(都事)의 답장을 함께 가져왔다. 순찰사의 편지 가운데, "영남 관찰사(김수)[26]가 보낸 편지에는 '쓰시마 도주(島主, 소요시토시)의 문서에,〈일찍이 배 한 척을 내어 보냈는데, 만약 귀국에 도착하지 않았다면 틀림없이 바람에 부서진 것이다〉라고 했다.'는 것이다. 그 말이 매우 음흉하고도 거짓되

---

24 고흥군 산내면과 봉래면 사이에 있는 섬으로 추정한다.

25 송희립(宋希立 1553~?)은 정운의 군관으로서 영남에 원병파견을 주장했다. 지도 만호가 되어 이순신의 작전을 도왔고 1598년 노량해전에서 적에게 포위된 명나라 제독 진린을 구출하였다.

26 김수(金睟 1547~1615)는 경상우감사로서 진주를 버리고 함양으로 도주하고, 백성들을 피신시켜 도내가 텅 비어 왜적을 방어할 수 없었다. 1596년 호조 판서로서 전라·충청에서 명군의 군량을 지원했다.

다. 동래에서 바라다 보이는 바다인데 그럴 리가 만무하다. 말을 그와 같이 꾸며대니, 그 간사함을 헤아리기 어렵다."고 하였다.

25일을유 맑았으나 바람이 크게 불었다. 동헌에 나가 공무를 본 뒤에 활 10순을 쏘았다. 경상 병사(조대곤)가 평산포(남해 평산리)에 도착하지 않고 곧장 남해로 간다고 하였다. 나는 서로 만나보지 못한 것이 아쉽다는 뜻을 답장으로 보냈다. 새로 쌓은 성을 순시해 보니, 남쪽이 아홉 발쯤 무너져 있었다.

26일병술 맑음. 우후와 송희립이 남해로 갔다. 늦게 동헌에 나가 공무를 본 뒤에 활 15순을 쏘았다.

27일정해 맑고 바람도 없었다. 일찍 아침밥을 먹은 뒤 배를 타고 소포에 갔다. 쇠사슬을 가로질러 설치하는 것을 감독하고, 종일 기둥나무 세우는 것을 보았다. 거북선에서 대포 쏘는 것도 시험했다.

28일무자 맑음. 동헌에 나가 공무를 보았다. 활 10순을 쏘았는데, 다섯 순은 잇따라 맞고, 2순은 네 번 맞고, 3순은 세 번 맞았다.

29일기축 맑음. 나라(정희왕후 윤씨)의 제삿날이라 출근하지 않았다. 아산으로 문안 보냈던 나장이 돌아왔다. 어머니께서 편안하시다는 소식을 들으니 참으로 다행이다.

4월
임진왜란이 발생하다

1일경인 흐림. 새벽에 망궐례를 행했다. 공무를 본 뒤에 활 15순을 쏘았다. 별조방을 점검했다.

2일신묘 맑음. 식사 후에 몸이 몹시 불편하더니 점점 통증이 심해졌다.

종일 밤새도록 신음했다.

3일임진 맑음. 기운이 빠져 어지럽고 밤새도록 고통스러웠다.

4일계사 맑음. 아침에 비로소 통증이 조금 그친 것 같았다.

5일갑오 맑았다가 늦게 비가 조금 내렸다. 동헌에 나가 공무를 보았다.

6일을미 맑음. 진해루[27]로 나가 공무를 본 뒤에 군관들에게 활을 쏘게 했다. 아우 여필을 전별했다.

7일병신 나라(문정왕후 윤씨)의 제삿날이라 출근하지 않았다. 10시 경에 비변사에서 비밀공문이 왔는데, 영남 관찰사(김수)와 우병사(조대곤)의 장계에 의한 공문이었다.

8일정유 흐리나 비는 오지 않았다. 아침에 어머니께 보낼 물건을 쌌다. 늦게 여필이 떠나갔다. 홀로 객창 아래 앉았으니 온갖 생각이 들었다.

9일무술 아침에 흐렸다가 늦게 갰다. 동헌에 나가 공무를 보았다. 방응원(方應元)이 입대 대기에 대한 공문을 작성하여 보냈다. 군관들이 활을 쏘았다. 광양 현감(어영담)이 수색에 대한 일로 배를 타고 왔다가 어두울 녘 돌아간다고 보고하였다.

10일기해 맑음. 식사를 한 뒤에 동헌에 나가 공무를 보았다. 활 10순을 쏘았다.

11일경자 아침에 흐리더니 늦게 갰다. 공무를 본 뒤에 활을 쏘았다. 순찰사(이광)의 편지와 별도로 적은 것을 군관 남한이 가져 왔다. 비로소 베 돛을 만들었다.

12일신축 맑음. 식후에 배를 타고 거북선의 지자포[28]와 현자포를 쏘았다. 순찰사의 군관 남공(남한)이 살펴보고 갔다. 정오에 동헌으로 옮겨 앉아

---

27 진해루는 전라좌수영 안에 있었던 작전 본부로 정유재란 때 불에 타버렸다. 1599년 통제사 겸 전라좌수사 이시언이 진해루터에 75칸의 진남관을 세웠다.

28 지자포는 천(天), 지(地), 현(玄), 황(黃)자 총통 중에서 천자총통 다음으로 만든 화포이다. 임진왜란 때 이순신이 전선에 장착하여 사용하였다.

활 10순을 쏘았다. 관아에 올라 갈 때 노대석(디딤돌)을 보았다.

13일임인 맑음. 동헌에 나가 공무를 본 뒤에 활 15순을 쏘았다.

14일계묘 맑음. 동헌에 나가 공무를 본 뒤에 활 10순[29]을 쏘았다.

15일갑진 맑음. 나라(공혜왕후 한씨)의 제삿날이라 출근하지 않았다. 순찰사(이광)에게 보낼 답장과 별도 기록을 적어서, 곧바로 역졸을 시켜 달려 보냈다. 해질 무렵에 영남우수사(원균)[30]가 보낸 통첩에, "왜선 90여 척이 와서 부산 앞 절영도(부산 영도)에 정박했다."고 한다. 이와 동시에 또 수사(원균)의 공문이 왔는데, "왜적 350여 척이 이미 부산포 건너편에 도착했다."고 하였다. 그래서 즉각 장계를 보내고 겸하여 순찰사(이광), 병마사(최원), 우수사(이억기)에게 공문을 보냈다. 영남 관찰사(김수)의 공문도 왔는데, 역시 이와 같은 내용이었다.

16일을사 밤 10시경에 영남 우수사(원균)의 공문이 왔는데, "부산의 지휘 군영이 이미 함락되었다."고 하였다. 분하고 원통함을 참을 수가 없다. 즉시 장계를 올리고, 또 삼도(경상·전라·충청)에 공문을 보냈다.

17일병오 궂은비가 오더니 늦게 갰다. 영남 우병사(김성일)[31]가 공문을 보냈는데, "왜적이 부산을 함락시킨 뒤 그대로 머물면서 물러가지 않고 있다."고 했다. 늦게 활 5순을 쏘았다. 이전 복무한 수군과 급히 복무하러 나온 수군이 잇달아 방비처로 왔다.

18일정미 아침에 흐렸다. 이른 아침에 동헌에 나가 공무를 보았다. 순찰

---

29 동년 4월 14일 새벽 6시경 부산포에서 고니시 유키나가 부대가 조선군과 교전하여 임진왜란이 발생하였다.

30 원균(元均 1540~1597)은 옥포, 합포, 당포, 사천, 한산도 해전에 참전했다. 이순신이 삼도수군통제사로 있을 때 불화하여 수군을 떠났다. 정유재란 때 이순신 대신 수군을 지휘했으나 칠천량 해전에서 전사했다.

31 김성일(金誠一 1538~1593)은 경상우병사로서 이전의 비전설 주장에 대한 책임으로 파직되었다가 다시 경상우도 초유사가 되었다. 경상의 의병을 모으고 군량을 보급했다.

사의 공문이 왔는데, "발포 권관은 이미 파직되었으니, 임시 장수를 정하여 보내라"고 하였다. 그래서 군관 나대용[32]을 이 날로 바로 정하여 보냈다. 오후 2시경에 영남우수사의 공문이 왔는데, "동래도 함락되고, 양산(조영규), 울산(이언함) 두 수령도 조방장으로서 성으로 들어갔다가 모두 패했다."고 했다. 분하고 원통함을 이루 다 말할 수가 없다. 경상 좌병사(이각)[33]와 경상 좌수사(박홍)가 군사를 이끌고 동래 뒤쪽까지 이르렀다가 급히 회군했다고 하니, 더욱 원통했다. 저녁에 순천 군사를 거느린 병방이 석보창(석축 성곽)에 머물러 있으면서 군사들을 인도하지 않으므로 잡아다가 가두었다.

19일무신　맑음. 아침에 품자형의 방위시설을 굴착할 일로 군관을 정해 보내고, 일찍 아침을 먹은 뒤에 동문 위로 나가 방위시설의 부역하는 일을 직접 감독했다. 오후에 순시하여 보고 성 위의 판자집에 올랐다. 이날 급히 입대한 군사 7백 명이 점검을 받고 일을 하였다.

20일기유　맑음. 동헌에 나가 공무를 보았다. 영남 관찰사(김수)의 공문이 왔다. "큰 적들이 맹렬하게 몰려와 그 날카로운 기세를 대적할 수가 없으니, 그 승승장구함이 마치 무인지경에 든 것 같다."고 하면서, "전함을 정비해 가지고 와서 구원해 오도록 장계로 청했다."고 했다.

21일경술　맑음. 성 위에 군사를 줄지어 세우는 일로 과녁 터에 앉아서 명령을 내렸다. 오후에 순천 부사(권준)가 달려 와서 약속을 듣고 갔다.

22일신해　새벽에 높은 곳에 올라가 정찰하는 초소의 죄상을 조사할 일로

32　나대용(羅大用 1556~1612)은 1591년 이순신의 막하에서 거북선을 제조하고, 발포의 임시장수로서 옥포에서 적선 2척을 격파하고, 사천과 한산도 해전에 참전했다. 명량, 노량 해전에서 전공을 세웠다.

33　이각(李珏 ?~1592)은 임진왜란 때 부산이 함락되자 겁을 먹고 소산역으로 후퇴하고, 울산 본영에서 탈출했는데 본영이 무너졌다. 그후 임진강의 진영에서 발견되어 참형을 당했다.

군관을 내보냈다. 배응록[34]은 절갑도(고흥 거금도)로 가고, 송성[35]은 금오도(여수 남면)로 갔다. 또 돌산도에서 성곽의 전망대에 사용할 나무를 실어 내릴 일로 이경복, 송한련, 김인문 등에게 각기 군사 50명씩 데리고 가도록 보내주고 나머지 군사들은 품자의 방어시설에서 일을 시켰다.(이후 23일부터 30일까지 빠져 있음)

5월
옥포로 출동하다

1일경신 수군들이 모두 앞바다에 모였다. 이 날은 흐렸지만 비는 오지 않고 남풍이 크게 불었다. 진해루에 앉아서 방답 첨사(이순신), 흥양 현감(배흥립), 녹도 만호(정운) 등을 불러들였다. 모두 격분하여 자신의 몸을 바치기로 하였으니 실로 의사들이라 할 만하다.

2일신유 맑음. 삼도 순변사 이일[36]과 우수사 원균의 공문이 도착했다. 송한련이 남해에서 돌아와 하는 말이, "남해 현령(기효근), 미조항 첨사(김승룡), 상주포, 곡포(남해 화계리), 평산포 만호(김축) 등이 왜적의 소식을 한번 듣고는 벌써 달아났고, 무기 등의 물자가 모두 흩어져 남은 것이 없다"고 했다. 매우 놀랄 일이다. 정오경에 배를 타고 바다로 나가 진을 치고, 여러 장수들과 약속을 하니, 모두 기꺼이 나가 싸울 뜻을 가졌으나,

---

34 배응록(裵應祿)은 이순신의 군관으로서 참퇴장을 겸하여 왜와 첫 싸움에서 왜장의 머리를 베었다.

35 송성(宋晟 1547~?)은 훈련원 판관으로서 당포와 부산해전에서 왜선을 분멸하고 도요토미 히데요시의 부하인 지쿠젠노카(筑前守)를 죽였다.

36 이일(李鎰 1538~1601)은 경상도순변사가 되어 상주, 충주에서 패전하고, 이듬해 평안도 절도사로서 명나라 원병과 함께 평양을 되찾았다.

낙안 군수(신호)[37]만은 피하려는 뜻을 가진 것 같아 한탄스럽다. 그러나 원래 군법이 있으니, 비록 물러나 피하려 한들 그게 가능하겠는가. 저녁에 방답의 첩입선[38] 세 척이 돌아와 앞바다에 정박했다. 비변사에서 세 장의 공문이 내려왔다. 창평 현령이 부임하였다는 편지가 와서 바쳤다. 이 날 저녁의 군대 암호는 용호(龍虎)이고, 복병은 산수(山水)라고 하였다.

3일임술 아침 내내 가랑비가 내렸다. 경상 우수사의 답장이 새벽에 왔다. 오후에 광양 현감(어영담)과 흥양 현감(배흥립)을 불러왔는데 함께 이야기하던 중에 모두 분한 마음을 나타냈다. 본도의 우수사(이억기)가 수군을 끌고 오기로 함께 약속하였는데, 방답의 판옥선이 첩입군(작전군)을 싣고 오는 것을 우수사가 오는 것으로 보고 기뻐하였다. 그러나 군관을 보내어 알아보니 방답의 배였다. 놀라움을 참지 못했다. 조금 뒤에 녹도 만호(정운)가 알현을 청하기에 불러들여 물은즉, "우수사는 오지 않고 왜적의 세력이 잠깐 사이 서울에 가까워지니 통분한 마음을 참을 수 없다. 만약 기회를 놓치면 후회해도 소용없다."는 것이었다. 이 때문에 바로 중위장(이순신)을 불러 내일 새벽에 출발할 것을 약속하고 장계를 써서 보냈다. 이 날 여도 수군 황옥천(黃玉千)이 왜적의 소식을 듣고 자기 집으로 도피했는데, 잡아다가 머리를 베어 군중 앞에 내다 걸었다.

4일계해 맑음. 먼동이 트자 배를 출발시켜 곧장 미조항 앞바다에 이르러 다시 약속했다. 우척후 김인영[39], 우부장 김득광[40], 중부장 어영담, 후부장 정운 등은 오른편에서 개이도(여수 개도)로 들어가 수색하여 토벌하고,

---

37 신호(申浩 1539~1597)는 견내량, 안골포 등의 해전에서 전공을 세웠다.
38 첩입선은 작전을 위해 각 해상 기지(미조항, 상주포, 곡포, 평산포)를 왕래하는 배이다.
39 김인영(金仁英)은 좌척후장으로서 옥포, 당포, 한산도 해전에, 우척후장으로서 2차 당항포해전에서 전공을 세웠다.
40 김득광은 보성군수를 지냈다. 우부장으로서 이순신을 도와 전쟁에서 수차례 전공을 세웠다.

그 나머지 대장선들은 평산포, 곡포, 상주포를 모두 지나 미조항에 가도록 하였다.(이후 5일부터 28일까지 빠져있음)

옥포해전 이야기

경상우수사 원균이 이순신에게 긴급한 전쟁 상황을 알리자, 이순신은 부하들에게 "오직 나가서 싸우다가 죽을 뿐이요. 감히 나갈 수 없다고 말하는 자는 참수할 것이다."라고 말했다. 이때 일본군은 부산·동래·양산을 함락하고 조령 일대까지 나아갔다. 이에 경상도 관찰사 김수(金睟)가 조정에 지원요청을 함에 따라, 원균은 부하 이영남을 시켜 이순신에게 지원 요청을 하였다.

5월 4일 첫닭이 울 때 이순신은 부하 장수들과 판옥선 24척, 협선 15척, 포작선 46척으로 전라좌수영을 출발하였다. 7일 새벽에 천성 가덕으로 출발하여 정오쯤 옥포 앞바다에 도착하였다. 그때 사도첨사 김완(金浣)과 여도권관 김인영(金仁英)이 신기전을 쏘아 적이 있음을 알리자, 이순신은 여러 장수들에게 "경거망동하지 말라. 산처럼 침착하게 하라[勿令妄動 靜重如山]."고 당부하였다. 이윽고 일제히 출동하여 도도 다카도라(藤堂高虎)가 이끄는 왜선 50여척 중 26척을 분멸하고 왜적에게 잡혀간 포로 3명을 구출해 왔다. 이것이 첫 승리를 거둔 옥포해전이다.

29일무자 우수사(이억기)가 오지 않으므로 홀로 여러 장수들을 거느리고 새벽에 출발하여 곧장 노량(남해 설천)에 가니, 경상우수사 원균이 미리 만나기로 약속한 곳에 와 있어서 함께 상의했다. 왜적이 정박한 곳을 물으니, "왜적들은 지금 사천 선창(통양리 연안)에 있다."고 했다. 그래서 바로 그곳에 가보았더니 왜인들은 이미 뭍으로 올라가서 산봉우리 위에 진을 치고 배는 그 산봉우리 아래에 줄지어 정박했는데, 항전하는 태세가 재빠르고 견고했다. 나는 여러 장수들을 독려하여 일제히 달려들어 화살을 비 퍼붓듯이 쏘고, 각종 총통을 바람과 우레같이 난사하게 하니, 적들은 무서워서 후퇴했다. 화살에 맞은 자가 몇 백 명인지 알 수 없고, 왜적의 머리도 많이 베었다. 군관 나대용이 탄환에 맞았고, 나도 왼쪽 어깨 위에 탄환을 맞아 등을 관통하였으나, 중상에 이르지는 않았다. 활꾼과 격군 중에서 탄환을 맞은 사람도 많았다. 적선 13척을 분멸하고 물러나와 주둔했다.[41]

6월
당포해전을 치르다

1일기축 맑음. 사량(蛇梁) 뒷바다(양지리 하도)에서 진을 치고 밤을 지냈다.
2일경인 맑음. 아침에 출발하여 곧장 당포(통영 삼덕리) 앞 선창에 이르니, 왜적의 20여 척이 줄지어 정박해 있었다. 우리 배가 둘러싸고 싸우는데, 적선 중에 큰 배 1척은 크기가 우리나라의 판옥선만 하였다. 배 위에는 누각을 꾸몄는데, 높이가 두 길이고, 누각 위에는 왜장이 우뚝 앉아서 끄덕도 하지 않았다. 짧은 화살과 대·중 승자총통[42]을 비 오듯이 난사하니,

---

41 이순신이 전선 23척으로, 원균은 3척을 거느리고 사천선창에 나아가 왜적들을 모자랑포(모충공원에서 미륭마을 사이)로 유인한 뒤 거북선을 출동시켜 공격한 결과, 왜선 13척을 분멸했다. (사천해전)

42 승자총통은 도화선에 점화하여 발사하는 휴대용 개인화기로 임진왜란 때 수군이 많이 사용하였다.

왜장이 화살에 맞고 떨어졌다. 그러자 모든 왜적들이 동시에 놀라 흩어졌다. 여러 장졸이 일제히 모여들어 발사하니, 화살에 맞아 거꾸러지는 자가 얼마인지 그 수를 알 수 없었고 남은 게 없이 모조리 섬멸하였다.[43] 얼마 후 큰 왜선 20여 척이 부산에서부터 바다에 줄지어 들어오다가 우리 군사들을 바라보고는 후퇴하여 달아나 개도(통영 추도)로 들어갔다.

3일신묘 맑음. 아침에 여러 장수들을 더욱 격려하여 개도를 협공하였으나 이미 달아나 버려 사방에는 남은 무리가 하나도 없었다. 고성 등지로 가고자 하여 가보니 우리 군사의 형세가 외롭고 약하여 울분을 느끼며 하룻밤 머물러 자고 왔다.

4일임진 맑음. 우수사(이억기)가 오기를 고대하여 주위를 배회하며 바라보고 있었는데, 정오에 우수사가 여러 장수들을 거느리고 돛을 올리고서 왔다. 온 진영의 장병들이 기뻐서 날뛰지 않는 이가 없었다. 군사를 합치기로 거듭 약속한 뒤에 착포량(당동)에서 잤다.

5일계사 아침에 출발하여 고성 당항포[44]에 이르니, 왜선 한 척이 크기가 판옥선만한데, 배 위의 누각이 높고 그 위에는 적장이란 자가 앉아 있었다. 그리고 중간 배가 12척이고 작은 배가 20척이었다. 일시에 쳐서 깨뜨리려고 비가 쏟듯이 화살을 쏘니, 화살에 맞아 죽은 자가 얼마인지 헤아릴 수 없었다. 왜장의 머리를 벤 것이 모두 7급이고 남은 왜병들은 육지로 올라가 달아나니, 남은 수효가 매우 적었다. 우리 군사의 기세를 크게 떨쳤다.

6일갑오 맑음. 적선을 정탐하기 위해 거기서 그대로 잤다.

---

43 6월 2일 이순신이 당포 앞바다에서 26척으로 왜선 21척을 모두 분멸한 뒤 창신도에 유숙했는데, 이때 창선면 대벽리에 있는 왕후박나무(천연기념물 299호) 아래에서 휴식했다고 한다.

44 이순신이 원균, 이억기와 함께 51척으로 당항포 소소강에서 적선 26척을 분멸하였다. (당항포해전)

7일을미 맑음. 아침에 출발하여 영등포(거제 구영리) 앞 바다에 이르러 적선이 율포(거제 율천)에 있다는 말을 듣고 복병선으로 하여금 그곳에 가보게 했더니, 적선 5척이 먼저 우리 군사를 알아채고 남쪽 넓은 바다로 달아났다. 우리의 여러 배들이 일제히 추격하여 사도첨사 김완이 1척을 통째로 잡고, 우후(이몽구)도 1척을 통째로 잡고, 녹도 만호 정운도 1척을 통째로 잡았다. 왜적의 머리를 합하여 세보니 모두 36급이었다.[45]

8일병신 맑음. 우수사(이억기)와 함께 의논하면서 바다 가운데에 머물러 정박했다.

9일정유 맑음. 곧장 천성과 가덕[46]에 가보니, 왜적의 배가 하나도 없었다. 두세 번 수색해보고 군사를 돌려 당포로 돌아와 밤을 지냈다. 새벽이 되기 전에 배를 출발시켜 미조항 앞바다에 이르러 우수사(이억기)와 이야기하였다.

10일무술 맑음.(이후 6월 11일부터 8월 23일까지 빠져있음)

한산대첩 이야기

7월 7일 이순신이 당포에 도착하니 목동 김천손(金千孫)이 견내량에 일본선 70여 척이 정박한 것을 알렸다. 8일 이른 아침 이순신은 일본군이 양산에서 호남으로 간다는 첩보를 듣고 전라좌수영군 24척과 이억기의 전라우수영군 25척, 원균의 경상우수영군 7척을 연합한 56척의 전선을 이끌고 고성 견내량으로 출동하였다. 그곳에는

---

45 이순신부대가 율포에서 왜선 5척을 분멸하고 왜적의 머리 36급을 베었다.(율포해전)

46 천성(부산 강서구 천성동)은 가덕진 소속 진성으로, 대마도에서 부산과 진해로 진입하는 길목에 있고, 가덕(성북동)은 일본군이 남해에서 침입해 오는 길목에 있는데, 수군첨절제사가 담당했다.

과연 왜장 와키자카 야스하루(脇坂安治)가 이끄는 대선 36척, 중선 24척, 소선 13척이 바다에 정박하고 있었다. 그런데 견내량은 지형이 매우 좁고 암초가 많아서 배끼리 충돌할 것이 염려되어 싸움하기도 어렵고 적이 불리하면 쉽게 육지로 도주할 수 있는 곳이다. 이에 이순신은 이곳이 불리함을 깨닫고 한산도의 넓은 바다로 일본군을 유인하는 작전을 펴기로 마음먹었다.

먼저 판옥선 5, 6척을 보내어 공격할 기세를 보이자 일본선들이 추격해왔다. 이에 아군의 전선이 거짓 후퇴하는 척하며 달아나니 적들은 계속 추격해 왔고, 그 결과 한산도 넓은 바다에 일본선들이 모두 집결했다. 이때 이순신이 신호를 보내자 수군들이 배를 돌려 학익진(鶴翼陣)으로 포진하였다. 먼저 거북선 3척이 지자·현자 등 총통을 쏘아 왜선 2, 3척을 격파하여 기선을 제압하고, 다시 일제히 포위 공격하여 왜선 73척중 59척을 모두 분멸했다. 이때 불꽃연기가 하늘에 가득했는데, 순식간에 비린내 나는 피가 바다를 붉게 물들였다.

10일 이순신이 수군을 거느리고 학익진으로 대열을 지으면서 먼저 전진하고 원균은 뒤를 따랐는데, 안골포 선창에 일본의 큰 배 21척, 중선 15척, 소선 6척이 정박해 있었다. 포구가 좁고 얕아서 유인했으나 일본군은 나오지 않았다. 조선 수군들이 교대로 출입하며 천자·지자·현자 총통과 장전·편전 등을 마구 발사할 때 이억기가 협공하니 3층 대선과 2층 대선을 타고 있던 일본군들이 거의 다 죽거나 부상을 입었다. 일본의 목을 벤 것이 250급이고 물에 빠져 죽은 자는 부지기수이었다.

8월
부산 가덕으로 출동하다

네 번째 출동하다.

24일신해 맑음. 아침 식사는 객사 동헌에서 하고, 정걸을 침벽정(浸碧亭)으로 옮겨가서 만났다. 우수사(이억기)와 점심을 같이 먹었는데 정걸도 함께 했다. 오후 4시경에 배를 출발시켜 노질을 재촉하여 노량 뒷바다에 이르러 닻돌을 내렸다. 자정 무렵에 달빛 아래 배를 몰아 사천 모사랑포[47]에 이르니 동녘은 이미 밝았지만, 새벽안개가 사방에 가득하여 지척도 분간하기 어려웠다.

25일임자 맑음. 오전 8시경에 안개가 걷혔다. 삼천포 앞바다에 이르니 평산포 만호가 편지를 바쳤다. 당포에 거의 이르러 경상 우수사(원균)와 서로 배를 매고 이야기했다. 오후 4시경에 당포에 정박하여 잤다. 자정에 잠깐 비가 왔다.

26일계축 맑음. 견내량(거제 덕호리)에 이르러 배를 멈추고서 우수사와 함께 이야기했다. 순천 부사(권준)도 왔다. 저녁에 배를 옮겨 거제 땅의 각호사(角呼寺, 사등 오량리) 앞바다에 이르러 잤다.

27일갑인 맑음. 영남 우수사(원균)와 함께 의논하고, 배를 옮겨 거제 칠내도(칠천도)에 이르니, 웅천 현감 이종인(李宗仁)이 와서 말하기를, "들으니 왜적의 머리 35급을 베었다."고 하였다. 저물녘에 제포(진해 제덕동), 서원포(진해 원포동)를 건너니, 밤은 벌써 10시 경이 되었다. 서풍이 차갑게 부니, 나그네의 심사가 편치 않았다. 이 날 밤은 꿈자리도 많이 어지러웠다.

---

47 모사랑포(毛思郎浦)는 사천시 송포동의 모충공원에서 미룡마을 사이에 해당하는 앞바다. 이 일대에 모래와 띠풀이 많아 본래는 모사랑포(茅沙郎浦)이고, 모자랑포(毛自郎浦)라고도 한다.

28일을묘 맑음. 새벽에 앉아 꿈을 기억해보니, 처음에는 흉한 것 같았으나 도리어 길한 것이었다. 가덕에 이르렀다.[48]

* 이하 글은 초고본에 적힌 편지글이다.(편집자 주)

삼가 여쭙건대 순시하는 체후가 어떠하신지요. 전날 순천에서 받들었던 일은 매우 다행이었습니다. 내용은 이러이러합니다. 일본은 바다 지역에 있어서 비록 추운 겨울을 만나도 바람이 오히려 따뜻하여 장정들은 오직 짧은 소매 옷만 걸치고 긴 옷에 겹주름도 하지 않고 지냅니다. 이제 흉적들이 오랫동안 남의 땅에 머물러 있으면서 풍토에 익숙지 않아 한겨울 추위에 괴로워하고 있습니다. 그들은 지내기 어려워 할 뿐 아니라, 군량이 이미 다하여 기력도 또한 다하였으니, 이 기회를 틈타 급히 공격하여 잃지 말아야 합니다. 왕실을 재건하는 일이 바로 이 때에 달려 있습니다. 그러나 한해가 장차 바뀌려하는데도 아직 적을 섬멸했다는 소식을 듣지 못했습니다. 한 모퉁이의 외로운 신하가 북쪽을 바라보며 길이 통곡하니, 간담이 찢어지는 듯합니다.

우리나라 팔도 중에 오직 이 호남만이 온전한 것은 천만 다행입니다. 병사를 동원하고 군량을 운송하는 것이 모두 이 도(전라도)에 달려 있고, 적을 물리쳐 국권을 회복하는 것도 이 도를 위한 계책에 달렸습니다. 전라도의 감사가 재차 부임하여 나랏일에 힘쓰고, 절도

---

48 임진년 9월 1일 닭이 울 때 이순신이 출항하여 진시에 몰운대를 지났는데, 화준구미에서 왜선 5척을 만나고 다대포 앞바다에서 왜선 8척을 만났다고 보고하였다.〈부산파왜병장〉(1592. 9. 17)

사는 오랫동안 다른 도에 머물면서 군사와 말을 정선하여 부리되, 무기와 군량은 이곳으로 다 보내고, 진영과 보루에 방어할 군사를 정하는 일에 있어서도 또한 각각 반씩 선발하여 데려왔습니다. 그런데 군사들이 늙고 중도에서 기근과 추위가 함께 이르러 과반수가 패하여 달아났습니다. 비록 혹 패하여 달아나지 않은 자가 있어도 굶주림과 동상이 너무 심하여 사망하는 일이 연이었는데, 큰 고을의 경우는 3백여 명이 됩니다. 이런 상황에 강성한 사람을 가려내어 진압할 날을 정하고 출정을 독촉하니, 한 도가 소하였습니다. 게다가 소모사(召募使)가 내려와서 남은 군사들을 징발하고, 각 진영과 포구에 방어군을 나누고 여러 고을의 수비 군사들도 그 정한 기일 내에 뽑아서 충원하니, 한 도가 소동하여 행할 바를 알지 못하였습니다. 이 도를 보전하기가 어려운 것은 뻔한 일이니, 길에서 통곡하고 있으며, (…).

지난 9월 왕명서 내용에, "각 고을의 떠도는 군사와 침탈이 미친 친척과 이웃에게 일체 세금을 면제하라"고 간곡히 글을 내리셨으니, 백성을 곤경에서 해방시키는 일은 무엇보다도 급한 일입니다. 큰 적이 각 도에 가득하여 무고한 백성들은 몇 십만 명인지 알 수 없으나 모두 그 해독을 입었습니다. 종묘사직과 도성도 보전할 수 없게 되었으니, 이에 대해 말하고 생각하노라면 애통함이 불에 타고 칼에 베이는 듯합니다.

지난 초하루에 10명의 군사가 방비하러 온 고을에서 친척과 이웃에게는 군역을 면제하라는 명령을 들었는데, 그 다음의 초하루에는 방비에 들어갈 사람이 겨우 서너 명입니다. 어제의 10명 되는 유방군이 오늘은 너댓 명도 안 되니 몇 달도 안가서 변방의 진영은 모두 텅 비고 진의 장수는 혼자서 빈 성을 지켜 어찌할 바를 모를 것입니다. 만약 이전의 법규를 따른다면 임금의 하교를 어기는 것이고, 내린 교서를 따른다면 적을 방어함에 대책이 없는 것이니, 이 사이에서 유리한 점을 밤낮으로 생각하여 체찰사에게 보고하였습니다. 그 회답 내용은 "한 집안에 부과하는 폐단은 백성을 심히 병들게 하는 것이라고 간곡히 하교하셨기에 마땅히 따라 행하기에도 겨를이 없지만, 그 보고한 사연 또한 일리가 있으니, 백성을 편안케 하고 적을 방어하는 데에 두 가지 모두 유리함을 얻을 수 있다."고 하였습니다. 각 고을에 죽은 자가 자손이 모두 끊어진 경우에는 명부에 적지 말라고 공문을 보냈습니다.

대개 전라도는 나누어 방어할 군사가 경상도의 사례와는 같지 않습니다. 좌·우수영에는 3백 2십여 명이고 각 진영과 포구에는 혹 2백 명, 또는 혹 1백 5십여 명씩 나누어 방어하였는데, 그 중에서 오래 전에 도망가서 죽어 본래 배정받지 못한 자는 10에 7, 8입니다. 간신히 자신이 현재 살아 있는 자를 거두었으나 모두 노쇠하여 변방을 지키기에 적합하지 않으니, 그 형세야 어쩔 수 없는 것입니다. 물론 한 집안들은 숫자를 채워 번을 서서 방비케 할지라도 대부분 탈이 났다고 소장을 올리고 있고, 나아오되 아직 방비하러 오지 않은 자는 혹 장정을 모집하는 중에 이름만 속해 있어서 서로 간에 서로 엇갈리게 되었습니다. 결국은 일일이 조사할 수 없게 되어 그 사이에서의 고통은 다 말할 수 없습니다. 신(臣)은 이런 폐단을 모르는 바 아니지만, 큰 적이 앞에 있어서 방어할 일이 매우 급하니, 이 폐단이 오래전부터 있는 병이라고만 여겨 방어하는 것을 줄여서는 안될 것입니다.

전례를 따라 출발을 독촉하는 것은 한편으로 배의 격군을 채울 수 있고, 한편으로 성을 지킬 수 있는 일입니다. 이 방법을 사용하여 5번 적에게 나아가고 14번 승전한 것이 이미 8달 전에 겪은 일입니다. 대저 나라의 울타리를 한번 잃으면 그 해독은 심장부에까지 미치게 되니, 이것은 실로 이미 경험한 일입니다. 신의 어리석고 망령된 계책으로는, 먼저 전례를 따라 변방의 방어를 견고하게 한 다음 차츰 조사하고 밝히어 군사와 백성의 고통을 구하는 것이 바로 지금의 가장 급선무입니다.

국가가 호남과는 마치 제(齊)나라의 거(莒), 즉묵(卽墨)49과 같은 것이니, 이는 바로 온몸에 고질병이 있는 자가 구원하기 어려운 다리 하나만을 겨우 간호하는 것과 같습니다. 그러나 많은 군마들이 이곳(호남)을 휩쓸고 나갔습니다. 명나라의 대제독 이여송(李如松)50이 수십만 명의 정병을 거느리고 평양·개성·한양 세 수도의 왜적을 쳐서 멸망시키고, 곧장 부산으로 내려가 남은 무리가 없이 소탕하고 돌아왔습니다.

---

49 거(莒)와 즉묵(卽墨)은 전국 시대 제(齊)나라 때의 고을 이름이다. (현 산동성 동남지역). 연(燕)나라 소왕(昭王) 때 장수 악의(樂毅)가 제후와 연합하여 제나라의 70개 성과 임치(臨淄)를 함락시켰는데, 유독 거와 즉묵만은 항복하지 않았다. 여기서는 호남이 거와 즉묵처럼 함락되지 않고 끝까지 지킬만한 요새로 비유하였다.

50 이여송(李如松 ?~1598)은 명나라 제독으로서 1592년 12월 4만 군사를 이끌고 압록강을 건너오고, 1593년 1월 평양에서 고니시 유키나가의 군사를 물리쳤다. 그러나 벽제관 전투에서 고바야카와 다카카게(小早川隆景)에게 패하자, 계사년 8월 황제에게 철수하기를 청하고 돌아갔다.

拾氤

계사년

2, 3월 이순신은 웅포 해전을 7차례 치르고, 5월 참전 중에 중단했던 일기를 다시 쓰기 시작했다. 6월 2차 견내량 해전을 치르고, 7월 진영을 여수에서 한산도로 옮기고, 8월 15일 삼도수군통제사가 되었다. 진영에서 둔전을 운영하고 고기잡이와 소금 만들기, 질그릇 굽기 등을 시행하여 군량을 비축하였다. 12월 장계를 올려 진중에 무과를 설치하였다.

임진왜란 약사

1월 이여송부대가 평양성을 수복했으나 벽제관 전투에서 패했다. 2월 권율이 행주대첩을 이루고 3월 도요토미 히데요시가 한양철수를 명했다. 심유경이 왜장과 강화를 시작했다. 4월 일본군이 남하를 시작하고 경상우도 순찰사 김성일이 사망했다. 일본군 토벌작전을 벌이나 명군이 소극적이었다. 6월 2차 진주성전투에서 패배하고 9월 이여송이 요동으로 돌아가고 10월 선조가 한양으로 돌아왔다. 유성룡이 영의정이 되었다. 겨울에 기근과 전염병이 심하고 명나라부대가 철수를 준비하였다.

계사년(1593)

만 번 죽을지라도 한 번 살려는 계책을
돌아보지 않으니 분한 마음이 그지없다.

2월
웅포해전을 치르다

계사년 2월은 크게 길하다.

1일병술 종일 비가 내렸다. 발포 만호(황정록), 여도 권관(김인영), 순천 부사(권준)가 와서 모였다. 발포 관리 최이(崔己)를 두 번이나 군법을 범한 죄로 처형했다.

2일정해 늦게 갬. 녹도의 임시 장수, 사도 첨사(김완), 흥양 현감(배흥립) 등의 배가 들어왔고 낙안 군수(신호)도 왔다.

3일무자 맑음. 여러 장수들이 거의 다 모였는데, 보성 군수(김득광)는 오지 않았다. 동쪽 웃방으로 나가 앉아 순천 부사, 낙안 군수, 광양 현감(어영담)과 한참 동안 의논하고 약속하였다. 이 날 영남에서 옮겨온 귀화인 김호걸(金浩乞)과 나장 김수남(金水男) 등이 명부에 오른 격군 80여 명이 도망갔다고 보고하면서도 뇌물을 많이 받고 붙잡아 오지 않았다. 그런 까닭에 군관 이봉수, 정사립[1] 등을 몰래 파견하여 70여 명을 찾아서 잡아다가 각 배에 나눠두고, 김호걸, 김수남 등을 그날로 처형했다. 밤 8시경부터 비바람이 크게 불었는데, 여러 배들을 간신히 구호했다.

4일기축 늦게 갬. 성 동쪽이 9발 무너졌다. 객사 동헌에 나가 공무를 보았다. 오후 6시경에 비가 많이 내리더니 밤새도록 그치지 않고 바람도 몹시 사납게 불어 각 배들을 구호하기에 힘이 들었다.

5일경인 경칩이라 둑제[2]를 지냈다. 비가 물 퍼붓듯이 내리더니 늦게 비로소 개었다. 아침 식사 후 중간 대청으로 나가 공무를 보았다. 보성 군수(김득광)는 밤새워 육로로 달려 왔다. 뜰에 붙잡아 놓고 기한에 늦은 죄를 추국하여 문초하니, "순찰사(권율)와 도사 등이 명나라 군사를 접대하는 파견 관리로 명했기에 강진, 해남 등의 관청에 불려 갔다."고 하였다. 이 역시 공무이므로 그 대장(代將)과 도훈도, 그리고 아전 등을 논죄했다. 이날 저녁에 서울 친구 이언형과 전별하는 술자리를 가졌다.

6일신묘 아침에 흐리더니 늦게 갰다. 새벽 2시경에 첫 나발을 불고, 동틀 무렵에 둘째, 셋째 나발을 불고서 배를 띄우고 돛을 달았다. 오시에 역풍이 잠시 불어와서 저물녘에 사량(통영 서해)에 도착하여 잤다.

7일임진 맑음. 새벽에 출발하여 곧장 견내량에 이르니, 경상우수사 원균이 이미 먼저 와 있어서 함께 이야기했다. 기효근도 와서 보고, 이영남[3]과 이여념[4]도 왔다.

---

1 정사립(鄭思立 1561~?)은 태인현감을 지내고 문장이 뛰어나서 이순신의 휘하에서 장계와 문서의 초안을 작성하였다.

2 둑제(纛祭)는 군대의 행렬 앞에 세우던 대장기에 지내는 제사이다. 봄에는 경칩에, 가을에는 상강에 지낸다.

3 이영남(李英男 1566~1598)은 소비포 권관으로서 여러 해전 및 명량해전에서 전공을 세우고 노량해전에서 전사하였다.

4 이여념(李汝恬 1561~?)은 원균 휘하의 사량권관으로서 협선을 타고 옥포와 부산포, 당항포 해전에 참전했다.

8일계사　맑음. 아침에 영남 우수사(원균)가 내 배로 와서 전라 우수사(이억기)가 기한에 늦은 잘못을 꾸짖고 지금 먼저 출발한다고 했다. 내가 애써 말려 기다리게 하고 "오늘 해가 중천에 떴을 때 도착할 것이다."라고 약속했더니, 과연 오시에 돛을 달고서 진영에 왔다. 이를 보고 기뻐서 날뛰지 않는 이가 없었다. 그러나 온 것을 보니 거느리고 온 배가 마흔 척밖에 안되었다. 바로 그 날 오후 4시 경에 출항하여 초저녁에 온천도(칠천도)에 이르렀다. 본영에 편지를 보냈다.

9일갑오　첫 나발을 불고 둘째 나발을 불고 나서 다시 날씨를 보니 비가 내릴 징후가 많으므로 출발하지 않았다. 큰비가 종일 내려 그대로 머물러 출발하지 않았다.

10일을미　아침에 흐렸으나 늦게 갰다. 오전 6시경에 출항하여 곧장 웅천과 웅포에 이르니,[5] 적선이 여전히 줄지어 정박해 있었다. 두 차례 유인했으나, 우리 수군에 이미 겁을 먹고는 나왔다가 돌아갔다 하여 끝내 잡아 섬멸하지 못하였다. 매우 통분한 일이다. 밤 10시경에 영등포 뒤 소진포(거제 송진포리)로 돌아가 정박하고서 밤을 지냈다. 이에 병신일(11일) 아침에 순천 탐후선이 돌아갈 예정이어서 본영에 편지를 보냈다.

11일병신　흐림. 군사를 쉬게 하고 그대로 머물렀다.

12일정유　아침에 흐리다가 늦게 개었다. 삼도의 군사가 일시에 새벽에 출항하여 곧장 웅천과 웅포에 가니, 왜적들은 어제와 같았다. 나아갔다 물러갔다하며 유인했지만, 끝내 바다로 나오지 않았다. 두 차례 뒤쫓았으나 잡아 섬멸하지 못했으니, 이를 어찌하겠는가. 매우 통분한 일이다. 이 날 저녁에 도사가 우후에게 공문을 보냈는데, 명나라 장수에게 줄 군용 물품을 배정한 것이라고 했다. 초경에 칠천도에 이르자 비가 크게 쏟

5　2월 10일부터 3월 6일까지 이순신이 원균, 이억기와 함께 7차례 일본군을 공격하여 승리했다. 웅포는 진해 남문동에 있다.

아지더니, 밤새도록 그치지 않았다.

13일무술 많은 비가 물 쏟듯 내리더니 오후 8시경에 비가 그쳤다. 토의할 일로 순천 부사(권준), 광양 현감(어영담), 방답 첨사(이순신)를 불러 이야기하였다. 정담수가 와서 만났다. 활과 화살을 만드는 장인 대방(大邦)과 옥지(玉只) 등이 돌아갔다.

14일기해 맑음. 증조부의 제삿날이다. 이른 아침에 본영의 탐후선이 왔다. 아침 식사 후 삼도의 군사들을 모아 약속할 적에 영남 수사(원균)는 병으로 모이지 않고, 오직 전라좌우도의 장수들만이 모여 약속했다. 다만 우후가 술주정으로 망령된 말을 하니, 그 입에 담지 못할 짓을 어찌 말로 다할 수 있으랴. 어란포(해남 어란리) 만호 정담수, 남도포(진도 남동리) 만호 강응표도 마찬가지다. 이렇게 큰 적을 맞아 토벌을 약속하는 때에 함부로 술을 마셔 이 지경에 이르니, 그 사람됨을 더욱 말로 나타낼 수가 없다. 통분함을 이길 길이 없다. 저녁에 헤어져서 진 친 곳으로 왔다. 가덕 첨사 전응린이 와서 만났다.

15일경자 아침에 맑더니 저녁에 비가 내렸다. 날씨가 온화하고 바람도 일지 않았다. 과녁을 걸어 놓고 활을 쏘았다. 순천 부사(권준), 광양 현감(어영담)이 왔다. 사량 만호 이여념, 소비포(고성 동화리) 권관 이영남, 영등포 만호 우치적[6]도 같이 왔다. 이 날 순찰사(권율)의 공문이 왔는데, "명나라 조정에서 또 수군을 보내니 미리 알아서 처리하라."는 것이었다. 또 순찰사의 영리(아전)가 보낸 보고서에는 "명나라 군사가 2월 1일에 서울에 들어와 적의 무리들을 모두 섬멸했다."고 하였다. 저물녘에 원평중(원균)이 와서 만났다.

16일신축 맑음. 늦은 아침에 바람이 크게 불었다. 소문에 영의정 정철(鄭

---

[6] 우치적(禹致績 ?~1628)은 영등포 만호로서 원균을 도와 옥포, 적진포, 합포에서 참전하고 1596년 순천부사를 지내고 1598년 노량해전 때 적장을 사살하였다.

澈)이 사은사(謝恩使)가 되어 북경에 간다고 했다. 따라서 여행 물품명세서를 정원명(鄭元明)[7]에게 부치면서 그 사신 편에 전하도록 하였다. 오후에 우수사(이억기)가 와서 만나고 함께 밥을 먹고서 돌아갔다. 순천 부사와 방답 첨사도 와서 만났다. 밤 10시경에 신환과 김대복[8]이 임금의 전서(傳書), 교서 두 통과 부찰사(김찬)의 공문을 가지고 왔다. 이를 통해 "명나라 군사들이 바로 송도(松都)를 치고, 이달 6일에는 서울에 있는 왜적을 함락시켰다."는 소식을 들었다.

17일임인 흐렸으나 비는 오지 않고 하루 종일 동풍이 불었다. 새벽에 목욕재계를 했다. 이영남, 허정은, 정담수, 강응표 등이 와서 만났다. 오후에 우수사(이억기)에게 가서 만나고 또 새로 온 진도 군수 성언길을 만났다. 우수사와 함께 영남 우수사(원균)의 배에 갔다가 선전관이 왕명서를 가지고 온다는 소식을 들었다. 저녁에 돌아올 때는 도중에 선전관이 왔다는 말을 듣고, 서둘러 노를 저어 진으로 돌아올 때에 선전표신(긴급통보 목패)을 만났으므로 배로 맞아들였다. 왕명서를 받아보니, "급히 적이 돌아가는 길목에 나아가 도망하는 적을 막아 몰살하라."는 내용이었다. 삼가 왕명서를 받았다는 답서를 바로 써 주었는데, 밤은 벌써 2시경이 되었다.

18일계묘 맑음. 이른 아침에 군사를 움직여 웅천에 이르니 적의 형세는 여전했다. 사도 첨사(김완)를 복병장으로 임명하여 여도 만호(김인영), 녹도 가장, 좌우별도장, 좌우돌격장, 광양 2선, 흥양 대장, 방답 2선 등을 거느리고 송도(松島, 진해)에 매복하게 하고, 모든 배들로 하여금 유인케 하

---

7 정원명(鄭元明)은 정상명(鄭翔溟)의 형이며 송강 정철의 조카이다. 이순신의 휘하에서 한산도 등을 오가며 전령을 전하고, 동생 상명과 함께 한산해전에서 전공을 세웠다.

8 김대복(金大福)은 재종형 김억추와 함께 의병을 모았다. 을미년 7월 적을 추격하다가 왜장 두 명을 팔에 끼고 함께 바다에 빠져 죽었다.

니, 적선 여남은 척이 뒤따라 나왔다. 경상도 복병선 5척이 재빨리 출동하여 뒤를 쫓을 때, 다른 복병선들이 돌진해 들어가 적선을 에워싸고 수없이 발사하니, 왜적으로 죽은 자가 부지기수였다. 한 놈의 목을 베고 났더니 적의 무리가 크게 꺾여 끝내 뒤따라 오지 못하였다. 날이 저물기 전에 여러 배를 거느리고 원포(院浦, 진해 서원포)에 가서 물을 길었다. 어두워져서 영등포 뒷바다로 돌아왔다. 사화랑(명동 앞바다)의 진영에서 밤을 지냈다.

19일갑진 맑음. 서풍이 크게 불어 배를 띄우지 못하고 그대로 머물러 출발하지 않았다. 남해 현령(기효근)에게 붓과 먹을 보냈더니 저녁에 남해 현령이 와서 사례하였다. 고여우(高汝友)와 이효가(李孝可)도 와서 만났다. 그대로 사화랑에 진을 치고 있었다.

20일을사 맑음. 새벽에 배가 출항하자 동풍이 잠깐 불더니, 적과 교전할 때에는 큰 바람이 갑자기 불었다. 각 배들이 서로 부딪쳐 파손되어서 거의 배를 제어할 수 없었다. 즉시 나팔을 불고 초요기[9]로 싸움을 중지시키니, 여러 배들이 다행히 크게 손상되지는 않았다. 그러나 흥양의 1척, 방답의 1척, 순천의 1척, 본영의 1척이 부딪쳐 깨졌다. 날이 저물기 전에 소진포로 가서 물을 긷고 밤을 지냈다. 이 날 사슴 떼가 동서로 달려가는데, 순천 부사(권준)가 1마리를 잡아 보냈다.

21일병오 흐리고 바람이 크게 불었다. 이영남과 이여념이 와서 만났고 우수사 원영공(원균)과 순천 부사, 광양 현감(어영담)도 와서 만났다. 저녁에 비가 내리더니 자정에 그쳤다.

22일정미 새벽에 구름이 어둡고 동풍이 크게 불었다. 적을 토벌하는

---

9 초요기(招搖旗)는 전쟁이나 행군할 때 대장이 장수들을 지휘하는 데 쓰던 군기이다. 기의 청색 바탕에 7번째 북두성(초요)을 그렸는데, 좌우에 백색의 화염을 그렸다. 대장이 장수를 부를 때 사용한다.

일이 급하므로 출항하여 사화랑에 가서 바람이 자기를 기다렸다. 바람이 그친 듯하기에 길을 재촉하여 웅천에 이르러 두 승장(삼혜·의능)과 의병 성응지를 제포(薺浦)로 보내어 장차 육지에 오르려는 것 같이 하고,[10] 우도의 여러 장수들의 배들은 부실한 것을 골라 동쪽으로 보내어 역시 육지에 오르려는 것 같이 하였다. 왜적들이 분주히 우왕좌왕할 때 전선을 모아 곧바로 뚫고 들어가니, 적들은 세력이 나뉘고 힘이 약해져서 거의 다 섬멸되었다. 발포 2선과 가리포 2선이 명령도 안했는데 돌입하다가 얕고 좁은 곳에 걸려 적이 틈을 탄 것은 매우 통분하여 간담이 찢어지는 듯했다. 얼마 후 진도의 지휘선이 적에게 포위되어 거의 구할 수 없게 되자, 우후(이몽구)가 바로 들어가 구해 냈다. 경상 좌위장과 우부장은 보고도 못 본 체하고 끝내 구하지 않았으니, 그 어이없는 짓을 말로 다할 수 없다. 매우 통분하다. 이 때문에 수사(원균)를 꾸짖었는데 한탄스럽다. 오늘의 분함을 어찌 다 말할 수 있으랴! 모두가 경상도 수사(원균) 때문이다. 돛을 펴고 소진포로 돌아와서 잤다. 아산에서 뇌(蕾)[11]와 분(芬)[12]의 편지가 웅천 전쟁터에 왔고, 어머니의 편지도 왔다.

23일무신 흐렸으나 비는 오지 않았다. 아침에 우수사가 와서 만났다. 식후에는 원수사(원균)가 왔고, 순천 부사(권준), 광양 현감(어영담), 가덕 첨사(전응린), 방답 첨사(이순신)도 왔다. 이른 아침에는 소비포 권관(이영

---

10   이순신의 장계에 보면, "순천의 삼혜(三惠)를 시호별도장으로, 흥양의 의능(義能)을 유격별도장으로 삼아 소집할 때, 순천 보인 성응지 등이 의병을 일으키니, 성응지는 본부의 수비를 맡고 삼혜는 순천에서 진지를 주둔시키고 의능은 본영을 지키게 하였다."고 하였다.

11   이뇌(李蕾 1561~1648)는 이순신의 맏형 이희신(李羲臣)의 맏아들이다.

12   이분(李芬 1566~1619)은 이순신의 맏형 이희신의 둘째 아들이다. 임진왜란 때 성천(成川)으로 피난하여 정구(鄭逑)에게 학문을 배우고 이순신에게 와서 문서를 담당했다. 《충무공행록》을 지었다.

남), 영등포 만호(우치적), 사량 첨사(이여념) 등이 와서 만났다. 원수사는 그 흉악하고 음험함을 무어라 표현할 수 없었다. 최천보가 양화(楊花, 양평 양화진)에서 내려와 명나라 군사들의 기별을 자세히 전하고 아울러 조도 어사의 편지와 공문을 전하고 그날 밤 돌아갔다.

24일기유 맑음. 새벽에 아산과 온양에 보낼 편지와 집에 보낼 편지를 함께 써서 보냈다. 아침에 출발하여 영등포 앞바다에 이르니, 비가 크게 내려 곧바로 배를 댈 수 없으므로 배를 돌려 칠천량으로 돌아왔다. 비가 그치자 우수사 이억기, 순천 부사, 가리포 첨사, 진도 군수 성언길과 함께 장막에서 조용히 이야기했다. 초저녁에 배 만드는 기구를 들여보내는 일로 패자(문서)와 홍양에 보낼 공문를 써 보냈다. 양미 90되로 말총을 바꾸어 보냈다.

25일경술 맑음. 바람결이 순하지 않아 그대로 칠천량에 머물렀다.

26일신해 바람이 크게 불었다. 하루 종일 머물렀다.

27일임자 맑았으나 바람이 크게 불었다. 우수사 이 영공(이억기)과 만나 이야기했다.

28일계축 맑고 바람도 없다. 새벽에 출발하여 가덕에 이르니, 웅천의 적들은 움츠리고 있어 나와서 대항할 생각이 조금도 없는 듯 했다. 우리 배가 바로 김해강(부산 서낙동강) 아래쪽 독사리항(녹산공원 부근)으로 향하는데, 우부장이 변고를 알리므로, 여러 배들이 돛을 펴고 곧장 가서 작은 섬을 에워쌌다. 경상 수사의 군관과 가덕 첨사의 정탐선 2척이 섬에서 들락날락하는데, 그 모습이 매우 황당하므로 잡아다가 영남 수사(원균)에게 보냈더니 수사가 크게 화를 냈다. 그의 본뜻은 모두 군관을 보내어 어부가 건진 사람의 머리들을 찾아내는 데 있었기 때문이다. 초경에 아들 염(苒)[13]이 왔다. 사화랑에서 잤다.

---

13 염(苒 1577~1597)은 이순신의 셋째 아들로, 후에 면(葂)으로 고쳤다. 명량해전 이

29일갑인 흐림. 바람이 거세질까 염려되어 배를 칠천량으로 옮겼다. 우수사 이 영공이 와서 만났다. 순천 부사, 광양 현감도 왔다. 경상 수사(원균)가 와서 만났다.

30일을묘 종일 비가 내렸다. 배의 뜸¹⁴ 아래에 웅크리고 앉아 있었다.

3월
웅천에서 왜군을 섬멸하다

1일병진 잠깐 맑다가 저녁에 비가 왔다. 방답 첨사(이순신)가 왔다. 순천 부사(권준)는 병으로 오지 못했다.

2일정사 온 종일 비가 왔다. 배의 뜸 아래에 웅크리고 앉았으니, 온갖 생각이 가슴에 치밀어 마음이 어지러웠다. 이응화(李應華)를 불러 한참 동안 이야기하다가 그길로 순천의 배를 보내어 순천 부사의 병세를 살펴보라고 했다. 이영남과 이여념이 와서 원균의 비리를 들으니 더욱더 한탄스러울 뿐이었다. 이영남이 왜군의 작은 칼을 두고 갔다. 이영남을 통해 들으니 "강진에 사는 2명이 살아서 돌아왔는데, 고성으로 붙잡혀 가서 문초를 받고 왔다."고 한다.

3일무오 아침에 비가 왔다. 오늘은 답청절이나 흉악한 적들이 물러가지 않아 군사들을 데리고 바다에 떠 있어야했다. 명나라 군사들이 서울에 들어 왔는지를 듣지 못하니, 근심스러움을 말로 다하기 어렵다. 하루 종

후 모친을 모시고 아산집에 가 있다가 분탕하는 왜적을 공격하다가 길에서 21세의 나이로 복병의 칼을 맞아 죽었다.

14 배의 뜸은 짚, 띠, 부들 따위로 거적처럼 엮어 만든 것으로 비, 바람, 햇빛을 막는 데 쓴다.

일 비가 내렸다.

4일기미 비로소 개었다. 우수사 이 영공이 와서 종일 이야기했다. 원 영공(원균)도 왔다. 순천 부사(권준)가 병으로 몹시 아프다고 한다. 듣자 하니, 명나라 장수 이여송은 북로(함경도)로 간 왜적들이 설한령(함흥 경계)을 넘었다는 말을 듣고 개성까지 왔다가 황해도와 평안도로 되돌아갔다는 기별이 왔다. 비통하고 번민한 심정을 참을 수 없다.

5일경신 맑았지만 바람이 매우 사납다. 순천 부사(권준)가 병으로 도로 돌아간다기에 아침에 직접 만나보고 전송했다. 탐후선이 왔다. 내일 적을 토벌하자고 서로 약속하였다.

6일신유 맑음. 새벽에 출발하여 웅천에 이르니, 적의 무리가 육지로 다급하게 달아나 산 중턱에 진을 만들었다. 관군들이 쇠 탄환과 짧은 화살을 비 오듯이 난사하니 죽은 자가 매우 많았다. 포로로 잡혀갔던 사천(泗川)의 여인 한 명을 빼앗아 왔다. 칠천량에서 잤다.

7일임술 맑음. 우수사(이억기)와 이야기했다. 초저녁에 출항하여 걸망포에 이르니, 날은 이미 새었다.

8일계해 맑음. 한산도로 돌아와 아침밥을 먹은 뒤 광양 현감(어영담), 낙안 군수(신호), 방답 첨사(이순신) 등이 왔다. 방답 첨사와 광양 현감은 술과 음식을 많이 준비해 왔고, 우수사(이억기)도 왔다. 어란포 만호(정담수)도 소고기 음식 몇 가지를 보내 왔다. 저녁에 비가 왔다.

9일갑자 하루 종일 궂은비가 내렸다. 원식(元埴)[15]이 와서 만나고 돌아갔다.

10일을축 맑음. 아침 식사 후에 출항하여 사량으로 향했다. 낙안 사람이 행재소[16]에서 와 말을 전하기를, "명나라 군사들이 이미 개성까지 왔는

---

15 원식(元埴)은 원균의 사촌동생으로 승정원 좌승지 겸 경연참찬관을 지냈다.
16 행재소는 임금이 궁궐을 떠나 멀리 거동할 때 임시로 머무는 곳이다.

데, 연일 비가 와서 길이 질어 행군하기가 어려우므로 날이 개기를 기다렸다가 서울로 들어가기로 약속했다."고 한다. 이 말을 듣고는 매우 기뻐서 뛰며 어쩔 줄 몰랐다. 첨사 이홍명이 와서 만났다.

11일병인 맑음. 아침 식사 후 원수사(원균)와 이수사(이억기)가 와서 함께 이야기하고 술도 마셨다. 원수사는 몹시 취하여 동헌으로 돌아갔다. 본영의 탐후선이 왔다. 돼지 세 마리를 잡아 왔다.

12일정묘 맑음. 아침에 각 관청에 공문을 작성하여 보냈다. 본영의 병방(兵房) 이응춘이 문서 작성을 마감하고 갔다. 아들 염(苒)과 나대용, 덕민(德敏), 김인문(金仁問) 등도 본영으로 돌아갔다. 식후에 전라 우영공(이억기)의 임시 숙소에서 바둑을 두었다. 광양 현감(어영담)이 술을 마련해 가져왔다. 자정 무렵에 비가 왔다.

13일무진 비가 크게 내리다가 늦은 아침에 개었다. 이억기와 첨사 이홍명이 바둑을 두었다.

14일기사 맑음. 여러 배로 배 만들 재목을 보내는데 운반하는 일을 다 하고서 왔다.

15일경오 맑음. 우수백(이억기)이 이곳에 왔다. 여러 장수들이 활을 쏜 성적을 보니, 우리 편 장수들이 이긴 것이 66분(分)이다. 그래서 우수사가 떡을 만들어 술과 함께 가져 왔다. 저물녘 비가 크게 내리더니 밤새도록 퍼부었다.

16일신미 늦게 갬. 여러 장수들이 또 활을 쏘았다. 우리 편 여러 장수들이 이긴 것이 30여분이었다. 원 영공(원균)도 왔다가 크게 취하여서 돌아갔다. 낙안 군수(신호)가 아침에 왔기에 고부(古阜)로 가는 편지를 주어 보냈다.

17일임신 맑음. 거센 바람이 종일 불었다. 우수사(이억기)와 함께 활을 쏘았다. 모양이 형편없으니 우습다. 신경황이 와서 왕명서를 전하는 선전관(채진, 안세걸)이 본영에 왔다고 했다. 바로 돌려보냈다.

18일계유　맑음. 거센 바람이 종일 불어 사람들이 함부로 출입하지 못했다. 소비포 권관(이영남)과 아침밥을 먹었다. 우수사와 같이 바둑을 두었는데 이겼다. 남해 현령(기효근)도 왔다. 저녁에 돼지 한 마리를 잡아 왔다. 밤 10시경 비가 왔다.

19일갑술　비가 내렸다. 우수사와 함께 이야기했다.

20일을해　맑음. 우수사와 함께 이야기했다. 오후에 "선전관이 왕명서를 가지고 온다."는 소식을 들었다.

21일병자　맑음.

22일정축　맑음.

* 유성룡에게 보낸 편지 ①

장마가 걷히자 가뭄이 들고 더위가 매우 혹독한데, 삼가 살피지 못하였지만 체후가 어떠하신지요. 우러러 사모하는 마음이 간절합니다. 전날에 앓던 이질이 지금은 어떠하신지요. 삼가 사모하는 마음 간절하여 저의 마음을 감당하지 못하겠습니다. 지난날 두 번이나 보내신 서신을 받고 곧바로 나아가 배알하려했으나 교전할 때에 격분하여 몸을 돌보지 않고 화살과 돌을 무릅쓰고 들어가다가 탄환을 맞은 것이 매우 위중했습니다. 비록 죽을 만큼 다치지는 않았으나 그 뒤로 연일 갑옷을 입고 적과 싸웠으니, 탄환 맞은 헌 상처가 뭉그러져 진물이 흘러 나와 아직도 옷을 입지 못했습니다. 뽕나무 잿물과 바닷물로 밤낮을 이어 가며 씻어도 아직도 차도가 없고, 여러 날 출동 준비를 했으나 아직 신속하게 진군하지 못하니 매우 걱정됩니다. 군대를 동원할 날은 언제로 정하셨는지요.

그런데 이 도의 인심이 흩어져 달아나려고 하는 탓에 늘 징병의 기별을 듣기만하면 모두 달아나 피하고자 하니 통분함을 참을 수 없습니다. 이 뿐만 아니라 어깨뼈를 깊이 다쳐 아직도 팔을 들지 못하고 또한 활시위를 당길 수 없으니, 장차 몸을 버리게 될까 매우 걱정됩니다. 나랏일에 힘쓴다는 이 한 가지 일은 지금에 급급한 것이지만 몸의 병이 이 지경에 이르렀으니, 북쪽을 바라보며 길게 통곡할 따름입니다. 군사를 출발시킬 날은 언제로 정하셨습니까? 요즘 이 도의 인심을 살펴보면, 한번 징집한다는 기별을 듣기만 해도 모두 달아날 계획만을 생각하고 있습니다. 연해의 사람들이 거의 다 흩어져 달아나며 말하기를, "물길을 따라 관서지방(평안·황해북부)으로 옮겨 가면 되돌아 올 것을 기약하기 어렵고, 바닷가 땅에서는 방어하여 지킬 사람도 없어 장차 적의 소굴이 될 것이니, 부모와 처자를 다시 만나볼 수 없을 것이다."라고 하였습니다. 인심의 이산함이 이 지경에 이르렀으니, 어떻게 통제하여 모이게 할 수 있겠는지요.[17]

* 유성룡에게 보낸 편지 ②

삼가 살피지 못하였지만 체후가 어떠하신지요. 우러러 그리워함이 간절하여 저의 마음을 감당하지 못하겠습니다. 일찍이 영감께서 건강이 좋지 않으시다는 말을 듣고도 먼 바다에서 변방을 지키느라, 쉽게 문후를 드리지 못하여 매우 걱정됩니다. 이 곳 적의 형세는 요

---

17 이와 유사한 내용이 《충무공전서, 잡저》에 〈상모인서(上某人書)〉라는 제목으로 실려 있다. 이는 이순신이 유성룡에게 보낸 편지의 초고 내용으로, 사천해전 당시 부상 입은 사실을 언급하였다.

즘 다른 형적이 없고, 연일 정탐해보면 굶주린 기색이 많습니다. 그들의 뜻은 반드시 곡식이 익을 때에 있고, 우리나라의 방비는 곳곳이 허술하여 방어하여 지키는 형세가 전혀 없습니다.

왜놈들이 기이하게 여기는 것은 수군인데 수군으로서 전쟁에 나아가는 자가 없고, 각 고을의 수령이 관찰사에게 공문을 보내도 감독할 뜻이 조금도 없습니다. 군량은 더욱 의뢰할 곳이 없어 온갖 생각을 해봐도 조치할 방도를 알 수 없으니, 수군에 관한 한 가지 일도 장차 행하지 못할 것입니다. 저와 같은 이의 한 몸은 만 번 죽어도 아깝지 않지만 나랏일에 있어서는 어떠하겠는지요. 전라도에 새로 온 관찰사와 원수조차도 연해에 있는 수군의 양식은 군관을 보내어 곳간을 털어 싣고 갔습니다.

저는 다른 도의 먼 바다에 있어서 조치할 방도가 없고 형세가 이 지경에 이르렀으니 어찌하겠습니까. 만약 특별히 수군 어사를 보내어 수군에 관한 일을 총괄하여 검사하게 한다면 그 형세는 일을 이룰 수 있을 것입니다. 그런 까닭에 장계를 올렸으나 아직 조정의 의사를 알 수 없습니다. 종사관 정경달[18]이 둔전을 감독하는 일에 심력을 다하였는데, 전 관찰사의 공문에는 "관찰사 이외에는 둔전을 계속 경작할 수 없으니 일체 검사하지 말라"고 한다니 그 뜻을 알 수가 없습니다. 정공(丁公)이 이제는 함양군수가 되었다고 하니 그 감독하던 일도 장차 허사가 될 것 같아 매우 걱정됩니다. 곡식을 수확하는 동안만이라도 그대로 유임시킬 수는 없겠는지요.[19] (4월의 일기는 빠져있다)

---

18 정경달(丁景達 ?~?)은 선산군수로서 의병을 모아 김성일, 조대곤과 함께 왜적을 금오산 아래에서 대파하였다. 1594년 이순신의 종사관이 되어 방어책을 세우고 이순신이 정유년에 투옥되었을 때 왕에게 무죄이니 죽여서는 안된다고 했다.

19 이와 유사한 내용이 《충무공전서, 잡저》에 〈上某人書2〉라는 제목으로 실려 있다.

5월
명나라의 패문이 왔다

* 아래 지문은 별지로 된 첨지에 적힌 내용이다.(편집자 주)

글로 적기를 생각했으나 바다와 육지를 오가느라 매우 바쁘고 또 한 쉴 새가 없어서 잊어둔 지 오래였다. 여기서부터 이어 적는다.

1일갑인 맑음. 새벽에 망궐례를 행했다.

2일을묘 맑음. 선전관 이춘영(李春榮)이 왕명서를 가지고 왔는데, 대개 도망가는 적을 막아 죽이라는 것이었다. 이날 보성 군수(김득광)와 발포 만호(황정록) 두 장수가 와서 모이고 그 나머지 여러 장수들은 정한 기일을 미루었기 때문에 모이지 않았다.

3일병진 맑음. 우수사(이억기)가 수군을 거느리고 오기로 약속했으나, 수군이 많이 뒤처져서 한탄스럽다. 이춘영(선전관)이 돌아가고 이순일(李純一)이 왔다.

4일정사 맑음. 오늘이 어머님의 생신이었으나 이 토벌하는 일 때문에 가서 장수를 비는 술잔을 올리지 못하니 평생의 한이 되겠다. 우수사 및 군관들과 함께 진해루(鎭海樓, 전라좌수영내 누각)에서 활을 쏘았다. 순천 부사(권준)도 모여서 약속하였다.

5일무오 맑음. 선전관 이순일이 영남에서 돌아왔기에 아침밥을 대접하였다. 전하는 말에 "명나라 조정에서 내게 은청금자 광록대부(銀靑金紫光

이 역시 이순신이 유성룡에게 보낸 편지의 초고 내용으로 보인다.

祿大夫)라는 작위를 내렸다."[20]고 하나 이는 잘못 전해진 것 같다. 해가 질 무렵 우수사(이억기), 순천 부사(권준), 광양 현감(어영담), 낙안 군수(신호), 여러 영감들과 함께 앉아 술을 마시며 이야기했다. 또 군관들에게 편을 갈라 활을 쏘게 하였다.

6일기미 아침에 친척 신정씨(愼定氏)와 조카 봉(菶)이 해포(아산 해암리)에서 왔다. 늦게 큰비가 퍼붓듯이 내리더니 온 종일 그치지 않았다. 내와 개울이 불어나서 급히 가득 찼다고 고했다. 농민들이 바란 것이니 매우 다행이다. 저녁 내내 신씨 인척 어른과 함께 이야기했다.

7일경신 흐리나 비는 오지 않았다. 우수사(이억기)와 함께 아침밥을 먹고 진해루로 자리를 옮겨 공무를 본 뒤에 배에 올랐다. 출발하려할 때쯤 발포의 도망간 수군을 처형했다. 순천의 이방(吏房)에게는 급히 나아갈 일을 하지 않았기에 바로 회부하여 처형하려다가 그만두었다. 미조항에 도착하니 동풍이 크게 불어 파도가 산과 같이 일므로 간신히 도착하여 잤다.

8일신유 흐리나 비는 오지 않았다. 새벽에 출발하여 사량 바다 가운데에 이르니, 만호(이여념)가 나왔다. 우수사가 어디에 있느냐고 물었더니, 지금 창신도(남해 창선도)에 있다고 하고, 군사들이 모이지 않아 미처 배를 타지 못했다고 했다. 곧바로 당포에 이르니, 이영남이 와서 만나고 수사(원균)의 망령된 짓이 많음을 상세히 말했다. 여기서 잤다.

9일임술 흐림. 아침에 출발하여 걸망포에 이르니, 바람이 순조롭지 못했다. 우수사와 가리포 첨사(구사직)와 함께 앉아 이야기를 나누었다. 저녁에 원 수사(원균)가 배 2척을 거느리고 와서 만났다.

10일계해 흐리고 비는 오지 않았다. 아침에 출항하여 견내량에 이르

20 중국 조정의 제도에서 정3위가 금자광록대부(金紫光祿大夫)이고, 종3위가 은청광록대부(銀靑光祿大夫)라고 하였다.

렀고 늦게 작은 산마루 위로 올라가 앉아 흥양의 군사를 점검하고 뒤쳐진 여러 장수들의 죄를 처벌하였다. 우수사와 가리포첨사도 모여 함께 이야기했다. 조금 뒤에 선전관 고세충이 왕명서를 가지고 와서 전하였는데, "부산으로 돌아가는 왜적을 가서 무찌르라."는 것이었다. 부찰사의 군관 민종의가 공문을 가지고 왔다. 저녁에 영남 우후 이의득과 이영남이 와서 만났는데, 앉아서 이야기하다가 밤이 깊어서 파하고 돌아갔다. 봉사 윤제현이 진영에 도착했다는 편지가 왔다. 즉시 답장을 보내어 잠시 진영에 머물러 있으라고 하였다.

11일갑자 맑음. 선전관이 돌아갔다. 해가 저물어 우수사가 진을 친 곳에 갔더니, 이홍명과 가리포 첨사가 또한 와 있어서 바둑을 두기도 하였다. 순천 부사가 또 오고 광양 현감이 이어서 왔다. 가리포 첨사가 술과 고기를 내놓았다. 얼마 후 영등포로 적을 탐색하러 갔던 사람들이 돌아와 보고하기를, "가덕 바깥 바다에 적선이 무려 2백여 척이 머물면서 드나들고, 웅천은 또한 전날과 같다."고 하였다. 선전관이 돌아갈 때 편지에 사유를 갖추고, 도원수(김명원) 체찰사(유성룡)에게 보낼 세 통을 공문 1장으로 작성하여 그 3통에 보고하여 결정할 일을 논할 사람도 함께 보냈다. 이 날 남해 현령도 와서 만났다.

12일을축 맑음. 본영의 탐후선이 들어왔는데 순찰사의 공문과 명나라 시랑 송응창의 패문[21]을 가지고 왔다. 사복시의 말 5필을 중국에 진헌하기 위해 보내라는 공문도 왔기에 병방 관리를 보냈다. 늦게 영남(경상) 수사가 왔고 선전관 성문개가 와서 만나니, 임금의 임시 처소의 사정을 자세히 전하였다. 통곡을 참지 못했다. 새로 만든 정철 총통[22]을 비변사로 보

21　송응창(1536~1606)은 이여송과 함께 4만여 병력으로 조선에 왔다. 명일 강화협상을 주도했는데, '왜적을 죽이는 것을 금지하는 패문(禁殺賊牌文)'을 보내고 부산을 먼저 공격하라고 하였다.

22　정철총통(正鐵銃筒)은 이순신이 정철(무쇠를 불려 만든 쇠)로 고안하여 부하 정사준

내면서 흑각궁(무소뿔 활)과 과녁, 화살을 주어 보냈는데, 성씨(문개)는 순변사 이일(李鎰)의 사위라고 했기 때문이다. 저녁에 이영남과 윤동구(尹東耈, 원균의 부하)가 와서 만났다. 고성 현령 조응도[23]도 와서 만났다. 이 날 새벽에 좌도와 우도의 정탐군을 정하여 영등포 등지로 보냈다.

13일병인 맑음. 식후에 작은 산봉우리 정상에 활 과녁을 치고 순천 부사, 광양 현감, 방답 첨사(이순신), 사도 첨사(김완) 및 전라좌우후(이몽구), 발포 만호(황정록)와 함께 편을 갈라서 승부를 겨루고 날이 저물어 배로 내려왔다. 밤에 들으니 영남 우수사(원균)에게 선전관 도언량(都彦良)이 왔다고 한다. 이 날 저녁 바다의 달빛이 배에 가득 하고 홀로 앉아 이리 저리 뒤척이니, 온갖 근심이 가슴에 치밀었다. 자려해도 잠을 이루지 못하고 닭이 울고서야 선잠이 들었다.

14일정묘 맑음. 선전관 박진종(朴振宗)이 왔다. 동시에 선전관 영산(寧山, 함북 부령) 수령 예윤(禮胤)이 또 왕명서를 가지고 왔다. 그들에게서 행조의 사정과 명나라 군사들의 소행을 들으니, 참으로 통탄스럽다. 나는 우수사(이억기)의 배에 옮겨 타고 선전관과 대화하며 술을 여러 잔 마셨는데, 영남우수사 원균이 와서 술주정이 심하여 차마 말할 수 없으니 한 배의 장병들이 놀라고 분개하지 않는 이가 없었다. 그의 거짓된 짓을 차마 말로 할 수 없었다. 영산 수령이 취하여 쓰러져서 인사불성이니 우습다. 이 날 저녁에 두 선전관이 돌아갔다.

15일무진 맑음. 아침에 낙안 군수(신호)가 와서 만났다. 조금 뒤에 윤동구(尹東耈)가 그의 대장 원균이 올린 장계의 초본을 가지고 왔는데, 그의 거짓됨은 이루 말할 수 없다. 순천 부사와 광양 현감(어영담)이 와서 만났

이 만든 총통이다.

23 조응도(趙應道 ?~1597)는 1592년 10월 고성의 장수로서 5백 명의 군사로 진주성을 수비했다. 1596년 고성현감으로 기문포 해전에서 전공을 세우고 정유재란 때 전사하였다.

다. 늦은 아침에 조카 해[24]와 아들 울[25]이 봉사 윤제현과 함께 왔다. 정오에 활쏘는 곳에 가서 순천, 광양, 사도, 방답 등과 승부를 겨루었는데, 나도 활을 쏘았다. 저녁에 배로 돌아와 윤 봉사(尹奉事)와 자세히 이야기했다.

16일기사 맑음. 아침에 적량(남해 진동) 만호 고여우, 감목관 이효가, 이응화, 강응표 등이 와서 만났다. 각 관청의 공문과 청원서를 작성해 주었다. 조카 해(荄)와 아들 회(薈)가 돌아갔다. 몸이 몹시 불편하여 베개를 베고 누워 신음하던 중 "명나라 장수가 중도에서 오래 체류하는 것은 교묘한 계책이 아닐 수 없다."는 말을 들었다. 나라를 위한 걱정이 많던 차에 일마다 이와 같으니, 더욱 탄식이 심히 일고 눈물에 잠겼다. 점심 때 윤 봉사에게서 "서울 관동(종로 명륜동)의 숙모가 양주(楊州) 천천(泉川, 양주 회천읍)으로 피난갔다가 거기서 세상을 떠났다."는 말을 듣고 통곡을 참지 못했다. 어찌 시국의 일이 이렇게 참혹한가. 장사는 누가 주관했을까. 대진(大進)[26]이 먼저 세상을 떠났다고 하니 더욱 더 애통하다.

17일경오 맑음. 새벽 바람이 매우 거셌다. 아침에 순천 부사(권준), 광양 현감(어영담), 보성 군수(김득광), 발포 만호(황정록) 및 이응화(李應華)가 와서 만났다. 변존서가 병 때문에 돌아갔다. 영남 우수사(원균)가 군관을 보내어 진주의 보고서를 가져와 보이니, 내용은 이 제독(이여송)이 지금 충주에 있다는 것이다. 그런데 적들은 사방으로 흩어져 분탕하고 약탈을 하니 매우 통분하다. 종일 바람이 크게 불어 마음이 또한 매우 어지러웠

---

24 해(荄 1566~1645)는 이순신의 형 이요신의 둘째 아들이다. 어모장군과 훈련원 주부를 지냈다.

25 울(蔚 1571~1631)은 이순신의 둘째 아들로, 나중에 이름을 열(莌)로 바꿨다.

26 대진(大進)은 관동(館洞, 종로 명륜동)에 거주한 숙모의 남편으로 보인다.

다. 고성 현령이 군관을 보내어 문안하고, 또 추로[27]와 소고기 한 꿰미와 벌통을 보냈다고 한다. 상중(喪中)이라 받아 두는 것이 미안하지만, 간절한 심정으로 보낸 것을 의리상 되돌려 보낼 수 없으므로 군관들에게 주었다. 몸이 몹시 불편하여 일찍 선실로 들어왔다.

18일신미 맑음. 이른 아침에 몸이 무척 불편하여 온백원[28] 4알을 먹었다. 아침 식사 후 우수사(이억기)와 가리포 첨사(구사직)가 와서 만났다. 잠시 후 시원하게 설사를 하고 나니 몸이 조금 편안해진 듯하다. 사내종 목년(木年)이 해포에서 왔는데, 이 편에 어머니께서 평안하시다는 소식을 들었다. 바로 답장을 보내고 미역 5동도 집으로 보냈다. 이 날 접반사(사신 접대 관리)에게 적의 형세에 대해 공문 세 통을 한 장으로 작성하여 보냈다. 전주 부윤(최립)이 보낸 공문에, "지금 순찰사(권율)가 절제사를 겸하게 되었다."고 하였다. 그러나 도장이 찍히지 않았으니, 그러한 이유를 모르겠다. 방답 첨사(이순신)가 와서 만났다. 대금산(거제 대금리)과 영등 등지의 망보는 군사가 돌아와 보고하기를, "왜적들이 드나들기는 하지만 대단한 흉모는 별로 없다."고 하였다. 협선(작은배) 2척을 새로 만드는데 못이 없다고 하였다.

19일임신 맑음. 봉사 윤제현과 함께 아침밥을 먹었다. 여러 장수들이 애써 권하기에 몸이 불편해도 억지로 먼저 진미를 맛보게 되니, 더욱 더 비통하다. 순찰사(권율)의 공문에는 "명나라 장수 원외랑 유황상(劉黃裳)[29]의 패문에 의하면, 부산의 해상입구에 이미 가서 길을 끊었다."고 하니,

---

27 추로(秋露)는 가을에 내리는 이슬을 받아서 담근 술이다. 이를 추로백(秋露白)이라 하는데 그 맛이 매우 향긋하다.《산림경제》

28 온백원(溫白元)은 주로 소화불량, 심복의 어혈, 황달, 부종, 심통, 학질 등에 복용하는 환약이다.

29 원외랑은 명나라의 6부(이·호·예·병·형·공부)에 속한 관리이고, 유황상(劉黃裳 1529~1595)은 하남의 광주 사람으로 송응창의 보좌관으로서 조선을 구원하러 왔고, 계사년 평양성 전투에서 왜군을 물리쳤다.

즉시 공문을 받았다는 답서를 작성하여 보냈다. 또 공문을 작성하여 보고하여 보내는데, 심부름은 보성 사람이 가지고 가게 했다. 순천 부사(권준)가 소고기 음식 7가지를 보내왔다. 방답 첨사와 이홍명이 와서 만났다. 기효근도 와서 만났다. 영등포 망보는 군사가 와서 별다른 변고가 없다고 보고했다.

20일계유 맑음. 새벽에 대금산 망군이 와서 보고하는데 역시 영등포의 망군과 같았다. 늦게 순천 부사가 오고 소비포 권관도 왔다. 오후에 망군이 와서 보고하기를, "왜선은 나타나지 않았다."고 하였다. 그래서 본영의 군관 등에게 편지를 보내 왜적의 물건을 실어올 일로 흥양 사람을 보내어 가져오게 하였다.

21일갑술 새벽에 배를 출발하여 거제 유자도(거제 귤도)가 있는 바다에 이르니, 대금산의 망보는 군사가 와서 왜적의 출몰이 전과 같다고 보고하였다. 저녁 내내 우수사와 같이 이야기했다. 이홍명도 왔다. 오후 2시경에 비가 내리니 조금 소생하여 농사를 기대할 수 있었다. 이영남이 와서 만났다. 원 수사(원균)가 거짓 내용으로 공문을 돌려 대군을 동요하게 했다. 군중에서 속임이 이러하니, 그 흉포하고 패악함을 이루 말 할 수가 없다. 밤새도록 세찬 바람이 불고 비도 왔다. 새벽녘에 거제 선창에 당도하니 바로 22일이다.

22일을해 비가 내려서 사람들의 바람을 크게 흡족시켰다. 늦은 아침에 나대용이 본영에서 왔는데, 명나라 시랑 송응창의 패문과 그의 수행원이 본도의 도사(都事), 행상호군, 선전관 한 사람과 같이 온다는 통지문을 가지고 왔다. 송시랑의 차원은 전선을 살펴볼 일로 온다고 하니, 바로 우후를 정하고 영접하도록 내보냈다. 오후에 칠천량으로 배를 옮겨 대고 접대의 예를 문의할 일로 나대용을 내보냈다. 저녁에 방답이 와서 명나라 사람 접대하는 일에 대해 말했다. 영남 우수사(원균)의 군관 김준계(金遵繼)가 와서 자기 대장의 뜻을 전했다. 비가 종일 그치지 않았다. 흥양 군관 이호(李琥)가 죽었다는 소식을 들었다.

23일^{병자} 새벽에 흐리고 비는 오지 않더니, 늦게 비가 오락가락하다. 우수사(이억기)가 오고 이홍명도 왔다. 영남 우병사(최경회)³⁰의 군관이 와서 적의 사정을 전했다. 본도의 병사(선거이)³¹의 편지 및 공문이 여기에 왔는데, "창원의 적을 토벌한다지만, 적의 형세가 성대하기 때문에 경솔히 나아갈 수 없다."고 했다. 저녁에 아들 회(薈)가 와서, "명나라 관원이 본영에 와서 배를 타고 올 것이다."라고 전했다. 어두울 무렵 영남 수사(원균)가 와서 명나라 관원 접대하는 일을 의논하였다.

24일^{정축} 비가 오락가락 했다. 아침에 진영을 거제 앞 칠천량의 바다 어귀로 옮겼다. 나대용이 사량 뒷바다(양지리 하도)에서 명나라 관원을 발견하고 먼저 와서, "명나라 관원과 통역관 표헌(表憲)³², 선전관 목광흠(睦光欽)이 함께 온다."고 전했다. 오후 2시 경에 명나라 관원 양보(楊甫)가 진영의 문에 이르자, 우별도장 이설³³에게 마중 보내어 배까지 인도해 오게 하니, 매우 기뻐하였다. 우리 배에 타기를 청하고 황제의 은혜에 재삼 사례하며 더불어 마주 앉기를 청하자, 굳이 사양하여 앉지 않고 선 채로 한참동안 이야기하며 우리 전선의 위용이 성대하다고 매우 칭찬하였다. 예물을 전하자, 처음에는 굳이 사양하는 듯하다가 이를 받고는 매우 기뻐하며 재차 감사함을 표했다. 선전관의 증표를 평상에 놓은 뒤에 조용히

---

30 최경회(崔慶會 1532~1593)는 의병장으로서 장수와 우지치에서 왜군을 물리쳤다. 1593년 6월 진주에서 가토 기요마사 부대와 싸우다 전사했다.

31 선거이(宣居怡 1550~1598)는 진도군수로서 한산도해전에 참전하고 1593년 2월 행주산성에서 적을 물리쳤다. 한산도에서 많은 군량을 비축하고 1594년 9월 장문포 해전에서 공을 세우고 충청수사가 되었다.

32 표헌(表憲)은 선조 때의 역관으로 명나라 사신을 접견하고 명나라와의 교섭문제를 해결하고 송응창의 작전을 도왔다.

33 이설(李渫 1554년~1598)은 이순신의 휘하에서 나대용과 함께 거북선을 만들고, 노량해전에서 전사하였다.

이야기했다. 아들 회가 밤에 본영으로 돌아갔다.

25일무인 맑음. 명나라 관원과 선전관은 숙취가 깨지 않았다. 아침에 통역관 표헌을 다시 오라고 청하여 명나라 장수가 행할 일을 물었다. 그런데 명나라 장수의 뜻이 무엇인지를 알 수가 없어서 다만 왜적을 몰아내려는 것뿐이라고 하였다. 보고에 의하면, "송시랑이 수군의 허실을 알고자 하여 자기가 데리고 온 정탐군 양보를 보냈는데, 수군의 위세가 이렇게도 성대하니 기쁘기 비할 데 없다."고 했다. 늦게 명나라 관원이 본영에 돌아갔으므로 증명서를 준 것도 있다. 오시에 거제현 앞의 유자도 앞 바다 가운데로 진을 옮기고 우수사(이억기)와 함께 한참동안 전쟁을 의논하였다. 광양 현감(어영담)이 오고 최천보와 이홍명이 와서 바둑을 두다가 헤어졌다. 저녁에 조붕[34]이 보러 와서 이야기하고 보냈다. 초저녁이 지나서 영남에서 온 명나라 사람 두 명과 경상우도 관찰사(김륵)의 영리 한 명과, 접반사 군관 한 명이 진영의 문에 이르렀으나 밤이 깊어서 들어오지 못했다.

26일기묘 비가 내렸다. 아침에 명나라 사람을 만나보니, 그는 절강성의 포수 왕경득(王敬得)이었다. 글자는 조금 알고 있어 한참 동안 대화했으나 알아듣지 못하여 매우 한탄스러웠다. 순천 부사(권준)가 개고기를 차려 놓았다. 광양 현감도 와서 우수사 영공(이억기)과 함께 이야기했다. 가리포 첨사는 초청하였으나 오지 않았다. 비가 저녁 내내 그치지 않더니 밤새도록 퍼부었다. 밤 10시경부터 광풍이 크게 일어 각 배들을 고정하지 못했다. 처음에는 우수사의 배와 부딪치는 것을 간신히 구했는데, 또 발포 만호(황정록)가 탄 배와 부딪쳐 거의 부서질 뻔한 것을 겨우 면하였다. 송한련이 탄 협선은 발포 배에 부딪쳐 부서진 곳이 많다고 한다. 늦

---

34 조붕(趙鵬)은 계사년 창원부에 와서 적세가 성대하다고 보고했다. 임진왜란 때 전 가족이 몰살 당하고 정유재란 때 울산에서 순절하였다.

은 아침에 경상 우수사(원균)가 와서 만나고 돌아갔다. 순변사 이빈(李薲)[35]이 공문을 보냈는데, 지나친 말이 많으니 우습다.

27일경진 비바람에 부딪치게 될까 진을 유자도(귤도)로 옮겼다. 협선 3척이 간 곳이 없더니 늦게야 들어왔다. 순천 부사와 광양 현감(어영담)이 와서 개고기를 차렸다. 경상 우병사(최경회)의 답장이 왔는데, 원수사(원균)가 송경략(송응창)이 보낸 화전(火箭, 불화살)을 혼자서 사용하려고 계책을 세웠다고 한다. 우습고도 우습다. 전라 병마사(선거이)의 편지도 왔는데, "창원의 적을 오늘 토벌하여 평정하려고 했는데, 궂은 비가 개지 않아 실행하지 못했다."고 했다.

28일신사 종일 비가 내렸다. 순천 부사와 이홍명이 와서 이야기했다. 광양사람이 장계를 가지고 돌아왔는데, "독운어사(물자담당) 임발영(任發英)[36]은 위에서 매우 비난하여 아울러 조사하여 처벌하라는 명령을 내렸고, 수군의 한 가족을 징발하는 일도 그전과 같이 하라고 명했다."는 것이다. 비변사에서 공문이 왔는데, "광양 현감은 그대로 유임시킨다."고 하였다. 조정의 관보를 가져와서 보니 나도 모르게 분통이 터졌다. 용호장 성응지에게 그 배를 갈아 탈 수 있도록 전령을 주어 본영으로 내보냈다.

29일임오 비가 내렸다. 방답 첨사와 영등포 만호 우치적이 와서 만났다. 공문을 작성하여 접반사(윤근수), 도원수(김명원(金命元))[37], 순변사(이빈(李

---

35 이빈(李薲 1537~1603)은 평안도 병마절도사로서 1593년 이여송과 함께 평양을 탈환한 뒤 권율과 함께 파주산성을 수비했다. 진주성을 지키지 못하여 탄핵을 받고 1594년 경상도순변사에 복직되었다.

36 임발영(任發英)은 종묘의 신주를 모시고 선조를 의주까지 따라갔다. 안주목사를 지내고 운량사로서 군량을 수송하였다.

37 김명원(金命元 1534~1602)은 팔도 도원수로 한강과 임진강을 방어했으나 왜군을 막지 못했다. 명나라 이여송부대와 평양성을 탈환하고 정유재란 때는 병조판서와 우의정과 좌의정을 지냈다.

賁)), 순찰사(권율), 병마사(선거이), 방어사(이복남) 등에게 보냈다. 밤 10시경에 변유헌[38]과 이수(李銖) 등이 왔다.

30일계미 종일 비가 내렸다. 오후 4시경에 잠깐 개다가 다시 비가 왔다. 아침에 윤 봉사(윤제현)와 변유헌에게 왜적에 관한 일을 물었다. 이홍명이 와서 만났다. 원수사(원균)가 송경략(송응창)이 보낸 화전(불살)을 혼자만 쓰려고 계획하기에 병사의 공문에 따라 나누어 보내라고 하니, 그는 공문을 내라는 말에 심히 못마땅해 하고 무리한 말을 많이 했다. 가소롭다. 명나라의 배신(陪臣)이 보낸 화공 무기인 화전 1,530개를 나누어 보내지 않고 혼자서 모두 쓰려고 하니 그 잔꾀는 심히 말로 다할 수가 없다. 저녁에 조붕이 와서 이야기하였다. 남해 현령 기효근의 배가 내 배 옆에 댔는데, 그 배에 어린 여인을 태우고 남이 알까 봐 두려워했다. 가소롭다. 이처럼 나라가 위급한 때를 당해서도 예쁜 여인을 태우기까지 하니 그 마음 씀이는 무어라 형용할 수가 없다. 그러나 그의 대장인 원 수사(원균) 또한 그와 같으니, 어찌하겠는가. 윤 봉사가 일 때문에 본영으로 돌아갔다가 군량미 14섬을 싣고 왔다.

6월
견내량을 탐색하다

1일갑신 아침에 탐후선이 들어왔다. 어머니의 편지도 왔는데, 평안하

---

38 변유헌(卞有憲)은 갑오년에 이순신 군관이 되었고, 평해 군수 시절 파직을 당하고, 도감장관을 지냈다. 부친이 변기(卞騏)이고, 모친이 이순신의 누이다.

시다고 한다. 정말 다행이다. 아들의 편지와 조카 봉(菶)의 편지도 함께 왔다. 명나라에서 온 관원 양보(楊甫)가 왜놈의 물건을 보고 기쁨을 참지 못했다고 하고, 왜놈의 말안장 하나를 가지고 갔다고 한다. 순천 부사와 광양 현감이 와서 만났다. 탐후선이 왜군의 물건을 가져왔다. 충청 수사 정영공(정걸)이 왔다. 나대용, 김인문, 방응원 및 조카 봉도 왔다. 그 편에 어머니가 평안하심을 알았다. 매우 다행이다. 충청 수사(정걸)와 함께 조용히 이야기하고 저녁밥을 대접했다. 그 편에 들으니, 황정욱(黃廷彧)[39]과 이영(李瑛)이 강가에 나가서 함께 이야기했다고 한다. 개탄스러움을 참지 못했다. 이 날은 맑았다.

2일을유 맑음. 아침에 본영의 공문을 작성하여 보냈다. 온양의 강용수[40]가 진중에 와서 명함을 들여보내고 먼저 경상도 본영으로 갔다. 판옥선과 군관 송두남[41], 이경조, 정사립 등이 본영으로 돌아갔다. 아침 식사 후에 순찰사의 군관이 공문을 가지고 왔다. 적의 정세를 정탐하고 돌아가는데 우수사와 상의하여 답장을 보냈다. 강용수도 왔기에 식량 5말을 주어 보냈다. 원견(元埍)이 같이 왔다고 한다. 정영공이 내 배에 와서 같이 이야기하는데, 가리포 첨사 구사직[42]도 한참 동안 함께 이야기를 나누었다. 저녁에 송아지를 잡아서 나누었다.

---

39 황정욱(黃廷彧 1532~1607)은 호소사가 되어 왕자 순화군을 시종했는데, 회령에서 포로가 되어 가토기요마사의 강요로 항복 권유문을 작성했다. 이듬해 왜군이 철수하면서 석방되었으나 권유문을 쓴 문제로 길주에서 유배 중에 사망했다.

40 강용수(姜龍壽 1575~1626)는 아산에 거주하고 형 봉수(鳳壽)와 함께 전쟁에 참전했다.

41 송두남(宋斗南)은 송전(宋荃)의 아우로 활쏘기를 잘하였다. 이순신의 군관이 되어 조정과 유성룡의 전갈을 전했다. 1596년 동복 현감이 되어 1년간 모후산에서 친족을 잘 보호하였다.

42 구사직(具思稷 ?~1611)은 1593년 11월 충청수사가 되고 노량해전에서 이순신이 판옥선 60여척으로 왜적을 공격할 때 전공을 세웠다.

3일병술 새벽에 맑더니 늦게 큰비가 내렸다. 지휘선에 연기를 그을리기[43] 위해 좌별선에 옮겨 탔다. 막 활쏘기를 하려할 때, 비가 크게 내렸다. 한 배 위에 비가 새지 않은 곳이 없어 앉을 만한 마른 곳이 없었다. 한탄스럽다. 평산포 만호(김축), 소비포 권관(이영남), 방답 첨사(이순신) 등이 함께 와서 만났다. 저물녘에 순찰사(권율), 순변사(이빈), 병사(선거이), 방어사(이복남) 등의 답장이 왔는데, 어려운 사정이 많았다. 각도의 군마가 많아야 5천을 넘지 못하고, 군량도 거의 다 떨어졌다고 했다. 적도들이 독기를 부리는 것이 날로 더하는데 일마다 이와 같으니 어찌하랴! 초경에 상선으로 돌아와 침실로 갔다. 비가 밤새도록 내렸다.

4일정해 종일 비가 내리니 긴 밤이었다. 아침밥을 먹기 전에 순천부사(권준)가 왔다. 식후에 충청 수사 정영공과 이홍명, 광양현감(어영담)이 와서 종일토록 군사에 대해 이야기했다.

5일무자 종일 내린 비가 물이 쏟아지는 듯하여 사람들이 머리조차 내밀지 못했다. 오후에 우수사(이억기)가 왔다가 날이 저물어서 돌아갔다. 저물녘부터 바람이 불더니 바람의 기세가 매우 거세져 각 배들을 간신히 구호했다. 이홍명이 왔다가 저녁식사 후에 돌아갔다. 경상 수사(원균)가 웅천의 적들이 혹 감동포로 들어온다면서 공문을 보내어 토벌하자고 하였다. 그 흉계가 가소롭다.

6일기축 비가 오락가락하였다. 순천 부사(권준)가 와서 만났다. 보성 군수(김득광)가 교체되어 가고 김의검이 대신 맡았다고 한다. 충청 수사(정걸)가 배에 와서 이야기를 나누었다. 이홍명이 오고 방답 첨사(이순신)도 왔다가 곧바로 돌아갔다. 저녁에 본영의 탐후인이 와서 어머니께서 편안하시다고 한다. 또 들으니 흥양 현감(배흥립)의 말이 낙안에 이르러 죽었다

---

43 배의 부식을 막기 위해 매달 초하루와 보름에 배의 아랫부분을 생나무 연기로 그을렸다.《경국대전》

고 한다. 경악을 금치 못했다.

7일경인 흐리나 비는 오지 않았다. 순천 부사(권준)와 광양 현감(어영담)이 왔다. 전라 우수사(이억기)와 충청 수사(정걸)도 왔다. 이홍명도 와서 종일 서로 이야기했다. 본도 우수사의 우후(이정충)가 저녁에 와서 만나니, 서울안의 일을 상세히 전했다. 한탄이 더해지는 간절한 심정을 가누지 못했다.

8일신묘 잠깐 맑더니 바람이 불어 온화하지 못했다. 아침에 영남 수사(원균)의 우후(이의득)가 군관을 보내어 살아 있는 전복을 선사하기에 구슬 30개를 답례로 보냈다. 나대용이 병이 나서 본영으로 돌아갔다. 병선 관리 유충서[44]도 병 때문에 교체되어 육지로 올라갔다. 광양 현감이 오고 소비포 권관도 왔다. 광양 현감(어영담)이 소고기 음식을 내와서 함께 먹었다. 탐후선이 들어왔다. 각 고을의 담당서리 11명을 처벌했다. 전년부터 옥과의 향소[45]는 군사를 다스리는 일을 신중히 하지 않은 탓에 결원을 많이 내어 거의 백여 명에 이르렀는데도 매양 거짓으로 대답했다. 그래서 오늘 사형에 처하여 효시하였다. 거센 바람이 그치지 않고 마음이 괴롭고 어지러웠다.

9일임진 맑음. 수십일 내린 궂은비가 비로소 개니, 진중의 장병들이 기뻐하지 않는 이가 없었다. 순천 부사(권준)와 광양 현감(어영담)이 와서 개고기를 바쳤다. 몸이 불편한 것 같아 하루 종일 배에 누워있었다. 접반관의 공문이 도착하여 올라오니, 제독 이여송이 충주에 돌아왔다는 소식을 들었다. 지방의 의병 성응지가 돌아올 때 본영의 군량미 50섬을 싣고 왔다.

---

44 유충서(柳忠恕)는 임진왜란 때 아들과 조카 등을 거느리고 선조를 의주까지 호종하였다. 권율의 휘하 부장(部將)으로서 행주산성에서 전공을 세웠다.

45 향소는 군현의 관리를 감찰하고 자문하는 지방 자치기구이다. 향청, 유향소와 같은 말이다.

10일계사 맑음. 우수백(이억기)과 가리포 첨사(구사직)가 이곳에 와서 군사의 계책을 자세히 의논했다. 순천 부사도 왔다. 뜸 20닢을 짰다. 저녁에 영등포 망보는 군사가 와서 보고하기를, "웅천의 적선 4척이 본토(일본)로 돌아갔고, 또 김해 해구에 적선 150여 척이 나왔는데 19척은 본토로 돌아가고, 나머지는 부산으로 향했다."고 했다. 새벽 2시경에 경상 원수사의 공문이 왔는데, "내일 새벽에 나아가 싸우자."는 것이었다. 그 흉악하고 음험하고 시기하는 마음은 이루 말할 수 없다. 이날 밤 바로 대답하지 않았다. 네 고을[46]의 군량에 대한 공문을 만들어 보냈다.

11일갑오 비가 오다 개다 했다. 아침에 왜적을 토벌한다는 공문을 작성하여 영남 수사(원균)에게 보냈더니, 취기에 정신이 없다고 핑계대며 대답이 없었다. 정오에 충청수사(정걸)의 배로 가니, 충청수사가 내 배에 와서 앉기에 잠깐 이야기하다가 헤어졌다. 그 길로 우수사의 배로 갔더니, 가리포 첨사(구사직), 진도 군수(김만수)[47], 해남 현감(이안계) 등이 우수사(이억기)와 같이 술자리를 베풀었다. 나도 두어 잔 마시고서 돌아왔다. 탐후인이 와서 보고서를 바치고 갔다.

12일을미 비가 오다 개다 했다. 아침에 흰 머리 여남은 올을 뽑았다. 그런데 흰 머리를 어찌 꺼리랴만 다만 위로 늙으신 어머님이 계시기 때문이다. 종일 혼자 앉아 있었는데, 사량 만호(이여념)가 와서 만나고 돌아갔다. 밤 10시경에 변존서와 김양간이 들어왔다. 행궁의 기별을 들으니, 동궁(광해군)께서 평안치 못하다고 하니, 걱정이 사라지지 않는다. 유상(유성룡)의 편지와 지사 윤우신의 편지도 왔다. 소문에 사내종 갓동(㖙同)과

---

46 네 고을은 전라좌수영 소속 5관 중에서 4개 고을(순천·낙안·보성·흥양)을 말한다.

47 김만수(金萬壽 1553~1607)는 세 아우(천수, 구수, 백수)와 함께 900명의 의병을 일으켰다. 임진강에서 백수가 전사하고, 아들 광협과 함께 황해도에서 왜적을 무찔렀다. 그후 진도군수가 되어 한산도의 이순신과 광주의 김덕령에게 군량을 지원하였다.

철매(哲每)가 병으로 죽었다고 하니 참 불쌍하다. 중 해당(海棠)도 왔다. 밤에 명나라 군인 5명이 들어 왔다고 원수사(원균)의 군관이 와서 전하고 갔다.

13일병신 맑음. 늦게 잠깐 비가 오다가 그쳤다. 명나라 사람 왕경(王敬)과 이요(李堯)[48]가 와서 수군이 얼마나 강성한지를 살폈다. 그들을 통하여 "이 제독(이여송)이 나아가 토벌하지 않아서 명나라 조정으로부터 문책을 당했다."는 말을 들었다. 그들과 조용히 이야기하는 중에 개탄스러운 것이 많았다. 저녁에 진을 거제도 세포(거제 성포)로 옮겨 머물렀다.

14일정유 비가 오다 개다 했다. 아침 식사 후에 낙안 군수(신호)가 와서 만났다. 가리포 첨사에게 오기를 청하여 아침밥을 함께 먹었다. 순천 부사와 광양 현감(어영담)이 왔다. 광양 현감은 노루고기를 내왔다. 전운사 박충간[49]의 공문과 편지가 왔다. 경상 좌수사의 공문과 같은 도의 우수사의 공문이 왔다. 저물녘에 비바람이 크게 치더니 조금 뒤에 그쳤다.

15일무술 비가 오다 개다 하였다. 우수사(이억기)와 충청 수사(정걸), 순천 부사, 낙안 군수, 방답 첨사에게 오기를 청하여 철음식을 함께 먹고 해가 저물어서 헤어졌다.

16일기해 잠깐 비가 왔다. 해가 저물었을 때 낙안 군수를 통하여 진해의 보고서를 보니, "함안 각 도의 대장들이 '왜놈들이 황산동(경남 양산 원리)에 나가 진을 쳤다.'는 소문을 듣고 모두 후퇴하여 진양(진주)과 의령을 지킨다."고 하니, 놀라움을 참지 못했다. 순천 부사와 광양 현감, 낙안 군수가 왔다. 초경에 영등의 망군인 광양 사람이 와서 보고한 내용에, "김해와 부산에 있던 무려 500여 척의 적선이 안골포(진해 안골동), 웅포, 제

---

48 왕경(王景)과 이요(李堯)는 명나라 부총사 유정이 파견한 왜군의 정세를 보고하는 병사이다.

49 박충간(朴忠侃 ?~1601)은 순검사로 성곽의 건축을 담당하였다가 후에 영호남지방의 군량을 지원하였다.

포 등지로 들어왔다."고 한다. 다 믿을 수는 없지만, 적도들이 합세하여 옮겨 다니며 침범할 계획도 없지 않을 것이므로 우수사(이억기)와 정수사(정걸)에게 공문을 보냈다. 이경에 대금산의 망군이 와서 보고한 것도 그와 마찬가지였다. 자정경에 송희립을 경상 우수사(원균)에게 보내어 의논케 하니, 내일 새벽에 수군을 거느리고 나아가겠다고 하였다. 적의 모략을 헤아리기 어렵다.

17일경자 초복. 비가 오다가 개다 했다. 이른 아침에 원수사와 우수사, 정수사 등이 와서 의논했는데, 함안에 있던 각도의 여러 장수들이 진주로 물러가 지킨다는 말이 과연 사실이었다. 식후에 이억기의 배로 가서 앉을 곳을 고치게 하고 전라우수사(이억기)의 배에서 하루 종일 이야기했다. 조붕이 창원에서 와서 적의 기세가 매우 치열하다고 전했다.

18일신축 비가 오다가 개다 하였다. 아침에 탐후선이 들어왔는데, 닷새 만에 여기에 온 것이다. 매우 잘못되었기에 곤장을 쳐서 보냈다. 오후에 경상우수사(원균)의 배로 가서 같이 앉아 군사의 일을 의논하였다. 연거푸 한잔 한잔 마신 것이 취기가 심해져서 돌아왔다. 부안과 용인이 와서 자기 어머니가 갇혔다가 도로 풀려나왔다고 전하였다.

19일임인 비가 오다가 개다 했다. 큰 바람이 불어 그치지 않아 진을 오양역(거제 오양리) 앞으로 옮겼으나 바람에 배를 고정할 수가 없으므로 고성 역포(亦浦, 통영 용남면)로 옮겼다. 봉(菶)과 변유헌 두 조카를 본영으로 돌려보내어 어머니의 체후를 알아 오게 했다.[50] 왜군의 물건과 명나라 장수의 선물과 기름 등을 아울러 본영으로 실어 보냈다. 각 도에 보낼 공문 작성을 마쳤다.

---

50 충청지방이 전란에 휩싸이자, 이순신은 모친을 전라좌수영에서 약 20리 떨어진 웅천동 송현 마을에 사는 휘하 장수 정대수(丁大水)의 집으로 모셔 1593년 6월부터 1597년 4월까지 기거하게 하였다. 이순신이 이곳에 두 조카를 보내어 모친의 안부를 알아오게 한 것이다.

20일계묘 흐리고 바람이 크게 불었다. 제삿날이라 종일 혼자 앉아 있었다. 저녁에 방답 첨사, 순천 부사, 광양 현감이 와서 만났다. 조붕이 그의 조카 조응도와 함께 와서 만났다. 이날 배 만들 재목을 운반하여 내리고 그대로 역포에서 잤다. 밤에 바람이 잤다.

21일갑진 맑음. 새벽에 진을 한산도[51] 망하응포(염호리)로 옮겼다. 점심을 먹을 때 원연(元埏)[52]이 왔다. 우영공(이억기)도 초대하여 함께 앉아 술잔을 권하여 몇 번 돌리고 헤어졌다. 아침에 아들 회(薈)가 들어왔다. 그 편에 어머니께서 평안하시다는 소식을 들으니 매우 다행이다.

22일을사 맑음. 전선을 비로소 흙더미에 앉혔는데, 목수가 214명이다. 운반하는 일꾼은 본영에서 72명, 방답에서 35명, 사도에서 25명, 녹도에서 15명, 발포에서 12명, 여도에서 15명, 순천에서 10명, 낙안에서 5명, 흥양과 보성에서 각 10명이 했다. 방답에서는 처음에 15명을 보냈기에 군관과 아전을 논죄하였는데, 그 정상이 몹시 기만적이다. 제2 지휘선의 선원 손걸(孫乞)을 본영으로 돌려보냈는데, 나쁜 짓을 많이 저질러서 구금되었다고 한다. 그래서 붙잡아 오라고 하였더니, 이미 들어와 스스로 출두했으므로 제 맘대로 드나든 죄를 문책하고 아울러 우후의 군관 유경남(柳景男)도 처벌하였다. 오후에 가리포 첨사(구사직)가 왔다. 적량의 고여우와 이효가도 왔다. 저녁에 소비포 이영남이 와서 만났다. 초경에 영등포 망군이 와서 보고한 내용에, "별다른 기별은 없고 다만 적선 2척이 온천(칠천도)에 들어와 순찰하여 정탐하고 돌아갔다."고 했다.

23일병오 맑음. 이른 아침에 목수들을 점검하였는데 한 명도 결근이 없었다고 했다. 새 배에 쓸 밑판 만드는 것을 마쳤다.

---

51 한산도(閑山島)는 통영시 한산면에 있다. 원본에는 '한산도(韓山島)'로 되어 있다.
52 원연(1543~1597)은 원준량(元俊良)의 차남이고 원균의 동생인데 원수량에게 양자로 갔다.

24일정미 식후에 큰비가 오고 거센 바람이 저녁 내내 그치지 않았다. 저녁에 영등포의 망보는 군사가 와서 보고하기를, "적선 5백여 척이 23일 한밤중에 소진포로 모여들었는데 그 선봉이 칠천량에 이르렀다."고 하였다. 초저녁에 또 대금산과 영등포의 망보는 군사가 와서 보고한 것도 또한 마찬가지였다.

25일무신 큰비가 종일 내렸다. 아침 식사 후 우수사(이억기)와 함께 앉아서 적을 칠 일을 의논하였다. 가리포 첨사(구사직)도 오고 경상 우수사(원균)도 와서 일을 의논하였다. 소문에 진양(진주)에는 성이 포위되었는데도 감히 아무도 진격해 오지 못했다고 한다. 연일 비가 내려서 적들이 물에 막혀 독기를 부리지 못하게 한 것을 보면 하늘이 호남지방을 도운 것이 극진한 것이다. 매우 다행이다. 낙안에 군량 130섬 9말을 나누어 주었다. 또 순천 부사(권준)가 군량 2백 섬을 바치어 벼를 찧어 매조미[53]를 만들었다고 한다.

26일기유 큰비가 오고 남풍이 크게 불었다. 아침에 복병선이 와서 변고를 보고하기를, "적의 중간 배와 작은 배 각 1척이 오양역 앞까지 이르렀다."고 했다. 나팔을 불어 닻돌을 올리게 하고 모두 적도(화도)로 가서 진을 쳤다. 순천의 군량 150섬 9말을 받아 의능[54]의 배에 실었다. 저녁에 김붕만[55]이 진주에서 적의 형세를 살피고 와서 보고하기를, "적도들이 진주의 동문 밖에서 무수히 진을 합쳤는데, 큰비가 연일 내려 물에 막히고, 독기를 부리며 접전하고 있습니다. 그러

---

53   매조미쌀은 벼를 찧어 왕겨만 벗기고 속겨는 벗기지 않은 것이다. 매갈이.
54   의능(宜(義)能)은 흥양에 사는 승려로서 임진왜란 때 본영에 머물면서 유격 별도장으로 활동하였다.
55   김붕만(金鵬萬)은 선조를 의주까지 호종하고 행주대첩을 지원했다. 진주와 두치에서 적정을 이순신에게 알려주고 제주판관으로 칠천량해전에 참전하여 적의 유탄에 맞고 전사하였다.

나 큰물이 장차 적진을 침몰시키려고 하여 적은 밖으로 군량과 구원을 이어 받을 길이 없으니, 만일 대군이 협력해서 공격한다면 한 번에 섬멸할 수 있다."고 하였다. 그런데 이미 양식이 떨어졌으니 우리 군사는 편히 앉아서 고달픈 적을 대하는 셈이어서 그 형세가 마땅히 백 번 이길 수 있을 것이다. 하늘도 순조롭게 도와주고 있으니, 수로에 있는 적은 비록 5, 6백 척을 합하더라도 우리 군사를 당해낼 수 없을 것이다.

27일경술 비가 오다 개다 하였다. 오시에 적선 2척이 견내량에 나타났다고 하므로 진을 동원하여 나가보니, 이미 달아났다.⁵⁶ 그래서 불을도(거제 방화도) 바깥에 진을 쳤다. 아침에 순천 부사(권준)와 광양 현감(어영담)을 불러 와서 군사의 일을 논했다. 충청 수사(정걸)가 그 군관을 시켜 전하여 고하기를, 흥양의 군량이 떨어졌으니 3섬을 빌려 달라고 하기에 보내주었다. 강진의 배가 적과 싸우고 있다는 것을 들었기 때문이다.

28일신해 비가 오다가 개다 하였다. 어제 저녁에 강진 정탐선이 왜적과 싸운다는 소식을 들었다. 그래서 진을 동원하고 출항하여 견내량에 이르니, 적도들이 우리 군사들을 바라보고는 놀랍고 두려워서 달아났다. 파도와 바람이 거꾸로 밀려와 들어올 수가 없어 그대로 머물러 밤을 지내고 새벽 2시경에 불을도에 도착했다. 이 날이 명종의 제삿날이기 때문이다. 남자 종 봉손(奉孫)과 애수(愛守) 등이 들어와서 선산의 소식을 자세히 듣게 되니, 참으로 다행이다. 원 수사와 우수백(이억기)이 같이 와서 군사의 일을 논하였다.

29일임자 맑음. 서풍이 잠깐 일다가 날이 개어 밝게 빛났다. 순천 부사와 광양 현감이 와서 만났다. 어란 만호(정담수)와 소비포 권관(이영남) 등도 와서 만났다. 종 봉손(奉孫) 등이 아산으로 가는데, 홍(洪), 이(李) 두 선비

---

56 6월 26일 이순신이 견내량 입구에서 왜선 10여 척을 격퇴했다. (견내량 해전)

와 윤선각[57]의 소식을 물을 곳에 편지를 써서 보냈다. 진주가 함락되어 황명보[58], 최경회, 서례원, 김천일[59], 이종인, 김준민이 전사했다고 한다.

7월
한산도로 진을 옮기다

1일계축 맑음. 인종(仁宗)의 제삿날이다. 밤기운이 몹시 서늘하여 자려해도 잠들지 못했다. 나라를 걱정하는 마음은 조금도 늦춰지지 않고 홀로 뜸 밑에 앉아 있으니, 온갖 생각이 다 일어난다. 초경에 선전관(유형)[60]이 왕명서를 가지고 내려 왔다고 들었다.

2일갑인 맑음. 날이 늦어서야 우수사(이억기)가 내 배로 와서 함께 선전관(유형)을 대하였다. 점심을 먹은 뒤 헤어져 돌아갔다. 해질녘에 김득룡(金得龍)이 와서 진주가 불리하다고 전했다. 놀라움과 걱정스러움을 참을 수 없다. 그러나 절대 그럴 리 없다. 이는 필시 미친 사람이 잘못 전한 말일 것이다. 초저녁에 원연(元埏)과 원식(元埴)이 여기에 와서 군중의 일을

---

57 윤선각(尹先覺 1543~1611)은 나중에 국형(國馨)으로 고쳤다. 충청도관찰사가 되어 임진왜란에 패배한 뒤 파직을 당하고 후에 비변사 당상을 지냈다. 형조참판이 되었을 때 유성룡과 함께 파직되었다.

58 황명보(黃明甫 1550~1593)는 황진(黃進)이다. 1591년 통신사로 일본에 다녀왔고 임진왜란 때는 진안에서 의병을 일으켰다. 1593년 충청병사가 되었고, 6월에 진주성 싸움에서 전사하였다.

59 김천일(金千鎰 1537~1593)은 고경명, 최경회, 조헌 등과 함께 수원의 독성산성에서 전공을 세웠다. 강화도, 김포, 양화도에서 왜군을 격퇴하고 진주성전투에서 패하여 아들과 함께 남강에 투신하였다.

60 유형(柳珩 1566~1615)은 의주 행재소에 가서 선전관이 되었다. 이순신의 부하로서 노량해전 때 진린과 이순신을 구출하고 부상을 입고 이순신이 전사 후 지휘한 공으로 부산 첨절제사가 되었다.

많이 말하니, 참으로 우습다.

3일을묘 맑음. 적선 여러 척이 견내량을 넘어오고, 한편으로는 육지로 나오니 통분하다. 우리 배들이 바다로 나가서 이들을 쫓으니 도망쳐 되돌아갔다. 후퇴하여 잤다.

4일병진 맑음. 흉적 몇 만여 명이 죽 늘어서서 위세를 보이니 매우 통분하다. 저녁에 걸망포로 물러나서 진을 치고 잤다.

5일정사 맑음. 새벽에 망보는 군사가 와서 보고하는 내용에, "견내량에 적선 여남은 척이 넘어왔다."고 했다. 그래서 여러 배들이 동시에 출동하여 견내량에 이르니, 적선은 다급하게 후퇴하여 달아났다. 거제 땅 적도에는 말만 있고 사람은 없으므로 이를 싣고 왔다. 늦게 변존서가 본영으로 갔다. 또 진주가 함락되었다는 긴급 보고가 광양에서 왔는데, 두치(豆恥, 하동 두곡)의 복병한 곳에서 성응지와 이승서가 보낸 것이다. 저녁에 걸망포에 돌아와 진을 치고 밤을 지냈다.

6일무오 맑음. 아침에 방답 첨사(이순신)가 와서 만나고, 소비포 권관(이영남)도 와서 만났다. 한산도에서 새로 만든 배를 끌고 오기 위해 중위장이 여러 장수들을 데리고 가서 끌어왔다. 공방(工房) 곽언수[61]가 피난중 임시 조정에서 들어 왔는데, 도승지 심희수[62]와 윤자신[63]과 좌의정 윤두수[64]

---

61 곽언수(郭彦壽(水))는 승려 의엄(義嚴). 휴정(休靜)의 제자로서 승려 수천여 명으로 왜적을 물리쳤다.

62 심희수(沈喜壽 1548~1622)는 노수신의 제자이다. 선조를 의주까지 호종하고 유창한 중국어로 명나라 사신을 접대하고, 명나라 경략 송응창의 접반사로서 관서지방에서 빈민을 구제했다.

63 윤자신(尹自新 1529~1601)은 우승지로서 왕을 호종할 때 종묘서 제조가 되고 종묘의 신주를 송도에 임시 묻었다. 정유재란 때 종묘를 지키고 중전과 세자를 보필하였다.

64 윤두수(尹斗壽 1533~1601)는 좌의정으로서 명나라에 지원 요청을 하지 말고 자력 수호를 주장하며 이원익, 김명원과 함께 평양성을 지켰다. 1597년 유성룡과 함께 난리 평정에 힘썼다.

의 답장도 왔고, 윤기헌도 문안 인사를 보내왔다. 여러 가지 기별도 함께 왔는데, 이를 보니 한탄스러운 사정들이 많았다. 흥양 현감(배흥립)이 군량을 싣고 왔다.

7일기미 맑음. 아침에 순천 부사(권준), 가리포 첨사(구사직), 광양 현감(어영담)이 와서 만나고, 군사의 일을 논할 때 각각 가볍고 날랜 배 15척을 뽑아 견내량 등지로 보내어 탐색하도록 하였다. 위장(衛將, 5위 장수)이 거느리고 가보니 왜적의 종적이 없다고 하였다. 거제에서 포로가 되었던 한 사람을 데려 와서 왜적의 소행을 상세히 물으니, "흉적들이 우리 배의 위세를 보고 후퇴하여 돌아가려고 하였다."고 하였다. 또 말하기를 "진주가 이미 함락되었으니 달려가서 전라도를 넘어갈 것이다."라고 하였다. 이 말은 거짓이다. 우영공(이억기)이 배로 와서 함께 이야기하였다.

8일경신 맑음. 남해를 왕래하는 사람인 조봉을 통해 "적이 광양을 침입하여 광양 사람들이 이미 관청과 창고를 분탕했다."는 말을 들었다. 그 해 괴함을 참을 수가 없다. 순천 부사(권준), 광양 현감(어영담)을 곧 보내려다가 길에서 전한 소문을 믿을 수 없으므로 그만두고, 사도 군관 김붕만을 살펴서 알아보라고 보냈다.

9일신유 맑음. 남해 현령(기효근)이 또 와서 전하기를, "광양과 순천이 이미 분탕을 당했다."고 하였다. 그래서 광양 현감, 순천 부사 및 송희립, 김득룡, 정사립 등을 내보냈고, 이설(李渫)은 어제 먼저 보냈다. 이 소식을 듣자니 뼛속까지 아파와 말을 할 수 없었다. 우영공(이억기)과 경상 영공(원균)과 함께 일을 논했다. 이날 밤은 바다의 달이 밝고 티끌 하나도 일지 않고 물과 하늘이 일색을 이뤘다. 서늘한 바람이 선듯 불어와 홀로 뱃전에 앉았는데, 온갖 근심이 가슴에 치밀었다. 새벽 1시경에 본영의 탐후선이 들어와서 적의 기별을 전하는데, "실은 왜적들이 아니고, 영남의 피난민들이 왜군차림을 가장하고 광양으로 돌진해 들어가서 여염집을 분탕질하였다."는 것이었다. 기쁘고 다행임을 참지 못했다. 진주에 관한 일도 헛소문이라고 하였다. 그러나 진주의 일만은 절대로 그럴 리가 없다. 닭이 벌써 울었다.

10일임술 맑음. 늦게 김붕만이 두치에서 와서 하는 말이, "광양의 일은 사실이다. 다만 왜적 백여 명이 도탄(하동 덕은동)에서 건너와 이미 광양을 침범했으나 놈들의 한 짓을 보면 총통을 한 번도 쏜 일이 없다."고 하였다. 그러나 왜놈들이 포를 쏘지 않았을 리가 전혀 없다. 경상 우수사와 본도 우영공이 왔다. 원연(元埏)도 왔다. 저녁에 오수(吳水)가 거제의 가참도(加參島, 가조도)로부터 와서 고하기를, "적선은 안팎에서 보이지 않는다."고 했다. 또 말하기를 "포로가 되었던 사람이 도망쳐서 돌아와 하는 말에 '적도들이 무수히 창원 등지를 향해 갔다.'고 했다."하였다. 그러나 남들의 말은 다 믿을 수 없다. 초저녁에 한산도 끝의 세포(손깨 포구)로 진을 옮겼다.

11일계해 맑음. 아침에 이상록(李詳祿)이 뒤에 쳐져서 명령을 어기고 먼저 떠난 여러 장수에게 명령을 전할 일로 나갔다가 돌아와서 고하기를, "적선 10여 척이 견내량에서 내려온다."고 하였다. 닻을 올려 바다로 나가니 적선 대여섯 척이 이미 진영 앞에 이르렀다. 이를 추격하니 급히 돌아갔다. 오후 4시경을 넘기고서 걸망포로 돌아와서 물을 길었다. 사도 첨사(김완)가 되돌아 와서 하는 말이, "두치를 건넌 왜적의 일은 헛소문이고, 광양 사람들이 왜군 옷으로 갈아입고 저희들끼리 서로 장난친 것이다."라고 하였다. 순천과 낙안은 이미 분탕을 당하였다고 하니 통분함을 참을 수가 없었다. 저녁에 오수성이 광양에서 돌아와 보고하기를, "광양의 적에 관한 일은 모두 진주와 그 고을 사람들이 그런 흉계를 짜낸 것이다.[65] 고을의 창고에는 아무것도 없고 마을은 텅 비어 종일 돌아다녀도

---

65 이 당시 왜적이 광양을 침범했다는 것은 허위 전보라고 하였다. (정경달의 《반곡일기》(1593. 6. 2))

한 사람도 없으니, 순천이 가장 심하고 낙안이 그 다음이다."라고 하였다. 달빛 아래 우수사의 배로 갔더니 원수사(원균)와 직장 원연(元埏) 등이 먼저 와 있었다. 군사 일을 의논하다가 헤어졌다.

12일갑자 맑음. 식전에 울(蔚)과 송두남(宋斗男), 오수성(吳壽成)이 돌아갔다. 늦게 가리포 첨사, 낙안 군수를 불러다가 일을 의논하고 같이 점심을 먹고 돌아갔다. 가리포의 군량 담당 관리가 와서 전하기를, "사량 앞바다(금평리 상도)에 와서 묵을 때 왜인들이 우리 옷으로 변장하고 우리나라의 작은 배를 타고 돌입하여 포를 쏘며 약탈해 가려 한다."고 하였다. 그래서 곧바로 각각 날랜 배 3척씩 정하여 도합 9척을 급히 보내어 잡아오도록 거듭 명령하여 보냈다. 또 각각 배 3척씩 정하여 착량(통영 당동)으로 보내 요새를 지키고 오게 했다. 보고서가 왔는데 또 광양의 일은 헛소문이라고 하였다.

13일을축 맑음. 늦게 본영의 탐후선이 들어왔다. 광양과 두치 등에는 적의 형적이 없다고 한다. 홍양 현감(배흥립)이 들어오고 우영공(이억기)도 왔다. 순천 거북선[66]의 격군으로서 경상도 사람인 종 태수가 도망치니, 붙잡아다 처형시켰다. 늦게 가리포 첨사(구사직)가 와서 만나고 홍양 현감(배흥립)이 들어와서 두치의 거짓 소문과 장흥 부사 유희선(柳希先)의 겁냈던 일들을 전했다. 또 말하기를, 그 고을 산성(고흥 남양 대곡리) 창고의 곡식을 남김없이 나누어 주고, 해포에 흰콩과 중간콩을 함께 40섬을 보냈다고 한다. 또 행주성의 승첩 소식을 전했다. 초저녁에 우영공(이억기)이 청하기에 초대에 응하여 그의 배로 가 보았더니, 가리포 영공(구사직)이 몇 가지의 먹음직한 음식물을 차려 놓았다. 새벽 2시경에 이르러 헤어졌다.

---

66 거북선은 순천과 방답, 본영의 것을 합하면 모두 3척이다. 전라좌수영 거북선이 5척이라는 설도 있다.

14일병인 맑다가 늦게 비가 조금 내렸다. 진영을 한산도 두을포(의항)로 옮겼는데,[67] 비가 땅의 먼지를 적실뿐이다. 몸이 몹시 불편하여 온종일 신음했다. 순천 부사(권준)가 들어와서 "장흥 부사(유희선)가 본부의 일을 거짓으로 전달했다."고 전한 것은 이루다 형언할 수 없다. 함께 점심을 먹고 그대로 머물렀다.

15일정묘 아주 맑음. 늦게 사량의 수색선과 여도 만호 김인영 및 순천 지휘선을 타고 다니는 김대복이 들어왔다. 가을 기운 바다에 드니 나그네 회포가 산란해지고 홀로 배의 뜸 밑에 앉았으니 마음이 몹시 번거롭다. 달빛이 뱃전에 들자 정신이 맑아져 자려해도 잠들지 못했거늘 벌써 닭이 울었구나.[68]

16일무진 아침에 맑다가 늦게 흐리더니 저녁에 소나기가 와서 농사의 바램에 흡족하다. 몸이 몹시 불편하다.

17일기사 비가 내렸다. 몸이 너무 불편하였다. 광양 현감(어영담)이 왔다.

18일경오 맑음. 몸이 불편하여 앉았다 누웠다 했다. 정사립 등이 돌아왔다. 우영공(이억기)이 와서 만났다. 신경황[69]이 두치에서 와서 적의 헛소문을 전하였다.

19일신미 맑음. 이경복이 병마사(선거이)에게 갈 편지를 가지고 떠났다. 순천 부사(권준)와 이영남이 와서, "진주, 하동, 사천, 고성 등지의 적들이

---

67 이순신이 조정에 진영을 한산도로 옮기기를 청하였다. 한산도는 배를 숨기기에 좋고 왜선이 호남을 갈 때 반드시 여기를 경유하며, 본진이 좌측에 치우쳐 방어하기 어렵다는 이유다. 7월 15일 이순신은 진영을 한산도로 옮기고, 현덕승에게 "호남은 국가의 울타리이니 호남이 없다면 국가가 없는 것입니다. 그러므로 어제 한산도에 진을 치어 바닷길을 막을 계획을 세웠다."는 편지를 보냈다.《서간첩》

68 이순신의〈한산도야음〉과〈한산도가〉는 이 날 이후부터 8월 사이에 지어진 것으로 보인다.

69 신경황(申景潢 1571~1640)은 임진왜란 때 의주까지 선조를 호종하고 이순신의 진영에서 활동했다.

이미 모두 도망갔다."고 전했다. 저녁에 진주에서 피살된 장병들의 명부를 광양 현감(어영담)이 보내왔는데, 이를 보니 비참하고 원통함을 참을 수 없었다.

20일임신 맑음. 탐후선이 본영에서 들어왔는데, 병사의 편지 및 공문과 명나라 장수의 통첩이 왔다. 그 통첩의 내용이 참으로 괴이하다. "두치의 적이 명나라 군사에게 몰리어 달아났다."고 하니, 그 거짓됨을 이루 말할 수 없다. 명나라 사람이 이와 같으니 다른 사람들이야 어찌 논할 게 있으랴. 매우 한탄스럽다. 충청 수사(정걸)와 순천 부사(권준), 방답 첨사(이순신), 광양 현감(어영담), 발포 만호(황정록) 등이 남해 현령(기효근)과 함께 와서 만났다. 조카 이해(李荄)와 윤소인(尹素仁)이 본영으로 돌아갔다.

21일계유 맑음. 경상 수사(원균)와 우수사(이억기), 정 수사(정걸)가 함께 와서 적을 토벌하는 일을 의논하는데, 원 수사의 하는 말은 극히 흉측하고 거짓되었다. 무어라 형언할 수 없음이 이와 같으니, 함께 하는 일에 후환이 없을 수 있겠는가. 그의 아우 원연도 뒤따라 와서 군량을 빌려 갔다. 저녁에 흥양 현감(배흥립)도 왔다가 초저녁에 돌아갔다. 초경에 오수(吳水) 등이 거제에서 망을 보고 돌아와 보고하기를, "영등포의 적선들이 아직도 머물면서 제멋대로 횡포를 부린다."고 했다.

22일갑술 맑음. 오수가 사로잡혔다가 도망쳐 온 사람을 신고 올 일로 나갔다. 아들 울(蔚)이 들어와서 어머님이 평안하시고 아들 염(苒)도 약간 차도가 있다고 자세히 말했다.

23일을해 맑음. 울(蔚)이 돌아갔다. 정 수사에게 오기를 청하여 점심을 같이 먹었다. 울이 돌아왔다.

24일병자 맑음. 순천 부사, 광양 현감, 흥양 현감이 왔다. 저녁에 방답 첨사(이순신)와 이응화가 와서 만났다. 초저녁에 오수가 돌아와서 전하기를, "적이 물러갔다고 하지만 장문포[70]에는 여전하여 아들 울(蔚)이 본영에 들어갔다."고 하였다.

25일정축　맑음. 우수사(이억기)가 와서 이야기했다. 조붕이 와서 "체찰사(유성룡)의 공문이 영남 수사(원균)에게 도착했는데, 문책하는 말이 많이 들어있다."고 하였다.

26일무인　맑음. 순천 부사, 광양 현감, 방답 첨사가 왔다. 우수사(이억기)도 함께 이야기하고, 가리포 첨사(구사준)도 왔다.

27일기묘　맑음. 우영의 우후(이정충)가 본영에서 와서 우도의 일을 전했는데, 놀랄만한 일들이 많았다. 체찰사에게 갈 편지와 공문을 썼다. 경상 우수영의 서리가 체찰사에게 갈 서류 초본을 가지고 와서 보고했다.

28일경진　맑음. 아침에 체찰사에게 가는 편지를 썼다. 경상 우수사(원균)와 충청 수사(정걸), 본도 우수사(이억기)가 함께 와서 약속했다. 원 수사가 흉악하게 속임수를 쓰는 것은 아주 형편없다. 정여흥이 공문과 편지를 가지고 체찰사 앞으로 갔다. 순천 부사(권준)와 광양 현감(어영담)이 와서 만나고 곧 돌아갔다. 사도 첨사(김완)가 복병했을 때에 사로잡은 포작[71] 10명이 왜군 옷으로 변장하여 한 짓이 계획된 것이었다. 추궁하여 물으니, 어떤 증거가 있을 듯하더니 경상 우수사(원균)가 시킨 것이라고 하였다. 발바닥에 10여 번 곤장을 치고서 놓아주었다.

29일신사　맑음. 새벽꿈에 사내아이를 얻었다. 이는 포로로 잡혀 간 사내아이를 얻을 징조이다. 순천 부사, 광양 현감, 사도 첨사(김완), 흥양 현감(배흥립), 방답 첨사(이순신)를 불러 와서 함께 이야기했다. 흥양 현감은 학질을 앓아서 돌아갔고 남은 사람들은 조용히 앉아 있었다. 방답 첨사

70　장문포(場門浦)는 거제시 장목면 장목리에 있는 장문포구로, 지금은 이곳에 장목항이 있다. 이 포구 왼편 돌출된 언덕에 장문포 왜성이 있는데 이곳에 왜군이 주둔해 있었다.

71　포작(鮑作)은 바다에서 포획한 각종 해산물을 소금에 절여 진상하는 어민이다.

는 복병할 일로 돌아갔다. 본영의 탐후인이 와서 아들 염(苒)의 병이 차도가 없다하니, 매우 걱정이다. 저녁에 보성 군수(김의검), 소비포 권관(이영남), 낙안 군수(신호)가 들어왔다고 했다.

8월
삼도수군을 지휘하다

1일임오 맑음. 새벽꿈에 큰 대궐에 이르렀는데, 그 모습이 서울과 같고 기이한 일이 많았다. 영의정(유성룡)이 와서 인사를 하기에 나도 답례를 하였다. 임금님의 파천하신 일을 이야기하다가 눈물을 뿌리며 탄식하는데, 적의 형세는 이미 종식되었다고 말했다. 서로 사정을 논의할 즈음 좌우의 사람들이 무수히 구름같이 모여들었다. 아침에 우후가 와서 만나고 돌아갔다.

2일계미 맑음. 아침 식사 후 마음이 답답하여 닻을 올려 포구(한산도)로 나갔다. 정 수사(정걸)도 따라 나오고 순천 부사와 광양 현감이 와서 만났다. 소비포 권관(이영남)도 왔다. 저녁에 진 친 곳으로 되돌아왔다. 이홍명이 와서 같이 저녁을 먹었다. 저물녘에 우영공(이억기)이 배에 와서 하는 말이, "방답 첨사(이순신)가 부모를 뵈러 갈 일로 간청했지만, '여러 장수들은 내보낼 수 없다'고 대답했다."고 하였다. 또 원수사(원균)가 망령된 말을 하며 나에게 도리에 어긋난 짓을 많이 하더라고 했다. 모두가 망령된 짓이나, 무슨 상관이 있겠는가. 아침부터 아들 염(苒)의 병이 어떠한지 모르는 데다가 적을 소탕하는 일도 늦어지고 마음의 병도 중하여 밖으로 나가 마음을 풀고자 하였다. 탐후선이 들어왔는데, "아들 염의 아픈 데가 종기가 되어 침으로 쨌더니 고름이 흘러 나왔는데, 며칠 조금

만 늦었어도 구하기 어려울 뻔했다."고 한다. 매우 놀랍고 한탄스러운 심정을 참을 수 없다. 지금은 조금 생기가 났다고 하니, 다행임을 어찌 말로 다하랴. 의사 정종(鄭宗)의 은혜가 매우 크다.

3일갑신 맑음. 이경복, 양응원 및 감영 관리 강기경 등이 들어왔다. 아들 염(苒)의 종기를 침으로 쨌던 일을 전하는데, 놀라움을 참을 수 없다. 며칠만 지났다면 미처 구하지 못할 뻔했다는 것이다.

4일을유 맑음. 순천 부사와 광양 현감이 와서 만나고 돌아갔다. 저녁에도 원수의 군관 이완(李緩)이 삼도에 있는 적의 형세에 관한 보고서를 보내지 않았다고 하여 군관과 색리를 잡아다가 조사할 일로 진영에 왔다. 매우 우습다.

5일병술 맑음. 조붕, 이홍명, 우수사(이억기)와 우후가 왔다가 밤이 깊어서 돌아갔다. 소비포 권관(이영남)도 밤에 돌아갔다. 이완이 술에 취해서 내 배에서 머물렀다. 소고기 음식을 얻어다가 각 배에 나누어 보냈다. 아산에서 이례(李禮)가 밤에 왔다.

6일정해 맑음. 아침에 이완과 송한련과 여여충이 함께 도원수에게 갔다. 식후에 순천 부사, 보성 군수(김의검), 광양 현감, 발포 만호, 이응화 등이 와서 만났다. 저녁에 원균이 오고, 이억기, 정걸도 왔다. 의논하는 사이에 원수사가 하는 말은 매번 모순이 되니, 참으로 가소롭다. 저녁에 비가 잠깐 내렸다가 그쳤다.

7일무자 아침에 맑다가 저물녘에 비가 내렸다. 농사의 기대에 크게 흡족하겠다. 가리포 첨사가 오고 소비포 권관과 이효가도 와서 만났다. 당포 만호(하종해)가 작은 배를 찾아가려고 왔기에 주어 보내라고 사량 만호(이여념)에게 지시했다. 가리포 영공은 함께 점심을 먹고 갔다. 저녁에 경상 우수사의 군관 박치공[72]이 와서 적선이 물러갔다고 전했다. 그러나 원

---

72 박치공(朴致公(恭))은 원균의 군관으로서 한산도해전에서 적의 머리 3급을 베었

수사와 그의 군관은 평소에 헛소문 전하기를 잘 하니 믿을 수가 없다.

8일기축 맑음. 식후에 순천 부사, 광양 현감, 방답 첨사, 흥양 현감 등을 불러서 들어가 잠복하는 등의 일을 함께 논의했다. 충청 수사의 전선 2척이 들어왔는데, 한 척은 쓸 수 없다고 하였다. 김덕인이 충청도의 군관으로 왔다. 본도 순찰사(이정암)의 장군의 병사 2명이 적의 형세를 살핀 공문을 가져 왔다. 전라 우수사(이억기)가 유포(幽浦, 대고포)로 가서 원 수사(원균)를 만났다고 하니 우습다.

9일경인 맑음. 아침에 아들 회가 들어와서 어머님이 편안하심을 알게 되고, 또 염의 병도 조금 나은 것을 알게 되니 기쁘고 다행한 일이다. 점심을 먹은 뒤에 우수사(이억기)의 배로 가니, 충청 영공(정걸)도 왔다. 영남 수사(원균)는 복병군을 동시에 보내어 복병시키기로 약속하고 먼저 보냈다고 한다. 매우 해괴한 일이다.

10일신묘 맑음. 아침에 방답의 탐후선이 들어왔는데 왕명서와 비변사의 공문과 전라 감사(이정암)의 공문이 함께 도착했다. 해남 현감(이안계)과 이 첨사(이순신)가 왔다. 순천 부사, 광양 현감도 왔다. 우영공(이억기)이 청하여 그의 배로 갔더니, 해남 현감이 술자리를 베풀었다. 그러나 몸이 불편하여 간신히 앉아서 이야기하다가 돌아왔다.

11일임진 늦게 소나기가 크게 내리고 바람도 사납게 불었다. 오후에 비는 그쳤으나 바람은 멎지 않았다. 몸이 매우 불편하여 온종일 앉았다 누웠다 했다. 여도 만호(김인영)에게 격군을 잡아올 일로 사흘을 기한하여 갔다 오라고 당부하여 보냈다.

12일계사 몸이 몹시 불편하여 종일 누워서 신음했다. 식은땀이 때도 없이 흘러 옷을 적시어 억지로 일어나 앉았다. 늦게 비가 내리다가 가끔 개기도 했다. 순천 부사가 와서 만나고 우영공도 와서 만났다. 이 첨사(이

다. 1594년 광양군수를 지냈다.

순신)도 왔다. 종일 장기를 두었다. 몸이 몹시 불편했다. 가리포 첨사(구사직)도 왔다. 본영의 탐후선이 들어와서 어머니께서 평안하시다고 한다.

13일갑오 본영에서 온 공문을 작성하여 보냈다. 몸이 몹시 불편하여 홀로 배의 뜸 아래에 앉았으니 온갖 생각이 다 난다. 이경복에게 장계를 모시고 가라고 내보냈다. 경(庚)의 어미에게 노자를 증명서로 보내 주었다. 송두남이 군량미 3백 섬과 콩 3백 섬을 실어 왔다.

14일을미 맑음. 방답 첨사(이순신)가 제사용 과일을 갖추어 왔다. 우수사(이억기)와 충청 수사(정걸)와 순천 부사(권준)도 와서 함께 먹었다.

15일병신 맑음. 오늘은 추석이다. 우수사(이억기), 충청수사(정걸) 및 순천 부사(권준), 광양 현감(어영담), 낙안 군수(신호), 방답 첨사(이순신), 사도 첨사(김완), 흥양 현감(배흥립), 녹도 만호(송여종)[73], 이응화, 이홍명, 좌우 도영공 등이 모두 모여 이야기했다.[74] 저녁에 아들 회(薈)가 본영으로 갔다.

16일정유 맑음. 광양 현감(어영담)이 명절음식을 갖추어 왔다. 우수사(이억기), 충청 수사(정걸), 순천 부사(권준), 방답 첨사(이순신)도 왔다. 가리포 첨사(구사직), 이응화가 함께 왔다. 아침에 들으니 제만춘[75]이 일본에서 어제 나왔다고 했다.

17일무술 맑음. 지휘선을 연기로 그을리기 위해 좌별도장(이설)의 배에

---

[73] 송여종(宋汝悰 1553~1609)은 신호 및 이순신의 휘하로서 이순신의 장계를 적진을 뚫고 행재소에 가져간 공으로 녹도만호가 되었다. 이순신은 "송여종의 공로가 장수 중에 으뜸이다."라고 하였다.

[74] 8월 15일 전라·경상·충청의 네 수사(이순신·이억기·원균·정걸)가 진영에 왔는데, 이때 이순신이 전라좌수사로서 실제 군사를 총괄했다.《제만춘전》삼도수군통제사를 명하는 교서는 9월 12일에 내려지고, 10월 1일에 받았다. 이순신은 이때부터 1597년 2월까지 3년 7개월 동안 한산도를 관장했다.

[75] 제만춘(諸萬春)은 원균의 군관으로서 웅천의 적을 정탐하다가 왜군의 포로가 되었다. 1593년 7월 밤에 탈출했는데 조정에서 죄를 논했으나 풀려난 뒤 이순신의 휘하에서 공을 세웠다.

옮겨 탔다. 늦게 우수사(이억기)의 배로 가니 충청 수사(정걸)도 왔다. 제만춘을 불러서 문초하니, 분한 사연들이 많이 있었다. 종일 의논하고 헤어졌다. 초경이 되기 전에 돌아와 지휘선에 탔다. 이날 밤 달빛은 대낮 같고 물결 빛은 비단결 같아 회포를 스스로 가누기 어려웠다. 새로 만든 배를 바다에 띄웠다. 제만춘을 불러와 문초하니 분한 사연들이 많이 있었다.

18일기해 맑음. 우영공(이억기)과 정영공(정걸)과 함께 이야기하였다. 순천 부사, 광양 현감도 와서 만났다. 조붕이 와서 하는 말이, "원균의 군관 박치공이 장계를 가지고 조정으로 갔다."고 한다.

19일경자 맑음. 아침 식사 후에 원수사가 있는 곳으로 가서 내 배에 옮겨 타라고 청하였다. 우수사(이억기)와 정수사(정걸)도 왔고 원연(元埏)도 함께 이야기했다. 말하는 사이 원수사에게 흉포하고 패악한 일이 많으니 그의 거짓된 짓은 이루 말할 수가 없다. 원공(元公)의 형제가 옮겨 간 뒤에 천천히 노를 저어 진영에 이르렀다. 전라 우수사(이억기), 충청수사 정걸과 함께 앉아 자세히 이야기했다.

20일신축 아침 식사 후에 순천 부사(권준), 광양 현감(어영담), 흥양 현감(배흥립)이 왔다. 이응화도 왔다. 송희립이 순찰사(이정암)에게 문안하려는데 제만춘을 문초한 공문을 가지고 갔다. 방답 첨사(이순신)와 사도 첨사(김완)에게 돌산도 근처에 이사하여 사는 자들로서 작당하여 남의 재물을 약탈한 자들을 좌우로 부대를 나누어 잡아오도록 하였다. 저녁에 적량 만호 고여우가 왔다가 밤이 깊어서야 갔다.

21일임인 맑음.

22일계묘 맑음.

23일갑진 맑음. 윤간[76]과 조카 이뇌, 해(荄)가 와서 어머니께서 평안하시

---

76 윤간(尹侃 1561~1644)은 윤제현의 아들로 변기에게 출가한 이순신 누이의 사위이

다고 전한다. 또 아들 울(蔚)은 학질을 앓는다고 들었다.

24일을사 맑음. 조카 이해(李荄)가 돌아갔다.

25일병오 맑음. 꿈에 적의 형상이 보였다. 그래서 새벽에 각 도의 대장에게 알려서 바깥바다로 나가 진을 치게 하였다. 해질 무렵에 한산도 안쪽 바다로 돌아왔다.

26일정미 비가 오다 개다 하였다. 원수사가 왔다. 얼마 뒤에 우수사(이억기)와 정수사(정걸)를 함께 만났다. 순천 부사, 광양 현감, 가리포 첨사는 곧 돌아갔다. 흥양 현감(배흥립)도 와서 명절 제사음식을 대접하는데, 원공(원균)이 술을 마시자고 하기에 조금 주었더니, 잔뜩 취하여 흉포하고 패악한 말을 함부로 지껄였다. 매우 해괴하였다. 낙안 군수(신호)가 도요토미 히데요시[77]가 명나라 조정에 보낸 초본[78]과 명나라 사람이 고을에 와서 적은 것을 보내왔다. 통분함을 이길 수가 없었다.

27일무신 맑음.

28일기유 맑음. 원수사(원균)가 왔다. 흉악하고 속이는 말을 많이 하였다. 지극히 놀랍다.

29일경술 맑음. 아우 여필과 아들 울(蔚), 변존서가 동시에 왔다.

30일신해 맑음. 원수사가 또 와서 영등포로 가기를 독촉하였다.[79] 흉악하

니, 이순신에게는 생질서이다.

77 도요토미 히데요시(豊臣秀吉 1536~1598)는 하급무사의 아들로 노부나가[織田信長]의 휘하에서 활동하였다. 혼노사[本能寺]의 변으로 노부나가가 죽자, 후계자가 되어 일본의 제국을 통일하였다. 그는 나고야에 지휘소를 차려 고니시 유키나가에게 1만 8천명을 거느리고 조선을 침략하였다. 정유재란을 일으켰으나 실패하고 후시마 성에서 병사했다.

78 일본의〈화의조건 7조〉에 명나라 황제의 공주를 일왕의 후비로 삼고, 일본과 명나라 사이의 감합무역을 부활하고, 조선의 남쪽 4도를 일본에 분할해주고, 조선의 왕자를 볼모로 일본에 보낸다는 내용이 있다.

79 원균이 이순신의 부대를 패하게 하고자 자신의 배는 감추어 놓고 영등포의 왜적을 공격하러 가자고 주장하였다.

다고 말할만하다. 그가 거느린 배 25척은 모두 다 내보내고 다만 7, 8척을 가지고 이런 말을 하니, 그 마음 씀씀이와 하는 일이 대개 이와 같다.

9월
폐단을 보고하다

1일임자 맑음. 원수사(원균)가 왔다. 공문을 만들어 도원수(권율)와 순변사(이빈)에게 보냈다. 여필(이우신), 변존서, 조카 이뇌 등이 돌아갔다. 우영공(이억기), 정령공(정걸)도 모여서 이야기했다.

2일계축 맑음. 장계의 초본을 써서 내려 주었다. 경상 우후 이의득과 이여념 등이 와서 만났다. 저녁에 이영남이 와서 만났는데, "선병사(선거이)가 곤양에서 공로를 세웠다고 한 일과 남해 현령(기효근)이 도체찰사(유성룡)에게 질책을 받고 공손치 못하다고 불려갔다."는 것을 전하였다. 우스운 일이다. 기효근의 형편없음은 이미 알고 있는 것이다.

3일갑인 맑음. 아침에 조카 봉(菶)이 들어와서 어머니께서 평안하심을 알 수 있었다. 또 본영의 일도 들었다. 보고서(계문)를 봉하여 보내는 일로 초본을 작성하여 내려 보냈다. 순찰사(이정암)의 공문이 왔는데, 무릇 군사의 일가족에 관한 일은 일체 간섭하지 말라고 하였다. 이는 새로 와서 사정을 잘 알지 못하고 한 말이다.

4일을묘 맑음. 폐단을 아뢰는 보고서[80]와 총통을 올려 보내는 일[81] 제만

---

80 이순신이 장수들이 해전을 기피하고 모든 물자가 고갈된 것을 보고하였다.(〈장계〉 1593, 9)

81 이순신의 〈장계〉(1593, 8)에, "정사준이 정철을 만들어 정철조총 5자루를 올려 보내니, 각 도와 고을에서 제조하라"고 보고하였다.

춘을 문초한 사연을 올려 보내는 일 등을 모두 세 통의 문서로 봉하여 올리는데 이경복이 가지고 갔다. 유상(유성룡), 참판 윤자신, 지사 윤우신, 도승지 심희수, 지사 이일, 안습지(안민학), 윤기헌에게 편지를 쓰고, 전복으로 정을 표하여 보냈다. 조카 봉(菶)과 윤간이 돌아갔다.

5일병진 맑음. 식후에 정 수사(정걸)의 배 옆에 나아가 정박하고 종일 이야기하였다. 광양 현감, 홍양 현감 및 우후(이몽구)가 와서 만나고 돌아갔다.

6일정사 맑음. 새벽에 배 만들 재목을 운반해 올 일로 여러 배를 내보냈다. 식후에 내가 우영공(이억기)의 배로 가서 종일 이야기하고 그를 통해 원공(원균)의 흉포하고 패악한 일을 들었다. 또 정담수가 근거 없는 말을 지어내는 모습에 대해 들으니 우습다. 바둑을 두고서 물러났다. 부서진 배의 목재를 여러 배로 끌고 왔다.

7일무오 맑음. 아침에 재목을 수납하였다. 아침에 방답 첨사가 와서 만났다. 순찰사(이정암)에게 폐단을 아뢰는 공문과 군대 개편하는 일에 대한 공문을 작성하여 보냈다. 종일 홀로 앉아 있으니 마음이 편하지 않았다. 저녁때 탐후선을 몹시 기다렸는데도 오지 않았다. 저물녘 가슴이 답답하고 열이 나서 창문을 닫지 않고 잤더니, 바람을 많이 쐬어 머리가 심하게 아픈 듯하여 걱정스럽다.

8일기미 맑음. 바람이 어지럽게 불었다. 새벽에 송희립 등을 당포산(미륵산)으로 내 보내어 사슴을 잡아오게 했다. 우수사(이억기)와 충청수사(정걸)가 함께 왔다.

9일경신 맑음. 식후에 모여 산마루에 올라가서 활 3순(巡)을 쏘았다. 우수사(이억기)와 정수사(정걸) 및 여러 장수들이 모였는데, 광양 현감(어영담)은 병으로 참석하지 못했다. 저녁 무렵 비가 내렸다.

10일신유 맑음. 공문을 적어 탐후선에 보냈다. 해가 저물어 우수백(이억기)의 배로 가서 내가 머문 곳으로 오기를 청하여 방답 첨사와 함께 술을 마시고 헤어졌다. 체찰사의 비밀 공문이 왔다. 보성 군수(김의검)도 왔다가 돌아갔다.

11일임술 맑음. 정수사(정걸)가 술을 마련해 갖고 와서 만났다. 우수사(이억기)도 오고 낙안 군수, 방답 첨사도 함께 마셨다. 흥양 현감(배흥립)이 휴가를 받고 돌아갔다. 서몽남에게도 휴가를 주어 함께 내보냈다.

12일계해 맑음. 식후에 소비포 권관(이영남), 유충신, 김만호(김인영) 등을 불러 술을 대접했다. 발포 만호(황정록)가 돌아 왔다.

13일갑자 맑음. 새벽에 종 한경(漢京), 돌쇠[乭世], 해돌[年石] 및 자모종(自摹終) 등이 돌아왔다. 저녁에 종 금이(金伊)[82], 해돌, 돌쇠 등이 돌아갔다. 양정언도 같이 돌아갔다. 저녁에 비바람이 크게 일어 밤새도록 그치지 않았는데 어떻게 돌아갔는지 모르겠다.

14일을축 종일 비가 내리고 바람이 크게 불었다. 홀로 봉창 아래에 앉았으니 온갖 생각이 다 난다. 순천 부사가 돌아왔다.

15일병인 맑음.(이후 9월 16일부터 12월 31일까지 빠져있음.)

하나, 오랑캐의 근성은 경박하고 사나우며 칼과 창을 잘 쓰고 배에 익숙하다. 이미 육지에 내려오면 문득 죽을 마음을 품고 칼을 휘두르며 돌진하므로, 아군의 [정예하게 훈련되지 않은] 겁에 질린 무리들은 일시에 놀라서 달아나니, 그래서야 죽음을 무릅쓰고 항전할 수 있겠는가.

하나, 정철총통은 전쟁에서 가장 긴요하게 쓰이지만, 우리나라 사람

---

82 금이(金伊)는 이순신의 측근에서 시종을 든 사내종이다. 여수의 전라좌수영에서 모친의 숙소가 있는 송현 마을을 오가면서 모친의 안부를 전하고, 이순신이 전사할 때 회(薈), 완(莞)과 함께 임종을 하였다.

들은 그 조작하는 묘법을 잘 알지 못한다. 이제야 온갖 방법으로 생각해 내어 조총을 만들어 내니, 왜군의 총통과 비교해도 가장 절묘하다. 명나라 사람들이 진영에 와서 사격을 시험하고서 잘 되었다고 칭찬하지 않는 이가 없는 것은 이미 그 묘법을 얻었기 때문이다. 도내에서는 한 가지 모양으로 넉넉히 만들어 내도록 순찰사와 병사(兵使)에게 견본을 보내고 공문을 돌려 알리게 하였다.

하나, 지난해 변란이 발생한 이후 수군이 접전한 것이 많게는 수십여 회에 이르는데, 큰 바다에서 교전할 때면 저기 적들은 꺾이어 파괴되지 않은 적이 없었고, 우리는 한 번도 패한 적이 없었다.

거듭 약속하는 일. 이제 여러 곳의 적들이 연합하여 모두 산과 바다에 모이고, 육지로는 함안, 창원, 의령에서 진양까지, 물길로는 웅천, 거제 등지에서 무수히 세력을 모아 도리어 서쪽에 뜻을 두고자 하여 더욱 흉계를 꾸며대니 매우 통분할 따름이다. 지난해 늦가을부터 지금까지 여러 장수들이 명령을 따르는 데 마음을 다했는지의 여부를 기회에 따라 자세히 살펴보면, 혹은 먼저 진격을 외치고 서로 다투어 돌진하여 싸우게 될 때면, 사랑하는 가족을 돌아보고 살기를 탐하여 중도에서 뒤쳐지는 자가 있었다. 또 혹은 공로와 이익을 탐하여 승패를 헤아리지 않고 돌진하다가 적의 손에 걸려들어 마침내 나라를 욕되게 하고 몸을 죽게 하는 재앙을 만든 자가 있었다.

병사의 칼날이 닿는 곳마다 그 형세가 마치 비바람과 같으니, 흉도들의 남은 넋이 달아나 숨을 (겨를도 없다).

한 자루 칼로 하늘에 맹세하니 산하의 빛이 변하네(尺劍誓天 山河動色)[83]

출전하여 만 번 죽을지라도 한 번 살려는 계책을 돌아보지 않으니[84] 분한 마음이 그지없다.[出萬死不顧一生之計 憤憤不已]

국가를 편안히 하고 사직을 안정시키는 일에 충성과 힘을 다하여 죽으나 사나 이를 따르리라[安國家定社稷 盡忠竭力 死生以之][85]

사직(社稷)의 존엄한 신령에 의지하여 겨우 작은 공로를 세웠는데, 총애와 영광이 초월하여 분수에 넘친다.[86]

몸은 장수의 자리에 있지만 공로는 티끌만큼도 보탬이 되지 못하였고, 입으로는 교서를 외우지만 얼굴에는 군사들에 대한 부끄러움만이 있다.[87]

추악한 오랑캐에게 함락된 지 장차 두 해가 되어 가는데 국가를 회복할 시기는 바로 오늘에 달려 있다. 한창 명나라 군사의 수레와 말소리를 기다리느라 하루를 1년처럼 여겼다.[88] 적을 토벌하지 않고 화친을 위주로 하여 우선 흉악한 무리를 퇴각만 시키고 우리나라가 수년 동안 침입 당한 치욕을 씻지 못했으니, 하늘에까지 미친 분함과 수치가 더욱 간절하다.

---

83   이순신의 검명시(劍銘詩)에 나오는 글이다. "한번 휘둘러 쓸어버리자 피가 강산을 물들였네. 석자 칼로 하늘에 맹세하니 산하의 빛이 변하네(一揮掃蕩 血染山河 三尺誓天 山河動色)"

84   이 구절은 《사기》〈장이진여열전(張耳陳餘列傳)〉에 나온다.

85   이 구절은 《통감절요》〈후한기〉에 나온다.

86   이 구절은 송나라 악비의 《악무목유문(岳武穆遺文)》〈출사를 구하는 차자(乞出師劄)〉와 악가(岳珂)의 《금타졸편(錦佗粹編)》에 나온다.

87   이 구절은 악비의 《악무목유문》과 악가의 《금타졸편》에 나온다.

88   이 구절은 《회찬송악악무목왕 정충록(會纂宋岳鄂武穆王精忠錄)》과 악가의 《금타졸편》에 나온다.

임금의 수레가 서쪽으로 가고 종묘와 사직은 폐허가 되니 사방의 충성스럽고 의로운 기운을 빼앗기어 백성들의 희망도 절로 끊어졌다. 신이 비록 노둔하고 겁이 많지만 몸소 화살과 돌을 무릅쓰고 나아가 여러 장수들의 선봉이 되어서 몸을 바쳐 나라에 보답하려고 한다.[89] 지금 만약 기회를 잃는다면 후회한들 무슨 소용이 있겠는가. 유기(劉錡)[90]는 문에 땔나무를 쌓아두고 파수꾼에게 경계하기를, "만약 불리해지면 즉시 내 집을 불사르고 적의 손에 욕되게 하지 말라."고 하였다.[91]

한창 위급한 때 사용하려는 것이다. 더욱이 누차 해전에서 승첩하여 왜적의 칼날을 크게 꺾고 군사들의 소리가 바다를 크게 진동했으니, 비록 많은 적을 적은 수로 대적하지 못했으나 흉악한 적들이 두려워하여 그 위세에 감히 맞서지 못한 경우가 있었다.[92]

* 별도로 적혀 있는 기록이다(편집자 주).

---

89 이 구절은 《송사》〈종택(宗澤) 열전〉과 명나라 풍기원(馮琦原)의 《송사기사본말》에 나온다.

90 유기(劉錡)는 송나라의 장수로 활쏘기를 잘했고, 소흥(紹興 1131) 연간에 동경부(東京副) 유수(留守)가 되어 순창(順昌)에 침입한 올출(兀朮, 금나라 왕자)의 군사를 물리쳐 태위가 되었다.

91 이 내용은 《송사》〈유기전(劉錡傳)〉에 나온다.

92 이 구절은 《송사》〈유기전〉과 명나라 풍기원의 《송사기사본말》에서 유기(劉錡)가 말한 내용을 이순신이 고쳐 적은 것이다.

日記 甲午年

갑오년

1월 이순신은 본영의 격군 742명에게 주연을 베풀고, 3월 2차 당항포해전에서 승리하였다. 4월 진중에서 무과시험을 실시하고 어영담이 병사했다. 8월 권율 등과 작전계획을 세웠다. 9월 수륙작전으로 장문포 해전을 치렀으나 별다른 전공이 없었다. 10월 곽재우와 김덕령과 작전을 모의하고, 영등포와 장문포에 주둔한 왜적을 공격하였다. 11월 원균과의 갈등문제를 논한 결과 원균이 충청병사로 전임되었다.

임진왜란 약사

2월 비변사에서 명나라의 군량을 받아오기를 청했다. 4월 유정 사명당이 서생포에서 가토 기요마사와 강화회담을 하였다. 5월 이정암이 강화를 주장하였고, 사은사 김수가 요동의 식량결핍상황을 보고했다. 8월 윤두수가 전라체찰사가 되고 고니시 유키나가가 김응서에게 수교를 청했다. 11월 김응서가 함안에서 고니시 유키나가와 강화회담을 하였다. 12월 명일간 회담이 열렸으나 기요마사가 불참하였다.

갑오년(1594)

작은 이익을 보고 들이친다면
큰 이익을 이루지 못할 것이다.

1월
어머니께 문후드리다

1일경진 비가 퍼붓듯이 내렸다. 어머니를 모시고 함께 한 살을 더하게 되니, 이는 난리 중에서도 다행 한 일이다. 늦게 군사 훈련과 전쟁 준비할 일로 본영(전라좌수영)으로 돌아오는데, 비가 그치지 않았다. 신사과(愼司果) 신정(愼定))에게 문안하였다.

2일신사 비는 그쳤으나 흐렸다. 나라(인순왕후 심씨)의 제삿날이라 출근하지 않았다. 신 사과(신정)를 맞이하여 함께 이야기했다. 배첨지(裵僉知, 배경남)도 왔다.

3일임오 맑음. 동헌에 나가 공문을 작성하여 보냈다. 해 질 무렵 관아에 들어가서 조카들과 이야기했다.

4일계미 맑음. 동헌에 나가 공문을 작성하여 보냈다. 저녁에 신 사과(신정), 배 첨지(배경남)와 함께 이야기했다. 남홍점(南鴻漸)[1]이 본영에 이르

---

1 남홍점(南鴻漸)은 이순신의 넷째 누이 동생의 남편이다. 본관이 고성이고 감찰과

렸다. 그 가족이 어디로 달아나 숨어 지냈는지를 물었다.

5일갑신 비가 계속 내렸다. 신 사과(신정)가 와서 이야기했다.

6일을유 비가 내렸다. 동헌에 나가 남평(南平, 나주 남평읍)의 도병방²을 처형했다. 저녁 내내 공문을 작성하여 보냈다.

7일병술 비가 내렸다. 동헌에 앉아 공문을 작성하여 보냈다. 저녁에 남의길(南宜吉)이 들어와서 마주 앉아 이야기했다. 밤이 깊어서야 헤어졌다.

8일정해 맑음. 동헌 방에 앉아서 배 첨지, 남의길과 종일 이야기 했다. 늦게 공무를 보았으며, 남원의 도병방을 처형했다.

9일무자 맑음. 아침에 남의길과 이야기했다.

10일기축 맑음. 아침에 남의길을 맞이하여 이야기하는데, 피난하던 때의 일에 미치어 고생한 상황을 낱낱이 말하였다. 개탄스러운 마음을 가누지 못하였다.

11일경인 흐리나 비는 오지 않았다. 아침에 어머니를 뵈려고 배를 타고 바람을 따라 바로 고음천³에 도착하였다. 남의길과 윤사행(윤간)이 조카 분(芬)과 함께 갔다. 어머니께 가서 배알하려하니 어머니는 아직 잠에서 깨지 않으셨다. 큰 소리를 내니 놀라 깨어서 일어나셨다. 숨을 가쁘게 쉬시어 해가 서산에 이른 듯하니 오직 감춰진 눈물이 흘러내릴 뿐이다. 그러나 말씀하시는 데는 착오가 없으셨다. 적을 토벌하는 일이 급하여 오래 머물 수가 없었다. 이 날 저녁에 손수약(孫守約)의 아내가 죽었다는 부음을 들었다.

12일신묘 맑음. 아침식사 후에 어머니께 하직을 고하니, "잘 가거라. 부디

동몽교관을 지냈다.

2 도병방은 지방관아의 육방(이·호·예·병·형·공조)에 속한 병방의 우두머리다.

3 고음천은 여수시 시전동 웅천동 송현마을(현 1420-1번지)에 있다. 이는 고음내 또는 곰내(熊川)라고도 한다. 이순신이 전쟁 중 이곳으로 모친을 모셔왔다. .

나라의 치욕을 크게 씻어야 한다."⁴고 분부하여 두세 번 타이르시고, 조금도 헤어지는 심정으로 탄식하지 않으셨다. 선창에 돌아오니, 몸이 좀 불편한 것 같아 바로 뒷방으로 들어갔다.

13일임진 맑았으나 바람이 크게 불었다. 몸이 심히 불편하여 자리에 누워서 땀을 냈다. 종 팽수(彭壽)와 평세(平世)가 와서 만났다.

14일계사 흐리고 바람이 크게 불었다. 아침에 조카 뇌(蕾)의 편지를 보니, "아산의 산소(이희신의 산소)에서 설날 제사를 지낼 때 휘파람을 불며 몰려다니는 무리들이 무려 2백여 명이나 산을 둘러싸고 음식을 구걸하여 제사를 뒤로 물렸다."고 한다. 매우 놀라운 일이다. 늦게 동헌에 나가 보고서를 작성하고 승장 의능(宜能)의 천민 신분을 면제하는 공문도 함께 봉하여 올렸다.

15일갑오 맑음. 이른 아침에 남의길 및 여러 조카들과 함께 대화한 다음 동헌으로 나갔다. 남의길은 영광으로 가고자 했다. 사내종 진(辰)을 찾아내라는 공문을 작성했다. 동궁(광해군)이 명령을 내린 내용에 군사를 거느리고 적을 토벌하는 일을 감독하라는 내용이 있었다.

16일을미 맑음. 아침에 남의길에게 오기를 청하여 송별하는데, 나도 몹시 취해서 늦게 동헌에 나갔다. 황득중이 들어왔다. 그에게 들으니 "문학(文學, 세자시강원 정5품) 유몽인⁵이 암행어사로 흥양현에 들어와서 여러 문서를 압수했다."고 했다. 저물녘 방답 첨사(이순신)와 배 첨지(배경남)가 와서 이야기했다.

4　이 구절은 이순신의 충효정신을 이해하는 데 근간이 되는 내용이다. 이순신이 이 어머니의 당부를 따른 것이 효도를 실천함과 동시에 나라를 위한 충성도 실천한 것이다.

5　유몽인(柳夢寅 1559~1623)은 성혼에게서 배웠으나 경박하다고 쫓겨났다. 선조를 평양까지 호종하였고, 시강원 문학을 역임했다. 전쟁의 혼란기에 암행어사가 되어 순찰하였다. 《어우집》

17일병신 새벽에 눈이 오고 늦게 비가 왔다. 이른 아침에 배에 올라 아우 여필과 여러 조카와 아들을 배웅하고 조카 분(芬)과 아들 울(蔚)만을 데리고 배를 몰았다. 오늘 보고서(계본)를 보냈다. 오후 4시경에 와두(방월)에 이르렀는데, 역풍에 썰물 때라 배를 운행할 수가 없어 닻을 내리고 잠시 쉬었다. 오후 6시경에 닻을 올려 노량을 건너갔다. 여도 만호(김인영), 순천 부사(권준), 이감(李瑊) 및 우후(이몽구) 등도 와서 잤다.

18일정유 맑음. 새벽에 떠날 때는 역풍이 크게 일더니 창신도에 도착하자 바람이 순하게 불었다. 돛을 올리고 사량에 이르니 다시 역풍이 불고 비가 크게 내렸다. 만호(이여념)와 수사(원균)의 군관 전윤(田允)이 와서 만났다. 전윤이 말하기를 "수군을 거창(居昌)으로 붙잡아 왔는데, 이편에 들으니 원수(권율)가 방해하려 한다."고 했다. 우스운 일이다. 예전부터 남의 공을 시기하는 것이 이와 같았으니, 한탄한들 무엇하랴! 여기서 그대로 잤다.

19일무술 흐리다가 늦게 갬. 바람이 크게 불더니 해질 무렵에는 더욱 거세졌다. 아침에 출발하여 당포 바깥 바다에 이르러 바람을 따라 반쯤 돛을 올리니 순식간에 벌써 한산도에 도착했다. 사정[6]에 올라 앉아 여러 장수들과 대화를 했다. 저녁에 원 수사(원균)도 왔다. 소비포 권관(이영남)에게서 '영남의 여러 배의 사부(射夫)와 격군이 거의 다 굶어 죽어간다.'는 말을 들었다. 참혹하여 차마 들을 수가 없었다. 원수사와 공연수(孔連水), 이극함(李克諴)이 눈독들인 여자들과 모두 다 사통했다고 한다.

20일기해 맑으나 바람이 크게 불어 춥기가 살을 에듯 하였다. 각 배의 옷이 없는 사람들이 거북이처럼 웅크리고 추위에 떠는 소리는 차마 듣지를 못하겠다. 낙안 군수(신호)와 우우후(이정충)가 와서 만났다. 늦게 소비

---

6 이순신이 활쏘기 연습한 정자 터가 현재의 두억리 의항에 있는 한산대첩 기념비 일대에 있었다고 한다.

포 권관(이영남), 웅천 현감(이운룡),[7] 진해 현감(정항)도 왔다. 진해 현감은 거부하여 제때 오지 않아서 추고할 작정이었기에 만나보지 않았다. 바람이 자는 듯했지만 순천 부사(권준)가 들어 올 일이 매우 염려되었다. 군량 또한 도착하지 않으니 이 또한 걱정이 되었다. 병들어 죽은 사람들을 거두어 장사지내려고 임무를 맡을 사람으로 녹도 만호(송여종)를 정하여 보냈다.

21일경자 맑음. 아침에 본영의 격군 742명에게 술을 먹였다. 광양 현감(최산택)이 들어왔다. 저녁에 녹도 만호가 와서 보고하는데, "병들어 죽은 214명의 시체를 거두어서 묻었다."고 한다. 사로잡혔다가 도망쳐 나온 2명이 원수사의 진영에서 와서 적의 정세를 상세히 이야기했지만, 믿을 수 없었다.

22일신축 맑음. 날씨가 따뜻하고 바람도 없었다. 사정에 올라앉아 진해 현감에게 교서에 숙배례[8]를 행하게 하고 하루 종일 활을 쏘았다. 녹도 만호가 병들어 죽은 217명의 시체를 거두어 묻었다고 했다.

순천 부사(권준)이 왔다.

23일임인 맑음. 낙안 군수가 하직을 고하고 나갔다. 흥양의 전선 2척이 들어왔다. 최천보, 유황, 유충신, 정량(丁良) 등이 들어 왔다. 늦게 순천 부사가 들어 왔다.

24일계묘 맑고 따뜻하다. 아침에 산에서 부역할 일로 목수 41명을 송덕일[9]이 데리고 갔다. 영남 원수사가 군관을 보내어 보고하기를, "경상좌도

---

7 이운룡(李雲龍 1562~1610)은 원균의 휘하로서 경상우수영이 함락되어 원균이 피신하려 할 때 반대하였다. 옥포, 한산도, 안골포, 부산포 해전에 참전하고 칠천량 해전에서 수군이 패하자 육군에서 활동하였다.

8 숙배례는 새로 관직에 임명된 관리가 임금의 교서에 숙배하고 은혜에 치사하는 신고 의식이다.

9 송덕일(宋德馹 1566~1616)은 훈련원 첨정으로서 의주까지 왕을 호종하였다. 정유

에 있는 왜적 3백여 명을 베어 죽였다."고 한다. 매우 기쁜 일이다. 평의지(平義智, 대마도주 소 요시토시(宗義智))가 지금 웅천에 있다고 하지만 자세하지 않았다. 유황(柳滉)을 불러서 암행어사가 붙잡아 간 것을 물으니, 문서를 너무 남발했다고 하였다. 매우 놀라운 일이다. 또 격군의 일을 들으니 고을 아전들의 간악한 짓은 이루다 말할 수 없었다. 전령을 보내어 모집한 군사 144명을 붙잡아 오게 하고, 또 현감에게 독촉하여 전령을 보내게 했다.

25일 갑진 흐리다가 늦게 갬. 송두남과 이상록 등이 새로 만든 배를 가지고 돌아와 정박시키려고 사부(射夫)와 격군 132명을 데리고 갔다. 아침에 우우후(이정충)가 여기에 와서 함께 아침밥을 먹고 늦게 활을 쏘았다. 우우후가 여도 만호(김인영)와 활쏘기를 겨루었는데 여도만호가 7분을 이겼다. 나는 활을 10순을 쏘고 다른 사람들은 모두 20순을 쏘았다. 저녁에 종 허산(許山)이 술병을 훔치다가 붙잡혔기에 곤장을 쳤다.

26일 을사 맑음. 아침에 사정으로 올라가서 순천 부사(권준)가 기한에 늦은 죄를 꾸짖고 공문을 작성하였다. 활 10순을 쏘았다. 오후에 사로잡혔다가 도망해온 진주 여인 1명, 고성 여인 1명, 서울 사람 2명을 데려 왔는데, (서울 사람은) 정창연과 김명원의 종이라고 했다. 또 왜놈 한 명이 스스로 와서 투항하였다는 보고가 들어왔다.

27일 병오 맑음. 새벽에 배 만들 목재를 끌어올 일로 우후(이몽구)가 나갔다. 새벽에 변유헌과 이경복이 들어왔다고 보고했다. 아침에 충청 수사(구사직)의 답장이 왔다. 어머니의 편지와 아우 여필의 편지가 왔는데, 어머니께서 평안하시다고 하니 다행이다. 다만 동문 밖 해운대(海雲臺, 여수 수정동과 덕충동) 옆에 한밤의 도적이 생기고 미평(여수)에도 한밤의 도적

재란 때 진도군수로서 나대용, 정걸과 함께 귀선을 만들고 명량 해전에서 왜장 마다시를 죽이고 왜선 수십 척을 분멸하였다.

이 들었다고 한다. 매우 놀라운 일이다. 늦게 미조항 첨사, 순천 부사가 함께 왔다. 아침에 청원서와 여러 가지 공문을 작성하여 보내고, 스스로 항복해온 왜놈을 잡아 왔기에 문초했다. 원 수사의 군관 양밀(梁密)이 제주 판관의 편지와 말안장과 해산물, 귤, 감자(柑子, 귤의 일종) 등을 가지고 왔기에 바로 어머니께 보냈다. 저녁에 녹도의 복병한 곳에 왜적 5명이 횡행하며 포를 쏘기에 한 왜군에게 쏘아서 목을 잘랐다. 나머지는 화살을 맞고 달아났다. 저물녘에 소비포 권관(이영남)이 왔다. 우후의 배가 재목을 싣고 왔다.

28일정미 맑음. 아침에 우후(이몽구)가 와서 만났다. 종사관에게 보낼 조목과 공문을 작성하여 강진 감영 관리에게 주어 보냈다. 늦게 원식(元埴)이 서울로 올라간다고 왔기에 술을 대접하여 보냈다. 경상 우후(이의득)가 보고하기를, "명나라 유 제독(유정[10])이 군사를 돌려 이달 이십 오륙일 사이에 올라간다."고 하며, 또 "위무사인 홍문관 교리 권협이 도내를 돌면서 위로한 뒤에 수군을 들여보낸다."고 하였다. 또 "도적질한 이산겸[11] 등을 잡아 가두고, 아산, 온양 등지에서 날뛰는 큰 적 90여 명을 잡아서 목을 베었다."고 했다. 또, "호익장(김덕령)이 가까운 시일에 들어 올 것이다."고 했다. 저물녘에 비가 오기 시작하더니 밤새도록 주룩주룩 내렸다. 전선을 만드는 일을 시작했다.

29일무신 비가 온종일 내리더니 밤새 이어졌다. 새벽에 각 배들이 무사하다는 보고를 받았다. 몸이 불편하여 저녁 내내 누워서 신음했다. 큰 바

---

10 유정(劉綎)은 1593년 정왜부총병이 되어 군사 5천명으로 조선에 와서 대패하였다. 1594년 1월 부산에서 서울까지 방어 문제를 논하고 1598년 일본군의 퇴로를 열어주고 서로를 맡고 순천 예교에서 패했다.

11 이산겸(李山謙)은 이지함의 서자로 보령의 의병장으로 평택과 진위에서 왜군을 토벌했다. 1594년 1월 24일 민란을 일으킨 송유진이 이산겸을 적괴라고 무고하여 감옥에 갇혔다.

람과 파도로 배들을 고정하지 못하여 마음이 몹시 괴로웠다. 미조항 첨사(김승룡)가 배를 꾸밀 일로 돌아간다고 보고하였다.

30일기유 흐리고 바람이 크게 불었다. 늦게 개고 바람도 조금 그쳤다. 순천부사(권준) 및 우우후(이정충), 강진 현감(유해(柳瀣))이 왔다. 미조항 첨사가 와서 돌아간다고 보고하기에 평산포의 도망친 군사 3명을 잡아와 그 편에 딸려 보냈다. 나는 몸이 몹시 불편하여 종일 식은땀을 흘렸다. 군관과 여러 장수들은 활을 쏘았다.

2월
정찰활동을 강화하다

사도 첨사(김완)가 들어왔다.

1일경술 맑음. 늦게 사정(射亭)에 올라가 공문을 작성하여 보냈다. 청주에 사는 겸사복(兼司僕, 국왕 호위군) 이상(李祥)이 왕명서를 가지고 왔다. 그 내용에 "경상 감사 한효순[12]이 올린 장계에 '좌도의 적들이 모여서 거제로 들어가 장차 전라도를 침범할 계획이다.'라고 하였으니, 경(卿)이 삼도의 수군을 합하여 적을 초멸하라."는 것이었다. 오후에 우우후(이정충)를 불러 활을 쏘았다. 초저녁에 사도 첨사(김완)가 전선 3척을 거느리고 진에 이르렀다. 이경복, 노윤발, 윤백년 등이 도망가는 군사를 싣고 육지로 들어가는 배 8척을 붙잡아 왔다. 저녁에 가랑비가 내리더니 얼마 후 그쳤다.

---

12 한효순(韓孝純 1543~1621)은 관찰사로서 1594년 1월 30일 적장이 전라도를 탐색한다고 보고하자 이순신이 확인하였다. 1596년 한산도 무과 시관으로 순시하고, 칠천량 패전 이후 전선을 제조했다.

2일신해 맑음. 아침에 도망가는 군사를 실어 내던 사람들의 죄를 처벌했다. 사도 첨사는 낙안 군수(신호)가 파면되었다고 전했다. 늦게 사정(射亭)에 올라갔다. 동궁에게 올린 보고서의 회답이 내려왔다. 각 관청과 포구의 공문을 작성하여 보냈다. 활 10순을 쏘았다. 바람이 어지럽게 불어 편하지 않았다. 사도 첨사가 기한에 오지 않았기에 신문하여 조사하였다.

3일임자 맑음. 새벽꿈에 한쪽 눈이 먼 말을 보았다. 무슨 징조인지 모르겠다. 식후에 사정에 올라서 활을 쏘았다. 거센 바람이 크게 일었다. 우조방장(어영담)이 왔는데, 반란한 적들의 기별을 들었다. 걱정스러움과 통분함을 참지 못했다. 우우후(이정충)가 물건을 여러 장수에게 보냈다. 원식(元埴)과 원전(元㙉)[13]이 와서 상경한다고 고하였다. 원식이 남해 현령(기효근)에게 철을 바치고서 천민신분을 면제하는 공문 한 장을 받아 갔다. 날이 저물어서 군막으로 내려왔다.

4일계축 맑았으나 바람이 크게 불었다. 아침 식사 후 순천 부사, 우조방장을 불러 와서 이야기했다. 늦게 본영의 전선과 거북선이 들어왔다. 조카 봉(菶)과 이설, 이언량, 이상록 등이 강돌천을 데리고 왔는데, 그는 동궁의 명령서를 가지고 왔다. 우찬성 정탁[14]의 편지도 왔다. 각 관청과 포구의 공문을 작성하여 보냈다. 순천에서 온 보고내용은 "무군사(세자 행영)의 공문에 의거한 순찰사의 공문에는 '진중에서 과거시험을 설치하자고 보고서를 올려 여쭌 것은 매우 잘못되었으니 심문하여 조사해야 한다'고 하였다."는 것이었다. 매우 우스운 일이다. 조카 봉(菶)이 오는 편에

---

13 원전(元㙉)은 원균의 셋째 동생. 고성현령으로서 참전하고, 정유재란 때 원균과 함께 전사했다.

14 정탁(鄭琢 1526~1605)은 왕을 의주까지 호종하고 1594년 곽재우, 김덕령 등을 천거하고 이듬해 우의정이 되었다. 정유재란 때 이순신이 모함을 받아 하옥되었을 때 구명운동을 하였다.

어머님이 평안하시다는 소식을 들으니 기쁘고도 다행이다.

5일갑인 맑음. 새벽꿈에 좋은 말을 타고 곧장 바위가 첩첩인 큰 산마루로 올라가니 산봉우리가 빼어나게 아름답고 구불구불 동서로 뻗어 있었다. 봉우리 위의 평평한 곳이 있어 자리를 잡으려고 하다가 깨었다. 이것이 무슨 징후인지 모르겠다. 또 어떤 미인이 홀로 앉아서 손짓을 하는데, 나는 소매를 뿌리치고 응하지 않았다. 우스운 일이다. 아침에 군기시(무기 관리 관청)에서 받아온 흑각궁(무소뿔 활) 백장을 일일이 세어 서명하고 벚나무 껍질 89장도 셈하여 서명했다. 발포 만호(황정록)와 우우후(이정충)가 와서 만나고 함께 식사했다. 늦게 사정(射亭)으로 올라가서, 순창과 광주 색리들의 죄를 처벌하였다. 우조방장(어영담) 및 우우후(이정충), 여도 만호(김인영) 등은 활을 쏘았다. 원수(권율)의 회답 공문이 왔는데, 심유격(심유경)[15]이 이미 화해할 것을 결정했다고 한다. 그러나 간사한 꾀와 교묘한 계책은 헤아릴 수 없다. 전에도 놈들의 꾀에 빠졌었는데 또 이처럼 빠져드니 한탄스럽다. 저녁에 날씨가 찌는 듯하니 마치 초여름 같았다. 밤 9시경에 비가 내렸다.

6일을묘 비가 내렸다. 오후에 맑게 갰다. 순천 부사(권준), 조방장 및 웅천 현감(이운룡), 사도 첨사(김완)가 와서 만났다. 어두울 무렵 흥양 현감(배흥립)과 김방제(金邦濟)가 황향(黃香, 유자) 30개를 가져 왔는데 금방 딴 것 같았다.

7일병진 맑음. 서풍이 크게 불었다. 아침에 우조방장(어영담)이 와서 만났는데, 또 부지휘선을 타고 싶다고 하였다. 어머니와 홍군우(홍익현), 이숙도[16], 강인중 등에게 문안편지를 써서 조카 분(芬)이 가는 편에 부쳤다.

---

15 심유경(沈有敬)은 평양에서 고니시 유키나가를 만났으나 이여송이 평양에서 일본군을 물리쳐 강화가 파기되었다. 1596년 조명일 3국 간에 강화회담을 맡아 농간을 부림으로써 결국 정유재란을 초래했다.

16 이숙도(李叔道)는 이사민(李思敏 1541~?)으로 아산에 살았고 아우 덕민의 극진한

조카 봉(菶)과 분(芬)이 떠나가는데 봉은 나주로 가고 분은 온양으로 갔다. 마음이 편치 않았다. 각 배에 청원서 2백여 장을 작성하여 나누어 주었다. 고성 현령(조응도)의 보고에, "적선 50여 척이 춘원포[17]에 도착했다."고 했다. 삼천포 권관과 가배량 권관 제만춘이 와서 서울의 기별을 전했다. 입대를 피한 격군을 붙잡아올 일로 이경복을 내보냈다. 오늘 군대를 개편하여 나누고 격군을 각 배에 옮겨 태웠다. 방답 첨사(이순신)에게 죄인을 잡아오라고 전령했다. 낙안 군수(신호)의 편지가 왔는데, 새 군수 김준계(金俊繼)가 내려왔다고 하므로 그에게도 전령하여 죄인을 붙잡아 오게 했다. 보성의 전선 2척이 들어왔다. 소비포 권관(이영남)이 와서 만났다.

8일정사 맑음. 동풍이 크게 불고 날씨가 매우 차다. 봉(菶)과 분(芬)이 배를 타고 떠난 것이 매우 걱정되어 밤새도록 초조하고 불안했다. 아침에 순천 부사(권준)가 와서 말하기를, "고성 땅 소소포(고성 죽계마을)에 적선 50여 척이 드나든다."고 했다. 곧바로 제만춘을 불러 지형이 어디가 유리한 지를 물었다. 늦게 사정(射亭)으로 올라가 공문을 작성하여 보냈다. 경상 우병사의 군관이 편지를 가져와서 자기 장수 방지기(사내 종)의 천한 신분을 면제하는 것에 대한 일을 말했다. 진주에서 피난한 전 좌랑 이유함[18]이 와서 이야기하다가 저녁에 돌아갔다. 바다의 달빛이 맑고 상쾌하여 자려해도 잘 수가 없었다. 순천 부사와 우조방장이 와서 이야기하다가 밤 10시경에 헤어졌다. 변존서가 당포에 가서 꿩 7마리를 사냥해 왔다.

공경을 받았다.

17 춘원포(春院浦)는 통영시 광도면 황리 임외촌 동쪽에 있는 포구이다. 칠천량 해전 때 원균이 도주한 퇴로이다.

18 이유함(李惟諴 1557~1609)은 문위(文緯), 곽재우와 함께 의병을 일으키어 왜적을 토벌하였다.

9일무오 맑음. 새벽에 좌우후(이몽구)가 배 두세 척을 거느리고 소비포 뒤쪽으로 띠풀을 베러 갔다. 아침에 고성 현령(조응도)이 왔는데 돼지고기도 가져왔다. 그 편에 당항포에 적선이 드나든 일을 물었다. 또 백성들이 굶주려서 서로 잡아먹는 참담한 상황에 앞으로 어떻게 목숨을 보전하여 살 것인지를 물었다. 늦게 사정(射亭)으로 올라가 활 10순을 쏘았다. 이유함이 와서 하직을 고하므로 그의 자(字)를 물으니 여실(汝實)이라 했다. 순천 부사(권준)와 우조방장(어영담), 우우후(이정충), 사도 첨사(김완), 여도 만호(김인영), 녹도 만호(송여종), 강진 현감(유해), 사천 현감(기직남), 하동 현감(성천유), 소비포 권관(이영남)도 왔다. 저물녘에 보성 군수(안홍국)[19]가 들어왔다. 무군사의 공문을 가져 왔는데, 세자를 호위하는데 쓸 긴 창 수십 자루를 만들어 보내라는 것이었다. 이 날 동궁이 조사한 것에 대한 답변을 써 보냈다.

10일기미 가랑비와 큰바람이 종일 그치지 않았다. 오후에 조방장과 순천 부사가 와서 저녁 내내 이야기하며 왜적 토벌을 논의했다.

11일경신 맑음. 아침에 미조항 첨사(김승룡)가 와서 만났다. 술 석 잔을 권하고서 보냈다. 종사관의 공문 3건을 작성하여 보냈다. 식후에 사정(射亭)으로 올라가니, 경상 우수사(원균)가 와서 만났다. 술 10잔을 마시고 취하여 말에 광기가 많았으니 우스운 일이다. 우조방장도 와서 함께 취했다. 저물녘에 활 3순을 쏘았다.

12일신유 맑음. 이른 아침에 본영의 탐후선이 들어왔는데, 조카 분(芬)의 편지에 선전관 송경령[20]이 수군을 살펴볼 일로 들어온다는 것이었

---

19 안홍국(安弘國 1555~1597)은 의주까지 왕을 호종하여 선전관이 되어 이순신에게 왕명을 전하고 1595년 보성군수로서 진영에 왔다. 1597년 원균의 휘하로서 안골포 해전에서 전사하였다.

20 송경령(宋慶苓)은 송령(宋苓)이다. 송전(宋荃)과 송두남과 함께 이순신을 도왔고, 옥포와 당포해전에 전공을 세웠다.

다. 오전 10시경에 적도(赤島, 화도)로 진을 옮겼다. 오후 2시경에 선전관(송경령)이 진에 도착했다. 왕명서 2통과 비밀문서 1통, 도합 3통인데, 1통에는 "명나라 군사 10만 명과 은 3백만 냥이 온다."고 하였고 1통에는 "흉적의 뜻이 호남에 있으니, 힘을 다하여 차단하고 형세를 살펴 무찌르라."고 하였다. 궁궐에서 직접 낸 비밀 왕명서는 '여러 해 동안 해상에서 나라를 위해 애쓰는 것을 내가 늘 잊지 못하니, 공이 있는 장병으로서 아직 큰 상을 받지 못한 자들을 급히 보고하라는 등의 일'에 관한 것이었다. 또 그에게 서울의 여러 가지 소식을 묻고 또 역적들의 일도 들었다. 영의정(유성룡)의 편지도 가지고 왔다. 위에서 밤낮으로 염려하며 애쓰는 일을 들으니 감개함과 애련함이 어찌 다하랴.

13일임술 맑고 따뜻하다. 아침에 영의정에게 회답 편지를 썼다. 식후에 선전관(송경령)을 불러 다시 이야기했다. 늦게 서로 작별하고서 종일 배에 머물렀다. 오후 4시경에 소비포 권관(이영남), 사량 만호(이여념), 영등포 만호(우치적) 등이 왔다. 오후 6시경에 첫 나발을 불고 출항하여 한산도로 돌아오니, 그때 경상 군관 제홍록[21]이 삼봉[22]에서 와서 말하기를, "적선 8척이 춘원포에 들어와 정박하였으니, 들이칠 만하다."고 하였다. 그래서 곧장 나대용을 원 수사에게 보내어 상의케 하고 전하게 한 말은, "작은 이익을 보고 들이친다면 큰 이익을 이루지 못할 것이니, 아직 가만히 두었다가 다시 적선이 많이 나오는 것을 보고 기회를 엿보아서 무찌르기를 작정하자."는 것이었다. 미조항 첨사(김승룡)와 순천 부사(권준),

---

21 제홍록(諸弘祿 1558~1597)은 창의하여 삼촌 말(沫)을 따라 곤양에서 왜적을 소탕하였다. 갑오년 이순신의 군관이 되고 1597년 6월 24일 왜군에 포위된 진주성을 지키다가 적장을 죽이고 전사하였다.

22 삼봉(三峯)은 통영시 용남면 동달리에 있고 봉우리가 3개라서 삼봉산인데, 왼쪽부터 일봉, 이봉, 삼봉이라고 한다.

조방장이 왔다가 밤이 깊어서야 돌아갔다. 박영남(朴永男), 송덕일도 돌아갔다.

방답 첨사(이순신)와 홍양 현감(배흥립)이 들어왔다.

14일계해 맑고 따뜻하며 바람도 온화하였다. 경상도 남해, 하동, 사천, 고성 등지에는 송희립, 변존서, 유황, 노윤발 등을, 우도에는 변유헌, 나대용 등을 점검하라고 내보냈다. 저물녘에 방답 첨사와 첨지 배경남이 본영에 왔는데, 군량미 20섬을 실어 왔다. 정종과 배춘복도 왔다. 장언춘(張彦春)의 천민 신분을 면제하는 공문을 만들어 주었다. 홍양 현감(배흥립)이 들어왔다.

15일갑자 맑음. 새벽에 거북선 2척과 보성의 배 1척을 명에에 쓸 나무를 벌목하는 곳으로 보냈더니 초저녁에 실어 왔다. 아침 식사 후에 사정(射亭)에 올라가서 좌조방장의 늦게 온 죄를 신문했다. 홍양 배의 부정함을 조사해 보니 허술한 점이 많았다. 또 순천 부사(권준), 우조방장(어영담)과 우우후(이정충), 발포 만호(황정록), 여도 만호(김인영), 강진 현감(유해) 등이 함께 와서 활을 쏘았다. 날이 저물 때에 순찰사(이정암)의 공문이 왔는데, "조도 어사 박홍로(朴弘老)가 장계에서, 순천, 광양, 두치에 병사를 잠복시키고 파수 보게 하는 일을 고하였는데, '수군과 수령을 함께 이동시키는 것은 합당하지 않다.'는 회답이 내려오고 공문도 함께 왔다."는 내용이었다.

16일을축 맑음. 아침에 홍양 현감(배흥립), 순천 부사가 왔다. 홍양 현감이 암행어사(유몽인)의 비밀 장계 초본을 가져 왔는데, 임실 현감 이몽상, 무장 현감 이충길, 영암 군수 김성헌, 낙안 군수 신호를 파면하여 내치고, 순천 부사는 탐관 오리라고 첫번째로 거론하고, 기타 담양 부사 이경로(李景老), 진원 현감 조공근(趙公瑾), 나주목사 이용순(李用淳), 장성 현감 이귀(李貴), 창평 현령 백유항(白惟恒) 등의 수령은 악행을 덮어 주고 포상할 것을 고하였다. 임금을 속임이 이 지경에 이르렀으니, 나랏일이 이러고서야 싸움이 평정될 리가 만무하여 천장만 쳐다보게 될 뿐이다. 또 수군 일족과 장정 넷 중에 두 장정이 전쟁에 나가는 일을 논하여 심히 비난하였다. 암행어사 유몽인은 나라의 위급한 난리는 생각하지 않고 다만 눈앞의 임시방편에만 힘쓰고, 남쪽 지방의 무함당한 일을 해명하는 말만 치우쳐 들으니, 나라를 그르치는 교활하고 간사한 말이 진회[23]가 무목[24]을 대하는 것과 다를 바가 없다. 나라를 위하는 아픔이 더욱 심하다. 늦게 사정으로 올라가 순천 부사, 흥양 현감, 우조방장, 우수사 우후, 사도 첨사, 발포 만호, 여도 만호, 녹도 만호, 강진 현감, 광양 현감(최산택) 등과 활 12순을 쏘았다. 순천 감목관이 진중에 왔다가 돌아갔다. 우수사가 당포에 도착했다고 한다.

17일병인 맑음. 따뜻하기가 초여름과 같았다. 아침에 지휘선을 연기에 그을리는 일로 사정(射亭)으로 올라갔고 각 처의 공문을 작성하여 보냈다. 오전 10시경에 우수사(이억기)가 들어왔다. 행수 군관 정홍수[25]와 도훈도는 군령으로 곤장 90대를 쳤다. 이홍명과 임희진(任希璡)의 손자도 왔다. 대나무로 총통을 만들어 왔기에 시험 삼아 쏘아보니, 소리만 요란하고 별로 소용이 없었다. 우스운 일이다. 우수사(이억기)가 거느린 전선이 겨우 20척 뿐이어서 더욱 한스럽다. 순천 부사(권준), 우조방장(어영담)이 와서 활 5순을 쏘았다.

---

23 진회(秦檜 1090~1155)는 중국 남송 고종 때의 재상이다. 악비를 무고하여 죽이고 금(金)나라가 침입할 때 신하국을 자처하며 굴욕적인 화약을 체결하여 후세에 대표적인 간신으로 칭한다.

24 무목(武穆 1103~1142)은 중국 남송 때 악비이다. 무목은 시호(諡號). 고종이 진회와 함께 금과의 화의를 주장하자, 이를 반대하다가 진회의 참소를 받고 옥중에서 살해되었다.

25 정홍수(鄭弘壽 1551~?)는 미상. 보성출신 정홍수와는 다르다. 당항포해전에 참전하여 전공을 세웠고 이억기의 행수군관이었다. 임진년 7월 용양위 중부장과 11월 훈련원 주부를 지냈다.

18일정묘 맑음. 아침에 배 첨지가 오고 가리포 첨사 이응표가 왔다. 식후에 사정(射亭)으로 올라가 해남 현감 위대기(魏大器)에게 전령을 거역한 죄로 처벌하였다. 우도의 여러 장수들이 직무를 받은 후에 활 두어 순을 쏘았다. 오후에 우수사가 왔다. 앞서 원수사와 함께 심하게 취했기에 일일이 대화를 나누지 못했다. 초경에 내린 가랑비가 밤새 계속 내렸다.

19일무진 가랑비가 종일 내렸으나 날씨가 찌는 듯했다. 사정에 올라가 혼자 잠시 앉아 있는데, 우조방장(어영담)과 순천 부사가 오고 이홍명도 왔다. 잠시 후 손충갑이 와서 보고하기에 불러 들여서 역적을 토벌한 일을 물으니 개탄스러움을 참지 못했다. 종일 이야기하다가 저물녘에 숙소로 내려왔다. 변존서가 본영으로 갔다.

20일기사 안개비가 걷히지 않다가 사시에 맑게 개었다. 몸이 불편하여 종일 나가지 않았다. 우조방장(어영담)과 배 첨지(배경남)가 와서 이야기했다. 아들 울(蔚)이 우영공(이억기)의 배에 갔다가 몹시 취해서 돌아왔다.

21일경오 맑고 따뜻하다. 몸이 몹시 불편하여 종일 신음했다. 순천부사와 우조방장 영공(어영담)이 와서, 견내량의 복병한 곳을 가서 살펴보았다고 보고했다. 청주 의병장 이봉(李逢)이 순변사(이빈)가 있는 곳으로부터 와서 육지의 일을 자세히 말했다. 우영공은 청주 영공부(淸州令公夫)[26]이다. 해가 저물어 돌아간다고 보고하였다. 오후 6시경에 벽방(벽방산)의 망보는 장수 제한국[27]이 와서 고하기를, "구화역(구허역, 통영 노산리) 앞바다에 왜선 8척이 와서 정박했다."고 했다. 그래서 배를 풀어 삼도에 진격하자는 약속을 전하고, 제홍록이 와서 보고하기를 기다렸다.

---

26 원문의 '부(夫)'자는 누구를 가리키는지 미상이다.
27 제한국(諸漢國 1566~1636)은 고성과 통영, 거제에서 의병을 일으키고, 갑오년에 이순신에게 나아가 벽장의 망장이 되었다.

22일신미 새벽 2시 경에 제홍록이 와서 말하기를, "왜선 10척이 구화역에 도착하고 6척이 춘원포에 도착하였다."고 했다. 하지만 이미 날이 새어 미처 따라가 쳐부수지 못하여 다시 정찰하라고 명령하고 돌려보냈다. 아침에 순천부사, 우(…)(이후 23일부터 27일까지 빠져있음)

장흥 부사(황세득)²⁸가 들어왔다.
28일정축 맑음. 아침에 사정(射亭)으로 올라가 종사관(정경달)과 종일 이야기했다. 장흥 부사(황세득)가 들어오자 우수사(이억기)가 처벌했다.²⁹
29일무인 맑음. 아침에 종사관과 함께 식사하고 또 이별 술을 마시며 종일 이야기했다. 장흥 부사도 함께 했다. 벽방의 망보는 장수 제한국(諸漢國)의 보고 내용에, "적선 16척이 소소포로 들어 왔다."고 하므로 각도에 전령하여 알리도록 했다.

3월
금토패문을 받아보다

1일기묘 맑음. 망궐례를 행하고 그길로 사정으로 가서 앉았는데, 검모포(黔毛浦, 부안 구진) 만호를 심문하고서 만호에게 곤장을 치고, 도훈도를 처형했다. 종사관(정경달)이 돌아갔다. 초저녁에 출항하려고 할 때 제한국이 달려와, "왜선이 이미 모두 도망갔다."고 보고하기에 가려던 것을 멈췄다. 초저녁에 장흥 2호선에 불이 나서 모두 타버렸다.

---

28 황세득(黃世得 1537~1598)은 부인이 이순신의 부인 방씨(方氏)의 사촌언니이다.
29 장흥의 관아에서 전선과 각 진영의 도목장을 보내지 않아 이억기가 장흥부사를 처벌하였다. (1594, 2, 25)

2일경진 맑음. 아침에 방답 첨사(이순신), 순천 부사(권준), 우조방장(어영담)이 왔다. 늦게 사정으로 올라가 좌·우조방장, 순천 부사(권준), 방답 첨사(이순신)와 함께 활을 쏘았다. 이 날 저녁에 장흥 부사(황세득)가 와서 이야기했는데, 초경에 강진의 쌈을 쌓아 둔 곳에 불을 내어 모두 다 타버렸다.

3일신사 맑음. 아침에 임금께 하례하는 글을 올려보내고 그대로 사정에 앉았다. 경상 우후 이의득(李義得)이 와서 말하기를, "수군이 많이 잡아오지 못한 일로 그의 수사(원균)가 매질을 하고 또 발바닥까지 치려고 했다."고 하니, 매우 놀라운 일이다. 늦게 순천 부사(권준), 우조방장(어영담), 좌조방장(배흥립), 방답 첨사(이순신), 가리포 첨사(이응표), 좌·우우후(이몽구·이정충) 등과 함께 활을 쏘았다. 오후 6시경에 벽방의 망보는 장수(제한국)가 보고한 내용에, "왜선 6척이 오리량(창원 구산동), 당항포 등지에 들어와 나누어 정박해 있다."고 한다. 그래서 바로 전령을 내려 수군의 대군을 소집시켜 흉도(거제 고갯섬) 앞 바다에 진을 치게 하고, 정예선 30척은 우조방장 어영담이 거느리고 적을 무찌르도록 했다. 초저녁에 배를 몰아 지도(紙島, 통영 지도리)에 가서 밤을 보내고 새벽 2시 경에 출발했다.

4일임오 맑음. 새벽 2시경에 배를 출발시켜 진해 앞바다로 가서 왜선 6척을 뒤쫓아 붙잡아서 분멸하고 저도(연육교)에서 2척을 분멸했다. 또 소소강(소소포 일대)에 14척이 들어와 정박했다고 하기에 조방장과 원 수사에게 나가 토벌하도록 명령을 전했다.[30] 고성 땅 아자음포(고성 법동)에서 진을 치고 밤을 지냈다.

---

30 이순신이 이억기와 원균과 함께 웅천의 증도 해상을 학익진으로 포진하고 왜선 10척이 당항포로 향하자, 진해 읍전포에서 6척, 고성 어선포에서 2척, 진해 시굿포에서 2척을 분멸하였다. (2차 당항포 해전)

5일계미 맑음. 겸사복(兼司僕, 윤붕)을 당항포로 보내어 적선을 분멸했는지를 탐문케 하였다. 우조방장 어영담이 급히 보고한 내용에, "적의 무리들이 우리 군사들의 위엄을 두려워하여 밤을 틈타 도망했기에 빈 배 17척을 남김없이 분멸했다."고 했다. 경상 우수사(원균)의 보고도 같은 내용이었다. 우수백(이억기)이 와서 만났을 때 비가 크게 내리고 바람도 몹시 거세게 불어 바로 자기 배로 돌아갔다. 이 날 아침에 순변사에게서도 토벌을 독려하는 공문이 왔다. 우조방장(어영담)과 순천 부사(권준), 방답 첨사(이순신), 배 첨사(배경남)도 와서 서로 이야기하는 동안에 원 수사가 배에 이르자, 여러 장수들은 각각 돌아갔다. 이날 저녁에 광양의 새 배[31]가 들어왔다.

6일갑신 맑음. 새벽에 망보는 군사가 보니, "적선 40여 척이 청슬(靑膝, 거제 청곡)로 건너온다."고 했다. 당항포의 왜선 21척은 모두 불태워 버렸다는 긴급 보고가 왔다. 늦게 거제로 향할 때 바람이 거슬러 불어 간신히 흉도(胸島)에 도착하니, 남해 현령(기효근)이 보고한 내용에, "명나라 군사 두 명과 왜놈 8명이 패문을 가지고 왔기에 그 패문과 명나라 병사를 올려보냈다."고 하였다. 그것을 가져다가 살펴보았더니 명나라 도사부(都司府) 담종인(譚宗仁)의 금토패문[32]이었다. 나는 몸이 몹시 불편하여 앉고 눕는 것도 어려웠다. 저녁에 우수사(이억기)와 함께 명나라 병사를 만나보고 전송했다.

7일을유 맑음. 몸이 극도로 불편하여 뒤척이는 것조차 어려웠다. 그래서

---

31 광양에서 이순신부대가 판옥선 3척을 건조한 선소가 광양시 진월면 선소리에 있다.

32 금토패문(禁討牌文)은 명나라의 선유도사 담종인(譚宗仁)이 왜군의 꾀임에 빠져 조선군이 왜군을 치지 말라고 이순신에게 보낸 통지문이다. 이 전문을 노승석이 처음 소개했다. (정탁의《임진기록》1594. 3. 10)

아랫사람을 시켜 패문에 대한 답서[33]를 작성하게 했는데 글 모양을 이루지 못했다. 원 수사가 손의갑을 시켜 지어 보내게 하였지만 그 역시 매우 적합하지 못하였다. 나는 병중에도 억지로 일어나 앉아 글을 짓고, 정사립에게 써서 보내게 했다. 오후 2시경에 배를 출발시켜 밤 10시경에 한산도 진중에 이르렀다.

8일병술 맑음. 병세는 별다른 차이가 없었다. 기운이 더욱 축이 나서 종일 고통스러웠다.

9일정해 맑음. 기운이 좀 나은 듯 하여 따뜻한 방으로 옮겨 누웠다. 아프긴 해도 다른 증세는 없었다.

10일무자 맑음. 병세가 차츰 덜해졌지만 열기가 치올라 찬 것만 마시고 싶은 생각뿐이었다. 저녁에 비가 내리더니 밤새도록 그치지 않았다.

11일기축 큰비가 종일 내리다가 어두울 무렵에 갰다. 병세가 훨씬 덜하고 열기도 사라지니 매우 다행이다.

12일경인 맑았지만 바람이 크게 불었다. 몸이 매우 불편했다. 영의정에게 편지를 쓰고 보고문을 정서하는 것을 마쳤다.

13일신묘 맑음. 아침에 보고문을 봉해 보냈다. 몸은 차츰 나아지는 것 같으나 기력이 매우 쇠하였다. 아들 회(薈)와 송두남을 내 보냈다. 오후에 원 수사가 와서 자기의 잘못된 일을 말하기에 장계를 도로 가져다가 원사진(元士震)[34]과 이응원 등이 가장한 왜인의 목을 베어 바친 일을 고쳐서 보냈다.

14일임진 비가 내렸다. 몸은 나은 듯하지만 머리가 무거워 상쾌하지 못했다. 저녁에 광양 현감(최산택), 강진 현감(유해), 배 첨지(배경남)가 함께 갔다. 듣자니 "충청 수사(구사직)가 이미 신장(薪場, 순천의 신장 바다)에 왔

---

33 《이충무공전서》권1〈잡저〉에, 이순신이 담종인의 금토패문에 답한 글이 있다.

34 원사진(元士震)은 원식(元植)의 장남이다. 힘이 세고 무예에 뛰어났다.

다."고 한다. 종일 몸이 불편했다.

15일계사 비는 비록 그쳤으나 바람이 크게 불었다. 미조항 첨사(김승룡)가 돌아갔다. 종일 신음했다.

16일갑오 맑음. 몸이 매우 불편하다. 우수사(이억기)가 와서 만났다. 충청수사(구사직)가 전선 9척을 거느리고 진에 이르렀다.[35]

17일을미 맑음. 몸이 상쾌하게 회복되지 않았다. 변유헌은 본영으로 돌아가고 순천부사도 돌아갔다. 해남 현감(위대기)는 새 현감과 교대하는 일로 나가고, 황득중은 복병에 관한 일로 거제도로 들어갔다. 탐후선이 들어왔다.

남해 현령(기효근)이 나갔다.

18일병신 맑음. 몸이 몹시 불쾌하였다. 남해 현령 기효근, 소비포 권관(이영남), 적량만호(고여우), 보성 군수(안홍국)가 와서 만났다. 기효근은 파종할 일 때문에 고을로 돌아갔다. 보성 군수는 말을 하려고 했다가 사정을 고하지 못하고 돌아갔다. 낙안의 유위장(留衛將)과 향소 관리 등을 잡아와서 가두었다.

19일정유 맑음. 몸이 불편하여 종일 신음했다.

20일무술 맑음. 몸이 불편하다.

21일기해 맑음. 몸이 불편하다. 녹명관(과시 담당)으로 여도 만호(김인영), 남도포(진도 남동리) 만호(강응표), 소비포 권관(이영남)을 뽑아 임명했다.

22일경자 맑음. 몸이 조금 나은 것 같다. 원수의 공문이 왔는데, "명나라 지휘 담종인의 외교 문서(자문)와 왜장의 외교문서(서계)를 조 파총(把摠, 군영의 종4품 무관)이 가지고 갔다."고 하였다.

23일신축 맑음. 몸이 여전히 불쾌하다. 방답 첨사(이순신), 흥양 현감(배흥

---

35 충청수사 구사직이 2월 5일 이내 돌아오기로 약속했지만, 전선 10척을 거느리고 3월 16일 진영에 도착했다.

립), 조방장(어영담)이 와서 만났다. 견내량이 미역 53동(同)을 캐어 왔다. 발포 만호(황정록)도 와서 만났다.

24일임인 맑음. 몸이 조금 나아진 것 같다. 미역 60동을 캐 왔다. 정사립이 왜놈의 머리를 베어 가지고 왔다.

25일계묘 맑음. 흥양 현감(배흥립)과 보성 군수(안홍국)가 나갔다. 사로잡혔던 아이[36]가 왜의 진중에서 명나라 장수(담종인)의 패문을 가지고 왔기에 흥양 현감에게 보냈다. 늦게 사정(射亭)에 올라갔는데 몸이 몹시 불편하여 일찍 숙소로 내려왔다. 저녁에 아우 여필(우신)과 아들 회(薈), 그리고 변존서, 신경황이 왔는데, 어머님이 평안하시다는 이야기를 자세히 들었다. 다만 선산이 모두 들불에 타 버려 끌 사람이 없었다고 하니 몹시 애통하다.

26일갑진 맑고 따뜻하기가 여름날과 같다. 조방장(어영담)과 방답 첨사(이순신)가 와서 만났다. 발포 만호(황정록)가 휴가를 받아 돌아갔다. 늦게 마량(서천 마량) 첨사(강응호), 사량 만호(이여념), 사도 첨사(김완), 소비포 권관이 함께 와서 만났다. 경상 우후(이의득), 영등포 만호(우치적)도 왔다가 창신도로 돌아간다고 보고했다.

27일을사 흐리지만 비는 오지 않았다. 우수사(이억기)가 와서 만났다. 몸이 좀 나은 것 같다. 초경에 비가 왔다. 조카 봉(菶)이 저녁에 몸이 불편하다고 했다.

28일병오 종일 비가 내렸다. 조카 봉(菶)의 병세가 매우 중하다고 하니 매우 걱정이 된다.

29일정미 맑음. 탐후선이 들어왔는데 어머니께서 편안하시다고 하였다. 웅천 현감(이운룡), 하동 현감(성천유), 소비포 권관(이영남) 등이 와서 만

---

36 왜군에게 사로잡혀다가 돌아온 아이는 상주출신의 종 희순(希順)이다. 일본어 통역을 하였다.

났다. 장흥 부사(황세득), 방답 첨사도 와서 만났다. 저녁에 여필과 봉(菶)이 같이 돌아갔다. 봉(菶)은 몹시 아파서 돌아 간 것이니 밤새도록 걱정을 하였다. 저물녘에 방충서(方忠恕)와 조서방(趙西房)의 사위 김감(金瑊)이 왔다.

30일무신 맑음. 식후에 사정으로 올라가 충청 군관과 도훈도 및 낙안의 유위장, 도병방 등을 처벌했다. 늦게 삼가 현감 고상안[37]이 와서 만났다. 저녁에 숙소로 내려왔다.

삼가현감 고상안이 무과별시의 참시관으로서 유명한 문관을 추천할 일로 와서 만났다.(고상안의 일기)

4월
별시의 과거시험장을 열다

1일기유 맑음. 일식이 일어날 것인데 일어나지 않았다. 장흥 부사(황세득), 진도 군수(김만수), 녹도 만호(송여종)가 여제[38]를 지내는 일로 돌아간다고 보고하였다. 충청 수사가 와서 만났다.

2일경술 맑음. 아침 식사 후 사정으로 올라갔다. 삼가 현감(고상안)과 충청 수사(구사직)와 함께 종일 이야기했다. 조카 해(荄)가 들어왔다.

3일신해 맑음. 오늘 여제를 지냈다. 삼도의 전쟁한 군사들에게 술 천팔십

---

37 고상안(高尙顔 1553~1623)은 의병 대장으로서 지례현감, 함양군수를 지냈고, 이덕형, 이순신 등과의 서사 기록을 남겼다. 그의 문집《태촌집》에도 〈충무공 난중일기〉 9일치가 들어 있다.

38 여제(厲祭)는 제사를 받지 못하는 떠도는 넋이나 역질을 퍼뜨리는 귀신에게 지내는 제사이다.

동이(盆)를 먹였다. 우수사와 충청 수사도 같이 앉아 군사들에게 먹였다. 날이 저물어서야 숙소로 내려왔다.

4일임자 흐리다가 저물녘에 비가 내렸다. 아침에 원수의 군관 송홍득과 변홍달이 새로 급제한 홍패(과거 합격증)를 가지고 왔다. 경상 우병사(박진)의 군관이며 공주 사람 박창령의 아들인 박의영이 와서 자기 장수의 안부를 전했다. 식후에 삼가 현감(고상안)이 왔다. 늦게 사정(射亭)으로 올라갔다. 장흥 부사(황세득)가 술과 음식을 가지고 와서 종일 조용히 이야기를 나누었다.

5일계축 흐림. 새벽에 최천보가 세상을 떠났다.

6일갑인 맑음. 별시의 과거시험장을 열었다. 시험관은 나와 우수사(이억기), 충청 수사(구사직)이고, 참시관(시험감독관)은 장흥 부사(황세득), 고성 현령(조응도), 삼가 현감(고상안), 웅천 현감(이운룡)으로 하여 시험 보는 것을 감독하였다.

7일을묘 맑음. 일찍 모여 시험을 행했다.

8일병진 맑음. 몸이 불편하였다. 저녁때 시험장으로 올라갔다. 수사와 참시관과 함께 특별 시험을 하였다.(고상안의 일기)

9일정사 맑음. 아침에 시험을 마치고 급제자 명단을 적은 방을 내붙였다. 큰비가 왔다. 조방장 어영담이 세상을 떠났다. 이 애통함을 어찌 말로 할 수 있으랴.

10일무오 흐림. 순무어사[39] (서성)[40]가 진중으로 온다는 통지가 왔다.

11일기미 맑음. 순무어사가 들어온다고 하기에 마중 나갈 배를 내보냈다.

12일경신 맑음. 순무어사 서성이 내 배에 와서 이야기했다. 우수사(이억

---

39 순무어사(巡撫御史)는 임금의 명령을 받고 순회하며 지방의 군무를 살피는 어사이다.

40 서성(徐渻 1558~1631)은 병조정랑으로 명나라 제독 유정을 접대하고, 1594년 4월 감군이 되어 도의 군대와 식량공급을 총괄하고, 경상관찰사가 되어 민심을 안정시켰다.

기)와 경상 수사(원균), 충청 수사(구사직)가 함께 왔다. 술이 세 순배 돌자 원 수사(원균)가 거짓으로 술 취한 체하고 광기를 마구 부려 무리한 말을 해대니, 순무어사가 매우 해괴함을 참지 못했다. 원 수사가 의도하는 것이 매우 흉악하다. 삼가 현감(고상안)이 돌아갔.

십여 일간 함께 종유한 나머지 슬픈 심정을 참지 못하여 이별주를 나누고 헤어졌다.(고상안의 일기)

13일신유 맑음. 순무어사가 전쟁 연습하는 것을 보고 싶어 하므로 죽도(竹島, 통영 상죽도)바다 가운데로 나가서 연습했다. 선전관 원사표와 금오랑(의금부 도사) 김제남이 충청 수사(구사직)를 잡아갈 일로 왔다.

14일임술 맑음. 아침에 김제남과 함께 자세히 이야기하고, 저녁녘에 순무어사의 배로 가서 군사 기밀에 대하여 자세히 논의했다. 얼마 후에 우수사가 오고 이정충도 불러왔다. 순천 부사와 방답 첨사(이순신) 및 사도 첨사(김완)도 함께 왔다. 매우 취해서 작별을 고하고 내 배로 돌아왔다. 저녁에 충청 수사(구사직)의 배에 가서 이별주를 마셨다.

15일계해 맑음. 금오랑과 조반을 함께 들었다. 늦게 충청 수사(구사직)가 선전관(원사표), 우수사(이억기)와 함께 왔다. 구사직과 작별했다.[41] 저물녘에 이경사(李景思)가 그의 형 헌(憲)의 편지를 가지고 왔다.

16일갑자 맑음. 아침 식사 후 사정(射亭)으로 올라가서 쌓인 공문을 작성하여 보냈다. 경상 수사(원균)의 군관 고경운과 도훈도 및 변고에 대비하는 아적과 감영 관리를 잡아와서, 지휘에 응하지 않고 적의 변고를 보고하는 것도 빨리 보고하지 않은 죄로 곤장을 쳤다. 저녁에 송두남이 서울에서 내려왔는데, 낱낱이 하교에 따라 보고한 대로 시행했다.

17일을축 맑음. 늦게 사정으로 올라가서 공문을 처리하여 보냈다. 우수사

---

41 구사직이 충청 수사직에서 경질되고 이순신(무의공)이 새로 임명되었다.

가 와서 만났다. 거제 현령(안위)[42]이 급히 와서 보고한 내용에, "왜선 백여 척이 본토(일본)에서 출발하여 절영도(부산 영도)로 향한다."고 했다. 저물녘에 거제에서 왜군에게 포로로 잡혀갔던 남녀 16명이 도망쳐 돌아왔다.

18일병인 맑음. 새벽에 도망쳐 돌아온 사람들에게 왜적의 정세를 자세히 물으니, "평의지(平義智, 대마도주)는 웅천땅 입암(진해 제덕)에 있고, 평행장(平行長, 고니시 유키나가)은 웅포(진해 남문동)에 있다."고 한다. 충청도 신임 수사(이순신)와 순천 부사(권준) 및 우우후(이정충)가 오고, 늦게 거제 현령(안위)이 왔다. 저녁에 비가 오더니 밤새도록 내렸다.

19일정묘 비가 내렸다. 첨지 김경로가 원수부로부터 와서 적을 토벌 할 대책과 대응에 관한 일을 논의하고 그대로 한 배에서 잤다.

20일무진 종일 가랑비가 개지 않았다. 우수사(이억기) 및 충청 수사(이순신), 장흥 부사(황세득), 마량 첨사(강응호)가 와서 바둑을 두고 군사 일을 의논했다.

방답 첨사(이순신)가 돌아가고 흥양 현감(배흥립)이 들어왔다.

21일기사 비가 오다 개다 했다. 혼자 배의 봉창 아래 앉아 있었는데 저녁 내내 아무도 오지 않았다. 방답 첨사(이순신)가 충청 수사(구사직)의 재산목록 문서[43]를 수정하는 일로 보고하고 돌아갔다. 저녁에 김성숙(金惺叔)과 곤양 군수 이광악이 와서 만났다. 저물녘에 흥양 현감이 들어 왔다. 본영 탐후선도 왔는데, 어머니께서 평안하시다고 했다. 매우 다행이다.

22일경오 맑음. 바람이 시원하여 가을 날씨와 같다. 김첨지(김경로)가 돌

---

42 안위(安衛)는 찰방을 지내고, 정유년에 이항복의 천거로 거제 현령이 되었다. 벽파정 아래에서 왜적을 섬멸하자 이순신이 보고하여 선조가 무경칠서를 하사하고 전라병사에 임명하였다.

43 방답 첨사 이순신(李純信)이 전임 구사직의 충청 수사직을 인계받으면서 재산목록 문서(중기)를 받아 수정했다.

아갔다. 장계를 봉하고 조총과 동궁께 바칠 긴 창을 봉해 올렸다. 장흥 부사가 왔다. 저녁에 흥양 현감도 왔다.

23일신미 맑음. 아침에 순천 부사(권준)와 흥양 현감(배흥립)이 왔다. 곤양 군수 이광악이 술을 가지고 왔다. 장흥 부사(황세득)도 오고 임치 첨사(홍건)도 함께 왔다. 곤양 군수가 몹시 취해서 미친 소리를 마구 해 대니 우습다. 나도 잠시 취했다.

24일임신 맑음. 아침에 서울로 보낼 편지를 썼다. 늦게 영암 군수(유지신)와 마량 첨사(강응호)가 와서 만났다. 순천 부사가 아뢰고 돌아갔다. 여러 가지 장계를 봉해 보냈다. 경상 우수사(원균)가 있는 곳에 순찰사(한효순)의 종사관이 들어왔다고 한다.

25일계유 맑음. 새벽부터 몸이 몹시 불편하여 종일 고통스러웠다. 아침에 보성 군수(안홍국)가 와서 만났다. 밤새도록 앉은 채 앓았다.

26일갑술 맑음. 통증이 매우 심하여 거의 정신을 차릴 수가 없었다. 곤양 군수가 아뢰고 돌아갔다.

27일을해 맑음. 통증이 잠시 그쳤다. 숙소로 내려갔다.

28일병자 맑음. 기력을 차려 아픈 증세가 많이 덜했다. 경상 수사(원균)와 좌랑 이유함(李惟諴)이 와서 만났다. 울(蔚)이 들어왔다.

29일정축 맑음. 몸이 나아진 것 같다. (아들 면(葂)이 들어왔다.) 오늘 우도에서 삼도의 전쟁한 군사들에게 술을 먹였다.

5월
생포한 왜군을 심문한다

1일무인 맑음. 아침 식사 후에 사정(射亭)의 방에 올라가니 날씨가 매우 맑고 시원했다. 종일 땀을 물 쏟듯이 흘렸더니, 몸이 좀 나아진 듯하다. 아침에 아들 면(葂)과 집안의 여자 종 4명, 관아의 여자 종 4명이 병중에 심부름할 일로 들어왔다. 덕(德, 여자종)은 남겨두고 나머지는 내일 돌려보내도록 지시했다.

2일기묘 맑음. 새벽에 회(薈)가 여자종들과 함께 어머니의 생신 음식을 진상할 일로 돌아갔다. 우수사(이억기), 흥양 현감(배흥립), 사도 첨사(김완), 소근 첨사(박윤)가 와서 만났다. 몸이 차츰 나았다.

3일경진 맑음. 아침에 흥양 현감(배흥립)이 휴가를 얻어 돌아갔다. 저녁녘에 발포 만호가 보러 오고 장흥 부사(황세득)도 왔다. 군량을 계산하여 비축하였다. 이름을 적지 않은 임명장(공명공신) 3백여 장과 왕명서 두 통이 내려왔다.

4일신사 흐리다가 바람이 거세게 불고 큰비가 내렸다. 종일 그치지 않더니 밤새 더 심해졌다. 경상 우수사(원균)의 군관이 와서 고하기를, "왜적 3명이 중선을 타고 추도(楸島, 통영 추도리)에 온 것을 만나 붙잡아 왔다."고 하기에 이를 심문한 뒤에 압송해 오도록 일러 보냈다. 저녁에 공태원에게 물으니, 왜적들이 바람을 따라 배를 몰고 본토(일본)로 향하다가 바다 한가운데서 폭풍을 만나 배를 조종할 수가 없어 떠다니다가 이 섬에 표박한 것이라고 하였다. 그러나 간교한 놈들의 말이라 믿을 수가 없었다. 이설과 이상록이 돌아갔다. 본영의 탐후선이 들어왔다.

5일임오 비바람이 크게 일었다. 지붕이 세 겹이나 걷혀 조각조각 높이 날아가고 빗발은 삼대 같이 내리는데도 몸을 가리지 못하니 웃습다. 사도 첨사(김완)가 와서 문안하고 돌아갔다. 오후 2시경에 큰 비바람이 조금 그쳤다. 발포 만호(황정록)가 떡을 만들어 보내 왔다. 탐후선이 들어와서 어머님께서 평안하심을 알게 되니, 매우 다행이다.[44]

---

44 원문에 '다행행(幸)'자가 3개 있다(幸幸幸). 이순신은 어머니에 대해 특별히 기록했

6일계미 흐리다가 늦게 갰다. 사도 첨사(김완), 보성 군수(안홍국), 낙안 군수, 여도 만호(김인영), 소근 첨사(박윤) 등이 와서 만났다. 오후에 원 수사(원균)가 왜군 세 명을 붙잡아 왔기에 문초해보니, 변덕부리며 온갖 속임수를 쓰므로 원 수사로 하여금 목을 베고 보고케 했다. 우수사도 왔다. 술을 세 순배(巡杯) 돌린 다음 자리를 파하고 돌아갔다.

7일갑신 맑음. 기운이 편안한 것 같다. 침 16 군데를 맞았다.

8일을유 맑음. 원수(권율)의 군관 변응각이 원수의 공문 및 장계 초본과 왕명서를 가지고 왔다. 수군을 거제로 진격시켜 적이 겁내고 당혹해하여 달아나게 하라는 것이었다. 경상 우수사(원균)와 전라 우수사(이억기)를 불러 의논하여 계획을 세웠다. 충청 수사(이순신)가 들어왔다. 밤에 큰비가 왔다.

9일병술 비가 계속 내렸다. 하루 종일 홀로 빈 정자에 앉았으니 온갖 생각이 가슴에 치밀어 마음이 어지러웠다. 어찌 이루다 말할 수 있으랴. 정신이 혼미하기가 꿈에 취한 듯하니, 멍청한 것도 같고 미친 것도 같았다.

10일정해 비가 계속 내렸다. 새벽에 일어나 창문을 열고 멀리 바라보니, 많은 배들이 온 바다를 가득히 에워쌌다. 적이 비록 침범해온다 해도 섬멸할 수 있을 것이다. 늦게 우우후(이정충)와 충청 수사(이순신)가 와서 둘이서 장기를 겨루었다. 원수의 군관 변응각도 함께 점심을 먹었다. 보성 군수(안홍국)가 저물녘에 왔다. 비가 종일 걷히지 않았다. 아들 회(薈)가 바다로 나간 것이 걱정된다. 소비포 권관(이영남)이 약물을 보내 왔다.

11일무자 비가 저녁때까지 계속 내렸다. 3월부터 밀려 있었던 공문을 하나하나 처리하여 내려보냈다. 저녁에 낙안 군수(김준계)가 와서 이야기했다. 큰 비가 퍼붓듯이 그치지 않고 하루 종일 내렸다.

12일기축 큰비가 종일 내리다가 저녁이 되서야 조금 그쳤다. 우수사(이억

음을 알 수 있다.

기)가 와서 만났다.

13일경인 맑음. 이 날 검모포 만호의 보고에, "경상 우수사(원균) 소속의 포작들이 격군을 싣고 도망하여 현장에서 포작들을 붙잡으려고 하니, 원 수사가 주둔한 곳에 숨어 있다."고 하였다. 그래서 사복들을 보내어 잡아 오게 하였더니, 원수사가 크게 성내면서 도리어 사복들을 결박했다고 한 다. 그래서 군관 노윤발을 보내어 이를 풀어 주게 했다. 밤 10시경에 비 가 왔다.

14일신묘 종일 비가 계속 내렸다. 충청 수사(이순신), 낙안 군수(김준계), 임치 첨사(홍견), 목포 만호(전희광) 등이 와서 만났다. 감영 관리에게 시 켜 종정도[45]를 그리게 했다.

15일임진 종일 비가 계속 내렸다. 아전에게 종정도를 그리게 했다.

16일계사 흐리고 가랑비가 내렸다. 저녁에는 큰비가 내려 밤새도록 지붕 이 새어 마른 데가 없었다. 각 배의 사람들이 거처하는데 괴로울까 매우 걱정이 되었다. 곤양 군수(이광악)가 편지를 보내고 겸하여 유정(惟政, 사 명당)[46]이 적진을 오가면서 문답한 요약보고서(초기)를 보내 왔다. 이를 보니 분통함을 참을 수 없었다.

17일갑오 비가 퍼붓듯이 내렸다. 바다의 안개가 어둡게 끼어 지척도 분 간하기 어려웠다. 비가 저녁 내내 그치지 않았다.

보성 군수(안홍국)가 돌아갔다.

18일을미 종일 비가 내렸다. 미조항 첨사(김승룡)가 와서 만났다. 저녁에

---

45 종정도(從政圖)는 벼슬이름을 종이에 도표로 만들어놓고 놀던 놀이이다. 하륜이 처음 만들었는데, 큰 종이에 300여 칸을 만들어 품계와 종별에 따라 관직명을 차 례대로 적고 알과 말을 굴려 윷놀이 하듯 나온 숫자에 따라 오르내리며 승부를 겨룬다.

46 유정(惟政)은 사명당((四溟堂 1544~1610)의 법명이다. 속명이 임응규(任應奎), 호가 사명당. 의승도대장이 되어 승병 2천명으로 평양성 탈환을 돕고, 가토 기요마사 와 담판하여 왜의 요구를 물리쳤다.

상주포 권관이 와서 만났다. 저녁에 보성군수가 돌아갔다.

19일병신 맑음. 장마비가 잠깐 걷히니 기분이 매우 상쾌했다. 아들 회(薈)와 면(葂)과 여자 종들을 보낼 때 바람이 순하지 않았다. 이날 송희립과 회가 함께 착량에 가서 노루를 잡으려 할 때 비바람이 크게 일고 구름과 안개가 사방에 자욱했다. 초저녁에 돌아왔는데 속히 개지는 않았다.

20일정유 비가 오고 또 거센 바람이 조금 그쳤다. 웅천 현감(이운룡)과 소비포 권관(이영남)이 와서 만났다. 온종일 홀로 앉았으니, 온갖 생각이 가슴에 치밀었다. 호남의 관찰사(이정암)가 나라를 저버리는 것 같아 매우 한스럽다.

21일무술 비가 계속 내렸다. 웅천 현감(이운룡)과 소비포 권관(이영남)이 와서 종정도 놀이를 했다. 거제 장문포(거제 장목리)에서 적에게 사로잡혔던 변사안(卞師顔)이 도망쳐 와서 하는 말이, "적의 형세는 그리 대단치 않다."고 했다. 큰 바람이 온종일 불었다.

22일기해 비가 오고 바람이 크게 불었다. 오는 29일이 장모[47]의 제삿날이라, 아들 회와 면을 내보내고 여자종들도 내보냈다. 순찰사(이정암)에게 편지를 써 보내고 순변사(이빈)에게도 편지를 써 보냈다. 황득중, 박주하(朴注河), 오수(吳水) 등을 잡아 올 일로 격군을 내 보냈다.

23일경자 비가 왔다. 웅천 현감(이운룡), 소비포 권관(이영남)이 왔다. 늦게 해남 현감(현즙)이 와서 술과 안주를 바치므로 충청 수사(이순신)에게 오기를 청했다. 밤 10시경에 헤어졌다.

24일신축 잠시 맑다가 저녁에 비가 내렸다. 웅천 현감과 소비포 권관이 와서 종정도 놀이를 하였다. 해남 현감(현즙)도 왔다. 오후에 우수사와 충청 수사가 와서 종일 이야기했다. 구사직에 대한 장계를 가져갔던 관리

---

47 이순신의 장모는 홍윤필(洪胤弼)의 딸로 홍가신의 7촌 고모이다. 아들 방숙주(方淑周)와 딸 하나를 두었는데, 이 딸이 바로 이순신의 부인이다.

가 들어왔다. 조카 해(荄)가 들어왔다.

25일임인 비가 계속 내렸다. 충청 수사(이순신)가 와서 이야기하고서 돌아갔다. 소비포 권관도 왔다가 밤이 깊어서야 돌아갔다. 비가 조금도 그치지 않으니, 전쟁하는 군사들의 걱정하는 마음이 어떠하겠는가. 조카 해(荄)가 돌아갔다.

26일계묘 비가 걷히다 오다 하였다. 대청에 앉았는데 서쪽 벽이 무너져서 바라지 창[48]을 고쳐 바람이 들어오게 하였더니 맑은 공기가 매우 좋았다. 과녁판을 정자 앞으로 옮겨 설치했다. 이날 이인원(李仁元)과 토병 23명을 본영(전라좌수영)으로 보내어 보리를 거둬들이라고 일러 보냈다.

27일갑진 날이 개다 비오다 했다. 사도 첨사(김완)가 충청 수사(이순신), 발포 만호(황정록), 여도 만호(김인영), 녹도 만호(송여종)와 함께 활을 쏘았다. 이 날 소비포 권관(이영남)이 누워서 앓았다고 했다.

28일을사 잠시 개었다. 사도 첨사, 여도 만호가 와서 활을 쏘겠다고 고하기에 우수사(이억기)와 충청 수사(이순신)에게 오기를 청했다. 활을 쏘며 하루 종일 술에 취하고 이야기하다가 헤어졌다. 광양 4호선의 죄상을 조사했다.

29일병오 아침에 비가 오다가 늦게 갰다. 장모의 제삿날이라 출근하지 않았다. 저녁에 진도 군수(김만수)가 돌아간다고 고했다. 웅천 현감(이운룡), 거제 현령(안위), 적량 첨사(고여우)가 와서 만나고 돌아갔다. 저물녘에 정사립이 보고하되, "남해 사람이 배를 가지고 와서 순천 격군을 싣고 간다."고 하므로 그들을 붙잡아서 가두었다.

30일정미 흐리나 비는 오지 않았다. 아침에 왜적들과 도망가자고 꾀어 유인한 광양 1호선 군사와 경상도 포작 3명을 처벌하였다. 경상 우후가 와서 만나고 충청 수사도 왔다.

---

48 파라지(破羅之)는 누각 따위의 벽 위쪽에 바라보기 좋게 뚫은 창이다.

6월
명나라의 장홍유가 오다

1일무신 맑음. 아침에 배 첨사(배경남)와 같이 밥을 먹었다. 충청 수사가 와서 이야기했다. 늦게 활을 쏘았다.

2일기유 맑음. 아침에 배 첨사와 같이 밥을 먹었다. 충청 수사(이순신)도 왔다. 늦게 우수사(이억기)의 진으로 갔더니, 강진 현감(유해)이 술을 바쳤다. 활 두어 순을 쏘았는데, 원 수사(원균)도 왔다. 나는 몸이 불편하여 일찍 돌아와 누워서 충청 수사와 배경남이 승부를 걸고 장기를 겨루었다.

3일경술 초복이다. 아침에 맑더니 오후에 소나기가 크게 내리어 온종일 그치지 않았다. 바닷물도 변하여 흐리니 근래에 드문 일이다. 충청 수사(이순신)와 배 첨사가 와서 바둑을 겨루었다.

4일신해 맑음. 충청 수사(이순신), 미조항 첨사(김승룡) 및 웅천 현감(이운룡)이 와서 만나고 바로 종정도를 겨루게 했다. 저녁에 겸사복이 왕명서를 가지고 왔다. 내용은 "수군의 여러 장수들과 경주의 여러 장수들이 서로 협력하지 않으니, 이제부터는 예전의 폐습을 모두 바꾸라."는 것이었다. 통탄하는 마음 어찌 다하랴. 이는 원균이 술에 취하여 망령된 짓을 했기 때문이다.

5일임자 맑음. 충청 수사가 와서 이야기했다. 사도 첨사, 여도 만호, 녹도 만호가 함께 와서 활을 쏘았다. 밤 10시경에 급창[49] 금산(金山)과 그 처자 모두 3명이 유행병으로 죽었다. 3년 동안 눈앞에서 일을 부리며 믿었던 자들인데, 하루 저녁에 죽어가니 매우 참담하다. 무밭을 갈았다. 송희립

---

49 급창(及唱)은 관아에 딸린 종으로 섬돌에 서서 명령을 받아 큰 소리로 전달하는 일을 맡았다.

이 낙안과 흥양, 보성의 군량을 독촉하기 위해 나갔다.

6일계축 맑음. 충청 수사(이순신), 여도 만호와 함께 활 15순(巡)을 쏘았다. 경상 우후(이의득)가 와서 만났다. 소나기가 내렸다.

7일갑인 맑음. 충청수사와 배 첨사가 와서 이야기했다. 남해 군관과 색리 등의 죄를 처벌했다. 송덕일이 돌아와서 말하기를, 왕명서가 들어온다고 했다. 이 날 무씨 2되 5홉을 심었다.

8일을묘 맑음. 더위가 찌는 듯 했다. 우우후(이정충)가 왔다. 충청 수사와 함께 활 20 순을 쏘았다. 저녁에 종 한경(漢京)이 들어와서 어머니께서 평안하심을 알게 되니, 참으로 기쁘고도 다행이다. 미조항 첨사(김승룡)가 돌아간다고 보고하였다. 회령포 만호(민정붕)가 진영에 도착했다. 군공에 따라 관직을 포상하는 사령장이 왔다.

9일병진 맑음. 충청수사, 우우후가 와서 활을 쏘았다. 우수사가 와서 같이 이야기했다. 밤이 깊은데 해(海)의 피리 소리와 영수(永壽)의 거문고 타는 소리를 들으면서 조용히 이야기하다가 헤어졌다.

10일정사 맑음. 더위가 찌는 듯하다. 활 5순을 쏘았다.

11일무오 맑음. 더위가 쇠라도 녹일 것 같다. 아침에 아들 울(蔚)이 본영으로 가는데 이별의 심회가 그윽하다. 홀로 빈집에 앉았으니 심정을 스스로 가눌 수 없다. 저녁 바람이 몹시 사나워져 걱정이 더욱더 심해졌다. 충청 수사(이순신)가 와서 활을 쏘고 그대로 같이 저녁밥을 먹었다. 달빛 아래 같이 이야기할 때 옥피리 소리가 낭랑했다. 오랫동안 앉아 있다가 헤어졌다.

12일기미 바람이 크게 불었으나 비는 오지 않았다. 가뭄이 너무 심하여 농사가 더욱 걱정스럽다. 이 날 저녁에 본영의 배에서 일하는 격군 7명이 도망갔다.

13일경신 바람이 몹시 사납고 무더위가 찌는 것 같다.

14일신유 더위와 가뭄이 너무 심하다. 바다의 섬도 찌는 듯하니, 농사일이 매우 걱정된다. 충청 영공(이순신), 사도 첨사(김완), 여도 만호(김인영), 녹도 만호(송여종)와 함께 활 20순을 쏘았는데, 충청 수사가 가장 잘 맞혔다. 이 날 경상 수사(원균)는 활쏘는 군관들을 거느리고 우수사가 있는 곳에 갔다가 크게 지고 돌아갔다고 한다.

15일임술 맑더니 오후에 비가 뿌렸다. 신경황이 영의정(유성룡)의 편지를 가지고 들어왔다. 나라를 근심함은 이보다 더 심함이 없을 것이다. 윤우신이 죽었다는 소식을 들으니, 슬픈 마음이 그지없다. 순천 부사(권준)와 보성 군수(안홍국)가 보고하기를, "명나라 총병관 장홍유[50]가 호선[51]을 타고 백여 명을 거느리고서 바닷길을 통해 벌써 진도 벽파정[52]에 도착했다."고 했다. 날짜를 따져보면 오늘내일 중에 도착할 것이지만, 바람이 거슬려 맘대로 하지 못한 것이 닷새 동안 이어졌다. 이날 밤 소나기가 흡족하게 내리니 어찌 하늘이 백성을 가엾게 여긴 것이 아니겠는가. 아들의 편지가 왔는데, 잘 돌아갔다고 했다. 또 언문 편지(아내)에 의하면, "아들 면(葂)은 열병 증상으로 심하게 아팠다."고 했다. 마음이 애타고 답답하다.

16일계해 아침에 비가 계속 오다가 저녁에 개었다. 충청 수사(이순신)와 함께 활을 쏘았다.

17일갑자 맑음. 저녁녘에 우수사(이억기)와 충청 수사(이순신)가 와서 조용히 이야기했다. 탐후선이 들어왔는데, 어머니께서 평안하시다고 한다.

---

50 장홍유(張鴻儒)는 1594년 6월 왜구 정탐을 위해 조선에 파견된 장수이다. 같은 해 7월 이순신을 만나 대책을 논하고 한산도에 가서 "참으로 진을 칠만한 곳이다"라고 말했다.

51 호선(虎船)은 신호선이라는 뜻으로(號船), 배 아래에 용골을 설치하여 밑이 뾰족한 소형선이다. 속력이 빨라 명나라 장수 위계광(威繼光)이 왜구토벌에 사용하였고, 조선에 들여왔다.

52 벽파정은 진도군 고군군 벽파리에 있었는데 지금은 없어졌다. 정유재란 때 벽파정 아래에 이순신의 진영이 주둔했다.

그러나 면(葂)은 통증이 심하다고 하니 매우 걱정스럽다.

18일을축 맑음. 아침에 원수의 군관 조추(趙樞)가 전령을 가지고 왔다. 그 내용은, "원수가 두치에 이르러 광양 현감(최산택)이 수군을 옮겨다가 복병으로 정할 때, 개인감정으로 처리했다는 말을 들었기에 군관을 보내어 그 연유를 물었다."는 것이었다. 매우 놀라운 일이다. 원수가 얼자 처남[53]인 조대항(曺大恒)[54]의 말만 듣고 사사로이 행한 것이 이렇게도 심하니 통탄스럽기 비할 데 없다. 이 날 경상 우수사가 초청했으나 가지 않았다.

19일병인 맑음. 원수의 군관과 배응록이 원수가 있는 곳으로 돌아갔다. 변존서, 윤사공, 하천수 등이 들어왔다. 충청 수사가 와서 만나고 그 어머니의 병환 때문에 바로 개인 처소로 돌아갔다.

20일정묘 맑음. 충청 수사(이순신)가 와서 보고 활을 쏘았다. 박치공이 와서 서울로 간다고 말했다. 마량 첨사(강응호)도 왔다. 저녁에 영등포 만호(조계종)가 본포(영등포)로 물러나 있었기 때문에 처벌했다. 탐후선 이인원(李仁元)이 들어왔다.

21일무진 맑음. 충청 수사가 와서 활을 쏘았다. 마량 첨사가 와서 만났다. 명나라 장수(장홍유)가 물길을 따라 이미 벽파정에 도착했다는 것은 잘못 전해진 것이라고 한다.

22일기사 맑음. 할머님의 제삿날이라 나가지 않았다. 오늘 삼복 더위가 전보다 훨씬 더하여 큰 섬이 찌는 듯하니, 사람들이 그 고통을 견디기 어려웠다. 저녁에 몸이 몹시 불편하여 밥을 두 때나 먹지 않았다. 초저녁에 소나기가 내렸다.

23일경오 맑음. 늦게 소나기가 내렸다. 순천 부사(권준), 충청 수사(이순

---

53 얼자(孽子)는 천민 출신의 첩에서 난 자식이고, 양인 출신의 첩에서 난 자식은 서자(庶子)라고 한다.

54 조대항(曺大恒)은 조대림(曺大臨)의 아우로서 권율의 서출 처남이다.

신), 우우후(이정충), 가리포 첨사(이응표)가 함께 와서 만났다. 우후(이몽구)가 군량을 독촉할 일로 나갔다. 견내량에서 생포한 왜놈에게 적의 정세와 형편을 신문하고 또 무엇을 잘하는지를 물었더니, "염초(화약)를 구워 만드는 것과 총 쏘는 것을 다 잘한다."고 했다.

24일신미 맑음. 순천 부사(권준)와 충청 수사(이순신)가 와서 활 20순을 쏘았다.

25일임신 맑음. 충청 수사와 함께 활 10순을 쏘았고 이여념(李汝恬)도 와서 활을 쏘았다. 종사관(정경달)을 모시는 아전이 편지를 가지고 들어 왔는데, 조도 어사의 말이 매우 놀랍다. 부채를 봉하여 올렸다.[55]

26일계유 맑음. 충청 수사(이순신), 순천 부사(권준), 사도 첨사(김완), 여도 만호(김인영), 고성 현령(조응도) 등이 활을 쏘았다. 일찍 김양간(金良幹)이 단오의 진상품을 봉하여 보냈다. 마량 첨사(강응호)와 영등포 만호(조계종)가 여기에 왔다가 바로 돌아갔다.

27일갑술 맑음. 활 15순을 쏘았다.

28일을해 맑음. 무더위가 찌는 듯하다. 나라(명종)의 제삿날이라 종일 혼자 앉아 있었다. 진무성[56]이 벽방의 망보는 곳에서 죄상을 조사하고 왔는데, 적선이 없다고 보고했다.

29일병자 맑음. 순천 부사가 술과 음식을 바쳤다. 충청 수사(이순신)와 우수사가 함께 와서 활을 쏘았다. 윤동구(尹東耈)의 아버지가 와서 만났다. 울(蔚)이 들어와서 어머니께서 평안하시다고 했다.

---

55 이순신이 통제사로 있을 때 국사를 도모하고자 조정의 대신들에게 부채를 선물로 보내어 인사를 하였다.

56 진무성(陳武晟 1566~?)은 이순신 휘하에서 당포해전에 공을 세우고 진주전투에서 정탐 임무를 맡았다.

7월
유성룡의 사망소식이 잘못 전해지다

1일^{정축} 맑음. 배응록이 원수가 있는 처소에서 왔다. 원수가 자기가 한 말[57]을 뉘우치면서 보냈다고 하니 우습다. 이 날이 인종(仁宗)의 제삿날이라 홀로 종일 앉아 있었다. 저녁에 충청 수사가 여기에 와서 서로 이야기했다.

2일^{무인} 맑음. 늦더위가 찌는 듯하였다. 이 날 순천의 도청(총무 관리)과 아전, 광양의 아전 등을 처벌했다. 좌도의 사수들의 활쏘기를 시험하고 적의 장물을 나누어 주었다. 늦게 순천 부사(권준), 충청 수사(이순신)와 함께 활을 쏘았다. 배 첨지(배경남)가 휴가를 받아 돌아갔다. 노윤발에게 흥양의 군관 이심(李深)과 병선담당 관리, 모병담당 관리 등을 붙잡아 올 일로 전령을 주어 내보냈다.

3일^{기묘} 맑음. 충청 수사와 순천 부사가 활을 쏘았다. 웅천 현감 이운룡이 휴가를 신고하고 미조항으로 돌아갔다. 음란한 여인을 처벌했다. 각 배에서 여러 번 양식을 훔친 사람들을 처형했다. 저녁에 새로 지은 누대에 나가 보았다.

4일^{경진} 맑음. 아침에 충청 수사(이순신)가 와서 같이 아침밥을 먹었다. 그 후 마량 첨사(강응호)와 소비포 권관(이영남)이 와서 같이 점심을 먹었다. 왜적 5명과 도망간 군사 1명을 함께 처형하도록 명했다. 충청 수사와 함께 활 10순(巡)을 쏘았다. 옥과의 군량 지원 담당자(계원유사) 조응복(曺應福)에게 참봉의 임명장을 주어 보냈다.

---

57 갑오년 6월 18일자의 원수 권율에 관한 내용이다. 즉 권율이 광양현감이 복병을 정할 때 개인적으로 정하고 서출 처남인 조대항의 말만 듣고 사사로이 행동하였다.

5일신사 맑음. 새벽에 탐후선이 들어와서 어머님께서 평안하시다는 것을 알았다. 매우 다행이다. 심약(審藥, 약재감독)(신경황)이 내려왔는데 매우 용렬하여 개탄스럽다. 우수사(이억기)와 충청 수사(이순신)도 함께 왔다. 여도 만호(김인영)는 술을 가져와 함께 마시고 활 10여 순을 쏘았다. 모두 취한 채 누대에 올랐다가 밤이 깊어서야 헤어졌다.

6일임오 종일 궂은비가 내렸다. 몸이 불편하여 출근하지 않았다. 최귀석(崔貴石)이 큰 도둑 3명을 잡아 왔다. 또 박춘양[58] 등을 보내어 왼쪽 귀가 잘린 괴수를 잡아 오게 했다. 아침에 정원명(鄭元溟) 등을 격군을 정비하지 않은 일로 가두었다. 저녁에 보성 군수(안홍국)가 들어왔다고 하니, 어머니께서 평안하시다는 소식을 들었다. 밤 10시 경 말에 소나기가 세차게 내렸는데, 빗발이 삼대 같아서 새지 않는 곳이 없었다. 촛불을 밝히고 홀로 앉았으니, 온갖 근심이 가슴에 치밀었다. 이영남이 와서 만났다. 보성 군수(안홍국)가 돌아왔다.

7일계미 저녁에 비가 뿌렸다. 충청 수사는 그 어머니의 병환이 심하다고 아뢰고 모이지 않았다. 우수사(이억기)는 순천 부사(권준), 사도 첨사(김완), 가리포 첨사(이응표), 발포 만호(황정록), 녹도 만호(송여종)와 함께 활을 쏘았다. 이영남이 배를 거느리고 올 일로 곤양으로 간다고 보고하고 돌아갔다. 적에게 사로잡혔다가 돌아온 고성 보인[59]을 문초했다. 보성 군수(안홍국)가 왔다.

8일갑신 흐리나 비는 오지 않고, 종일 바람이 크게 불었다. 몸이 피곤하여 장수들을 만나지 않았다. 각 관청과 포구의 공문을 작성하여 보냈다. 오후에 충청 수사(이순신)에게 가서 만났다. 저녁에 고성에서 사로잡혔

---

58 박춘양(朴春陽)은 이순신의 휘하에서 원수 권율의 전령과 장계를 전달하고 어물 및 군수품 관리하는 일을 했다.

59 보인(保人)은 군대에 직접 복무하지 않고 군역 대신 쌀이나 베를 바치는 남자이다.

다가 도망해 온 사람을 직접 신문했다. 광양 현감 송전(宋荃)[60]이 그의 대장인 병사(兵使)의 편지를 이곳에 가지고 왔다. 낙안 군수(김준계)와 충청 우후(원유남)가 온다고 했다.

9일을유 바람이 크게 불었다. 아침에 충청 우후가 교서에 숙배(肅拜)하였다. 늦게 순천, 낙안, 보성의 군관과 색리들이 격군에게 신중하지 못한 것과 아울러 기일보다 늦은 죄를 문책하였다. 가리포 만호(이응표), 임치 첨사(홍견), 소근포 첨사(박윤), 마량 첨사(강응호) 및 고성 현령(조응도)이 함께 왔다. 낙안의 군량인 겉벼 200섬을 받아 나누었다.

10일병술 맑음. 저녁에 비가 조금 내렸다. 아침에 낙안의 견본 벼를 찧어 쓿은 것과 광양 벼 백 섬을 되질하여 세웠다. 신홍헌이 들어왔다. 늦게 송전과 군관이 활 15순(巡)을 쏘았다. 아침에 들으니 아들 면(葂)의 병이 다시 심해지고 또 피를 토하는 증세까지 있다고 하기에 울(蔚)과 심약 신경황, 정사립, 배응록 등을 함께 내보냈다.

11일정해 궂은비가 내리고 큰 바람이 부는데 종일 그치지 않았다. 울(蔚)이 가는데 고생할 것 같아 많이 염려되었고, 또 면(葂)의 병이 어떠한지 궁금하였다. 장계의 초본을 직접 고쳐 주었다. 경상 순무사(서성)의 공문이 왔는데, 원 수사가 불평하는 말을 많이 했다는 것이다. 오후에 군관들에게 화살을 쏘게 했다. 봉학(奉鶴)도 함께 활을 쏘았다. 윤언침(尹彦忱)이 점검 받으러 왔기에 점심을 먹여 보냈다. 저물녘에 비바람이 크게 불더니 밤새 계속되었다. 충청 수사(이순신)가 와서 만났다.

12일무자 맑음. 아침에 소근포 첨사(박윤)가 와서 만났는데 화살 54개를 만들어 바쳤다. 공문을 작성하여 나누어 주었다. 충청 수사(이순

---

60 송전(宋銓)은 "송전(宋荃)"이다. 송두남(宋斗南)의 형이고 선거이의 손위 처남이다. 《여산송씨족보》에는 광양현감을 지냈다고 나오나 근무 기록이 없는 것을 보면 발령만 받고 부임하지 않은 듯하다.

신)와 순천 부사(권준), 사도 만호(김완), 발포 만호(황정록), 충청 우후(원유남)와 함께 와서 활을 쏘았다. 저녁에 탐후선이 들어와서 어머니의 평안하심을 알았으나, 또 면(葂)의 병세가 중하다고 하였다. 몹시 애타는 심정이 어떠하겠는가. 유상(柳相, 유성룡)의 사망 소식[61]이 순변사가 있는 곳에 도착했다고 한다. 이는 그를 질투하는 자들이 필시 말을 만들어 훼방하는 것이리라. 통분함을 참을 수 없다. 이 날 저녁에 마음이 매우 어지러웠다. 홀로 빈집에 앉았으니, 심회를 스스로 가눌 수 없었다. 걱정에 더욱 번민하니 밤이 깊도록 잠들지 못했다. 유상이 만약 내 생각과 맞지 않는다면 나랏일을 어찌할 것인가.

13일기축 비가 계속 내렸다. 홀로 앉아 아들 면(葂)의 병세가 어떠한지 염려되어 척자점[62]을 치니, "군왕을 만나보는 것과 같다[如見君王]."는 괘가 나왔다. 매우 길하다. 다시 쳐보니, "밤에 등불을 얻은 것과 같다[如夜得燈]."는 괘가 나왔다. 두 괘가 모두 길하여 마음이 조금 놓였다. 또 유상(柳相)의 점을 쳐보니, 점은 "바다에서 배를 얻은 것과 같다[如海得船]."는 괘를 얻었다. 또 다시 점치니, "의심하다가 기쁨을 얻은 것과 같다[如疑得喜]."는 괘가 나왔다. 매우 길한 것이다. 저녁 내내 비가 내리는데, 홀로 앉아 있는 마음을 스스로 가누지 못했다. 늦게 송전(宋筌)이 돌아가는데, 소금 1섬을 주어 보냈다. 오후에 마량 첨사(강응호)와 순천 부사(권준)가 와서 만나고 어두워서야 돌아갔다. 비가 올 것인가 개일 것인가를 점쳤더니, 점은 "뱀이 독을 토하는 것과 같다[如蛇吐毒]."는 괘를 얻었다. 앞으로 큰비가 내릴 것이니, 농사일이 염려된다. 밤에 비가 퍼붓듯이 내

---

61 이때 유성룡은 몹시 심한 병을 앓고 사망했다는 소문까지 났지만 실제는 역병에 걸려 기절했다가 깨어난 것이다.

62 척자점(擲字占)은 우리식으로 간편화한 윷점이다. 붉은 사리나무를 잘라 4쪽을 만들고 윷가락 4개로 3번 던져 하나의 괘를 만들어 64괘에 배속하고 각각 점풀이가 있다.《동국세시기》이는 윷놀이와는 다르다.

렸다. 초저녁에 발포의 탐후선이 편지를 받아 가지고 돌아갔다.

14일경인 비가 계속 내렸다. 어제 저녁부터 빗발이 삼대처럼 내리니 지붕이 새어 마른 데가 없어서 간신히 밤을 지냈다. 점괘에서 얻은 그대로이니 매우 절묘하다. 충청 수사와 순천 부사를 불러서 장기를 두게 하여 구경하는 것으로 하루를 보냈다. 그러나 마음속에 근심이 있으니, 어찌 조금인들 편안하랴! 함께 점심을 먹고 저녁에 누대 위로 걸어 나가 몇 바퀴 배회하다 돌아왔다. 탐후선이 오지 않으니 그 까닭을 모르겠다. 자정 경에 비가 또 내렸다.

15일신묘 비가 계속 내리다가 늦게 갰다. 조카 해(荄), 종 경(京)이 들어왔다. 아들 면(葂)의 병이 조금 차도가 있다는 소식을 자세히 들으니 기쁘기 그지없다. 조카 분(芬)의 편지를 통해, 또 아산 고향의 선산이 아무 탈 없고 집의 사당도 평안하고, 어머니께서도 편안하시다는 것을 알게 되었으니 매우 다행이다. 이흥종(李興宗)이 환자[63]하는 일로 형벌을 받고 죽었다고 하니, 매우 놀라운 일이다. 그 삼촌이 처음 이를 듣고서 애통해한 후에 또 다시 어머니의 병세가 매우 위중하다는 말을 들었다고 한다. 활 여남은 순(巡)을 쏜 뒤에 수루[64]에 올라가 배회할 때, 박주사리(朴注沙里)가 급히 와서 말하기를, "명나라 장수의 배가 이미 본영 앞에 도착하여 곧장 이곳으로 온다."고 했다. 그래서 즉시 삼도에 전령을 내려 진을 죽도(한산 상죽도)로 옮기고 거기서 하룻밤 잤다.

16일임진 흐리고 바람이 서늘하였다. 늦은 아침부터 비가 크게 내리더니

---

63 환자는 관청의 곡식을 백성에게 빌려주고 가을 추수기에 이자를 붙여 회수하는 것이다.

64 수루(戍樓)는 한산도 제승당 옆에 세운 망루이다. 이순신이 여기서 왜적의 동태를 살피고 작전을 모의하고 시를 읊었다. 2017년 11월 노승석이 이순신의 친필 '戍樓(수자리 수, 다락 루)' 글씨를 집자하고 문화재청에서 이것으로 현판을 만들어 교체하였다.

종일 퍼붓는 듯했다. 원수사, 충청 수사(이순신), 우수사가 함께 와서 만났다. 소비포 권관(이영남)이 우족 등을 보내 왔다. 명나라 장수가 삼천진(구 삼천포시)에 가서 유숙했다고 한다. 여도 만호가 먼저 왔다. 저녁에 본 진(한산진)으로 돌아왔다.

17일계사 맑음. 새벽에 포구로 나가 진을 쳤다. 오전 10시 경에 명나라 장수 파총 장홍유가 병사와 호선(唬船) 5척을 거느리고 돛을 달고 들어왔다.[65] 곧장 바다 진영에 이르자 육지에 올라 함께 이야기하자고 청했다. 그래서 나는 여러 수사들과 함께 먼저 사정(射亭)에 올라가서 올라오기를 청했더니, 파총이 배에서 내려 바로 왔다. 이들과 같이 앉아서 먼저 "해로 만리를 고생하며 이곳까지 오시니 감사하기 이를 데 없다."고 인사하였다. 그는 대답하기를, "작년 7월 절강에서 배를 타고 요동에 이르렀는데, 요동사람들이 말하기를 '해로를 지나는 곳에 돌섬과 암초가 많고 또 앞으로 강화할 것이니 갈 필요가 없다.'며 굳이 말리는 것이 매우 간절했습니다. 그래서 요동에 머물면서 시랑 손광[66]과 총병 양문[67]에게 보고하고, 올 3월초에 출항하여 들어왔으니, 어찌 고생스런 형색이 있겠습니까."라고 하였다. 나는 차(茶)를 내오기를 청한 후에 술을 조금 내놓았더니 마음이 몹시 강개하였다. 또 적의 형세를 이야기하느라 밤이 깊은 줄도 모르고 조용히 이야기하다가 헤어졌다.

18일갑오 맑음. 누대 위로 가자고 청하여 점심을 먹은 뒤 나가 앉아 술잔을 두세 번 올렸다. 내년 봄에는 배를 거느리고 바로 제주에 건너갈 일이

---

65 명나라 신종이 장수에게 명하여 비호선(飛唬船)을 만들게 했다. 장수는 그것으로 수로를 정확히 파악하기 위해 한산도에 와서 정박했다고 한다. 《고대일록》(1594, 7, 25)

66 손광(孫鑛 1542~1613)은 중국 절강성 소흥부(紹興府) 여요현(餘姚縣) 사람이다. 갑오년에 병부 우시랑으로서 조선에 왔다.

67 양문(楊文)은 양원(楊元 ?~?)이다. 이여송의 휘하로서 1592년 12월 평양성을 탈환하기 위해 조선에 파견되었다.

많을 것이니, 우리 수군과 함께 합세하여 힘을 크게 펼쳐서 추악한 무리들을 모두 섬멸하자고 성심으로 간곡히 말했다. 초저녁에 헤어졌다.

19일을미 맑음. 아침에 명나라 장수에게 예의를 표하는 단자를 올리니 감사해 마지못하겠다면서 주시는 물건도 매우 풍성하다고 하였다. 충청 수사(이순신)도 역시 드렸고, 늦게 우수사(이억기)도 내가 준 예물과 거의 같았다. 점심을 올린 뒤에 경상 원 수사가 혼자서 술 한 잔을 올리는데, 소반은 매우 어지럽건만 먹을 만한 것이 하나도 없어서 우스웠다. 또 자(字)와 별호를 물으니 써서 주는데, 자(字)는 중문(仲文)이요, 당호는 수천(秀川)이라고 하였다. 촛불을 밝히고 다시 의논하다가 헤어졌다. 비가 많이 올 것 같아서 배에서 내려와 잤다.

20일병신 맑음. 아침에 통역관이 와서 전하기를, "명나라 장수(장홍유)가 남원의 총병 유정(劉綎)이 있는 곳에 가지 않고 곧장 돌아간다."고 했다. 내가 명나라 장수에게 간절히 전하기를, "처음에 파총(장홍유)이 남원에 간다기에 간절한 심정을 이미 유 총병에게 알렸는데, 지금 중지하고 가지 않는다면 그 중간에 반드시 남의 말들이 있을 것입니다. 바라건대 가서 만나보고 가는 게 좋겠습니다."라고 하였다. 파총이 듣고는, "과연 그 말이 옳습니다. 한 필의 말로 혼자 가서 서로 만나 본 뒤에 곧장 군산(群山)으로 가서 배를 타겠습니다."라고 하였다. 아침을 먹은 뒤 파총이 내 배로 내려와서 조용히 이야기하였다. 이별주 7잔을 마신 뒤 닻줄을 풀고 함께 포구 밖으로 나가 재삼 간절한 뜻을 표하며 전송하는데 마음이 아쉬웠다. 그길로 경수(이억기)와 충청 수사(이순신), 순천 부사(권준), 발포 만호(황정록), 사도 첨사(김완)와 같이 사인암[68]으로 올라가 하루 종일 취하고 이야기하다가 돌아왔다.

---

68 사인암(舍人巖)은 통영시 산양읍 영운리 수륙마을 남쪽 해안에 있는 거인 바위(거인암)이다.

21일정유 맑음. 아침에 원수(권율)에게 명나라 장수와 문답한 내용을 공문으로 작성하여 보냈다. 늦게 마량 첨사(강응호)와 소근포 첨사(박윤)가 와서 만났다. 발포 만호가 복병 내보내는 일로 와서 보고하고 갔다. 저녁에 누대에 오르니 순천 부사가 와서 이야기했다. 오후에 흥양의 군량선이 들어왔는데, 색리와 배주인에게 발바닥을 호되게 매질하였다. 저녁에 소비포 권관(이영남)이 와서 말하기를, "기한에 미치지 못했다고 해서 원수사에게 곤장 30대를 맞았다."고 한다. 몹시 해괴한 일이다. 우수사(이억기)가 군량 20섬을 빌려 갔다.

22일무술 맑음. 아침에 장계의 초본을 수정했다. 임치 첨사(홍견)와 목포 만호(전희광)가 와서 만났다. 늦게 사량 만호(이여념)와 영등포 만호(조계종)가 와서 만났다. 오후에 충청 수사(이순신), 순천 부사, 충청 우후(원유남), 이영남이 함께 활을 쏘았다. 저물녘에 누대에 올라가 밤이 되어 앉아 있다가 돌아왔다.

23일기해 맑음. 충청 수사가 우수사(이억기), 가리포 첨사(이응표)와 함께 와서 만나고 활을 쏘았다. 조카 해(荄)와 종 봉(奉)이 돌아갔다. 종 목년(木年)이 들어 왔다.

24일경자 맑음. 여러 가지 장계를 직접 봉했다. 영의정(유성룡)과 병판 심충겸[69], 판서 윤근수[70] 앞으로 편지를 썼다. 저녁에 활 7순을 쏘았다.

25일신축 맑음. 아침에 하천수에게 장계를 들려 보냈다. 아침 식사를 하고서 충청 수사, 순천 부사 등과 함께 우수사에게로 가서 활 10순을 쏘았다. 크게 취해 돌아와서 밤새도록 토했다.

26일임인 맑음. 아침에 각 관청과 포구에 공문을 작성하여 보냈다. 식사

---

69 심충겸(沈忠謙 1545~1594)은 1593년에 호조, 병조의 참판으로 군량미 조달에 공헌했고 이듬해 병조판서에 임명되었다.

70 윤근수(尹根壽 1537~1616)는 윤두수의 동생이고 이황의 문인이다.

후에 누대 위로 옮겨 앉았는데, 순천 부사와 충청 수사(이순신)가 와서 만났다. 늦게 녹도 만호(송여종)가 도망간 군사 8명을 잡아 왔기에 그중 주모자 3명은 처형하고 나머지는 곤장을 쳤다. 저녁에 탐후선이 들어왔는데 그 편에 보내온 아들들의 편지를 보니, 어머니께서 편안하시고 면(葂)의 병도 나아진다고 한다. 그런데 허실[71]의 병세가 점점 중해진다고 하니 매우 걱정이다. 유홍(兪泓)과 윤근수가 세상을 떠나고[72] 윤돈(尹暾)이 종사관으로 내려온다고 한다. 신천기(申天機)도 들어왔다. 어둘 무렵 신제운이 와서 만났다. 노윤발이 흥양의 색리와 감관을 붙잡아 들어왔다.

27일계묘 흐리고 바람이 불었다. 밤의 꿈에 머리를 풀고 곡을 했는데, 이것은 매우 길한 조짐이라고 한다. 이 날 충청 수사, 순천 부사와 함께 누대 위에서 활을 쏘았다. 충청 수사(이순신)가 과하주[73]를 가지고 왔다. 나는 몸이 불편하여 조금 마셨는데 역시 좋지 않았다.

28일갑진 맑음. 흥양 색리들의 죄를 처벌하였다. 신제운이 주부(主簿, 종6품)의 임명장을 받아 가지고 갔다. 늦게 누대에 올라가 사벽[74] 위에 덧칠하는 일을 감독했는데, 의능이 와서 그 일을 했다. 저물녘에 방으로 내려왔다.

29일을사 종일 가랑비가 내렸으나 바람은 불지 않았다. 순천 부사(권준)와 충청 수사(이순신)가 바둑 두는 것을 구경했는데 몸이 몹시 불편했다. 낙안 군수(김준계)도 와서 함께 했다. 이날 밤은 신음으로 날을 새웠다.

---

71 허실(許室)은 허씨 집으로 출가한 여자라는 뜻으로 변기(卞騏)의 사위 허주(許宙)의 후처 청주한씨로 보인다.

72 좌의정 유홍(兪泓)이 1594년 12월 1일에 졸하고, 윤근수는 1616년에 졸했으므로, 이는 헛소문이다.

73 과하주(過夏酒)는 약주에 소주를 섞어 빚은 술로 여름을 지내도 시지 않는다고 한다.

74 사벽(沙壁)은 곱고 차진 누런 모래에 말린 말똥을 섞어 진흙으로 반죽하여 고르게 펴 바른 벽이다.

8월
아내의 병이 위중하다

1일병오 비가 계속 내리고 바람이 크게 불었다. 몸이 몹시 불편하여 누대 방으로 옮겨 앉았다가 바로 동헌의 방으로 돌아왔다. 저녁에 낙안 군수(김준계)가 강집(姜緝)을 데려다가 군량을 독촉하는 일로 군율에 따라 문초하고 내보냈다. 비가 종일 내리더니 밤새 계속되었다.

2일정미 비가 퍼붓듯이 내렸다. 초하루 자정 경에 꿈을 꾸니 부안첩[75]이 아들을 낳았다. 달수를 계산하니 낳을 달이 아니었으므로 꿈에서도 내쫓아 보냈다. 몸이 좀 나은 것 같다. 해질 녘에 누대 위로 옮겨 앉아 충청 수사(이순신), 순천 부사(권준) 및 마량 첨사(강응호)와 함께 이야기하며 새로 빚은 술을 몇 잔 마시고 끝냈다. 비가 종일 내렸다. 송희립이 와서 고하기를, "흥양 훈도가 작은 배를 타고 도망갔다."고 했다.

3일무신 아침에는 흐렸으나 저물녘에 갰다. 충청 수사, 순천 부사와 함께 활 서너 순(巡)을 쏘았다. 누대방을 도배하게 했다.

4일기유 비가 계속 뿌리다가 늦게 개었다. 충청 수사(이순신) 및 순천 부사(권준), 발포 만호(황정록) 등이 함께 와서 활을 쏘았다. 누대방의 도배를 마쳤다. 명나라 장수를 접대할 때에 여자들에게 떡과 음식물을 이고 오게 한 일로 경상 수사의 군관과 색리들을 처벌했다. 화살장이 박옥(朴玉)이 와서 대나무를 가져갔다. 이종호(李宗浩)[76]가 안수지(安守智) 등을 잡아오려고 흥양으로 갔다.

---

75 부안첩은 윤연(尹連)의 누이로 이순신의 소실이다. 이순신의 서자 이신(李藎)과 서녀가 부안첩의 자식으로 보인다.

76 이종호(李宗浩)는 이순신의 부하로서 추운 겨울에 솜 수천 근과 청어 만여 마리, 곡식 천여 석을 지원했다.

5일경술 아침에 흐렸다. 식후에 충청 수사, 순천 부사와 함께 활을 쏘았다. 경상 수사(원균)에게 갔더니, 우수사(이억기)가 이미 먼저 와 있었다. 잠시 서로 이야기하다가 돌아왔다. 이 날 웅천 현감(이운룡), 소비포 권관(이영남), 영등포 만호(조계종) 및 윤동구 등이 선봉의 여러 장수로서 여기에 왔다.
보성 군수(안홍국)가 돌아가고 장흥 부사(배흥립)가 들어왔다.

6일신해 아침에 맑다가 저물녘에 비가 내렸다. 충청 수사와 함께 활 10순을 쏘았다. 저녁에 장흥 부사(배흥립)가 들어오고 보성 군수(안홍국)가 나갔다. 탐후선이 들어왔는데, "어머니께서 평안하시고 아들 면(葂)은 차츰 나아진다."고 하였다. 고성 현령(조응도)과 사도 첨사(김완), 적도 만호(고여우)가 함께 왔다가 갔다. 이 날 밤 누대방에서 잤다.

7일임자 비가 종일 계속 내렸다.

8일계축 비가 계속 내렸다. 정 조방장(정응운)이 들어왔다.

9일갑인 비가 계속 내렸다. 우수사 및 정 조방장, 충청 수사, 순천 부사, 사도 첨사와 함께 이야기했다.

10일을묘 비가 종일 계속 내렸다. 충청 수사(이순신) 및 순천 부사가 와서 이야기했다. 이 날 장계 초본을 수정했다.

11일병진 큰비가 종일 내렸다. 이 날 밤 거센 바람이 불고 폭우가 크게 내렸다. 지붕이 세 겹이나 벗겨져 삼대 같은 비가 샜다. 밤을 지새워 새벽까지 앉아 있었다. 양편 창문은 모두 바람에 깨져 젖어있었다.

12일정사 흐리고 비는 오지 않았다. 늦게 충청 수사(이순신)) 및 순천 부사(권준)와 함께 활을 쏘았다. 소비포 권관(이영남)과 웅천 현감(이운룡)도 와서 활을 쏘았다. 아침에 원수의 군관 심준(沈俊)이 여기에 왔다. 그가 가지고 온 전령에, "직접 만나서 약속을 논의하고자 하므로, 오는 17일에 사천(泗川)으로 나가 기다리겠다."고 했다.

13일무오 맑음. 아침에 심준이 돌아가고 노윤발도 돌아갔다. 오전 10시

경에 배에서 내려 여러 장수들을 거느리고 견내량으로 갔다. 별도로 날랜 장수들을 선정하여 춘원(춘원포) 등지로 보내어, 적을 정탐하여 사로잡아 무찌르도록 사도 첨사에게 전령하여 여러 배들을 보내게 하고는 그대로 머물러 잤다. 달빛이 비단결처럼 곱고 바람은 파도를 일으키지 않았다. 해(海)를 시켜 피리를 불게 했는데 밤이 깊어서야 그쳤다.

14일기미 아침에 흐리다가 저물녘에 비가 왔다. 사도 첨사(김완)와 소비포 권관(이영남), 웅천 현감(이운룡) 등이 급히 보고한 내용에, "왜선 한 척이 춘원포에 머물러 정박하였기에 뜻하지 않게 엄습하였더니, 왜놈들은 배를 버리고 달아나서 우리나라의 남녀 15명을 빼앗아 데려오고, 적선도 빼앗아 왔다."고 하였다. 오후 2시경에 진으로 돌아왔다.

15일경신 맑음. 식후에 출항하여 원 수사와 함께 월명포(통영 풍화리)에 도착하여 하룻밤을 잤다.

16일신유 맑음. 새벽에 출발하여 소비포에 이르러 배를 정박했다. 아침밥을 먹은 뒤 돛을 달고 사천 선창(사천 통양)에 이르니, 기직남[77]이 곤양 군수(이광악)와 함께 와 있었다. 그대로 머물러 잤다.

17일임술 흐리다가 저물녘에 비가 왔다. 원수(권율)가 정오에 사천에 와서 군관을 보내어 대화를 청하기에 곤양의 말을 타고 원수가 머무르는 사천 현감(기직남)의 처소로 갔다. 교서에 숙배한 뒤에 공사간의 인사를 마치고서 함께 이야기하니 오해가 많이 풀리는 빛이었다. 원 수사를 몹시 책망하니 원 수사는 머리를 들지 못하였다. 우습다. 가지고 간 술을 마시자고 청하여 8순을 돌렸는데, 원수가 몹시 취하여 자리를 파하였다. 파하고서 숙소로 돌아오니 박종남과 윤담이 와서 만났다.

18일계해 흐리고 비는 오지 않았다. 아침 식사 후에 도원수(권율)가 청하

---

77 기직남(奇直男)은 이순신의 휘하에서 사천 현감으로서 당항포해전에서 왜선 1척을 분멸했다.

므로 나아가 이야기했다. 또 작은 술상을 차렸는데 크게 취해서 아뢰고
돌아왔다. 원 수사는 취해 일어나지도 못하고 그대로 누워 오지 않았다.
그래서 나만 곤양 군수(이광악), 소비포 권관(이영남), 거제 현령(안위) 등
과 함께 배를 돌려 삼천포 앞바다로 가서 잤다.

19일갑자 　맑음. 저녁에 잠깐 비가 왔다. 새벽에 사량 뒤쪽(양지리 하도)에
이르니, 원 수사는 아직 오지 않았다. 칡 60동(同)을 캐고 나니 원수사가
그제야 왔다. 늦게 출항하여 당포에 가서 잤다.

20일을축 　맑음. 새벽에 출발하여 진중에 이르렀다. 우수사(이억기)와 정
조방장(정응운)이 와서 만났다. 정은 바로 돌아가고 우수사 및 장흥 부사
(배흥립), 사도 첨사(김완), 가리포 첨사(이응표), 충청 우후(원유남)와 함께
활을 쏘았다. 저녁에 피리를 불고 노래하다가 밤이 깊어서야 헤어졌는
데, 미안한 일이 많았다. 충청 수사는 그 어머니의 병환이 위중하다고 하
여 곧장 홍양으로 돌아갔다.

21일병인 　맑음. 외가의 제삿날이라 출근하지 않았다. 곤양 군수(이광악),
사도 첨사, 마량 첨사(강응호), 남도포 만호(강응표), 영등포 만호(조계종),
회령포 만호(민정붕), 소비포 권관(이영남)이 함께 왔다. 양정언이 와서 만
났다.

22일정묘 　맑음. 나라(정현왕후 윤씨)의 제삿날이라 출근하지 않았다. 경상
우우후(이의득)가 와서 만났다. 낙안 군수, 사도 첨사도 다녀갔다. 저녁에
곤양 군수, 거제 현령, 소비포 권관, 영등포 만호가 와서 이야기하고 밤
이 깊어서 돌아갔다.

23일무진 　맑음. 아침에 공문 초본을 작성하였다. 식후에 사정(射亭)으로
옮겨 앉아 공문을 작성하여 보내고는 활을 쏘았다. 바람이 몹시 험하고
사납게 불었다. 장흥 부사(배흥립)와 녹도 만호(송여종)가 와서 함께 했다.
저물녘에 곤양 군수(이광악)와 웅천 현감(이운룡), 영등포 만호(조계종), 거
제 현령(안위), 소비포 권관(이영남) 등도 왔다가 초경에 헤어져 돌아갔다.

24일기사 맑음. 각 고을에서 수군을 징발하는 일로 박언춘과 김륜, 신경황을 보냈다. 정 조방장이 돌아갔다. 저물녘에 소비포 권관이 와서 만났다.

25일경오 맑음. 아침에 곤양 군수(이광악), 소비포 권관(이영남)을 불러 와서 같이 아침밥을 먹었다. 사도 첨사(김완)가 휴가를 받아 가기에 9월 7일에 돌아오라고 일러 보냈다. 현덕린이 제 집으로 돌아가고 신천기도 납속[78]할 일로 돌아갔다. 늦게 흥양 현감(황세득)이 돌아왔다. 사정(射亭)으로 내려가 활 6순을 쏘았다. 정원명이 들어왔다고 했다.

26일신미 맑음. 아침에 각 관청과 포구의 공문을 작성하여 보냈다. 흥양의 포작 막동(莫同)이란 자가 장흥의 군사 30명을 몰래 배에 싣고 도망간 죄로 처형하여 효시했다. 늦게 사정(射亭)에 내려가 앉아서 활을 쏘았다. 충청 우후(원유남)도 와서 함께 쏘았다.

27일임신 맑음. 우수사(이억기)가 가리포 첨사(이응표), 장흥 부사(배흥립), 임치 첨사(홍견), 우후(이몽구) 및 충청 우후(원유남)와 함께 와서 활을 쏘는데, 흥양 현감(황세득)이 술을 내놓았다. 아침에 아들 울(蔚)의 편지를 보니, 아내[79]의 병이 위중하다고 했다. 그래서 아들 회(薈)를 내보냈다. 진도 군수(김만수)가 왔다.

28일계유 새벽 2시 경부터 비가 조금 오고 바람이 크게 불었다. 비는 아침 6시 경에 개었으나 바람은 종일 크게 불어 밤새도록 그치지 않았다. 아들 회가 편히 잘 갔는지 몰라서 몹시 염려되었다. 진도 군수(김만수)가 와서 만났다. 원수의 장계로 인해 신문 조사하는 글이 내려 왔는데, 급히

---

78 납속(納粟)은 임진왜란 당시 부족한 군량을 충당하기 위해 시행한 재정정책의 하나이다.

79 아내는 이순신의 부인 상주 방씨이다. 보성군수를 지낸 방진의 딸로 19세 때 21세인 이순신과 혼인하여 3남 1녀를 두었는데, 아들은 회(薈), 열(䓈), 면(葂)이고 사위는 홍가신의 아들 홍비(洪棐)이다.

올린 장계에 오해가 많았던 것이다.

해남 현감(현즙)이 들어왔다.

29일갑술 맑았으나 북풍이 크게 불었다. 아침에 마량 첨사(강응호)와 소비포 권관(이영남)이 와서 함께 밥을 먹었다. 늦게 사정(射亭)으로 옮겨 앉아 공문을 작성하여 보냈다. 도양(고흥 도덕리)의 말 먹이는 하인 박돌이(朴乭伊)를 처벌했다. 도둑 3명중에 장손(長孫)은 곤장 백대를 치고 얼굴에 '도(盜)'자를 새겨 넣었다.[80] 해남 현감(현즙)이 들어왔는데, 의병장 성응지가 세상을 떠났다고 한다. 매우 슬프다.

그믐날30일 을해 맑고 바람도 없었다. 해남 현감 현즙(玄楫)이 와서 만났다. 늦게 우수사(이억기) 및 장흥 부사(배흥립)가 와서 만났다. 저물녘 충청 우후(원유남), 웅천 현감(이운룡), 거제 현령(안위), 소비포 권관(이영남)도 함께 오고 허정은(許廷誾)도 왔다. 이 날 아침 탐후선이 들어왔는데, 아내의 병세가 매우 위중하다고 했다. 이미 생사가 결정이 났는지도 모르겠다. 나랏일이 이 지경에 이르렀으니, 다른 일에 생각이 미칠 수 없다. 아들 셋, 딸 하나가 어떻게 살아갈 것인가. 마음이 아프고 괴로웠다. 김양간이 서울에서 영의정의 편지와 심충겸의 편지를 가지고 왔는데, 분개하는 뜻이 많이 담겨 있었다. 원수사의 일은 매우 놀랍다. 내가 머뭇거리며 앞으로 나아가지 않는다고 했다하니, 이는 천년을 두고 한탄할 일이다. 곤양 군수(이광악)가 병으로 돌아갔는데, 보지 못하고 보냈으니 더욱 아쉬웠다. 밤 10시 경부터 마음이 어지러워 잠들지 못했다.

---

80 범인의 얼굴에 '도둑 도(盜)'자를 새겨 넣는 것은 묵형이다. 장손이 곤장 백대를 맞고 묵형을 당한 것은 말을 훔친 것으로 보인다. 소와 말을 훔쳐 죽인 자는 장형 백대에 글자를 새긴다.《경국대전》〈형전〉

9월
장문포로 출동하다

1일병자 맑음. 앉았다 누웠다 하면서 잠들지 못하여 촛불을 밝힌 채 뒤척거렸다. 이른 아침에 손을 씻고 조용히 앉아 아내의 병세를 점쳐보니, "중이 속세에 돌아오는 것과 같다[如僧還俗]."고 하였다. 다시 쳤더니, "의심하다가 기쁨을 얻은 것과 같다[如疑得喜]."는 괘를 얻었다. 매우 길하다. 또 병세가 나아질 것인지와 누가 와서 고할지를 점쳤더니, "귀양 땅에서 친척을 만난 것과 같다[如謫見親]."는 괘를 얻었다. 이 역시 오늘 안에 좋은 소식을 들을 징조였다. 순무어사 서성의 공문과 장계 초본이 들어왔다.

2일정축 맑음. 아침에 웅천 현감(이운룡)과 소비포 권관(이영남)이 와서 같이 아침밥을 먹었다. 늦게 낙안 군수(김준계)가 와서 만났다. 저녁에 탐후선이 들어왔는데, 아내의 병이 좀 나아졌다고 하나 원기가 몹시 약하다고 하였다. 매우 걱정이 된다.

3일무인 비가 조금 내렸다. 새벽에 비밀 왕명서가 들어왔는데, "수군과 육군의 여러 장수들이 팔짱만 끼고 서로 바라보면서 한 가지 계책이라도 세워 적을 치려고 하지 않는다."는 것이었다. 삼년 동안 해상에서 절대로 그럴 리가 없었다. 여러 장수들과 맹세하여 목숨 걸고 원수를 갚을 뜻으로 하루하루 보내고 있는데, 다만 험한 소굴에 웅거하고 있는 왜적 때문에 가볍게 나아가지 않을 뿐이다. 더욱이 "나를 알고 적을 알면 백번 싸워도 위태롭지 않다."[81]고 하지 않았던가! 종일 큰 바람이 불었다.

---

81 《손자병법》〈모공편〉에서 인용한 글귀이다. "상대를 알고 나를 알면 백번 싸워도 위태롭지 않고 상대를 모르고 나만 알면 한번 이기고 한번 지며, 상대를 모르고 나도 모르면 매번 싸울 때마다 반드시 위태로울 것이다[知彼知己 百戰不殆 不知

초저녁에 촛불을 밝히고 홀로 앉아 스스로 생각하니 나라 일이 위태롭건만 안으로 구제할 계책이 없으니, 이를 어찌하겠는가. 밤 10시 경에 흥양 현감(황세득)이 내가 혼자 앉아 있음을 알고 들어와서 자정 경까지 이야기하고 헤어졌다.

4일기묘 맑음. 아침에 흥양 현감(황세득)이 와서 만났다. 식후에 소비포 권관(이영남)이 왔다. 늦게 원 수사(원균)가 와서 이야기를 하자고 하기에 사정(射亭)으로 내려가 앉았다. 활쏘기를 하였는데 원수사가 9분을 지고 술에 취해서 갔다. 피리를 불게 하고 밤이 깊어서 헤어졌는데, 또 사적인 일로 미안한 일이 있었다. 매우 우습다. 여도 만호(김인영)가 들어왔다.

5일경진 맑음. 닭이 운 뒤에 머리를 긁어도 가려움을 견딜 수 없어서 사람을 시켜 긁게 했다. 바람이 순하지 않기에 나가지 않았다. 충청 수사가 들어왔다.

6일신사 맑고 바람이 쇠했다. 아침에 충청 수사(이순신) 및 우후, 마량 첨사와 같이 아침밥을 먹었다. 늦게 사정(射亭)으로 옮겨 앉아 활을 쏘았다. 이 날 저녁 종 효대(孝代)와 개남(介南)이 어머니께서 평안하시다는 편지를 가지고 왔다. 기쁜 마음 그지없었다. 방필순(方必淳)이 세상을 떠나고 익순(益淳)이 그 가족을 데리고 우리집으로 들어왔다는 소식을 들었다. 우스운 일이다. 밤 10시 경에 복춘(福春)이 왔다. 저물녘에 김경로가 우도에 도착했다는 말을 들었다.

7일임오 맑음. 아침에 순천 부사의 편지가 왔는데, 순찰사(홍세공)가 초열흘 쯤에 본부(순천)에 도착하고, 좌의정(윤두수)도 도착한다고 하였다. 심히 불행한 일이다. 순천 부사가 진에 있을 때 거제로 부하들을 사냥 보냈는데, 남김없이 모두 붙잡혔다고 한다. 그런데도 그 사정을 보고하지 않은 것이 몹시 놀랍다. 그래서 답장 편지를 쓸 때에 그것을 거론하여 보냈

彼而知己 一勝一負 不知彼不知己 每戰必殆]"

다.

8일계미 맑음. 장흥 부사(배흥립)를 헌관으로 삼고, 흥양 현감(황세득)을 제사 담당자로 삼아서 9일에 둑제(纛祭)를 지내기 위해 재계하였다. 첨지 김경로가 여기에 왔다.

9일갑신 맑음. 사도첨사가 왔다. 저물녘에 비가 오다가 그쳤다. 여러 장수들이 활을 쏘았다. 삼도가 모두 모였는데, 원 수사는 병으로 오지 않았다. 김 첨지도 함께 활쏘기를 하고 돌아갔다. 경상도 진영에서 잤다.

10일을유 맑고 바람이 고요하였다. 사도 첨사가 활쏘기 모임을 베풀었는데, 우수사도 모였다. 김경숙(金敬叔)이 창신도(창선도)로 돌아갔다.

11일병술 맑음. 일찍이 누대에 나가 남평(南平)의 색리와 순천의 격군으로서 세 번이나 양식을 훔친 자를 처형했다. 각 관청과 포구에 공문을 작성하여 보냈다. 늦게 충청 수사(이순신)가 와서 만났다. 소비포 권관(이영남)은 달밤에 본포(소비포)로 돌아갔는데, 원 수사가 몹시 해하기를 꾀하려고 하기 때문이다.

12일정해 맑음. 일찍 검암(金岩)이 방에 왔다. 정 조방장(정응운)의 종이 돌아가는 길에 답장을 써 보냈다. 늦게 우수사와 충청수사가 함께 오고, 장흥부사(배흥립)가 술을 내어 함께 이야기하다가 몹시 취해서 헤어졌다.

13일무자 맑고 따뜻하다. 어제 취한 술이 아직 깨지 않아서 방 밖을 나가지 않았다. 아침에 충청 우후(원유남)가 와서 만났다. 또 조도 어사 윤경립[82]의 장계 초본 2통을 보니, 하나는 진도 군수(김만수)의 파면을 청한 것이고, 다른 하나는 수군과 육군을 섞어 징용하지 말 것과 수령들을 싸움터에 나가게 하지 말라는 것이었다. 그 뜻은 자못 목전의 일을 꾀하는 데 있었다. 저녁에 하천수가 장계 회답과 홍패(과거합격증) 97장을 가지

---

82 윤경립(尹敬立 1561~1611)은 독운어사로서 군량을 담당하고 1594년 10월 사간으로서 관원을 파견하고 관리하는 제도를 개혁하라고 왕에게 주청하였다.

고 왔다. 영의정(유성룡)의 편지도 가지고 왔다.

14일기축　맑음. 흥양 현감(황세득)이 술을 바쳤다. 우수사(이억기)와 충청 수사(이순신)와 함께 활을 쏘았다. 방답 첨사가 공적인 예와 사적인 예를 행했다.

15일경인　맑음. 일찍 충청 수사(이순신)와 여러 장수들과 함께 망궐례를 행했다. 우수사(이억기)는 기약을 해놓고 병을 핑계만 대니 한탄스럽다. 새로운 급제자에게 홍패를 나누어 주었다. 남원의 도병방과 향소 등을 잡아 가두었다. 충청 우후(원유남)가 본도로 나갔다. 종 경(京)이 들어왔다.

순천 부사(권준)가 왔다.

16일신묘　맑음. 충청 수사(이순신)와 순천 부사(권준)와 함께 이야기했다. 이날 밤 꿈속에서 아이를 보았는데, 경(庚)의 어미가 아들을 낳을 징조였다.

17일임진　맑고 따뜻하다. 충청 수사, 순천 부사, 사도 첨사가 와서 활을 쏘았다. 우후 이몽구가 국둔전[83]의 타작할 일로 나갔다. 효대(孝代) 등이 나갔다.

18일계사　맑고 너무 따뜻하였다. 충청 수사(이순신) 및 흥양 현감(황세득)과 함께 종일 활을 쏘고서 헤어졌다. 저물녘 비가 밤새도록 뿌렸다. 이수원(李壽元)과 담화(曇花, 승려)가 들어오고 복춘(福春)이 들어왔다. 이날 밤 뒤척이며 잠들지 못했다.

19일갑오　종일 비가 내렸다. 흥양 현감(황세득)과 순천 부사가 와서 이야기했다. 해남 현감(현즙)도 왔다가 바로 돌아갔다. 흥양 현감과 순천 부사가 밤이 깊어서야 돌아갔다.

83　국둔전(國屯田)은 군수 조달을 위한 국영의 토지이다. 생산성이 낮아 경작을 기피하는 현상이 있었다.

20일을미 새벽 바람이 그치지 않았고 비가 잠깐 들었다. 홀로 앉아 간 밤의 꿈을 기억해 보니, 바다 가운데 외딴섬이 눈앞으로 달려와서 멈췄는데, 그 소리가 우레 같아 사방에서는 모두들 놀라 달아나고 나만 홀로 서서 그 광경을 처음부터 끝까지 지켜보았다. 매우 흔쾌하였다. 이 징조는 곧 왜놈이 화친을 구하다가 스스로 멸망할 상이다. 또 나는 준마를 타고 천천히 가고 있었는데, 이는 임금의 부르심을 받고 나아갈 징조이다. 충청 수사(이순신)와 흥양 현감(황세득)이 왔다. 거제 현령(안위)도 와서 보고 바로 돌아갔다. 체찰사(윤두수)의 공문에 "수군에게 군량을 계속 공급하라."고 했고, "잡아 가두었던 친족과 이웃을 석방하여 보내라."고 했다.

21일병신 맑음. 아침에 사정(射亭)에 나가 앉아 공문을 작성하여 보내고 늦게 활을 쏘았다. 장흥 부사(배흥립)와 순천 부사, 충청 수사(이순신)와 종일 이야기했다. 어둘 무렵 여러 장수들에게 뛰어 넘기[84]를 하게 했고, 또 군사들에게는 씨름을 겨루게 하였다. 밤이 깊어서야 끝났다.

22일정유 아침에 사정(射亭)에 앉았다. 우수사와 장흥 부사(배흥립)가 왔다. 경상 우후(이의득)도 와서 명령을 듣고 갔다. 원수의 밀서가 왔는데, "27일에 군사를 출동시키기로 정했다."고 하였다.

23일무술 맑았으나 바람이 거셌다. 일찍 사정(射亭)에 나가서 공문을 작성하여 보냈다. 원수사가 와서 군사기밀을 논의하고 갔다. 낙안 군사와 본영 군사 51명, 방답 수군 45명을 검열했다. 고성 백성들이 연명의 호소문(등장)을 올렸다. 진주 강운(姜雲)의 죄를 다스렸다. 보성에서 데려온 소관(召官) 황천석(黃千錫)을 끝까지 추궁했다. 광주에 가두었던 창평현 아전 김의동(金義同)을 처형하라는 일로 전령을 내보냈다. 저녁에 충청 수사(이순신)와 마량 첨사(강응호)가 와서 만나고 깊은 밤에 돌아갔다. 초저녁에 복춘(復春)이 와서 사담을 나누다가 닭이 운 뒤에야 돌아갔다.

---

84 뛰어 넘기(超越)는 훈련도감에서 무인을 선발할 때 시행한 시험이다.

24일기해 맑으나 종일 바람이 크게 불었다. 아침에 대청에 앉아서 공무를 보았다. 아침밥은 충청수사와 함께 먹었다. 오늘 호의[85]를 나누어 주었는데, 좌도에는 누른 옷 9벌, 우도에는 붉은 옷 10벌, 경상도에는 검은 옷 4벌이었다.

25일경자 맑음. 바람이 조금 멈췄다. 김 첨지(김경로)가 군사 70명을 거느리고 들어왔다. 저녁에 박 첨지(박종남)도 군사 6백 명을 거느리고 들어왔다. 조붕도 왔기에 함께 자면서 밤새 이야기했다.

26일신축 맑음. 새벽에 곽재우[86]와 김덕령[87] 등이 견내량에 도착하였다. 박춘양을 보내어 건너온 연유를 물었더니, 수군과 합세할 일로 원수(권율)가 전령했다고 한다.

27일임인 아침에 맑다가 저물녘에 잠깐 비가 내렸다. 늦은 아침에 출항하여 포구에 나가자 여러 배들이 동시에 출발하여 적도 앞바다에 머물렀다. 곽 첨지(곽재우), 김충용(金忠勇, 김덕령), 한 별장(別將, 한명련[88]), 주몽룡(朱夢龍) 등이 함께 와서 약속한 뒤에 각각 원하는 곳으로 나누어 보냈다. 저녁에 선 병사(선거이)가 배에 도착했으므로 본영(전라좌수영)의 배를 타게 했다. 저물녘에 체찰사의 군관 이천문(李天文), 임득의(林得義), 이홍사(李弘嗣), 이충길(李忠吉), 강중룡(姜仲龍), 최여해(崔汝諧), 한덕비(韓

---

85 호의(號衣)는 각 진영의 군사와 사간원 및 의금부 관원들이 입던 세 자락의 웃옷이다. 전투복과 비슷하나 양옆을 세 자락으로 텄고 방위의 색깔(흑, 적, 청, 황)을 넣었다.

86 곽재우(郭再祐 1552~1617)는 과거에 합격했으나 왕의 뜻에 거슬려 무효가 되고 정탁의 천거로 조방장이 되었다. 1594년 9월 이순신, 원균과 함께 장문포에 참전하였다.

87 김덕령(1567~1596)은 고경명의 휘하로 충용장이 되고 1594년 진주에서 곽재우와 함께 권율의 휘하에서 활동하였다. 이몽학의 난을 평정하려고 했는데, 이몽학과 내통 혐의로 수감되어 옥사하였다.

88 한명련(韓明璉 ?~1624)은 1594년 곽재우와 전공을 세우고 정유재란 때에는 권율의 휘하에서 전공을 세웠다.

德備), 이안겸(李安謙), 박진남(朴振男) 등이 왔다. 밤에 잠깐 비가 내렸다.

28일계묘 흐림. 새벽에 촛불을 밝히고 홀로 앉아 왜적을 토벌할 일이 길한지 점을 쳤다. 첫 번째 점은 "활이 화살을 얻은 것과 같다[如弓得箭]."는 내용이었고, 두 번째 점은 "산이 움직이지 않는 것과 같다[如山不動]."는 내용이었다. 바람이 순조롭지 못하였다. 흉도 안바다에 진을 치고서 잤다.

29일갑진 맑음. 배를 출발하여 장문포 앞바다로 돌진해 들어가니, 적의 무리는 험요한 곳에 자리 잡고서 나오지 않았다. 누각을 높이 설치하고 양쪽 봉우리에 보루를 쌓고는 조금도 나와서 항전하지 않았다. 선봉의 적선 두 척을 격파하니 육지로 올라가 달아났다. 빈 배만 쳐부수고 불태웠다.[89] 칠천량에서 밤을 지냈다.

10월
왜적이 숨어 나오지 않는다

1일을사 새벽에 출발하여 장문포로 가니 경상 우수사(원균)와 전라 우수사(이억기)가 장문포 앞바다에 머물고 있었다. 나는 충청 수사 및 선봉의 여러 장수들과 함께 곧장 영등포로 들어갔다.[90] 흉악한 적들은 물가에 배를 매 두고 한 번도 나와서 항전하지 않았다. 해질 무렵에 장문포 앞바다로 돌아와서, 사도(蛇渡)의 2호선을 육지에 매려할 때, 적의 작은 배가 곧

---

89 이 날 장문포해전을 치렀다. 1594년 8월 17일 이순신이 권율, 곽재우와 작전하여 9월 29일 장문포에 수륙병진으로 진격했으나 왜군들이 나오지 않았다. 이 때 왜선 2척을 분멸하였다.

90 이 날 영등포해전을 치렀는데, 왜적들이 항전하지 않아 별다른 교전 없이 끝났다.

장 들어와 불을 던졌다. 불이 비록 일어나지 않고 꺼졌지만, 매우 분통하였다. 우수사의 군관과 경상 우수사의 군관에게 그 실수를 조금 꾸짖었지만, 사도의 군관에게는 그 죄를 무겁게 다스렸다. 밤 10시 경에 칠천량으로 돌아와서 밤을 지냈다.

2일병오 맑음. 다만 선봉선 30척에 명령하여 장문포에 있는 적의 정세를 가서 보고 오게 했다.

3일정미 맑음. 직접 여러 장수들을 거느리고 일찍 장문포로 가서 종일 싸우려고 했지만, 적의 무리들은 두려워서 나와 항전하지 않았다. 날이 저물어 칠천량으로 돌아와서 밤을 지냈다.

4일무신 맑음. 곽재우, 김덕령 등과 약속하고서 군사 수 백 명을 뽑아 육지에 내려 산으로 오르게 하고, 선봉은 먼저 장문포로 보내어 들락날락하면서 도전하게 하였다.[91] 늦게 중군을 거느리고 진격하였다. 바다와 육지에서 서로 호응하니 적의 무리들은 당황하여 기세를 잃고 동과 서로 분주했다. 그러나 육병은 한 왜적이 칼을 휘두르는 것을 보고는 곧바로 배로 내려갔다. 해질 무렵 칠천량으로 돌아와 진을 쳤다. 선전관 이계명이 신분증과 선유 교서를 가지고 왔는데, 임금님이 담비 가죽도 하사하였다.[92]

5일기유 칠천량에 그대로 머물렀고 장계 초본을 등서했다. 큰 바람이 종일 불었다.

6일경술 맑음. 일찍 선봉을 장문포 적의 소굴로 보냈더니, 왜놈들이 패문

---

91 이날 2차 장문포해전을 치렀다. 도원수 권율이 의령의 군사 8백여 명을 김덕령과 곽재우에게 보내고 윤두수는 140명의 군사와 이일의 군사 210명을 육전에 지원했으며 곽재우는 수군과 합세하게 하였다. 그러나 여러 장수들은 지체하다가 교전하지 못했다. 《선조실록》(1594. 10. 13)

92 담비 가죽은 정3품 이상의 관리가 한겨울에 사용하는 귀가리개를 만드는 재료로 사용되었다.

을 땅에 꽂아 놓았는데, 그 내용은, "일본이 명나라와 한창 화목하고 있으니, 서로 싸워서는 안 된다."는 것이다. 왜놈 한 명이 칠천 산기슭으로 와서 투항하고자 하므로 곤양 군수(이광악)가 불러들여 배에 태우고 물어보니, 바로 영등포에 있는 왜적이었다. 흉도로 진을 옮겼다.

7일신해 맑고 따뜻하다. 선 병사(선거이), 곽재우, 김덕령 등이 나갔다. 나는 그대로 머물고 출발하지 않았다. 띠풀 183동(同)을 베었다.

8일임자 맑고 바람조차 없다. 일찍 배를 출발하여 장문포 적의 소굴로 가니, 적들은 여전히 나오지 않았다. 군대의 위세만 보인 뒤에 흉도로 되돌아왔다가 그대로 출항하여 일제히 한산도로 가니, 밤은 벌써 자정 경이 되었다. 흉도에서 띠풀 260동을 베었다.

순천 부사(권준)가 돌아갔다.

9일계축 맑음. 아침에 정자로 내려오니 첨지 김경로, 첨지 박종남, 조방장 김응함[93], 조방장 한명련, 진주 목사 배설[94], 김해 부사 백사림[95]이 함께 와서 아뢰고 돌아갔다. 김경로와 박종남은 종일 활을 쏘았다. 박종남은 마룻방에서 춘복(春福)과 함께 자고 김성숙(金惺叔, 김경로)은 배로 내려가 잤다. 남해 현령(기효근), 진주 목사, 김해 부사, 하동 현감(성천유), 사천 현감(기직남), 고성 현령(조응도)이 보고하고 돌아갔다.

10일갑인 맑음. 아침에 나가 장계 초본을 수정했다. 박자윤과 곤양 군수(이광악)는 그대로 머물러 떠나지 않았다고 한다. 흥양 현감(황세득),

---

93 김응함(金應諴) 1554~?)은 이순신의 휘하에서 이수일, 이시언, 정기룡 등과 활동하고 1594년 통제영에 가서 조방장으로서 군무를 도왔다. 명량해전에서 전공을 세웠다.

94 배설(裵楔 1551~1599)은 조경(趙儆)의 군관으로 참전했다. 1597년 7월 부산의 왜선을 원균과 함께 급습했으나 전세가 불리하자 전선 10여 척을 끌고 도주했다. 이순신이 복직된 후 배를 인계하고 떠났다.

95 백사림(白士霖)은 김해부사로서 1594년 거제의 왜군을 공격하는 데 참전하고, 곽재우, 권율, 이순신을 지원했다.

장흥 부사(배흥립), 보성 군수(안홍국)가 보고하고 돌아갔다. 이날 밤 두 가지 상서로운 꿈을 꾸었다. 울(蔚)과 존서, 유헌(변유헌) 및 정립(廷立) 등이 본영으로 돌아갔다.

11일을묘 맑음. 아침에 몸이 불편했다. 아침에 충청 수사(이순신)가 와서 만났다. 공문을 작성하고서 일찍 방에 들어가 잤다.

12일병진 맑음. 아침에 장계 초본을 수정하였다. 늦게 우수사와 충청 수사(이순신)가 여기에 왔다. 경상도 원수사가 적을 토벌한 일을 스스로 직접 조정에 계(啓)를 올리고자 한다고 하므로 공문을 작성해 갖고 와서 보였다. 비변사의 공문에 의하여 도원수(권율)가 쥐가죽으로 만든 귀가리개[96]를 좌도에 15개, 우도에 10개, 경상도에 10개, 충청도에 5개를 나누어 보냈다.

13일정사 맑음. 아침에 아전을 불러 장계 초본을 작성하였다. 늦게 충청 수사를 내보냈다. 본도(전라도) 우수사(이억기)가 충청 수사(이순신)를 보러왔다가 나를 보지 않고 돌아간 것은 몹시 취했기 때문이다. 종사관(정경달)이 이미 사천에 이르렀다고 한다. 사천 1호선을 내보냈다.

14일무오 맑음. 새벽꿈에 왜적들이 항복을 청하면서 육혈총통 5자루와 환도를 바쳤다. 말을 전한 자는 그 이름이 '김서신(金書信)'이라고 하는데, 왜놈들의 항복을 모두 받아들이기로 한 꿈이었다.

15일기미 맑음. 박춘양이 장계를 가지고 나갔다.

16일경신 맑음. 순무사 서성이 해질 무렵에 이곳에 왔다. 우수사, 원 수사와 함께 이야기하다가 밤이 깊어서 헤어졌다.

17일신유 맑음. 아침에 어사의 처소에 사람을 보냈더니, 식사 후에 오겠다고 하였다. 늦게 우수사가 오고 어사도 와서 조용히 이야기를 나

---

96 쥐가죽으로 만든 귀가리개는 당하관(정3품~종9품) 문무관리가 겨울에 모자 밑에 사용했다.

누었는데, 원 수사의 기만한 일을 많이 이야기하였다. 매우 놀랍다. 원 수사도 왔는데 그 흉포하고 패악한 형상은 이루 다 말할 수가 없다. 아침에 종사관이 들어왔다.

18일임술 맑음. 아침에 바람이 크게 불다가 저녁에 그쳤다. 어사에게 갔더니 이미 원 수사의 처소에 가고 없었다. 그곳에 갔더니 조금 뒤 술이 나왔다. 날이 저물어서 돌아왔다. 종사관이 숙배례를 행하고서 서로 만났다.

19일계해 바람이 순하지 못했다. 대청으로 나가 앉았다가 늦게 돌아와 누대 방으로 들어갔다. 어사가 우수사(이억기)에게 가서 종일토록 술에 취하고 이야기했다고 한다. 아침에 종사관과 이야기했다. 저녁에 종 억지[97] 등을 붙잡아 왔다. 박언춘도 왔다.

밤 10시 경에 가랑비가 왔다.

20일갑자 아침에 흐렸다. 늦게 순무어사(서성)가 나갔다. 작별한 뒤에 대청에 올라 앉았더니 우수사가 와서 보고하고 돌아갔다. 공문을 작성할 일 때문에 나갔다고 생각된다.

21일을축 맑지만 조금 흐렸다. 종사관이 나갔다. 우후도 나가고 발포 만호도 나갔다. 늦게 항복한 왜군 3명이 원 수사(원균)에게서 왔기에 문초하였다. 영등포 만호(조계종)가 왔다가 밤이 깊어서야 돌아갔다. 그에게 어린 아이가 있다고 하기에 데려 오라고 당부했다. 밤에 비가 조금 내렸다.

22일병인 흐림. 의능과 이적(李迪)이 나갔다. 초저녁에 영등포 만호가 그 아이놈을 데리고 왔다. 심부름시키려고 머무르게 하여 재웠다.

23일정묘 맑음. 그 아이가 아프다고 했다. 종 억지의 죄와 애환(愛還), 정

---

97 억지(億只)는 이순신의 맏형인 희신(羲臣) 소유의 종이다. 전라도 광주의 여자종 수대(水代)의 둘째인 사내종이다.

말(끗)동(丁亇同)의 죄를 처벌했다. 저녁에 그 아이를 보내어 원래 있던 곳으로 돌아가게 했다.

24일무진 맑음. 우우후(이정충)를 불러서 활을 쏘았다. 금갑도(진도 접도리) 만호(이정표)⁹⁸도 왔다.

25일기사 맑으나 서풍이 크게 일다가 늦게 그쳤다. 몸이 불편하여 방을 나가지 않았다. 남도포 만호(강응표)와 거제 현령(안위)이 왔다. 영등포 만호(조계종)도 와서 한참 이야기했다. 전 낙안 군수인 첨지 신호가 왔는데, 체찰사(윤두수)의 공문과 목화, 벙거지(전립) 및 무명 한 동(同)을 가지고 왔다. 그와 함께 이야기하다가 밤이 되어서야 물러갔다. 순천 부사 권준이 잡혀 갈 적⁹⁹에 들렀는데, 그를 보고서 마음이 편치 않았다.

26일경오 맑음. 장인(방진)의 제삿날이라 출근하지 않았다. 첨지 신호를 통해 들으니, 김상용(金尙容)이 이조좌랑이 되어 서울로 갈 때, 남원부 내에 들어가 숙박하면서도 체찰사(윤두수)를 만나보지 않고 갔다고 하였다. 그때의 일이 이와 같았으니 매우 놀랍다. 체찰사가 밤에 순찰사(홍세공)가 자는 방에 갔다가 밤이 깊어서 자기의 침실로 돌아왔다고 하였다. 체통이 이럴 수가 있는가. 매우 놀라움을 참지 못했다. 종 한경(漢京)이 본영(좌수영)으로 갔다. 유시에 비가 오더니 밤새도록 그치지 않았다.

27일신미 아침에 비오다가 늦게 개었다. 미조항 첨사(성윤문)가 와서 교서에 숙배를 행한 뒤에 그와 함께 이야기하다가 날이 저물어 돌아갔다.

28일임신 맑음. 대청에 앉아서 공문을 작성하여 보냈다. 금갑도 만호와 이진(해남) 만호가 와서 만났다. 식후에 우우후(이정충)와 경상우후(이의득)가 와서 목화를 받아 갔다. 저물녘에 침실로 들어갔다.

---

98 이정표(李廷彪 1562~?)는 금갑도만호가 되어 이순신의 휘하에서 참전하여 전공을 세웠다. 전라좌수사를 지냈다.

99 권준은 관아의 쌀을 훔치고 가렴주구한 죄로 사간원의 탄핵을 받고 처벌되었다.《선조실록》(1594. 10. 4)

29일계유　맑음. 서풍이 차기가 살을 베는 듯하였다.

30일갑술　맑음. 적을 수색 토벌하기 위해 군사를 들여보내고 싶었으나 경상도에 전선이 없어서 다른 배들이 모이기만을 기다렸다. 자정 경에 아들 회가 들어왔다.

11월
포상 징계하는 장계를 올리다

1일을해　새벽에 망궐례를 행했다. 몸이 몹시 불편하여 종일 나가지 않았다.

2일병자　맑음. 좌도에서는 사도 첨사(김완)를, 우도에서는 우후 이정충을, 경상도에서는 미조항 첨사 성윤문(成允文)을 장수로 정하여 적을 수색 토벌하려고 들여보냈다.

3일정축　맑음. 아침에 김천석(金天碩)이 비변사의 공문을 가지고, 항복한 왜군 야여문[100] 등 세 명을 데리고 진영에 왔다. 수색하고 토벌하러 나갔다 오니 벌써 밤 10시 경이었다.

4일무인　맑음. 대청에 나가서 항복한 왜군들의 사정을 물었다. 임금에게 보낼 하례하는 글을 가져갈 유생이 들어왔다. 이영남이 와서 만났다.

5일기묘　흐리고 가랑비가 내렸다. 송한련이 대구 10마리를 잡아왔다. 순변사(이일)가 그의 군관을 시켜 항복한 왜군 13명을 압송해 오도록 했다.[101] 밤새도록 큰비가 내렸다.

100　야여문(也汝文)은 1594년 9월 남해에서 항복해온 왜인이다. 조선에서 후대하여 짝을 지어주고 위로해주었다

101　이때 비변사에서 함경도에 있는 항복한 왜인들의 인원이 초과하여 각 진에 나누

6일경진 흐렸으나 따뜻하기가 봄날 같았다. 이영남이 와서 만나고 이정충도 왔다. 첨지 신호와 함께 이야기했다. 송희립이 사냥하러 나갔다.

7일신사 늦게 갰다. 아침에 대청으로 나가서 항복한 왜군 17명을 남해로 보냈다. 늦게 금갑도 만호(이정표), 사도 첨사(김완), 여도 만호(김인영), 영등포 만호(조계종) 등이 함께 왔다. 이날 낮에 첨지 신호는 "원수가 되돌아와서 수군에 머물러 있다."고 보고하였다.

8일임오 새벽에 잠깐 비가 뿌리더니 늦게 갰다. 배 만들 목재를 운반해 왔다. 새벽꿈에 영의정(유성룡)이 이상한 모습을 하고 있는 것 같고 나는 관을 벗고 있었는데, 함께 민종각(閔宗慤)의 집으로 가서 함께 이야기하다가 깼다. 이게 무슨 징조인지 모르겠다.

9일계미 맑았지만 바람이 순하지 못했다.

10일갑신 맑음. 아침에 이희남이 들어왔다. 조카 뇌(蕾)도 본영에 왔다고 했다.

11일을유 동짓날이라 11월 중임에도 새벽에 망궐례를 드린 뒤에 군사들에게 팥죽을 먹였다. 우우후(이정충)와 정담수(鄭聃壽)가 와서 만나고 돌아갔다.

12일병술 맑음. 일찍 대청으로 나가 순천 색리 정승서(鄭承緖)와 남원에서 폐해를 끼친 역졸을 처벌하였다. 첨지 신호에게 이별주를 대접하였다. 또 견내량에서 경계선을 넘어 고기잡이를 한 사람 24명을 잡아다가 곤장을 쳤다.

13일정해 맑음. 바람이 불었으나 해가 저물 때 따뜻했다. 신 첨지와 아들 회(薈)가 이희남, 김숙현(金叔賢)과 함께 본영으로 갔다. 종 한경(漢京)에게 은진의 김정휘[102] 집에 다녀오도록 명했다. 장계도 보냈다. 원수(권율)

어 배치하도록 하였다. 《선조실록》(1594. 11. 17)

102 김정휘(金廷(正)輝)는 논산 부풍촌(두마면 석계리)에 거주했는데 조익(趙翊)에게

가 방어사 군관에게 항복한 왜군 14명을 데리고 오게 했다. 저녁에 윤련
(尹連)이 자기 누이의 편지를 가지고 왔는데, 망언이 많아서 우스웠다. 버
리려 해도 그렇게 못할 것이 있으니 그것은 곧 버린 아이가 된 세 자식
이 끝내 의지하여 돌아갈 데가 없기 때문이다. 15일이 아버지[103] 제삿날
이라 밖에 나가지 않았다. 밤에 달빛이 대낮 같아 잠을 이루지 못하고 밤
새도록 뒤척거렸다.

14일무자 맑음. 아침에 우병사(김응서)[104]가 항복한 왜군 7명을 자기 군관
을 시켜 데려왔기에 바로 남해현으로 보냈다. 이감(李瑊)이 남해에서 왔
다.

15일기축 맑음. 따뜻하기가 봄날 같았다. 음양이 질서를 잃었으니 변
재라고 할 수 있다. 오늘은 아버님의 제삿날이라 나가지 않고 홀로
방 가운데 앉아 있으니, 애통한 심정을 어찌 말로 다하랴. 저물녘에
탐후선이 들어왔다. 순천의 교생(校生, 향교 유생)이 교서의 등본을 가
지고 왔다. 또 아들 울(蔚)의 편지를 보니 어머님의 체후가 예전처럼
평안하시다고 한다. 매우 다행이다. 상주(尙州)의 사촌 누이의 편지와
그 아들 윤엽[105]이 본영에 와서 보낸 편지를 읽어 보고 눈물이 흐르는
것을 참지 못했다. 영의정의 편지도 왔다.

16일경인 맑음. 바람이 조금 차가웠다. 식후에 대청에 앉아 있으니 우우
후(이정충), 여도 만호(김인영), 회령포 만호(민정붕), 사도 첨사(김완), 녹도

군자금을 지원했다.

103 이순신의 아버지는 이정(李貞 1511~1583)으로 이백록의 아들이다. 이순신이 함
경도 건원보 권관에 근무 중일 때 사망했다. 부인은 초계변씨 변수림의 딸로 4
남 1녀를 두었다. (희신·요신·순신·우신·사위 변기)

104 김응서(金應瑞 1564~1624)는 명나라 제독 이여송과 함께 평양성 탈환에 공을 세
우고, 권율과 함께 남원의 토적을 토벌했다. 1594년 경상우병사로 있을 때 왜장
유키나가와 강화하려 한 죄로 처벌받았다.

105 윤엽(尹曄 1546~1604)은 윤극신의 아들이고 윤돈의 형이다. 고산 찰방을 지냈다.

만호(송여종), 금갑도 만호(이정표), 영등포 만호(조계종), 전 어란진 만호 정담수 등이 와서 보고 돌아갔다. 저녁에는 날씨가 매우 따뜻했다.

17일신묘 맑고 온화했다. 서리가 눈처럼 쌓였는데, 무슨 징조인지 모르겠다. 늦게 산들바람이 종일 불었다. 밤 10시 경에 조카 뇌(蕾)와 아들 울(蔚)이 들어왔다. 밤 자정 경에 거센 바람이 크게 불었다.

18일임진 맑음. 큰 바람이 저녁 내내 불더니 밤새 이어졌다.

19일계사 맑음. 큰바람이 밤새도록 그치지 않았다.

20일갑오 맑음. 아침에 바람이 잤다. 대청으로 나가니 얼마 후 원수사가 와서 만나고 돌아갔다. 저녁에 큰바람이 밤새 불었다.

21일을미 맑음. 아침에 바람이 잔잔해졌다. 조카 뇌가 나가고 이설(李渫)이 포상과 징계에 관한 장계를 가지고 나갔다. 종 금선(金善), 우년(禹年), 이향(離鄕), 수석(水石), 행보(行寶) 등도 나갔다. 김교성(金敎誠)과 신경황(申景潢)이 나가고, 남도포 만호(강응표)와 녹도 만호(송여종)도 나갔다.

22일병신 맑음. 아침에 회령포 만호(민정붕)가 나갔다. 날씨가 매우 따뜻했다. 우우후(이정충)와 정담수가 와서 만났다. 활 5, 6순을 쏘았다. 왜인의 옷감으로 무명 10필을 가져갔다.

23일정유 맑고 온화했다. 흥양의 군량과 순천 군량 등을 받았다. 저녁에 이경복(李景福)이 자기 방지기와 함께 들어 왔다. 순변사 등이 질책을 받았다고 들었다.

24일무술 맑음. 온화한 날씨가 꼭 봄날과 같았다. 대청으로 나가서 공문을 작성하여 보냈다.

25일기해 흐렸다. 새벽꿈에 이일(李鎰)과 만나 내가 실없는 말을 많이 하고서 그에게 말하기를, "나라가 위태하고 혼란한 때를 당하여 중대한 책임을 지고서도 나라의 은혜를 보답하는데 마음을 두지 않고, 구태여 음탕한 여인을 두고서 관사에는 들어오지 않고 성 밖의 집에 사사로이 거처하면서 남의 비웃음을 받으니 생각이 어떠한 것이오. 또 수군의 각 관청과 포구에 육전의 병기를 배정하여 독촉하기에 겨를이 없으니 이 또한 무슨 이치요?"라고 하니, 순변사가 말이 막혀 대답하지 못했다. 기지개켜고 깨어나니 한 바탕 꿈이었다. 아침 식사 후에 대청에 나가서 공무를 보고 공문을 작성하여 보냈다. 조금 뒤에 우우후(이정충)와 금갑도 만호(이정표)가 왔다. 피리소리를 듣다가 저물어서 돌아왔다. 흥양의 총통 관리하는 서리들이 여기에 와서 회계를 하고 돌아갔다.

26일경자 소한. 맑고 따뜻하였다. 방에 들어앉아 출근하지 않았다. 이 날 메주 10섬을 쑤었다.

27일신축 맑음. 식후에 대청에 나가 출근하니, 좌우도로 나누어 보낸 항복한 왜적들이 모두 와 모였기에 총 쏘는 연습을 시켰다. 우우후(이정충), 사도 첨사(김완), 여도 만호(김인영), 거제 현령(안위) 등이 함께 왔다.

28일임인 맑음.

** 이하의 내용은 일기에 별도로 적은 글이다.(편집자 주)

(운명을) 피하기 어려움[106]

밖으로는 나라를 바로잡을 주춧돌(인물)이 없고 안으로는 계책을 결정할 기둥(인재)이 없으니① 배를 더욱 늘리고 무기를 만들어 적들을 불안하게 만들고 나는 그 편안함을 취하리라.②

[外無匡扶之柱石 內無決策之棟樑 增益舟船 繕治器械 令彼不得安 我取其逸][107]

---

106 이순신이 나관중의《삼국지통속연의(三國志通俗演義)》104회에 나오는 내용을 인용한 말이다. 제갈공명이 평상에서 죽음을 앞두고 손수 유표를 적어 후주에게 전했다. "삼가 생각건대 살고 죽는 것에는 상도가 있으니, 정해진 운수를 피하기 어렵습니다. (難逃) 죽음이 장차 이르려고 하는데 저의 충정을 다하고자 합니다."

107 이 구절은 이순신이《삼국지통속연의》22회편 〈조조가 군대를 나누어서 원소를 대항하다[曹公分兵拒袁紹]〉에서 인용한 것이다. 유비가 조조를 대항하기 위해 조조가 두려워하는 원소(袁紹)에게 지원을 요청하려고 할 때, 원소와 삼대 교

나를 알고 적을 알면 백 번 싸움에 백번 이기고, 나를 알고 적을 모르면 한번 이기고 한번 질 것이다. 나를 모르고 적도 모르면 매번 싸울 때마다 반드시 패할 것이다.[108] 이는 만고불변의 이론이다.

쓸쓸히 바라보며

우수수 비바람 치는 이 밤에	蕭蕭風雨夜
맘이 초조하여 잠 못 이룰 적에	耿耿不寐時
긴 한숨 거듭 짓노라니	長嘆更長嘆
눈물만이 자꾸 흐르네	淚垂又淚垂
배를 부린 몇 해의 계책은	倚船經歲策
다만 성군을 속인 것이 되었네	獨作聖君欺
산하는 오히려 부끄러운 빛 띠고	山河猶帶慚
물고기 날새들도 슬피 우누나	魚鳥亦吟悲
나라에 다급한 형세가 있는데	國有蒼皇勢
변방에는 평정을 맡길 이가 없네	邊無任轉危
배를 몰던 몇 해의 계책은	扣舷經歲策

분이 있는 정현(鄭玄)에게 찾아가 추천서를 받았다. 위의 ①은 추천서의 일부 내용으로, 중원 회복을 위해서는 무엇보다 인재가 필요하다고 하였다. 그 후 유비가 원소에게 손건을 보내어 이 글을 전하고 지원 승낙을 받았다. 이에 원소가 지원출동을 하려고 하자, 그의 부하인 모사(謀士) 전풍(田豊)이 성급한 전쟁보다는 장기전략을 세워 국가의 내실을 다져야한다며 지원출동을 반대했다. 위의 ②는 그때 전풍이 원소에게 말한 내용의 일부이다. ② 내용은《삼국지》권6〈위서〉권6 에도 나온다. (2014, 노승석 고증)

108 이는《손자(孫子)》〈모공편(謀攻篇)〉의 내용을 인용한 것으로 약간의 글자 차이가 있지만 내용은 같다. "知彼知己 百戰不殆 不知彼而知己 一勝一負 不知彼不知己 每戰必殆"

이제 성군을 속인 것이 되었네	今作聖君欺
중원회복한 제갈량이 그립고	恢復思諸葛
적 몰아낸 곽자의(郭子儀) 사모하네	長驅慕子儀

우수수 비바람 치는 이 밤에	蕭蕭風雨夜
맘이 초조하여 잠 못 이룰 적에	耿耿不寐時
슬픈 마음은 쓸개가 찢기 듯	傷心如裂膽
아픈 가슴은 살을 에는 듯	懷痛似割肌
긴 한숨 거듭 짓노라니	長嘆更長嘆
눈물만이 자꾸 흐르네	淚垂又淚垂
아픈 마음은 쓸개가 잘리 듯	懷痛如摧膽
슬픈 마음은 살을 에는 듯	傷心似割肌
산하가 참혹한 빛을 띠고	山河帶慘色
물고기 날새들도 슬피 우누나	魚鳥亦吟悲
태평세월 이백년에	昇平二百年
화려한 문물은 삼천 가지	文物三千姿
나라의 다급한 형세에	國有蒼皇勢
평정을 맡길 인재 없도다	人無任轉危
여러 해 바다 막을 계책 세우노라니	經年防海策
중원 회복한 제갈량이 그립고	恢復思諸葛
적을 몰아낸 곽자의 사모하네	長驅慕子儀

갑오일기

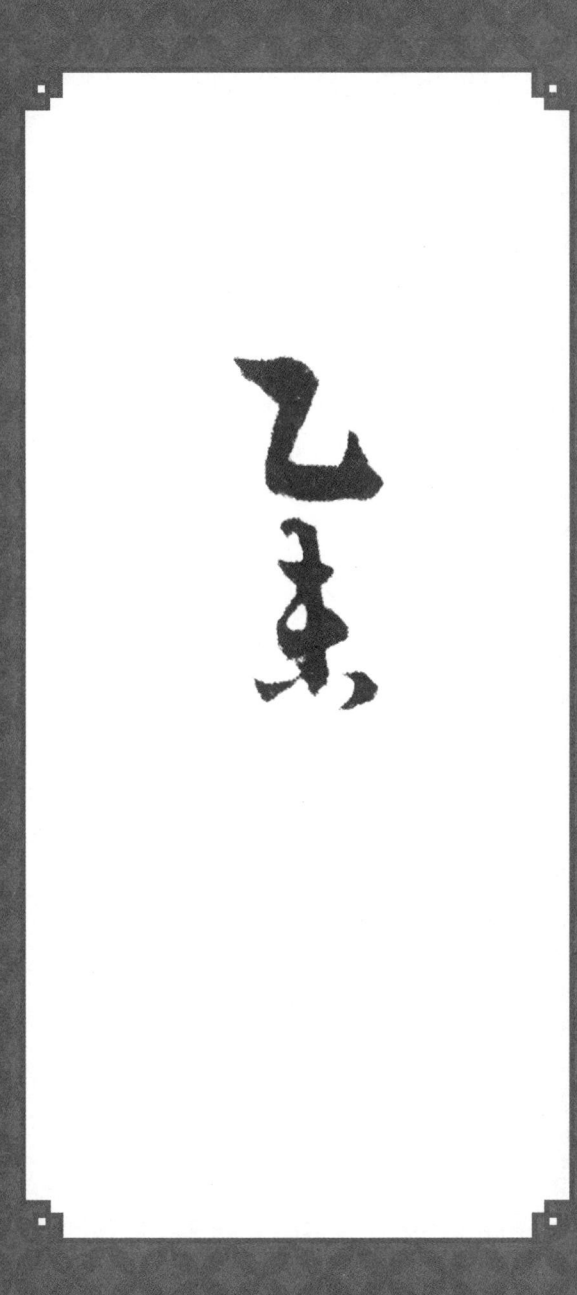

을미년

임진왜란 중 잠시 소강상태였던 시기다. 1월 이순신의 맏아들 회(薈)의 혼례를 치렀고, 2월 환상적인 화룡꿈을 꾸고 도양 둔전의 벼를 각 포구에 분급하였다. 5월 두치·남원 등의 식량을 운반하고, 바닷물을 끓여 소금을 만들 가마솥을 제작하였다. 8월 체찰사 이원익이 진영을 순방하고, 9월 충청 수사 선거이에게 송별시를 주었다. 11월 체찰사 이원익이 떠났다.

임진왜란 약사

2월 김응남이 도체찰사가 되고 3월 명나라에 갔던 주청사 윤근수가 돌아와 황제가 세자를 전경총독(全慶總督)으로 임명함을 전했다. 4월 심유경이 한양에 도착하여 부산으로 가고 고니시 유키나가가 귀국했다. 명나라 책봉사가 한양에 왔다. 7월 책봉부사 양방형이 남하하여 시찰했다. 10월 도원수 권율이 한성부판윤이 되고 명나라 사신 양방형이 부산에 갔다. 11월 통신사 황신이 일본의 상황을 보고했다.

을미년(1595)

장수의 직책을 지닌 몸이지만 세운 공은 티끌만큼도 보탬이 되지 못하였고,
입으로는 교서를 외우지만 얼굴에는 군사들에 대한 부끄러움이 있을 뿐이다.

1월
꿈속에 부친을 만나다

1일갑술 맑음. 촛불을 밝히고 혼자 앉아 나랏일을 생각하니 나도 모르게 눈물이 흐른다. 또 80세[1]의 병드신 어머니를 생각하며 초조한 마음으로 밤을 새웠다. 새벽에는 여러 장수들과 군사들이 와서 새해인사를 했다. 원전, 윤언심, 고경운 등이 와서 만났다. 제색군들에게 술을 먹였다.

2일을해 맑음. 나라(인순왕후 심씨)의 제삿날이라 출근하지 않았다. 장계 초본을 수정했다.

3일병자 맑음. 일찍 대청으로 나가 각 관청과 포구의 공문을 작성하여 보냈다.

4일정축 맑음. 우우후(이정충), 거제 현령(안위), 금갑도 만호(이정표), 소비포 권관(이영남), 여도 만호(김인영) 등이 와서 만났다.

5일무인 맑음. 공문을 작성하였다. 조카 봉(菶)과 아들 울(蔚)이 들어와서

---

1 이순신의 어머니 초계 변씨는 1515년(중종 10) 5월 4일에 출생했고 을미년에는 나이가 81세였다.

어머니께서 평안하시다는 소식을 들으니, 매우 기쁘고 다행이다. 밤새도록 온갖 생각들이 떠올라 잠을 이루지 못하였다.

6일기묘　맑음. 어응린과 고성 현령(조응도)가 왔다.

7일경진　맑음. 흥양 현감(황세득), 방언순과 함께 이야기했다. 남해에서 항복한 왜인 야여문 등이 찾아와서 인사했다.

8일신사　맑으나 바람이 크게 불었다. 광양 현감(박치공)[2]의 공식 인사를 받은 뒤에 전령의 기한을 넘긴 죄로 곤장을 쳤다.

9일임오　맑음. 식후에 야여문 등을 남해로 돌려보냈다.

10일계미　순천 부사 박진(朴晉)이 교서에 숙배를 행했다. 경상 수사 원균이 선창에 왔다는 말을 듣고 불러 들여 함께 이야기했다. 순천 부사, 우우후(이정충), 흥양 현감(황세득), 광양 현감(박치공), 웅천 현감(이운룡), 고성 현령(조응도), 거제 현령(안위)도 와서 보고하고 돌아갔다.

경상수사 원균이 선창에 왔다는 말을 듣고, 순천 부사(박진)가 공사간의 인사를 하려는 것을 잠시 보류했다. 잠시 후에 불러 들여 함께 자리에 앉아 술을 대접할 때 말이 매우 흉악하고 참담했다.(일기초)

11일갑신　우박이 내리고 동풍이 불었다. 식후에 순천 부사(박진), 흥양 현감(황세득), 고성 현령(조응도), 웅천 현감(이운룡), 영등포 만호(조계종)가 와서 이야기했다. 고성 현령은 새 배 만들 것을 감독할 일로 보고하고 돌아갔다.

12일을유　흐리고 바람이 크게 불었다. 각 고을과 포구에 공문을 작성하여 보냈다. 늦게 순천 부사(박진)가 고하고 돌아갔다. 영남 우후 이의득이 와서 만났다.

자정 경에 꿈을 꾸니 부친께서 와서 분부하기를 "13일에 회(薈)가 혼례하

2　박치공(朴致恭)이 1594년 10월부터 을미년까지 광양 현감으로 근무하였다.《광양읍지》

여 장가보내는 것이 알맞지 않는 것 같구나 . 비록 4일 뒤에 보내도 무방하다."고 하셨다 . 완전히 평소와 같은 모습이어서 이를 생각하며 홀로 앉았으니 , 그리움에 눈물을 금하기 어려웠다.(일기초)

13일병술 아침에 맑더니 저녁에 비가 내렸다. 박치공이 왔다.

14일정해 맑음. 동풍이 크게 불었다. 몸이 불편하여 누워서 신음하였다. 영등포 만호(조계종), 사천 현감(기직남), 여도 만호(김인영)가 와서 만났다.

사천현감(기직남)이 와서 이르기를 "새로 온 수사 선거이가 병으로 면직서를 올려 진주 목사 배설이 이를 대신 맡았다."고 하였다.(일기초)

15일무자 맑음. 우우후 이정충을 불렀더니, 이정충은 발을 헛디뎌 물에 빠져 한참동안 헤엄치는 것을 간신히 건져냈다. 그를 불러서 위로했다. 우후 이몽구와 여필(우신)이 왔다 . 이 편에 "이천주(李天柱)씨가 뜻하지 않게 갑자기 죽었다."는 말을 들으니 , 경탄함을 참지 못했다 . 천리 밖에 던져진 사람이 보지도 못하고 갑자기 죽으니 애통함이 더욱 심했다.(일기초)

16일기축 맑음. 대청으로 나가 공무를 보았다.

17일경인 맑고 따뜻하며 바람도 없다. 대청으로 나가 공무를 보았다. 우우후(이정충)가 소비포 권관(이영남), 거제 현령(안위), 미조항 첨사(성윤문)와 함께 와서 활쏘기를 하고 헤어졌다.

18일신묘 흐림. 공문을 처리했다. 늦게 활 10순을 쏘고 헤어졌다.

19일임진 맑음. 대청으로 나가 공무를 보았다. 옥구의 피난민 이원진(李元軫)이 왔다. 장흥 부사(배흥립), 낙안 군수(김준계), 발포 만호(황정록)가 들어왔는데, 기한에 늦은 죄를 처벌했다. 잠시 후 여도 전선에 불이 나서 광양, 순천, 녹도 전선 4척에 불이 번져 탔다. 통탄함을 참을 수 없다.

20일계사 맑음. 아침에 아우 여필과 조카 해(荄)가 이응복(李應福)과 함께 나갔다. 아들 울(蔚)과 조카 분(芬)이 함께 들어왔다. 어머니께서 편안하시다고 하니 매우 다행이다.

21일갑오　종일 가랑비가 내렸다. 이경명(李景明)과 장기를 두었다. 장흥 부사(배흥립)가 와서 만났다. 그에게 들으니 순변사 이일(李鎰)의 처사가 지극히 형편없고 나를 해치려고 몹시 애쓴다고 한다. 매우 우습다.

오늘이 바로 회(薈)가 전안(奠雁)[3]하는 날이니, 걱정하는 마음이 어떠하겠는가. 장흥 부사(배흥립)가 술을 가지고 왔다. 그 편에 들으니, "삼도순변사 이일[4]의 처사가 지극히 형편 없고 나를 해치려고 몹시 애쓴다."고 하였다. 우습다. 그의 서울에 있는 첩들을 자기의 관부에 거느리고 왔다고 하니, 더욱 놀랍다.(일기초)

22일을미　맑음. 종일 바람이 크게 불었다. 원수의 군관 이태수(李台壽)가 전령(傳令)을 가지고 왔는데, "여러 장수들이 왔는지 안 왔는지를 알고 간다."고 하였다. 늦게 누대에 나가서 불을 낸 여러 선장(船將, 배를 지휘하는 장수)들과 색리들을 처벌했다. 초저녁에 금갑도 만호(이정표)의 옆집에 불이 났는데 다 타버렸다.

23일병신　큰 바람이 종일 불었다. 장흥 부사(배흥립)와 전라좌우후(이몽구), 흥양 현감(황세득)이 와서 이야기하고 날이 저물어서 돌아갔다.

24일정유　맑았으나 바람이 크게 불었다. 이원진(李元軫)을 배웅했다.

25일무술　맑음. 장흥 부사(배흥립), 흥양 현감(황세득), 우후(이몽구), 영등포 만호(조계종), 거제 현령(안위)이 와서 만났다.

26일기해　흐리고 바람이 불었다. 탐후선이 들어왔다. 흥양 현감(황세득)을 잡아갈 나장(羅將)이 들어왔다고 한다. 이희(李禧)도 왔다.

3　전안(奠雁)은 혼례 때 신랑이 기러기(나무)를 들고 신부집에 가서 상 위에 놓고 신부의 어머니에게 절하는 의식이다.

4　이순신이 42세 때 녹둔도 둔전관 재직 시 병사 이일(李鎰)에게 지원병을 요청했으나 이일이 거절하여 오랑캐에게 패하여 백의종군한 일이 있었다. 그후에도 이순신을 방해했다.

27일경자 맑음. 춥기가 한겨울과 같다. 대청에 나가 영암 군수(박홍장), 강진 현감(나대용) 등의 공식 인사를 받았다.
가리포 첨사(이응표)를 통하여 여옥[5] 형의 사망소식을 들으니, 놀랍고 애통함을 참지 못했다.(일기초)

28일신축 맑음. 바람이 크게 불고 추웠다. 황승헌(黃承憲)이 들어왔다.

29일임인 흐리나 비는 오지 않았다.

30일계묘 맑고 동풍이 크게 불었다. 보성 군수(안홍국)가 들어왔다.

2월
도양의 벼를 포구에 나누다

1일갑진 맑고 바람이 불었다. 일찍 대청으로 나가 보성 군수(안홍국)의 기한에 늦은 죄를 처벌하고, 도망쳤던 왜군 2명을 처형했다. 의금부의 나장(羅將)이 와서 흥양 현감(황세득)을 잡아 갈 일을 전했다.

2일을사 흐리고 바람이 크게 불었다. 흥양 현감(황세득)을 잡아갔다. 대청으로 나가 공무를 보았다.

3일병오 맑음. 일찍 대청으로 나가 흥양의 배에 불을 던진 자를 추궁한 끝에 신덕수(申德壽)를 심문했으나 증거를 얻어 내지 못하고 가두었다.

4일정미 맑음. 몸이 불편하다. 장흥부사(배흥립)와 우우후(이정충)가 왔다. 원수부의 회답 공문과 종사관의 회답 편지도 왔다. 조카 봉과 아들 회, 오종수(吳從壽)가 들어왔다.

---

5 이순신의 큰 할아버지인 이백복의 손자 이은신(李殷臣 1539~1594)이다. 자(字)가 여옥(汝沃)이다. 이은신이 갑오년에 사망한 소식을 이순신은 을미년 정월에 들은 것이다.

5일무신 맑음. 충청 수사(이순신)가 왔다. 천성(天城, 부산 천성동) 만호 윤홍년(尹弘年)이 교서에 숙배했다.

6일기유 맑고 바람이 크게 불었다. 장흥 부사(배흥립), 우우후(이정충) 등과 함께 활을 쏘았다.

7일경술 맑음. 보성 군수(안홍국)가 술을 가져와 종일 이야기했다.

8일신해 흐림.

9일임자 비가 내림.

꿈을 꾸니 서남방 사이에 붉고 푸른 용이 한쪽에 걸렸는데, 그 형상이 굽어 있었다. 내가 홀로 보다가 이를 가리키며 남들도 보게 했지만, 남들은 볼 수 없었다. 머리를 돌린 사이에 벽 사이로 들어와 화룡(畫龍)이 되어 있었고, 내가 한참동안 어루만지며 구경하는데 그 빛과 형상의 움직임이 특이하고 웅장하다고 할만했다. 특이한 상서로움이 많기에 이에 적었다. (일기초)

10일계축 비가 뿌리고 바람도 크게 불었다. 황숙도(黃叔度)와 함께 종일 이야기했다.

11일갑인 비가 내리다가 늦게 잠깐 갰다. 황숙도, 이분(李芬), 허주[6], 변존서가 돌아갔다. 종일 공무를 보았다. 저물녘에 왕명서가 왔는데, 둔전을 점검하라는 것이다.

12일을묘 맑음. 바람은 일지 않았다. 윤엽(尹曄)이 들어왔다. 늦게 활 10여 순을 쏘았다. 장흥 부사(배흥립), 우우후(이정충)도 와서 활을 쏘았다.

13일병진 맑음. 일찍 대청에 나가고 도양(道陽)의 조세로 부과한 벼 3백 섬을 싣고 와서 각 포구에 나누어 주었다. 우수사(이억기)와 진도 군수(박인룡), 무안 현감, 함평 현감(조발), 남도포 만호(강응표), 마량 첨사(강응호),

---

6 허주(許宙 1563~1621)는 자가 원경(遠卿), 호는 죽촌(竹村)이다. 허포(許笣)의 아들이고 이순신의 매부인 변기(卞騏)의 사위이다.

회령포 만호(민정붕) 등이 들어왔다.

14일정사 맑고 온화하였다. 식후에 진도 군수, 무안 현감, 함평 현감이 교서에 숙배한 뒤에, 방비에 들여보낼 수군을 일제히 징발하여 보내지 않은 것과 전선을 만들어 오지 않은 일로 처벌했다. 영암 군수(박홍장)도 죄를 논했다. 조카 봉(菶)과 해(荄) 및 분(芬)과 방응원이 함께 나갔다.

15일무오 맑고 따뜻하다. 새벽에 망궐례를 하여 하례를 고하였다. 우수사(이억기), 가리포 첨사(이응표), 진도 군수(박인룡)가 함께 와서 참가했다. 지휘선을 연기로 그을렸다.

16일기미 맑음. 대청으로 나가 앉았으니 함평 현감 조발(趙撥)이 논박을 당하여 돌아간다고 고하기에 술을 먹여 보냈다. 조방장 신호가 진에 도착하여 교서에 숙배하고서 함께 이야기했다. 저녁에 배를 타고 바다 가운데로 옮겨 정박했다가 밤 10시 경에 출항하여 춘원도(春院島, 통영 추봉도)에 이르렀다. 날은 밝아 오는데 경상도 수군은 아직 도착하지 않았다.

17일경신 맑음. 아침에 군사들에게 식사를 서두르게 하고 곧장 우수영(右水營, 경상우수영) 앞바다에 이르렀다. 성안에 있던 왜놈 7명이 우리 배를 보고는 도망치므로 배를 돌려 나왔다. 장흥 부사(배흥립)[7] 및 조방장 신호를 불러 종일 계책을 논의하고서 진으로 돌아왔다. 저물녘에 임영(林榮) 및 조방장 정응운(丁應運)이 들어왔다.

18일신유 맑음. 탐후선이 들어왔다.

19일임술 맑음. 아침에 대청으로 나가 공무를 보았다. 거제 현령, 무안 현감, 평산포 만호(김축), 회령포 만호(민정붕) 및 허정은(許廷誾)도 왔다. 송한련(宋漢連)이 와서 말하기를 "고기를 잡아 군량을 산다."고 했다.

20일계해 맑음. 우수사, 장흥 부사(배흥립), 신 조방장(신호)이 와서 이야기

---

7 이 날짜의 장흥부사는 배흥립이다. 배흥립의 문집과 《장흥읍지》〈선생안〉의 내용과도 일치한다.

하는데, 원균의 흉포하고 패악한 짓을 많이 전했다. 매우 놀라운 일이다.

21일갑자 비가 조금 오다가 늦게 개었다. 보성 군수(안홍국), 웅천 현감(이운룡), 우우후(이정충), 소비포 권관(이영남), 강진 현감(나대용), 평산포 만호(김축) 등이 와서 만났다.

22일을축 맑음. 대청으로 나가 장계를 봉했다. 늦게 우후와 낙안 군수(김준계), 녹도 만호(송여종)를 불러 떡을 먹였다.

23일병인 맑음. 신 조방장(신호)과 장흥 부사(배흥립)가 와서 이야기했다.

24일정묘 흐림. 우뢰와 번개가 많이 쳤으나 비는 오지 않았다. 몸이 불편하다. 원전이 돌아간다고 고하였다.

25일무진 흐리고 바람도 고르지 않았다. 아들 회와 울이 들어왔는데 그편에 어머니께서 편안하시다는 말을 들었다. 장계를 가지고 갔던 이전(李荃)이 들어왔는데, 조정의 관보와 영의정의 편지를 가지고 왔다.

26일기사 흐림. 아침에 편지와 장계 16통을 봉하여 정여흥(鄭汝興)에게 부쳤다.

27일경오 한식. 맑음. 원균이 포구에 있는 수사 배설과 교대하려고 여기에 이르렀다.[8] 교서에 숙배하게 했더니, 불평하는 기색이 많아 두세 번 타이른 후에 마지못해 행했다고 한다. 너무도 무지하니 우습다. 원균이 포구에 있는 배수사와 교대하려고 여기에 도착했다. (…) 나는 또한 임시방편으로 손을 꼽으며 대비책을 묻다가 해가 저물어서 파하고 돌아왔다. 그의 형상을 이루다 말할 수 없었다.(일기초)

28일신미 맑음. 대청으로 나가 장흥 부사(배흥립), 우우후(이정충)와 함께 이야기했다. 광양 현감(박치공)과 목포 만호도 왔다.

---

8 이때 원균과 이순신이 서로 불화가 심하여 이순신이 사직을 청하자, 조정은 원균을 충청병사로 이임시켰다. 1595년 2월 4일에는 진주에 있던 배설이 아직 부임하지 않고 원균과 선거이도 교대하지 못했는데, 원균의 입장이 애매하여 사실상 선거이가 경상수사의 임무를 맡은 것으로 보인다.

29일임신　맑음. 고여우가 창신도로 갔다. 배 수사(배설)가 와서 둔전 만드는 일을 논의하였다. 신 조방장도 왔다. 저녁에 옥포 만호 방승경, 다경포 만호 이충성 등이 교서에 숙배를 행했다.

30일계유　비가 내렸다. 대청으로 나가 공무를 보았다.

3월
한산도에 활연습장을 만들다

1일갑술　맑음. 삼도의 겨울을 지낸 군사들을 모아 임금님께서 하사하신 무명을 나누어 주었다. 조방장 정응운이 들어왔다.

2일을해　흐림.

3일병자　맑음.

4일정축　맑음. 조방장 박종남이 들어왔다.

5일무인　비가 내림. 노대해[9]가 왔다.

6일기묘　맑음.

7일경진　맑음. 조방장 박종남, 조방장 신호, 우후 이몽구 및 진도 군수(박인룡)가 와서 만났다.

우수사(이억기)가 만나러 왔다. 정원명(鄭元明)과 순천 군관의 일로 어조와 낯빛이 매우 다급하니 우습다.(일기초)

8일신사　맑음. 식사 후에 대청으로 나갔다. 우수사(이억기), 경상수사(배설), 두 조방장(박종남, 신호), 우후(이몽구), 가리포 첨사(이응표), 낙안 군수(김준계), 보성 군수(안홍국), 광양 현감(박치공), 녹도 만호(송여종)

9　노대해(盧大海 1549~1626)는 소재(蘇齋) 노수신(盧守愼)의 아들(양자)이다.

가 함께 모여 이야기했다.

9일임오 맑음. 늦게 대청으로 나갔다. 방답의 새 첨사 장린(張麟), 옥포의 새 만호 이담(李曇)[10]이 공사례를 행했다. 진주의 이곤변[11]이 와서 만나고 돌아갔다.

10일계미 흐리고 가랑비가 내렸다. 조방장 박종남과 이야기했다. 보성 군수 안홍국이 보고하고 돌아갔다.

11일갑신 흐리고 큰 바람이 불었다. 사도시[12] 주부 조형도[13]가 와서 전라좌도에 있는 왜적의 형세와 투항한 왜군이 보고한 내용을 전하였다. 그 내용은 "도요토미 히데요시(豐臣秀吉)가 3년 동안 군사들을 내보냈지만 끝내 성과가 없으므로, 군사를 더 내어 바다를 건너와 부산에다 진영을 설치하려고 하는데, 3월 11일에 바다를 건너오기로 이미 결정했다."는 것이다.

12일을유 흐림. 박 조방장과 우후 이몽구가 장기를 두었다.

13일병술 흐리고 큰 바람이 불었다. 아침에 박자윤(박종남) 영공(令公)을 불러서 함께 밥을 먹었다. 저녁 식사 후에 조형도(趙亨道)가 와서 만나고 돌아갔다.

14일정해 비는 계속 내리고 바람은 그쳤다. 남해 현령(기효근)이 진에 도착했다.

15일무자 비가 잠깐 그치고 바람도 잤다. 식후에 조형도가 돌아간다고

---

10 이담(李曇 1524~1600)은 옥포 만호로서 아우 이섬(李暹)과 함께 이순신의 휘하에서 참전하였다.

11 이곤변(李坤(鯤)忭(燮) 1551~?)은 삼천진 권관으로서 이순신과 작전을 모의했다.

12 사도시(司䆃寺)는 궁중에서 필요한 쌀과 장(醬) 등을 공급하는 일에 관한 일을 맡은 관아이다.

13 조형도(趙亨道 1567~1637)는 1594년 무과에 합격하여 선전관이 되었다. 1595년 5월 비변사 낭청으로서 영남의 수군을 구제하고 이순신의 막하에서 남해와 한산도에서 정찰활동을 하였다.

고하였다. 늦게 활을 쏘았다.

16일기축 비가 내림. 사도 첨사 김완(金浣)이 들어왔다. 그에게 들으니, 전 충청 수사 이입부(李立夫, 이순신))가 군량미 2백여 섬 때문에 조도 어사 강첨[14]에게 붙잡혀서 심문 당했다고 했다. 그의 사돈 이호문(李好問)도 붙잡혔다고 한다.(일기초) 또 충청의 새 수사 이계정은 배 위에서 불을 내었다고 하니, 놀라움을 금치 못하겠다. 동지(同知) 권준(權俊)이 본영에 왔다고 했다.[15]

17일경인 비가 걷힐 듯하다. 아들 면(葂)이 허주, 박인영 등과 함께 돌아갔다. 오늘 군량을 계산하여 표를 붙였다. 충청 우후(원유남)의 급한 보고가 왔는데, "충청 수사 이계정이 배위에서 불을 내고 물에 빠져 죽었으며, 군관과 격군 도합 140여 명이 불에 타 죽었다."고 하니, 참으로 놀라운 일이다. 늦게 우수사가 급히 보고하기를, "견내량의 복병한 곳에서 온 항복한 왜인 심안은이(시마즈)를 문초했더니, 그 자는 본시 영등포에 있던 왜놈인데, 그의 장수 심안둔[16]이 그의 아들[忠恒]을 대신 세우고 가까운 시일에 본국으로 돌아갈 것이라고 한다."[17]고 했다.

18일신묘 맑음. 권언경(권준)과 아우 여필(이우신), 조카 봉, 이수원(李壽元) 등이 들어왔다. 그 편에 어머니께서 편안하시다는 말을 들으니, 매우 기

---

14 강첨(姜籤 1559~1611)은 충청, 경상도의 운량어사로서 군량조달에 힘썼다. 1595년 2월 3일에 사헌부 지평이 되어 경주로 보낸 군량을 파악하던 중 이순신(李純信)의 잘못을 적발하였다.

15 권준이 사간원의 탄핵으로 1594년 10월 25일 붙잡혀 갔다가 1595년 1월에 석방되어 이순신에게 온듯하다.

16 심안둔(沈安頓)은 일본 장수 시마즈 요시히로(島津義弘 1535~1619)이다. 모리 요시나리(毛利吉成) 휘하에서 참전하고, 칠천량 해전에서 조선 수군을 궤멸시켰다. 노량해전에서 조명군에 의해 패했다.

17 1595년 4월 12일, 도요토미 히데요시가 요시히로에게 귀국을 명령했다.《도진가 문서(島津家文書)》

쁘고 다행이다. 우수백(이억기)이 와서 이야기했다.

19일임진 맑음. 권준과 함께 활을 쏘았다.

20일계사 비가 계속 내렸다. 식후에 우수백(이억기)에게로 가다가 길에서 배 수사(배설)를 만나 배 위에서 잠깐 이야기했다. 그는 밀포(密浦, 한산 두억)의 둔전 만들 곳을 살펴볼 일로 돌아간다고 보고했다. 그 길로 우수사가 있는 곳으로 가서 몹시 취하고 저물어서 돌아왔다.

21일갑오 맑음. 늦게 아우 여필과 조카 봉, 수원(壽元)이 돌아갔다. 나주반자(어운급)와 우후(이몽구)가 와서 만났다. 정오에 박조방장(박종남)에게 가서 바둑을 겨루었다.

22일을미 동풍이 크게 불었다. 아침에는 흐리다가 늦게 갰다. 세 조방장(신호·권준·박종남)과 함께 활을 쏘았다. 우수사가 와서 함께 활을 쏘았다. 날이 저물어서 헤어지고 돌아왔다.

23일병신 맑음. 아침 식사 후에 세 조방장 및 우후와 함께 걸어서 앞산에 오르니, 삼면의 전망이 막힌 데가 없고, 북쪽길이 훤하게 트여 있었다. 과녁 세울 자리를 설치하고 앉을 자리를 넓게 만들어 놓고 종일토록 돌아올 것을 잊었다.

24일정유 흐렸으나 바람은 없었다. 공문을 처리하였다. 늦게 세 조방장과 함께 활을 쏘았다. 우수사(이억기)는 공무를 볼 대청을 수리하여 세우는 것을 나쁘게 여기고 헛소리를 많이 하며 보고하러 왔다. 매우 놀랍다.(일기초)

25일무술 종일 비가 내렸다. 권 동지(권준)와 우후(이몽구), 남도포 만호(강응표), 나주반자(어운급)가 와서 만났다. 영광 군수(정연)도 왔다. 권 동지(권준)와 장기를 겨루었는데 권(준)이 이겼다. 저녁에 몸이 몹시 불편했는데 닭이 울어서야 열이 조금 내리고 땀이 흐르지 않았다.

26일기해 맑음. 영광 군수(정연)가 나갔다. 늦게 신호, 박종남 두 조방장 및 우후(이몽구)와 함께 활 15순을 쏘았다. 저녁에 배 수사(배설), 이운룡,

안위가 와서 새 감사를 신고한 일을 고하고, 사량(蛇梁)으로 갔다. 밤 10시경에 동쪽이 어둡다가 밝아지니, 무슨 조짐인지 모르겠다.

27일경자 맑음. 식후에 우수사가 여기 와서 종일 활을 쏘았다. 어두울 무렵 박 조방장에게로 가서 발포 만호, 사도 첨사, 녹도 만호를 불러서 함께 이야기하다가 헤어졌다. 탐후선이 들어왔다. 표마[18]와 종 금이가 들어왔는데 어머니께서 평안하시다고 한다.

28일신축 맑음. 활 여남은 순을 쏘았다. 늦게 사도첨사가 와서 보고하기를, "각 포구의 병부[19]를 순찰사의 공문에 의거하여 각 포구에 직접 나누어 주었다."고 했다. 그 연유를 알 수 없다.

29일임인 맑음. 식후에 두 조방장과 이운룡, 조계종과 함께 활 23순을 쏘았다. 배 수사가 순찰사 처소에서 오고, 미조항 첨사(성윤문)도 진에 왔다.

4월
권율의 거짓 보고를 비판하다

1일계묘 맑았으나 바람이 크게 불었다. 들으니 남원 유생 김광(金輄)이 수군에 관한 일로 진영에 왔다고 하기에 그와 함께 이야기했다.

2일갑진 맑음. 종일 공무를 보았다.

3일을사 맑음. 세 조방장이 우수영의 진으로 가고, 나는 사도첨사와 함께

---

18 표마(表馬)는 말갈기가 은빛이고 꼬리가 연한 붉은 색을 띤 말이다.

19 병부(兵符)는 군대를 동원할 때 쓰던 나무패이다. 가운데를 잘라 오른쪽을 책임자에게 주고 왼쪽은 궁중에 보관했다가 출병할 때 교서와 함께 한쪽을 주면 서로 맞추어 본 뒤에 군대를 동원하였다.

활을 쏘았다.

상량하였다. 서까래 받침 나무를 올렸다.(일기초)

4일병오 맑음. 아침에 경상 수사(배설)가 활쏘기를 청하기에 권, 박 두 조방장과 함께 배를 타고 경상수사에게 갔다. 전라 수사(이억기)가 이미 먼저 와 있었다. 같이 활을 쏘고 종일 이야기하다가 돌아왔다.

5일정미 맑음. 선전관 이찬(李燦)이 비밀 왕명서[20]를 가지고 진에 이르렀다.

6일무신 가랑비가 종일 내렸다. 권 동지(권준)와 함께 이야기했다.

7일기유 맑음. 저물녘 바다로 내려가 어두울 때에 견내량에 이르러 하룻밤을 잤다. 선전관(이찬)이 돌아갔다.

8일경술 맑음. 동풍이 크게 불었다. 왜적들이 밤에 도망갔다는 말을 듣고 들이 치지 않았다. 늦게 침도(砧島, 거제 방화도)에 이르러 우수사(이억기)와 배 수사(배설)와 함께 활을 쏘았다. 여러 장수들도 모두 들어와서 참여했다. 저녁에 본진으로 돌아왔다.

9일신해 맑음. 박 조방장(박종남)과 함께 활을 쏘았다.

10일임자 맑음. 구화역의 역졸이 와서 보고하기를, "적선 3척이 또 역앞(통영시 광도면 노산리)에 이르렀다."고 한다. 그래서 삼도의 중위장들에게 각각 5척씩 배를 거느리고 견내량으로 달려가서 형세를 살핀 뒤에 무찌르게 했다.

11일계축 맑음. 우수사가 와서 만나보고는 그대로 활을 쏘고, 종일 이야기하다가 돌아갔다. 정여흥(鄭汝興)이 들어왔다. 또 변존서의 편지를 보고 무사히 집으로 돌아간 줄을 알았다. 기쁨을 금할 수 없었다.

---

20 이는 유성룡의 요청으로 선조가 이순신에게 내린 왕명서이다. 내용은 여러 장수를 급히 파견하는 문제와 수군의 궁핍한 상황, 충청 전선이 출동하기 어려운 점 등이 적혔다.《선조실록》(1595, 3, 18)

12일갑인　맑음. 장계의 회답 18통과 영의정(유성룡), 우의정(정탁)의 편지와 자임(子任, 이축)의 답장이 왔다. 군량을 독촉할 일로 대장의 병사 양응원(梁應元)은 순천·광양으로, 배승련(裵承鍊)은 광주, 나주로, 송의련[21]은 흥양, 보성으로, 김충의(金忠義)는 구례, 곡성으로 정하여 보냈다. 삼도의 중위장 성윤문, 김완, 이응표가 견내량에서 돌아와 왜적이 물러갔다고 보고했다. 배 수사는 밀포(密浦, 한산 두억)로 나갔다.

13일을묘　흐리고 비가 내렸다. 세 조방장이 함께 왔다. 장계와 편지 4통을 봉하여 거제 군관 편에 올려 보냈다. 저녁에 고성 현령 조응도가 와서 왜적의 일을 말하고, 또 "거제의 왜적이 웅천에 군사를 청하여 야간습격을 하려고 한다."고 말했다. 비록 믿을 만하지는 못하나, 그럴 염려가 없지는 않았다.

대청의 공사를 마쳤다.(일기초)

14일병진　잠깐 비가 내렸다. 아침에 흥양 현감(홍유의)이 교서에 숙배례를 행했다.

15일정사　흐림. 여러 가지 계본(장계)과 단오절의 진상품을 봉해 올렸다.

16일무오　종일 큰 비가 왔다. 비가 흡족히 오니, 올해 농사는 풍년이 들 것을 점칠 수 있다.

17일기미　맑음. 동북풍이 크게 불었다. 식후에 대청으로 나가 세 조방장과 활 15순을 쏘았다. 배 수사가 여기에 왔다가 그길로 해평장(통영 봉평동)의 논밭 일구는 곳으로 갔다. 미조항 첨사(성윤문)도 와서 활을 쏘고 갔다.

18일경신　맑음. 식후에 대청으로 나가 앉았는데, 우수사(이억기), 배 수사(배설), 가리포 첨사(이응표), 미조항 첨사, 웅천 현감(이운룡), 사도 첨사

21　송의련(宋義連)은 송오서(宋五瑞)의 아들로 훈련원주부를 역임하였다. 임진왜란 때 군량지원을 했다.

(김완), 이의득, 발포 만호(황정록) 등 삼도변방의 장수가 모두 와 모여 활을 쏘았다. 권준, 신호 두 조방장도 같이 모였다.

19일신유 맑음. 박 조방장(박종남)이 수색과 토벌하는 일로 배를 탔다. 아침에 혼례에 청혼하는 글을 쓰고 조카 해(荄)의 혼례 용품을 함께 갖추었다. 이영남이 장계의 회답을 가지고 내려 왔는데, 남해현령(기효근)을 효시하라는 것이었다.(일기초)

20일임술 맑음. 늦게 우수백(이억기)가 있는 곳으로 가서 조용히 이야기하다가 돌아왔다. 이영남이 장계 회답을 가지고 내려 왔는데, 남해 현령을 효시하라고 했다.

21일계해 맑았으나 큰 바람이 불었다. 대청에 나갔다. 활 10순을 쏘았다.

22일갑자 맑음. 오후에 미조항 첨사(성윤문)와 이운룡, 적량 만호 고여우, 영등포 만호 조계종과 두 조방장이 함께 왔다. 그래서 정사준[22]이 보낸 술과 고기를 같이 먹고, 남해 현령이 군령을 어겼으니 효시하라는 글을 보았다.

23일을축 맑음. 남풍이 크게 불어 배를 운항할 수 없으므로 나가서 누대 위에 앉아 공무를 보았다.

24일병인 맑음. 이른 아침에 아들 울(蔚)과 조카 뇌(蕾), 완(莞)[23]을 어머니 생신에 상 차리는 일로 내어 보냈다. 정오 경에 강천석이 달려 와서 보고하기를, "도망한 왜놈 망기시로(望己時老)가 우거진 풀 숲 속에 엎드려 있다가 붙잡혔고, 왜인 한 놈은 물에 빠져 죽었다."고 하였다. 바로 망기시

---

22 정사준(鄭思竣)은 아우들과 함께 쌀 천석을 가지고 이순신을 도왔다. 우수한 총통을 만들고, 광양현의 복병장일 때 상중인데도 경계임무를 완수했다. 전쟁이 끝난 뒤 이순신의 타루비를 세웠다.

23 완(莞 1575~1627)은 이순신의 조카로 19세에 숙부인 이순신을 따라 왜적을 토벌하고 충청병사로서 이괄의 난을 평정했다. 이순신이 노량에서 전사할 때 회(薈)와 함께 임종을 했다. 현충사에 배향되었다.

로를 압송해 오게 하고 삼도에 나누어 맡긴 항복한 왜놈들을 모두 불러 모아 즉시 머리를 베라고 명하였다. 망기시로는 조금도 난색이 없이 죽으러 나왔다. 참으로 독한 놈이었다.

25일정묘 맑고 바람도 없다. 구화역 역졸 득복(得福)이 경상 우후(이의득)의 급보를 가지고 왔는데, "왜선의 대(大), 중(中), 소(小)를 합쳐 50여 척이 웅천에서 나와 진해로 향한다."고 하였다. 그래서 오수(吳水) 등을 정탐하도록 내어 보냈다. 흥양 현감(홍유의)이 와서 만났다. 사량 만호 이여념(李汝恬)이 돌아간다고 고하였다. 아들 회와 조카 해가 들어왔는데, 어머니께서 평안하시다는 말을 들으니, 매우 다행이다.

26일무진 맑음. 새벽에 전라우수사(이억기)와 신 조방장이 자기 소속의 배 20여 척을 거느리고 탐색하러 나갔다. 늦게 권동지(권준), 흥양 현감(홍유의), 사도 첨사(김완), 여도 만호(김인영)와 함께 활 20순을 쏘았다.

27일기사 맑고 바람도 없었다. 몸이 불편하였다. 권동지, 미조항 첨사(성윤문), 영등포 만호(조계종)가 와서 같이 활 10순을 쏘았다. 자정 경에 우수사(이억기)가 적을 수색, 토벌하고 진으로 돌아왔는데, "적의 종적이 전혀 없다."고 하였다.

28일경오 맑음. 식후에 대청으로 나가 공무를 보았다. 전라우수사와 경상수사가 와서 활을 쏘았다. 송덕일이 하동 현감(성천유)을 잡아 왔다.

29일신미 새벽 2시경에 비가 오더니, 묘시에 말끔히 갰다. 해남 현감(최위지)과 공사례를 마친 뒤에, 하동 현감은 두 번이나 약속했으나 오지 않았기에 곤장 90대를 치고, 해남 현감(최위지)은 곤장 10대를 때렸다. 미조항 첨사(성윤문)는 휴가를 고했다. 세 조방장(박종남·신호·권준)과 함께 이야기했다. 노윤발이 미역을 99동을 채취해 왔다.

30일임신 맑음. 활 10순을 쏘았다.

아침에 원수(권율)의 계본과 기(奇), 이(李)씨 두 사람의 진술한 초안을 보니 원수가 근거 없이 망령되게 고한 일들이 매우 많았다. 반드시 실수에 대한 문책이 있을 것이다. 이와 같은데도 원수의 지위에 눌러앉을 수 있는 것인가.[24] 괴이하다.(일기초)

5월
삼도 장졸이 활연습하다

1일계유 바람이 크게 불고 비가 내렸다.

2일갑술 맑음. 아침에 바람이 몹시 사납게 불었다. 웅천 현감과 거제 현령, 영등포 만호, 옥포 만호가 와서 만났다. 밤 10시 경에 탐후선이 들어와서, 어머니께서 평안하시다고 하고, 종사관이 이미 본영에 이르렀다고 하였다.

3일을해 맑음. 활 15순을 쏘았다. 해남 현감(최위지)이 와서 만났다. 금갑도 만호(이정표)는 진에 이르렀다.

4일병자 맑음. 오늘이 어머님의 생신인데, 몸소 나아가 잔을 드리지 못하고 홀로 멀리 바다에 앉았으니, 가슴에 품은 생각을 어찌 말로 다하랴. 늦게 활 15순을 쏘았다. 해남 현감이 보고하고 돌아갔다. 아들의 편지를 보니, "요동의 왕작덕(王爵德)이 왕씨(왕건)의 후예로서 군사를 일으키고자 한다."고 했다. 참으로 놀랄 일이다.

5일정축 비가 계속 내렸다. 오후 6시경에 잠깐 갰다. 활 3순을 쏘았다. 우수사와 경상 수사가 여러 장수들과 모였다. 오후 4시경 말에 종사관 유

---

24   사헌부에서 권율을 심문하라고 청한 글에, "권율은 대장으로서 거제에 주둔한 날 싸우지 않고 전라도에 은닉했는데, 각 장수의 전공과 죄과를 정확히 보고하지 않았다."라고 하였다.《선조실록》(1594, 11, 6)

공진[25]이 들어왔다. 이충일(李忠一), 최대성, 신경황이 함께 왔다. 몸이 춥고 불편해서 앓다가 토하고 잤다.

6일무인 맑고 바람은 없었다. 아침에 종사관이 교서에 숙배한 뒤에 공사례를 받고 함께 이야기하였다. 늦게 활 20순을 쏘았다. 몸이 심히 이상하고 생각 역시 같지 않아 한탄스러웠다.(일기초)

7일기묘 맑음. 아침에 종사관(유공진), 우후(이몽구)와 함께 이야기했다.

8일경진 흐리나 비는 오지 않았다. 아침 식사 후에 배를 띄워 삼도(三道)가 같이 선인암[26]으로 가서 이야기하며 구경하고 또 활도 쏘았다. 오늘 방답 첨사(장린)가 들어와 아들들의 편지를 가지고 왔는데, "4일에 종 춘세(春世)가 불을 내어 집 여남은 채가 탔으나 어머님이 계신 집에는 미치지 않았다."고 했다. 이것만도 다행이다. 저물기 전에 배를 돌려 진으로 들어왔다. 종사관(유공진)과 우후(이몽구)가 모두 무과 급제자의 모임 때문에 뒤늦었다.

9일신사 맑음. 아침식사 후에 종사관이 돌아갔다. 우후도 같이 갔다. 활 20순을 쏘았다.

10일임오 맑음. 활 20순을 쏘았는데 많이 적중했다. 종사관 등이 본영(전라좌수영)에 도착했다고 했다.

11일계미 늦게 비가 뿌렸다. 두치의 군량과 함께 남원, 순창, 옥과 등에서 모두 68섬을 실어왔다.

12일갑신 궂은비가 그치지 않더니 저녁에야 잠깐 갰다. 대청에 나가 공무를 보았다. 권동지와 신조방장이 왔다.

---

25 유공진(柳拱辰 1547~1604)은 이이와 성혼의 문인이다. 사헌부 사간이 되어 사은사의 서장관으로 명나라에 다녀왔다. 1597년 통제영에 와서 군무를 도왔다.

26 선인암(仙人巖)은 한산도 두억리 문어개 북쪽에 있는 큰 바위이다. (신선암) 임진왜란 때 신선노인이 바둑을 두다가 도망갈 길을 묻는 왜적들을 속였다는 설이 전한다. 《통영지명총람》

13일을유 비가 퍼붓듯이 오는데 종일 그치지 않았다. 혼자 대청 가운데에 앉아 있으니 온갖 생각이 다 떠오른다. 배영수[27]를 불러 거문고를 타게 했다. 또 세 조방장을 불러오게 하여 함께 이야기했다. 온종일 탐후선이 엿새째 오지 않아서 어머님이 평안하신지를 알 수가 없다. 애태우는 마음이 어찌 다하랴.

14일병술 궂은비가 그치지 않고 종일토록 왔다. 아침 식사 후에 대청으로 나가 공무를 보았다. 사도 첨사가 와서 보고하는데, "흥양 현감(홍유의)이 받아 간 전선이 돌섬에 걸려 뒤집어졌다."고 한다. 그래서 대장(代將) 최벽(崔璧)과 십호선 장수와 도훈도를 잡아다가 곤장을 쳤다. 동지 권준이 왔다.

15일정해 궂은비가 개지 않아 지척을 분간할 수 없었다. 새벽꿈이 몹시 심란했다. 어머니께서 평안하신지 소식을 듣지 못한 지가 벌써 이레나 되니 몹시 애가 타고 걱정이 된다. 또 조카 해가 잘 갔는지 모르겠다. 아침 식사 후에 나가 공무를 보니, 광양의 김두검[28]이 복병으로 나갔을 때 순천과 광양의 두 수령에게서 이중으로 월급을 받은 일 때문에 벌로써 수군으로 나왔는데, 칼도 안 차고 또 활도 안 차고서 무척 오만을 떨기에 곤장 70대를 쳤다. 늦게 우수사가 술을 가지고 와서 몹시 취하여 돌아갔다.

16일무자 흐리나 비는 오지 않았다. 아침에 탐후선이 들어왔는데, 어머님은 평안하시다고 하지만, 아내는 불이 난 뒤로 심기가 많이 상하여 천식이 더 심해졌다고 한다. 매우 걱정이 된다. 비로소 조카 해(荄) 등이 간 것을 알았다. 활 20순을 쏘았는데, 동지 권준이 잘 맞추었다.

---

27 배영수(裵永壽)는 우수사의 군관으로서 첨정, 수문장(守門將)을 지냈다.
28 김두검(金斗劒)은 옥포해전 때 부장으로서 이순신을 도와 왜선을 분멸하고 왜군 363명을 죽였다.

17일기축　맑음. 아침에 나가 본영 각 배의 사부(射夫), 격군으로 급료받은 사람들을 점검했다. 늦게 활 20순을 쏘았는데, 박, 권 두 조방장(박종남·권준)이 잘 맞추었다. 오늘 쇳물을 부어 소금 굽는 가마솥 하나를 만들었다.[29]

18일경인　맑음. 충청 수사(선거이)가 진영에 도착했는데, 결성 현감(손안국), 보령 현감(이지효), 서천 만호(소희익)만을 데리고 왔다. 충청 수사가 교서에 숙배한 뒤에 세 조방장(권준·박종남·신호)과 함께 이야기했다. 저녁에 활 10순을 쏘았다. 거제 현령(안위)이 보러 왔다가 그대로 하룻밤 잤다.

19일신묘　맑음. 동풍이 차게 불었다. 아침 식사 후에 권, 박, 신 세 조방장(권준·박종남·신호)과 사도, 방답 두 첨사(김완·장린)와 함께 활 30순을 쏘았다. 선 수사(선거이)도 와서 함께 참여했다. 저녁에 쇳물을 부어 소금 굽는 가마솥 하나를 만들었다.

20일임진　비바람이 저녁 내내 불더니 밤새도록 그치지 않았다. 아침 식사 후에 공무를 보았다. 선 수사, 권 조방장(권준)과 함께 장기를 두었다.

21일계사　흐림. 오늘은 반드시 본영에서 누군가 올 것 같은데, 당장 어머니의 안부를 몰라 매우 답답하였다. 사내종 옥이(玉伊), 무재(武才)를 본영으로 보내고, 전복과 밴댕이 젓갈, 난편[30] 등을 어머니께 보냈다. 아침에 나가 공무를 보고 있는데, 투항한 왜놈들이 와서 보고하기를, "동료 왜인 산소(山素)가 흉포하고 패악한 일을 많이 저질렀기에 죽여야 한다."고 했다. 그래서 왜인을 시켜 목을 베게 했다. 활 20순을 쏘았다.

22일갑오　맑고 화창하다. 권 동지(권준) 등과 함께 활 20순을 쏘았다. 이

29　이순신이 한산도에서 주민들을 시켜 바닷물을 가마솥에 끓여서 만든 소금을 곡물과 교환하여 많은 식량을 비축하였다.《행록》

30　난편(卵片)은 숭어알을 얇고 편편하게 잘라 말린 것이다. 난편이란 명칭이 조선초기 전의감 의관인 전순의(全循義)가 지은 《산가요록(山家要錄)》에 보인다.

수원(李壽元)이 상경할 일로 들어왔다. 비로소 어머니께서 편안하시다는 것을 알았다. 매우 다행이다.

23일을미 맑음. 세 조방장과 함께 활 15순을 쏘았다.

24일병신 맑음. 아침에 이수원이 장계를 가지고 나갔다. 조방장 박종남(朴宗男)과 충청 수사 선거이를 시켜 활을 쏘게 했다. 쇳물을 부어 소금 굽는 가마솥을 만들었다.

25일정유 맑음. 늦게 비가 내렸다. 경상 수사(배설), 우수사(이억기), 충청 수사(선거이)가 함께 모여 활 9순을 쏘았다. 충청 수사가 술을 내어 몹시 취하여 헤어졌다. 배 수사를 통하여 김응서가 거듭 대간들의 탄핵을 받았는데, 원수(권율)도 그 가운데에 들어있다는 말을 들었다.[31]

26일무술 늦게 갬. 홀로 대청에 앉아 있었다. 충청 수사(선거이)와 세 조방장과 함께 종일 이야기했다. 저녁에 현덕린이 들어왔다.

27일기해 맑음. 활 10순을 쏘았다. 선 수사(선거이)와 두 조방장(권준·신호)이 취하여 돌아갔다. 정철[32]이 서울에서 와서 진영에 도착했는데, 장계 회답 내용에 "김응서가 함부로 강화를 말한 일을 죄로 돌린다."는 말이 많았다. 영의정(유성룡)과 좌의정(김응남)[33]의 편지가 왔다.

28일경자 저녁 내내 흐리더니 저녁비가 크게 쏟아졌다. 밤새 바람이 크게 불어 전선을 안정시킬 수가 없어 간신히 구호했다. 식후에 선수사와

---

31 김응서가 맘대로 적장을 만나고 사적으로 왕래했으나 권율이 죄를 청하지 않자, 승정원이 김응서와 권율에게 심문을 청했으나 선조는 권율만 빼고 수락했다.《선조실록》(1594, 4, 25)

32 정철(丁哲 ?~1595)은 이순신이 모친을 피신시킬 때 종질인 정대수(丁大水)와 함께 집을 제공하였다. 이순신의 막하로서 당항포해전에서 정운, 송희립과 전공을 세웠다.

33 김응남(金應南 1546~1598)은 1591년 명나라에 성절사(聖節使)로 가서 일본의 침입 문제와 관련하여 오해를 해명했다. 윤두수와 함께 원균을 옹호하고 이순신을 경계하였다.

세 조방장과 이야기했다.

29일신축 비바람이 그치지 않고 종일 퍼부었다. 사직의 존엄한 신령을 믿고 겨우 작은 공로를 세웠는데, 임금의 총애와 영광이 초월하여 분수에 넘친다. 장수의 직책을 지닌 몸이지만 세운 공은 티끌만큼도 보탬이 되지 못하였고, 입으로는 교서를 외우지만 얼굴에는 군사들에 대한 부끄러움이 있을 뿐이다.

6월
어머니의 병을 걱정하다

1일임인 늦게 갬. 권준, 박종남, 신호 세 조방장과 웅천 현감(이운룡), 거제 현령(안위)과 함께 활 15순을 쏘았다. 선 수사(선거이)는 이질에 걸렸기에 활을 쏘지 않았다. 새로 당직을 서는 감영 관리가 들어왔다.

2일계묘 종일 가랑비가 내리다. 식후에 대청에서 공무를 보았다. 한비(韓棐)가 돌아가는 편에 어머니께 편지를 썼다. 감영 관리 강기경(姜起敬), 조춘종(趙春種), 김경희(金景禧), 신홍언(申弘彦) 등이 모두 당직을 마쳤다. 오후에 가덕진 첨사, 천성 만호, 평산포 만호(김축), 적량 첨사(고여우) 등이 와서 만났다. 천성보 만호 윤홍년이 와서 청주 이계(李繼)의 편지와 조부의 서자의 편지를 전하고, 김개(金介)가 지난 3월에 죽었다고 했다. 비통함을 이길 길이 없다. 저물녘 권준이 와서 이야기했다.

3일갑진 흐리나 비는 오지 않았다. 식후에 나가 공무를 보았다. 각처에 공문을 작성하여 보냈다. 늦게 가리포 첨사(이응표)와 남도포 만호(강응표)가 왔다. 권준, 신호 두 조방장과 방답 첨사(장린), 사도 첨사(김완), 여도 만호(김인영), 녹도 만호(송여종)가 활 15순을 쏘았다. 아침에 남해 현령(기효근)이 급히 보고하되, "해평군 윤근수가 남해에서 본영으로 건너 온다."고 하였다. 무슨 연유인지 모르겠으나, 바로 배를 정비하고 현덕린을 본영으로 보냈다. 사량 만호(이여념)가 와서 양식이 떨어졌다고 보고하고 바로 돌아갔다.

4일을사 맑음. 진주의 서생 김선명(金善鳴)이라는 자가 군량지원 유사(有司)가 되고 싶다고 여기에 왔는데, 보인 안득(安得)이라는 이름을 칭하는 자가 데리고 왔다. 그가 말하는 것을 듣고 사실인지를 살펴보니, 그렇게 한다는 것을 보장하기 어려워 우선 그가 하는 것을 지켜보기로 하고 공문을 만들어 주었다. 세 조방장(권준·박종남·신호)과 사도 첨사(김완), 방답 첨사(장린), 여도 만호(김인영), 녹도 만호(송여종)가 활 15순을 쏘았다. 탐후선이 오지 않아 어머니의 안부를 알 수 없었다. 걱정이 되어 눈물이 났다. 걱정이 되어 눈물이 났다.

5일병오 맑음. 이(李) 조방장 등과 같이 아침식사를 하는데, 박자윤(박종남)은 병으로 오지 못했다. 늦게 우수사(이억기), 웅천 현감(이운룡), 거제 현령(안위)이 와서 종일 함께 이야기했다. 정오부터 비가 내려 활을 쏘지 못했다. 나는 몸이 몹시 불편하여 저녁 식사를 하지 않았고 종일 고통스러워했다. 종 경(京)이 들어 왔는데 그편에 어머니께서 편안하시다는 것을 알았다. 매우 다행이다.

6일정미 종일 비가 내렸다. 몸이 몹시 불편하였다. 송희립이 들어 왔다. 그 편에 도양장의 농사 형편을 들으니, 홍양 현감(홍유의)이 심력을 다했기에 가을 추수의 희망이 많다고 했다. 군량지원 유사 임영[34]도 애를 쓴다고 했다. 정항(鄭沆)(진해 현감)이 이곳에 왔으나, 나는 몸이 불편하여

---

34 임영(林英)은 임응춘(林應春)의 아들이다. 주부, 사헌부 감찰, 남포 현감을 지냈다. 이순신의 휘하로서 홍양의 곡식을 거두어 바치고 옥포, 당포, 부산해전을 지원했다.

온종일 조금 앓았다.

7일무신　종일 비가 내렸다. 몸이 몹시 불편하여 신음하며 앉았다 누웠다 했다.

8일기유　비가 내렸다. 몸이 좀 나은 것 같다. 늦게 세 조방장(권준·박종남·신호)이 와서 만났는데, "곤양 군수(이광악)는 부친상을 당하여 부고를 듣고 귀가했다."고 전했다. 매우 한탄스러웠다.

9일경술　맑음. 몸이 아직 쾌차하지 않아서 매우 걱정된다. 신 조방장(신호)과 사도 첨사(김완), 방답 첨사(장린)가 편을 갈라서 활쏘기를 했는데, 신(신조방장) 편이 이겼다. 저녁에 원수의 군관 이희삼[35]이 왕명서를 가지고 이곳에 왔다. 조형도가 무고하여 장계하되, "수군 1명에게 날마다 식량 5홉, 물 7홉씩을 준다."고 했다니,[36] 인간사가 매우 놀랍다. 천지간에 어찌 이처럼 속이는 일이 있을 수 있을까. 저물녘에 탐후선이 들어왔는데 어머니께서 이질에 걸리셨다고 한다. 걱정이 되어 눈물이 난다.

10일신해　맑음. 새벽에 탐후선을 본영으로 내어 보냈다. 늦게 세 조방장과 충청(선거이), 경상 수사(배설)가 와서 만났다. 광주의 군량 39섬을 받았다.

11일임자　가랑비가 오고 바람이 크게 불었다. 아침에 원수의 군관 이희삼이 돌아갔다. 저녁에 나가 공무를 보았다. 광주 군량을 훔친 놈을 잡아 가두었다.

12일계축　가랑비가 오고 바람이 불었다. 새벽에 아들 울(蔚)이 들어왔는

35　이희삼(李希參 1534~?)은 이몽규(李夢奎)의 아들이고, 성수침의 문인으로 정철과 이이, 성혼 등과 교유했다.

36　낭청 조형도(趙亨道)가 보고하기를, "한산도의 수군은 격군 1명에게 하루 쌀이 5홉, 물은 7홉이고, 병들면 물속에 밀고 굶으면 산골짝에서 죽으며, 샘이 적어 세수와 빨래도 못해 역질로 죽으니, 이 모두 주장(이순신)이 동고동락 할 줄 몰라 생긴 것입니다."라고 하였다.《선조실록》(1595. 5. 19)

데, 그편에 어머니의 병환이 좀 덜하다는 말을 들었다. 그러나 아흔을 바라보는 연세인데[37] 이렇게 위험한 증세(이질)에 걸리셨으니, 걱정이 되고 또 눈물이 난다.

13일갑인 흐림. 새벽에 경상 수사 배설을 잡아오라는 명령이 내려왔다. 그 대신으로는 권준이 임명되고 남해현령 기효근은 그 대로 유임되었다고 하니, 놀랄 일이다. 늦게 경상 수사 배설에게 가서 만나고 돌아왔다. 저물녘에 탐후선이 들어왔는데, 금오랑(의금부 도사)이 이미 본영 안에 도착했다. 또 별좌의 편지를 보니, 어머니께서 조금씩 나아지신다고 한다. 다행이다.

14일을묘 새벽에 큰비가 내렸다. 사도 첨사(김완)가 활쏘기를 청하여 우수사와 여러 장수들이 모두 모였다. 늦게 날이 개어 활 12순을 쏘았다. 저녁에 금오랑이 배 수사를 잡아갈 일로 들어왔다. 권 수사(권준)에게 임금에게 인사하는 의식을 면제하는 공문과 유서(諭書), 밀부(密符, 발령부)도 왔다.

15일병진 맑음. 새벽에 망궐례를 행했다. 식후에 포구로 나가 배설을 송별하니 마음이 편치 않았다. 아들 울(蔚)이 돌아갔다. 오후에는 신 조방장과 함께 활 10순을 쏘았다.

16일정사 맑음. 나가서 공무를 보았다. 순천의 7호선의 장수 장일(張溢)이 군량을 훔치다가 잡혔기에 처벌했다. 오후에 두 조방장 및 미조항 첨사(성윤문) 등과 함께 활 7순을 쏘았다.

17일무오 맑음. 바람이 종일 세게 불었다. 경상 수사(권준)와 충청 수사(선거이), 두 조방장과 함께 활을 쏘았다.

---

[37] 구십은 오기지만, 여기서는 구십을 바라보기 시작했다는 의미로 81세의 이칭인 망구(望九)로 봄이 좋을 듯하다. 을미년에 모친의 실제 나이는 81세이었다.

18일기미 비가 오다 개다 했다. 진주의 유생 유기룡[38]과 하응문[39]이 양식을 대주기를 바래서 쌀 5섬을 받아 갔다. 늦게 박 조방장(박종남)과 함께 활 15순을 쏘고 헤어졌다.

19일경신 비가 계속 내렸다. 홀로 누대 위에 앉았는데 잠결에 아들 면(葂)이 윤덕종(尹德種)의 아들 운로(雲輅)와 같이 왔다. 이편에 어머니의 편지를 보고 병환이 완쾌된 것을 알게 되니 천만 다행이다. 신홍헌(申弘憲) 등이 들어 와서 보리 76섬을 바쳤다.

20일신유 비가 오다 개다 했다. 종일 누대에 앉아 있었는데 충청 수사(선거이)가 말이 분명치 않다는 말을 들었다. 저녁에 직접 가서보니, 중한 상태에 이르지는 않았으나 풍습에 많이 상하여 매우 염려되었다.

21일임술 맑음. 매우 더웠다. 식후에 나가 공무를 보았다. 신홍헌이 돌아갔다. 거제현령이 또 왔다. 경상 수사(권준)가 보고하되, "평산포 만호(김축)의 병이 중하다."고 한다. 그래서 내보내라고 적어서 보냈다.

22일계해 맑음. 할머님의 제삿날이라 출근하지 않았다. 경상 수사가 와서 만났다.

23일갑자 맑음. 두 조방장과 함께 활을 쏘았다. 저녁에 배영수가 돌아갔다.

24일을축 맑음. 우도의 각 관청과 포구에 있는 전선의 죄상을 조사했다. 음탕한 여인 12명을 잡아다가 그 부대 대장과 함께 처벌했다. 늦게 침을 맞아 활을 쏘지 못했다. 허주와 조카 해(荄)가 들어오고 전쟁말도 왔다. 기성백(奇誠伯)의 아들 징헌(澄憲)이 그의 조부의 서자인 기경충(奇景忠)과 함께 왔다.

---

38 유기룡(柳起龍)은 진주에 거주하고 을미년에 하응구와 함께 쌀 60석을 가지고 와서 바쳤다.

39 하응문(河應文)은 진주의 유생으로 군량을 지원했다. 하응도의 동생이다.

25일병인 맑음. 원수(권율)의 공문이 들어왔는데, "세 위장(衛將)을 3회 운송으로 나누어 보낸다."고 하였다. 또 고니시 유키나가[40]가 일본에서 와서 강화할 것을 이미 결정했다고 한다. 저녁에 박 조방장(박종남)과 함께 충청 수사(선거이)에게 가서 그의 병세를 살펴보니, 괴이한 점이 많았다.

26일정묘 맑음. 식후에 나가 공무를 보고 활 15순을 쏘았다. 경상 수사가 와서 만났다. 오늘이 권언경(권준)의 생일이라고 해서, 국수를 만들어 먹고 술도 몹시 취했다. 거문고 소리도 듣고 피리도 불다가 저물어서야 헤어졌다.

27일무진 맑음. 허주와 조카 해, 기(奇)씨, 운로(雲輅, 윤덕종의 아들) 등이 돌아갔다. 나는 신 조방장(신호)과 거제 현령(안위)과 함께 활 10순을 쏘았다.

28일기사 맑음. 나라(명종)의 제삿날이라 출근하지 않았다.

29일경오 맑음. 일찍 대청으로 나갔다. 우수사(이억기)가 와서 활 10여 순을 쏘았다.

30일신미 맑음. 문어공(文語恭)이 삼[41]을 사들일 일로 나갔다. 이상록도 돌아갔다. 늦게 거제 현령(안위)과 영등포 만호(조계종)가 와서 만났다. 방답 첨사(장린)와 녹도 만호(송여종), 신 조방장(신호)이 활 15순을 쏘았다.

---

40   고니시 유키나가(小西行長 ?~1600)는 히데요시의 부하이며 대마도주의 장인으로, 임진왜란 때 대마도주와 함께 만8천 명의 군대로 부산을 침입했다. 평양성을 함락했다가 명나라 이여송부대에 패했다. 정유재란을 일으키어 남원과 전주를 점령하고, 순천 예교성에 주둔하였다. 노량해전 때 일본으로 귀국했다.

41   삼 줄기를 꼰 것은 노끈이나 닻줄, 상투의 장식과 여장을 꾸리는 데 사용했다. 삼을 짠 직물은 주로 상복으로 사용한다.

7월
나라에 인재가 없는 것을 걱정하다

1일임신 잠깐 비가 내렸다. 나라(인종)의 제삿날이라 출근하지 않고 홀로 누대에 기대고 있었다. 내일은 돌아가신 부친의 생신인데, 슬프고 그리워하는 생각에 나도 모르게 눈물이 흘렀다.(일기초) 나라의 정세를 생각하니, 위태롭기가 아침 이슬과 같다. 안으로는 계책을 결정할 동량(인재)이 없고, 밖으로는 나라를 바로잡을 주춧돌(인물)이 없으니, 종묘사직이 마침내 어떻게 될 것인지 알지 못하겠다. 마음이 어지러워서 하루 내내 뒤척거렸다.

2일계유 맑음. 오늘은 돌아가신 아버님의 생신이다. 심사가 불편하니 애달픈 마음 어찌하랴. 슬픔에 젖어 생각을 떠올리니 나도 모르게 눈물이 흘렀다. 늦게 활 10순을 쏘았다. 또 철전[42] 5순을 쏘고 짧은 화살 3순을 쏘았다.

3일갑술 맑음. 아침에 충청 수사에게로 가서 문병하니 많이 나았다고 한다. 늦게 경상 수사가 이곳에 와서 서로 이야기한 뒤에 활 10순을 쏘았다. 밤 10시 경에 탐후선이 들어왔는데, 어머니께서 평안하시긴 하나 밥맛이 쓰다고 하신다. 매우 걱정이다.

4일을해 맑음. 나주 판관(어운급)이 배를 거느리고 진으로 돌아왔다. 이전(李荃) 등이 산 일터에서 노[櫓] 만들 나무를 가져와 바쳤다. 식후에 대청으로 나갔다. 미조항 첨사와 웅천 현감이 와서 활을 쏘았다. 군관들이 활쏘기를 시합하여 향각궁을 상으로 걸었는데 노윤발이 1등을 하여 차지

---

42 철전(鐵箭)은 무쇠로 만든 육량전·아량전·장전이 있다. 철전의 표적 거리는 80보이고, 화살 하나의 무게는 6량이다.

하였다. 저녁에 임영과 조응복이 왔다. 양정언은 휴가를 얻어 돌아갔다.

5일병자 맑음. 대청으로 나가 공무를 보았다. 늦게 박 조방장(박종남), 신 조방장(신호)이 왔다. 방답 첨사가 활을 쏘았다. 임영은 돌아갔다.

6일정축 맑음. 정항, 금갑도 만호(가안책), 영등포 만호(조계종)가 와서 만났다. 늦게 나가 공무를 보고 활 8순을 쏘았다. 종 목년(木年)이 고음내에서 왔는데, 그편에 어머님께서 평안하시다는 것을 알았다.

7일무인 칠석. 흐리나 비는 오지 않았다. 경상수사와 두 조방장, 충청 수사(선거이)가 왔다. 방답 첨사, 사도 첨사 등에게 편을 갈라 활을 쏘게 했다. 경상 우병사(김응서)에게 왕명서가 왔는데, "나라의 재앙이 참혹하고 원수가 사직에 남아 있어서 귀신의 부끄러움과 사람의 원통함이 온천지에 사무쳤건만, 아직도 요사한 기운을 재빨리 쓸어버리지 못하고 원수와 함께 하늘을 이는 분통함을 모두 절감하고 있다. 무릇 혈기가 있는 자라면 누가 팔을 걷고 절치부심하며 그놈의 그 살을 찢고 싶지 않겠는가! 그런데 경(卿)은 적진을 마주한 장수로서 조정이 명령하지도 않았는데 함부로 적과 대면하여 감히 사리에 어긋난 말을 지껄이는가. 또 누차 사사로운 편지를 보내어 그들을 높여 아첨하는 모습을 보이고 수호하고 강화하자는 말을 하여, 명나라 조정에까지 들리게 해서 치욕을 끼치고 사이가 벌어지게 했음에도 조금도 거리낌이 없도다. 마땅히 군법으로 다스려도 진정 아까울 것이 없거늘, 오히려 관대히 용서하여 돈독히 타이르고 경고하여 책망하기를 분명히 하였다.[43] 그런데도 미혹한 것을 고집하기를 더욱 심하게 하여서 스스로 죄의 구렁텅이에 빠져드니, 나는 몹시 해괴하게 여겨져 그 까닭을 알 수가 없다. 이에 비변사의 낭청 김용

---

43 이 내용이 사헌부에서 올린 보고서에 나온다. 김응서가 적을 숭대하고 아첨하여 사사로이 편지를 보내어 조정에서는 자주 엄히 꾸짖었으나 반성하지 않는다고 하였다.《선조실록》(1595, 5, 3)

44을 보내어 구두로 나의 뜻을 전하니, 경은 그 마음을 고치고 정신을 가다듬어 후회할 일을 남기지 말라."는 것이었다. 이 왕명서를 보고 놀랍고 황송한 마음을 참을 수 없다. 김응서가 어떠한 사람이기에 스스로 회개하여 힘쓴다는 말을 들을 수가 없는가. 만약 쓸개 있는 자라면 반드시 자결이라도 할 것이다.

8일기묘　맑음. 식후에 나가 공무를 보았다. 영등포 만호와 박 조방장(박종남)이 와서 만났다. 우수사의 군관 배영수가 그 대장의 명령을 가지고 와서 군량 20섬을 빌려 갔다. 동래 부사 정광좌가 와서 부임했다고 보고하기에 활 10순을 쏘고 헤어졌다. 종 목년이 돌아왔다.

9일경진　맑음. 오늘은 말복이다. 가을 기운이 서늘해지니 마음에 떠오르는 것이 매우 많다. 미조항 첨사가 와서 만나고 갔다. 웅천 현감, 거제 현령이 활을 쏘고 갔다. 밤 10시 경에 바다의 달빛이 누대에 가득 차니, 가을 생각이 매우 어지러워 누대 위를 배회하였다.

10일신사　맑음. 몸이 몹시 불편했다. 늦게 우수사를 만나 서로 이야기했다. 군량이 떨어졌다는 말을 많이 하였으나 달리 계책이 없었다. 매우 걱정스럽다. 박 조방장도 왔는데, 술 몇 잔을 마시고 몹시 취했다. 밤이 깊어 누대 위에 누웠더니 초생달 빛이 누대에 가득하여 회포를 가눌 수 없었다.

11일임오　맑음. 아침에 어머니께 편지를 쓰고, 또 여러 곳에 편지를 써 보냈다. 무재, 박영(朴永)이 군역 때문에 돌아갔다. 나가서 공무를 보고, 활 10순을 쏘았다.

12일계미　맑음. 아침 식사 후에 경상 우수사(권준)가 와서 만났다. 그와 함께 활 10순, 철전 5순을 쏘았다. 해질 무렵 서로 회포를 풀고 물러났다.

44　김용(金涌 1557~1620)은 임진왜란 때 고향 안동에서 의병을 일으켰고, 독운어사로 나가 군량을 지원했다. 정유재란 때 이원익의 종사관으로 수행하며 참전했다.

가리포 첨사(이응표)도 와서 함께 했다.

13일갑신 맑음. 가리포 첨사와 우수사가 함께 왔는데 가리포 첨사가 술을 바쳤다. 활 5순, 철전 2순을 쏘았는데 나는 몸이 몹시 불편했다.

14일을유 늦게 갬. 군사들에게 휴가를 주었다. 녹도 만호 송여종을 시켜 죽은 군졸들에게 제사를 지내도록 하고 백미 2섬을 주었다. 이상록, 태구련,[45] 공태원[46] 등이 들어왔다. 어머니께서 평안하시다고 하니 기쁘고 다행한 마음이 그지 없다.

15일병술 맑음. 늦게 대청으로 나가니, 박, 신 두 조방장(박종남·신호)과 방답 첨사(장린), 여도 만호(김인영), 녹도 만호(송여종), 보령과 결성의 두 현감(최시망[47]·손안국) 및 이언준 등이 활을 쏘고 술을 마셨다. 경상 수사도 와서 함께 이야기하고 씨름을 겨루게 했다. 정항이 왔다.

16일정해 맑음. 아침에 김대복의 병세가 몹시 위중하다고 들으니, 애통하고 걱정스런 마음을 참지 못했다. 곧 송희립과 유홍근을 시켜 치료하게 했지만, 그 증세를 잘 알 수 없어서 매우 걱정스럽다. 늦게 나가 공무를 보았다. 순천사람 정석주(鄭石柱)와 영광 도훈도 주문상(朱文祥)을 처벌했다. 저녁에 원수에게 가는 공문과 병사에게 갈 공문에 초안을 잡아 주었다. 미조항 첨사(성윤문)와 사도 첨사(김완)가 휴가신청서를 올리기에 성 첨지(윤문)에게는 10일, 김 첨지(완)에게는 3일을 주어 보냈다. 녹도 만호를 유임한다는 병조의 공문이 내려 왔다.

---

45 태구련(太九連)(貴連)은 칼을 만드는 장인이다. 이순신과 신호, 박종남, 선거이 등의 환도를 언복(彦福)과 함께 만들었다. 1594년 4월 한산도에서 이무생과 함께 만든 이순신의 장검 두 자루(국보 326호)가 현충사에 소장되어 있다.

46 도요토미 히데요시가 통신사를 요청하면서 오도의 포로민 130여 명을 송환했을 때 김대기와 공태원(孔太元)은 영리하여 글을 알고, 오도의 풍속과 지형, 실정을 자세히 말했다.

47 최시망(崔時望 1548~?)은 기대승의 문인이다. 임진왜란 때 묘주를 모시고 의주에 다녀왔다. 보령 현감을 지냈다.

17일무자 비가 내림. 거제 현령(안위)이 급히 보고하기를, "거제에 있던 왜적이 벌써 철수하여 돌아갔다."고 했다. 그래서 곧 정항을 보내었다. 대청으로 나가 공무를 보았다. 내일 배로 출발하여 나갈 일을 전령했다.

18일기축 맑음. 아침에 대청에 나가, 박종남, 신호 두 조방장과 같이 아침 식사를 했다. 오후에 출발하여 지도(紙島)로 가서 정박하고 밤을 지냈다. 자정 경에 거제 현령이 와서 말하기를, "장문포에 있는 왜적의 소굴이 이미 다 비었고, 다만 30여 명만 있다."고 했다. 또 사냥하러 다니는 왜적을 만나니 활로 쏘아서 잡아 목을 베고 생포한 이가 각각 1명이었다고 했다. 새벽 2시에 출발하여 견내량으로 돌아왔다.

19일경인 맑음. 우수사(이억기), 경상 수사(권준), 충청 수사(선거이), 두 조방장과 함께 이야기하고서 헤어졌다. 오후 4시경에 진으로 돌아왔다. 당포 만호(하종해)에게 잡아 신문하여 자진출두하지 않은 죄로 곤장을 쳤다. 김대복의 병세를 가서 살펴보았다.

20일신묘 흐림. 두 조방장과 함께 아침 식사를 했다. 늦게 거제 현령과 전진해 현감 정항이 왔다. 오후에 나가 공무를 보고 활 5순, 철전 4순을 쏘았다. 경상 좌병사(고언백)의 군관이 편지를 가지고 왔다.

21일임진 크게 비바람이 쳤다. 우후가 들어온다고 들었다. 식후에 태구련과 언복이 만든 환도를 충청 수사(선거이)와 두 조방장에게 각각 한 자루씩 나눠 보냈다. 저물녘에 회(薈)와 울(蔚)이 우후(이몽구)와 함께 배를 타고 섬(한산도) 밖에 도착했다. 아들들이 들어왔다.

22일계사 흐리고 바람이 크게 불었다. 이충일이 부친의 사망소식을 듣고 나갔다.

23일갑오 맑음. 늦게 말달리는 일로 원두구미[48]로 가니 두 조방장과 충청

---

48 원두구미(元頭龜尾)는 통영시 한산도 한산면 창좌리에 있는 입정포 온두단이다. (김일룡)

수사(선거이)도 왔다. 저녁에 작은 배를 타고 돌아왔다.

24일을미 맑음. 나라(문종 비 현덕왕후 권씨)의 제삿날이라 출근하지 않았다. 충청 수사(선거이)가 와서 이야기했다.

25일병신 맑음. 충청 수사(선거이)의 생일이라 음식을 준비해 가지고 왔다. 우수사(이억기), 경상 수사(권준)와 신 조방장(신호) 등의 군관들과 술에 취한 채 이야기했다. 저녁에 정 조방장(정응운)이 들어왔다.

26일정유 맑음. 아침에 정영동(鄭永同)과 윤엽, 이수원(李壽元) 등이 홍양 현감(홍유의)과 함께 들어왔다. 식후에 정수사(정걸)와 충청 수사(선거이)도 와서 조용히 이야기를 하였다.

27일무술 맑음. 어사(신식)[49]의 공문이 들어왔는데, 내일 진영에 온다고 한다.

28일기해 맑음. 아침 식사 후에 배로 내려가 삼도가 모두 포구 안에 진을 쳤다. 오후 2시경에 어사 신식이 진에 왔기에 바로 대청으로 내려가 한참 동안 대화를 나누었다. 각 수사와 세 조방장(신호·정응운·박종남)을 청해 함께 이야기했다.

29일경자 흐리고 바람이 크게 불었다. 어사(신식)가 좌도에 소속된 다섯 포구(五浦)의 죄상을 조사하고 점고했다. 저녁에 이곳에 와서 조용히 이야기했다.

---

49 신식(申湜 1551~1623)은 경상도 안무어사로 활약하였다. 선조가 '신식은 졸(拙) 하다'하자, 식(湜)은 감격하여 서재에 이졸(以拙)이라 편액을 걸고 자호로 삼았다.《여지도서》〈청주편·인물〉

8월
촉석루에서 패망을 슬퍼하다

1일신축 비바람이 크게 일었다. 어사와 아침 식사를 함께 하고, 바로 배로 내려가 순천 등의 다섯 고을의 배를 점검했다. 저물녘 나는 어사가 있는 곳으로 내려가 함께 이야기했다.

2일임인 흐렸다. 우도의 전선을 점고한 뒤에 그대로 남도포[50] 막사에 머물렀다. 나는 나가서 공무를 보며 충청 수사(선거이)와 함께 이야기했다.

3일계묘 맑음. 어사는 늦게 경상도 진으로 가서 점검했다. 저녁에 경상도 진으로 가서 함께 이야기하다가 몸이 불편하여 바로 돌아왔다.

4일갑진 비가 내렸다. 어사가 이곳에 왔기에 여러 장수들을 모두 모아 종일 이야기하고서 헤어졌다.

5일을사 흐리나 비는 오지 않았다. 아침에 어사와 이야기하다가 작별 하려고 충청 수사(선거이)가 있는 곳에 갔다. 어사를 전별(餞別)하니 그는 곧 "안무어사 통훈대부 행사헌부 집의 겸지제교인 신식(申湜)은 자(字)가 숙정(叔正)이고, 신해생이며 본관이 고령이고 서울에 산다."고 하였다.(일기초) 정 조방장(정응운)이 보고하고 돌아갔다.

6일병오 비가 크게 내렸다. 우수사(이억기), 경상 수사(권준), 두 조방장(신호·박종남)이 모여 함께 종일 이야기하고서 헤어졌다.

7일정미 비가 계속 내렸다. 아침에 아들 울이 허주 및 현덕린, 우후(이몽구)와 함께 배를 타고 나갔다. 늦게 두 조방장과 충청 수사가 함께 이야기했다. 저녁에 표신을 가진 선전관 이광후(李光後)가 왕명서를 가지고 왔는데, "원수가 삼도의 수군을 거느리고 곧장 적의 소굴로 들어가라."는

---

50 남도포(南桃浦)는 진도군 임회면 남동리에 있고 여기에 남도석성이 있다.

것이었다. 그와 함께 밤새도록 이야기하였다.

8일무신 비가 계속 내렸다. 선전관이 나갔다. 경상 수사, 충청 수사(선거이) 및 두 조방장(신호·박종남)과 함께 이야기하며 저녁밥을 같이 먹었다. 날이 저물어서 각자 돌아갔다.

9일기유 서풍이 크게 일었다.

10일경술 맑음. 몸이 불편한 것 같다. 홀로 누대 위에 앉았으니, 온갖 생각이 다 떠오른다. 늦게 대청으로 나가 공무를 본 뒤에 활 5순을 쏘았다. 정제[51]와 결성 현감(손안국)이 같은 배를 타고 나갔다.

11일신해 비가 오다 개다 했다. 종 한경(漢京)도 본영으로 갔다. 배영수, 김응겸이 활쏘기를 겨루었는데, 김응겸이 이겼다.

12일임자 흐림. 일찍 나가 공무를 보았다. 늦게 두 조방장과 함께 활을 쏘았다. 김응겸이 경상 우수사에게 갔다가 돌아올 때에 들어와 알현했는데, 우수사(이억기)와 활쏘기를 겨루어 배영수가 또 졌다고 했다.

13일계축 종일 비가 내렸다. 장계 초본을 쓰고 공문을 작성하였다. 독수(禿水)가 왔는데, 그 편에 도양장 둔전에 대한 일을 들었다. 이기남(李奇男)이 하는 짓에 괴상함이 많으므로 우후에게 달려가 죄상을 조사하도록 공문을 만들어 보냈다.

14일갑인 종일 비가 내렸다. 진해 현감 정항과 조계종(영등포 만호)이 와서 이야기했다.

15일을묘 새벽에 망궐례를 행했다. 우수사(이억기), 가리포 첨사(이응표), 임치 첨사(홍견) 등의 여러 장수들이 함께 왔다. 이날 삼도의 사수(射手)와 본도의 잡색군에게 음식을 먹이고, 종일 여러 장수들과 함께 술에 취했다. 이날 밤 희미한 달빛이 누대를 비추어 자려해도 잠들지 못하고 밤

---

51 정제(鄭霽 1550~?)는 본관이 온양이고 예산에 거주했다. 이순신의 맏형 이희신의 사위이다.

새도록 시를 읊었다.

16일병진 궂은비가 개지 않고 하루 종일 부슬부슬 내렸다. 마음이 몹시 어지러웠다. 두 조방장(신호·박종남)과 함께 이야기했다.

17일정사 가랑비가 오고 동풍이 불었다. 새벽에 김응겸을 불러 일에 대해 물었다. 늦게 나가 공무를 보았다. 두 조방장과 함께 이야기하고 활 10순을 쏘았다.

18일무오 궂은비가 걷히지 않았다. 신(신호), 박(박종남) 두 조방장이 와서 함께 이야기했다.

19일기미 날씨가 쾌청하였다. 두 조방장과 방답 첨사(장린)와 함께 활을 쏘았다. 밤 10시 경에 조카 봉(菶)과 아들 회(薈), 울(蔚)이 들어왔는데, 체찰사(이원익)[52]가 21일 진주성에 도착해서 군무에 관한 일을 묻고자 하여 체찰사의 군관이 들어왔다고 하였다.

20일경신 맑음. 종일 체찰사의 전령을 기다렸으나 오지 않았다. 권 수사(권준)와 우수사(이억기), 발포 만호(황정록)가 와서 만나고 돌아갔다. 밤 10시 경에 체찰사(이원익)가 진주에 이르러 군무에 관한 일을 묻고자 하여(일기초) 전령을 들여보냈다. 자정 경에 배를 몰아 곤이도(통영 곤리리)에 이르렀다.

21일신유 흐림. 늦게 소비포 앞바다에 이르니, 전라 순찰사(홍세공)의 군관 이준(李俊)이 공문을 가지고 왔다. 강응호와 오계성이 함께 와서 한참 동안 함께 이야기했다. 경수(景受, 이억기)와 언경(彦卿, 권준), 자윤(子胤, 박종남), 언원(彦源, 신호)에게 편지를 썼다. 저물녘에 사천 땅 침도(針島, 사천 신수도)에 도착하여 잤다. 밤기운이 몹시 차고 마음이 편하지 않았다.

---

52 이원익(李元翼 1547~1634)은 관찰사가 되어 이여송과 합세해 평양을 탈환하고 1595년 우의정 겸 4도체찰사로서 명나라의 정응태가 경리 양호를 모함한 사건으로 명나라에 다녀온 뒤 영의정이 되었다.

22일임술 맑음. 이른 아침에 여러 가지 공문을 만들어 체찰사에게 보냈다. 아침 식사 후에 출발하여 사천현에 이르렀다. 오후에 진주 남강 가에 이르니, 체찰사(이원익)가 이미 진주에 들어왔다고 했다. 강을 건너 주인집에 들어갔다가 그길로 체찰사의 임시숙소로 가니 먼저 사천현에 와서 자고 있었기 때문에 맞이하라는 명령을 내리지 못했다고 변명을 하였다. 우습다.(일기초)

23일계해 맑음. 체찰사(이원익)가 있는 곳으로 가보니 조용히 이야기하는 사이에 그는 백성을 위해서 질고를 덜어주어야겠다는 생각을 많이 했다. 호남 순찰사(홍세공)는 헐뜯어 말하는 기색이 가득하니, 한탄스럽다. 나는 늦게 김응서와 함께 촉석루[53]에 이르러 장병들이 패전하여 죽은 곳을 보니, 비통함을 가누지 못하였다. 얼마 후 체찰사가 나에게 먼저 가라고 하기에 배를 타고 소비포로 돌아와 정박했다.

새벽에 체찰사의 사처로 가니 그 앞으로 불러 들였다. 조용히 이야기하는 사이에 그는 백성을 위해서 질고를 덜어주어야겠다는 생각을 많이 하였다. 호남 순찰사는 헐뜯어 말하는 기색이 많으니, 한탄스럽다. 늦게 진주에서 전쟁으로 죽은 장수와 병사의 위령제를 지낸다는 전언을 듣고, 나는 김응서와 함께 촉석루에 이르러 장수와 병사들이 패망한 것을 보고, 매우 비통함을 이기지 못하였다. 얼마 뒤에 체찰사가 나를 부르며 분부하기를 "먼저 배가 있는 곳에 가서 배를 타고 소비포로 돌아가 정박하라."고 하였다. 그래서 선박이 있는 곳으로 돌아와 배를 타고 소비포로 돌아와서 정박하였다.(일기초)

24일갑자 맑음. 새벽에 소비포 앞에 이르니, 고성 현령 조응도가 와서 인

---

[53] 촉석루는 진주시 본성동에 있는 누각으로 남강 가 바위 벼랑 위에 있다. 임진년 왜적이 침입했을 때 진주성의 지휘 본부이었고 이 아래에 논개가 왜장을 유인하여 순국한 의암이 있다.

사했다. 이에 소비포 앞 바다에서 잤다. 체찰사(이원익)와 (체찰)부사(김륵)[54], 종사관(남이공)[55]도 잤다.

25일을축 맑음. 일찍 식사를 한 뒤에 체찰사(이원익)와 부사(김륵), 종사관(남이공) 등이 모두 내가 탄 배에 같이 탔다. 오전 8시경에 출항할 배에 함께 들어가 함께 서서 여러 섬들과 여러 진을 합병할 곳과 더불어 접전한 곳들을 손으로 가리키며 하루 종일 이야기하였다. 곡포는 평산포에 합하고, 상주포는 미조항에 합하고, 적량(창선면 진동리)은 삼천진(삼천포)에 합하고, 소비포는 사량에 합하고, 가배량(거제 가배리)은 당포에 합하고, 지세포(거제 일운면)는 조라포(거제 구조라리)에 합하고, 제포(진해 제덕동)는 웅천에 합하고, 율포는 옥포에 합하고, 안골포는 가덕진에 합치기로 결정했다. 저녁에 진중에 이르러 여러 장수들이 교서에 숙배하고 공적인 예와 사적인 예를 마친 뒤에 헤어졌다.

26일병인 맑음. 저녁에 부사(김륵)와 서로 만나 조용히 이야기했다. 일체의 공문을 결재하였다.(일기초)

27일정묘 맑음. 군사 5,480명에게 음식을 먹였다. 저녁에 상봉(上峯, 한산면 망산)에 올라 적진이 있는 곳과 적이 다니는 길을 손으로 가리켜 보였다. 바람이 몹시 험하게 불었다. 밤을 틈타 도로 내려왔다.

28일무진 맑음. 이른 아침에 체찰사(이원익)와 부사(김륵), 종사관(남이공)과 함께 누대 위에 앉아 여러 가지 폐단을 의논했다. 식사 전에 배로 내려와서 배를 몰고 나갔다.

29일기사 맑음. 일찍 나가 공무를 보았다. 체찰사(이원익)가 머문 곳에서 경상 수사(권준)가 왔다.

---

54 김륵(金玏 1540~1616)은 전라도의 곡식을 운반해 빈민을 구제하고, 1595년 체찰사 이원익의 부사가 되었다.

55 남이공(南以恭 1565~1640)은 사헌부 지평이 되고 체찰사 이원익의 종사관이 되었다.

9월
선거이에게 이별시를 주다

1일경오 맑음. 새벽에 망궐례를 행했다. 탐후선이 들어왔다. 우후가 도양장에서 와서 본영의 공문을 바쳤는데, 사립(정사립)을 해치려는 뜻이 많이 있으니 가소롭다. 종사관(유공진)이 병가를 내고 돌아가서 조리하고자 하므로 결재해 보냈다.

2일신미 맑음. 새벽에 지휘선을 출발시켰다. 재목을 끌어내릴 군사 1,283명에게 밥을 먹이고서 끌어내리게 했다. 충청 수사(선거이), 우수사(이억기), 경상 수사(권준)와 두 조방장(신호·박종남)이 함께 와서 종일 이야기하다가 헤어졌다.

3일임신 맑음. 동풍이 크게 불었다. 아우 여필(이우신)과 아들 울(蔚), 유헌(변유헌)이 돌아갔다. 강응호가 도양장의 추수할 일로 함께 돌아갔다. 정항, 우수[56], 이섬(李暹)이 정탐하고 들어왔는데, "영등포에 있는 적진은 초이틀에 소굴이 비게 되고 누각과 모든 소굴들이 다 불타버렸다."고 했다. 웅천에서 적에게 투항하여 붙었던 사람 공수복(孔守卜) 등 17명을 달래서 데려 왔다.

4일계유 맑음. 경상 수사(권준)가 와서 만나고 청하여 종일 이야기하고 돌아갔다. 아우 여필(이우신)과 아들 울(蔚) 등이 어떻게 갔는지 알 수 없어 마음이 몹시 걱정되었다.

5일갑술 맑음. 아침에 권 수사(권준)가 소고기 음식을 조금 보냈다. 충청 수사(선거이)와 신 조방장(신호)과 함께 아침밥을 먹었다. 식후에 신 조방

---

56 우수(禹壽 1557~?)는 안골포 만호로서 웅포, 당항포, 장문포, 칠천량, 명량, 노량해전에 참전하였다. 부산포 앞바다에서 이순신의 목숨을 구하기도 했다.

장(신호), 선수사(선거이)와 함께 배를 타고 경상 수사(권준)가 있는 곳으로 가서 종일 이야기하고 저물어서야 돌아왔다. 이날 체찰사(이원익)의 공문이 왔는데, 순천, 광양, 낙안, 흥양의 갑오년(1594) 전세의 쌀을 실어오라는 것이었다. 그래서 바로 답장을 했다.

6일을해 맑았으나 바람이 크게 불었다. 충청 수사(선거이)가 술을 바치므로 우수사(이억기)와 두 조방장(신호·박종남)이 와서 함께 하였다. 송덕일이 들어왔다.

7일병자 맑음. 식후에 경상 수사(권준)가 왔다. 충청도 병영의 배와 서산, 보령의 배들을 내보냈다.

8일정축 맑음. 나라(세조)의 제삿날이라 출근하지 않았다. 식후에 아들 회(薈)와 송덕일이 같은 배로 나갔다. 충청 수사(선거이)와 두 조방장(신호·박종남)이 와서 이야기했다.

9일무인 맑음. 우수사(이억기)와 여러 장수들이 모두 모여서 진영의 군사들에게 떡 한 섬을 나누어 주고, 초저녁에 헤어져 돌아왔다.

10일기묘 맑음. 오후에 나는 충청 수사(선거이)와 두 조방장과 더불어 우수사(이억기)가 있는 데로 가서 같이 이야기하고 밤에 돌아왔다.

11일경진 흐림. 몸이 몹시 불편하여 공무를 보지 못했다.

12일신사 흐림. 아침에 충청 수사(선거이)와 두 조방장(신호·박종남)에게 오기를 청하여 함께 아침밥을 먹고 늦게 헤어져 돌아왔다. 저녁에 경상 수사(권준)가 우후(이몽구), 정항과 함께 술을 가지고 와서 함께 이야기하다가 밤이 늦어서야 헤어졌다.

충청 수사(선거이)와 박조방장(박종남)이 함께 왔는데, 신조방장(신호)은 병으로 오지 않았다. 언경(권준)이 홀로 남아 이야기를 할 때 사립(정사립)에 대하여 언급하는데, 우수사(이억기)를 통해 들었다면서 ,"그(사립)는 인륜과 강상을 어지럽히고 무너뜨렸다."는 것이었다. 지극히 놀라운 일이다. 경수(이억기)는 어찌하여 이런 무리한 말을 한 것인가. 그것이

복되지 못한 행동임을 생각할 수 있다.(일기초)

13일임오 맑음. 누대에 기대어 혼자 앉았으니 마음이 편치 않았다.

14일계미 맑음. 충청 수사(선거이)와 두 조방장(신호·박종남)과 함께 아침밥을 먹고,(일기초) 늦게 나가 공무를 보았다. 우수사(이억기)와 경상우수사(권준)가 함께 와서 이별주를 같이 나누고 밤이 깊어서야 헤어졌다. 선수사(선거이)와 이별할 때 짧은 시 한 수를 지어 주었다.

북방에 갔을 때 함께 힘써 일했더니	北去同勤苦
남방에 와서도 생사를 함께 하네	南來共死生
한잔 술 오늘 밤 달빛아래 나누고 나면	一杯今夜月
내일은 이별의 슬픈 정만 남으리	明日別離情

이 시를 써주었다.(일기초)

15일갑신 맑음. 선 수사(선거이)가 와서 보고하고 돌아가는데, 또 이별주를 들고 나서 헤어졌다.

16일을유 맑음. 나가서 공무를 보고 계문을 직접 감독하여 봉하였다. 이 날 저녁에 월식이 있었는데 밤이 되자 환하게 밝아졌다.

17일병술 맑음. 식후에 서울에 편지를 써 보냈다. 김희번이 장계를 가지고 떠났다. 유자(柚子) 30개를 영의정에게 보냈다.

18일정해 늦게 정 조방장(정응운)이 들어와서 함께 이야기했다.

19일무자 맑음. 정 조방장이 들어왔다가 바로 돌아갔다.

20일기축 새벽 2시 경에 둑제를 지냈다. 사도 첨사 김완(金浣)이 헌관이 되어 행사를 치렀다. 아침에 우수사(이억기)가 와서 만났다.

21일경인 맑음. 박과 신 두 조방장(박종남·신호)과 함께 아침밥을 먹었다. 박 조방장을 전송하려고 했으나, 그 길로 경상 수사(권준)를 작별하러 간

데다 그만 날이 저물어서 하지 못했다. 저녁에 이종호가 들어왔다. 다만 목화만을 가지고 왔기에 모두 나누어 주었다.

22일신묘 맑음. 동풍이 크게 불었다. 박자윤(박종남) 영공이 나갔다. 경상 우수사(권준)도 와서 전별했다.

23일임진 맑음. 나라(신의왕후 한씨)의 제삿날이라 출근하지 않았다. 웅천 사람으로 포로가 되었던 박록수와 김희수가 와서 인사하고, 아울러 도(道)의 적 정세를 말해주기에 무명 1필씩을 나눠주어 보냈다.

24일계사 맑음. 아침에 각처에 편지 10여 통을 썼다. 아들 울(蔚)과 면(葂)이 방익순, 온개[57] 등과 함께 길을 떠났다. 이 날 저녁에 우수사(이억기)와 경상 수사(권준)가 와서 만났다.

25일갑오 맑음. 오후 2시경에 녹도의 하인이 불을 내어 대청과 누대방에까지 불이 번져 모두 타버렸다. 군량과 화약, 군기 등의 창고에는 불길이 미치지 않았으나, 누대 아래에 있던 긴 화살과 짧은 화살 2백여 개가 모두 타 버렸으니, 한탄스럽다.

새벽 2시 경에 배에서 내렸다. 이른 아침에 목욕소에 이르러 식사 후 목욕을 하고 배에 올랐다 . 음식을 조리할 때 시간이 미시였는데 녹도의 하인이 불을 내어 대청과 누대방까지 불길이 닿아 모두 타버렸다.(일기초)

26일을미 맑음. 홀로 배 위에 앉아서 온종일 앉았다 누웠다 하였는데, 마음이 편치 않았다. 이언량(귀선장)이 재목을 베어 가지고 왔다.

27일병신 흐림. 안골포에서 왜적에게 붙었던 사람 230여 명이 나왔는데, 배의 수는 22척이라고 우수가 와서 보고했다. 식후에 불이 났던 터로 올라가 집 지을 땅을 손으로 가리켜 보았다.

---

57 온개(溫介)는 이순신의 둘째 형인 요신(堯臣) 소유의 여자종이다. 전라도 나주 출신의 사내종 말석(末石)의 여섯째 딸이다.

28일정유 맑음. 식후에 집 지을 곳으로 올라갔다. 우수사(이억기)와 경상수사(권준)가 와서 만났다. 아들 회(薈)와 울(蔚)이 기별을 듣고 들어왔다.

29일무술 맑음.

30일기해 맑음.

10월
수루의 대청 공사를 하다

1일경자 맑음. 신 조방장(신호)과 함께 아침 식사를 하고 그대로 작별하는 술자리를 베풀었다. 늦게 신 조방장이 나갔다.

2일신축 맑음. 대청에 대들보를 올렸다. 또 지휘선을 연기로 그을렸다. 우수사와 경상수사 및 이정충이 와서 만났다.

3일임인 맑음. 해평군 윤근수의 공문을 구례의 유생이 가지고 왔는데, "김덕령과 전주의 김윤선 등이 죄 없는 사람을 때려죽이고 바다의 진영으로 도망해 들어갔다."고 했다.[58] 그래서 이들을 수색해 보니, 9월 10일 즈음에 보리씨를 바꿀 일로 진에 왔다가 바로 돌아갔다고 했다. 회(薈)의 생일이다. 그래서 술과 음식을 갖추어 주도록 예방에 당부하였다.(일기초)

4일계묘 맑음.

5일갑진 이른 아침에 누대에 올라가서 일하는 것을 감독했다. 누대 위

---

58 김덕령은 첩보 전달을 지체한 역졸 1명과 도주한 군사의 부친을 죽였다. 죽은 자는 윤근수의 종이었는데, 근수가 덕령에게 풀어주라고 타이르자 덕령이 수락했으나 근수가 돌아가자 즉시 그를 죽였다. 근수가 덕령이 장수감이 못된다고 역설하자, 덕령을 추문했는데 스스로 해명하여 선조가 특사했다.《선조수정실록》(1596, 2, 1)

의 바깥 서까래에 흙을 올려 발랐다. 투항해온 왜놈들에게 운반하는 일을 시켰다.

6일을사 식후에 우수사(이억기)와 경상 수사(권준)가 와서 만났다. 저녁에 웅천 현감(이운룡)이 왔다. 그 편에 명나라 사신(양방형)이 부산으로 들어갔다는 말을 들었다. 이날 적에게 사로잡혔던 사람 24명이 나왔다.

7일병오 맑음. 화창하기가 봄날과 같다. 임치 첨사(홍견)가 와서 만났다.

8일정미 맑음. 조카 완(莞)이 들어왔다. 진원(珍原)과 조카 해(荄)의 편지도 왔다.

9일무신 맑음. 각처에 답장을 써서 보냈다. 대청을 짓는 것을 다 마쳤다. 우우후(이정충)가 와서 만났다.

10일기유 맑음. 늦게 대청으로 나가 공무를 보았다. 우수사(이억기)와 경상수사(권준)가 함께 와서 조용히 이야기했다.

11일경술 맑음. 일찍 누대방으로 올라가 종일 공사를 감독하였다.

12일신해 맑음. 일찍 누대 위로 올라가 공사를 감독하였다. 서쪽 사랑채를 만들어 세웠다. 저녁에 송홍득이 들어왔는데, 함부로 지껄이는 말이 많았다.

13일임자 맑음. 일찍 새로 지은 누대에 올라가 대청에 흙을 올려 바르는데 투항해 온 왜인들에게 작업을 마치도록 하였다. 군관 송홍득이 따라갔다.

14일계축 맑음. 우수사(이억기)와 경상 수사(권준), 사도 첨사(김완), 여도 만호(김인영), 녹도 만호(송여종) 등이 와서 만났다.

15일갑인 맑음. 새벽에 망궐례를 행했다. 저녁에 달빛 아래 우수사 경수(景受, 이억기)에게 가서 만나고 전별했다. 경상 수사, 미조항 첨사(성윤문), 사도 첨사도 왔다.

16일을묘 맑음. 새벽에 새로 지은 누대방으로 올라갔다. 우수사(이억기), 임치 첨사(홍견), 목포 만호(방수경) 등이 떠났다. 그대로 새 누대방에서 잤다.

17일병진 맑음. 아침에 가리포 첨사(이응표), 금갑도 만호(가안책)가 와서 함께 아침 식사를 했다. 진주의 하응구[59], 유기룡 등이 계속 지원하는 쌀 스무 섬을 가지고 와서 바쳤다. 부안의 김성업(金成業)과 미조항첨사 성윤문이 와서 만났다. 정항이 보고하고 돌아갔다.

18일정사 맑음. 권수사(권준)와 우우후(이정충)가 와서 만났다.

19일무오 맑음. 아들 회(薈)와 면(葂)이 떠났다. 송두남이 장계를 가지고 서울로 갔다. 김성업도 돌아갔다. 이운룡이 와서 만났다. 군량을 지원하는 유사(有司) 하응문과 유기룡이 나갔다.

20일기미 맑음. 늦게 가리포 첨사(이응표), 금갑도 만호(가안책), 남도포 만호(강응표), 사도 첨사(김완), 여도 만호(김인영)가 와서 만나고 그들에게 술을 먹여 보냈다. 저물녘에 영등포 만호(조계종)도 와서 저녁 식사를 하고 돌아갔다. 이날 밤 바람은 몹시도 싸늘하고 차가운 달빛은 대낮 같아 자려해도 잠들지 못하고 밤새도록 뒤척거렸는데 온갖 근심이 가슴에 치밀었다.

21일경신 맑음. 이설(李渫)이 휴가를 신청했으나 허락하지 않았다. 늦게 우우후 이정충, 금갑 만호 가안책, 이진 권관(만호) 등의 관리들이 와서 만났다. 바람이 몹시 싸늘하여 잠을 이룰 수 없기에 공태원을 불러 왜적의 정세를 물었다.

사립(정사립)을 통하여 들으니, "경상 수백(권준)이 모함하는 말을 거짓으로 꾸미는데 손이 가는대로 글을 작성하고, 문서로 작성하면 오로지 알려지지 않게 했다."고 하였다. 매우 놀랍다 권수사의 사람됨이 어찌하여 그처럼 거짓되고 망령된 것인가 . 늦게 미조항 첨사 성윤문이 와서 권준

---

59 하응구(河應龜)는 진주 출신 유생으로 군량을 지원했다. 부장(部將)으로서 계향유사를 지냈다.

수사의 형편 없는 모습을 많이 말했다.(일기초)

22일신유 맑음. 가리포 첨사(이응표), 미조항 첨사(성윤문), 우후(이몽구) 등의 관리들이 와서 만났다. 저녁에 송희립, 박태수, 양정언이 들어왔다. 왕에게 보낼 하례하는 글을 가지고 갈 유생도 들어왔다.

23일임술 맑음. 아침에 임금에게 하례하는 글을 보낸 뒤에 대청으로 나가 공무를 보았다.

24일계해 맑음. 경상 수사가 와서 만났다. 하응구도 와서 종일 이야기하고 저물어서 돌아갔다. 박태수와 김대복이 보고하고 돌아갔다.

25일갑자 맑음. 가리포 첨사, 우후, 금갑도 만호, 회령포 만호, 녹도 만호 등이 와서 만나고 돌아갔다. 저녁에 정항이 돌아간다고 고하여 전별했다. 띠풀을 베어 올 일로 이상록, 김응겸, 하천수, 송의련, 양수개(楊水漑) 등이 군사 80명을 거느리고 나갔다.

26일을축 맑음. 임달영이 왔다고 들었기에 불러서 제주도에 가는 일에 대해 물었다. 방답 첨사(장린)가 들어왔다. 송홍득과 송희립 등이 사냥하러 갔다.

장인의 기일(忌日)이라 공무를 보지 않았다.(일기초)

27일병인 맑음. 우우후와 가리포 첨사가 왔다.

28일정묘 맑음. 경상 우후(이의득)가 와서 만났다. 띠풀을 베어 실은 배가 들어왔다. 밤에 비가 오고 우레가 치는 것이 여름철의 기상변화와 같으니 괴상한 일이다.

초저녁에 거센 바람과 폭우가 크게 일었다. 밤 10시 경에 우레가 치고 비가 와서 여름철과 같으니 변괴가 이 지경에 이르렀다.(일기초)

29일무진 맑음. 가리포 첨사(이응표)와 이진 만호가 돌아갔다. 경상 수사(권준), 웅천 현감(이운룡), 천성보 만호(윤홍년)도 왔다.

11월
원균의 편지를 비판하다

1일기사 새벽에 망궐례를 행했다. 늦게 나가 공무를 보았다. 사도 첨사(김완)가 나갔다. 함평, 진도, 무장의 전선을 내보냈다. 김희번이 서울에서 내려 와서 조정의 관보와 영의정(유성룡)의 편지를 바쳤다. 투항해 온 왜놈들에게 술을 먹였다. 오후에 방답 첨사와 활 7순을 쏘았다.

김희번이 서울에서 내려 와서 영의정의 편지와 조보 및 흉악한 원씨의 답서를 가져와 바치니, 지극히 흉악하고 거짓되어 입으로는 말할 수 없었다. 속이는 말들은 무엇으로도 형상하기 어려우니 천지 사이에는 이 원씨처럼 흉패하고 망령된 이가 없을 것이다.(일기초)

2일경오 맑음. 곤양 군수 이극일(李克一)이 와서 만났다.

3일신미 맑음. 황득중이 들어와서, "왜선 2척이 청등(거제 청포마을)을 거쳐 흉도(고개도)에 이르렀다가 해북도[60]에 가까이 와서 불을 지르고 돌아가 춘원포 등지에 이르렀다."고 전하고는 새벽에 지도(紙島)로 돌아갔다.

4일임신 맑음. 새벽에 이종호(李宗浩)와 강기경(姜起敬) 등이 들어와서 만났다. 변존서의 편지를 보니 조카 봉(菶)과 해(荄) 형제가 본영에 왔다고 했다.

직장 이여옥(이은신)[61] 형 집에서 이보(李莆)[62]의 편지가 오니 비통함을 참

---

60 해북도(海北島)는 거제시 둔덕면에 소재하는 해간도로 거제와 통영 사이의 바다 가운데에 있다.

61 여옥(汝沃)은 이은신(李殷臣 1539~1594)의 자다. 이은신은 이백복(李百福)의 손자이고 이지(李贄)의 아들이다. 유성룡의 친구인데 유성룡이 한밤중에 이은신의 정원 정자에서 함께 노닐며 시를 지었다.《서애집》

62 이보(李莆 1571~1638)는 자(字)가 요서(堯瑞)이고 이순신의 큰할아버지의 손자인 이은신(李殷臣)의 아들이다.

지 못했다. 곧바로 답서를 작성하여 보(甫)에게 보냈다. 쌀 2곡(斛, 10말)과 6장의 유둔(油芚, 기름종이), 4장의 유둔과 잡물 등의 60척을 찾아서 보내도록 분부하였다. 또한 아들의 편지를 보니 "요동의 왕울덕은 왕씨의 후예로서 군사를 일으키려 한다."고 하였다. 매우 놀랄 일이다. 우리 나라의 병사들이 쇠잔하고 피폐한데 이를 어찌하랴.(일기초)

5일계유 맑음. 남해 현령(기효근), 금갑도 만호(가안책), 남도포 만호(강응표), 어란포 만호, 회령포 만호(민정붕)와 정담수가 와서 만났다. 방답 첨사(장린)와 여도 만호(김인영)를 불러다가 이야기했다.

6일갑술 맑음. 송희립이 들어왔다. 베어 온 띠풀 4백 동(同)과 생칡 백 동(同)을 실어 왔다.

7일을해 맑음. 하동 현감(최기준)[63]이 교서와 유서에 숙배했다. 경상 우수사(권준)가 순찰사가 있는 곳에서 왔다. 미조항 첨사(성윤문)와 남해 현령도 왔다.

8일병자 맑음. 새벽에 조카 완(莞)과 종 경(京)이 본영으로 돌아갔다. 늦게 김응겸과 경상도 순찰사의 군관 등이 왔다.

9일정축 맑음. 여도 만호 김인영이 들어왔다.

10일무인 맑음. 새벽에 경상도 순찰사의 군관이 돌아갔다.

11일기묘 맑음. 새벽에 선조 임금의 탄신을 축하하는 예를 드렸다. 본영의 탐후선이 들어왔다. 주부 변존서, 이수원(李壽元), 이원룡(李元龍) 등이 왔는데, 그 편에 어머니께서 평안하시다는 말을 들었다. 기쁘고 다행이다. 저녁에 이의득이 와서 만났다. 금갑도 만호(가안책)와 회령포 만호(민정붕)가 떠났다.

12일경진 맑음. 발포의 임시대장으로 이설을 정하여 보냈다.

---

63 최기준(崔琦準)은 정병 159명을 이끌고 진주를 수비하고 도장(都將)으로서 의령에서 왜적을 물리쳤다.

13일신사 맑음. 도양장에서 거둔 벼와 콩이 8백 2십 섬이었다.

14일임오 맑음.

15일계미 맑음. 아버님의 제삿날이라 밖에 나가지 않았다. 혼자 앉아서 그리워하는 생각에 마음을 스스로 가누지 못했다.

16일갑신 맑음. 항복한 왜인 여문련기(汝文戀己), 야시로(也時老) 등이 와서, "왜인들이 도망가려 한다."고 보고했다. 그래서 우우후(이정충)를 시켜 잡아오게 하니, 그 주모자를 찾아서 준시(俊時) 등 왜인 두 명을 베었다. 경상수사(권준)와 우후(이몽구), 웅천 현감(이운룡), 방답 첨사(장린), 남도포 만호(강응표), 어란포 만호(정담수), 녹도 만호(송여종)가 왔는데, 녹도 만호는 바로 떠났다.

17일을유 맑음.

18일병술 맑음. 어응린[64]이 와서, "고니시 유키나가가 그 부하를 거느리고 바다로 나갔는데 어디로 갔는지 알 수 없다."고 전했다. 그래서 경상 수사에게 전령하여 바다와 육지를 정탐하게 했다. 늦게 하응문이 와서 군량을 계속 대는 일에 대하여 보고했다. 조금 있으니 경상 수사(권준)와 웅천 현감(이운룡) 등이 와서 의논하고 갔다.

19일정해 맑음. 이른 아침에 도망갔던 왜인이 자진해서 나타났다. 밤 10시경에 조카 분(芬), 봉(葑), 해(荄)와 아들 회(薈)가 들어왔다. 어머님께서 평안하심을 알게 되니 기쁘고 다행이다. 하응문이 돌아갔다.

20일무자 맑음. 거제 현령(안위)과 영등포 만호(조계종)가 와서 만났다.

21일기축 맑음. 북풍이 종일 불었다. 새벽에 송희립을 내보내어 견내량에 적선이 있는지를 조사하게 했다. 이날 저녁에 청어 13,240 두름[65]을 곡식과 바꾸려고 이종호(李宗浩)가 받아 갔다.

---

64 어응린은 을미년에 진영에 왔고 병신년에 와서 왜장이 출발하는 것을 보고했다.
65 두름(級)은 물고기 10마리씩 두 줄에 엮은 20마리를 세는 단위이다.

22일경인 맑음. 새벽에 동짓날의 임금께 하례를 고하는 숙배를 올렸다. 늦게 웅천 현감(이운룡), 거제 현령(안위), 안골포 만호(우수), 옥포 만호(이담), 경상 우후(이의득) 등이 왔다. 변존서와 조카 봉(菶)이 함께 갔다.

23일신묘 맑으나 바람이 크게 불었다. 이종호가 하직하고 나갔다. 이날 견내량을 순찰하는 일로 경상 수사(권준)를 정하여 보냈으나, 바람이 몹시 사나워서 떠나지 못했다.

24일임진 맑음. 순시선이 나갔다가 밤 10시 경에 진으로 돌아왔다. 변익성이 곡포 권관이 되어서 왔다.

25일계사 맑음. 식후에 곡포 권관(변익성)의 공식 인사를 받았다. 늦게 경상 우후(이의득)가 와서 "항복한 왜인 8명이 가덕도에서 나왔다."고 전했다. 웅천 현감(이운룡)과 우우후(이정충), 남도포 만호(강응표), 방답 첨사(장린), 당포 만호(하종해)가 와서 만났다. 조카 분(芬)과 밤 10시경까지 이야기를 나누었다.

26일갑오 아침에 흐리더니 늦게 갰다. 식후에 나가서 공무를 보았다. 광양의 도훈도가 복병하러 나갔다가 도망간 자들을 잡아와서 처벌했다. 정오 경에 경상 수사가 왔다. 항복한 왜놈 8명과 그들을 데리고 온 김탁(金卓) 등 2명이 함께 왔기에 술을 먹였다. 김탁 등에게는 각각 무명 한 필씩을 주어 보냈다. 저녁에 유척(柳滌)과 임영(林英) 등이 왔다.

27일을미 맑음. 김응겸이 이년목(가사목)을 벌목해 올 일로 목수 5명을 데리고 갔다.

28일병신 맑음. 나라(예종)의 제삿날이라 출근하지 않았다. 유척과 임영이 돌아갔다. 조카들과 밤이 깊어질 때까지 이야기하였다. 오늘이 외삼촌의 기일이라 종일토록 밖에 나가지 않았다.(일기초)

29일정유 맑음. 나라(인성왕후)의 제삿날이라 출근하지 않았다.

30일무술 맑음. 남해에서 항복해 온 왜인 야여문과 신시로 등이 왔다. 경상 수사(권준)가 와서 만났다. 체찰사(이원익)에게 보내는 전세와 군량 30

섬을 경상 수사가 받아 갔다.

12월
삼천진에서 이원익을 만나다

1일기해 맑음. 새벽에 망궐례를 행했다.

2일경자 맑음. 거제 현령(안위), 당포 만호(하종해), 곡포 권관(변익성) 등이 와서 만났다. 술을 대접하니 취해서 돌아갔다.

3일신축 맑음.

4일임인 맑음. 순천 2호선과 낙안 1호선의 군사를 점검하고 내보냈으나 바람이 순조롭지 못하여 출항하지 못했다. 조카 분과 해가 본영으로 갔다. 황득중과 오수(吳水) 등이 청어 7천 여 두름을 싣고 왔기에 김희방[66]의 무곡선[67]에 계산하여 주었다.

5일계묘 맑으나 바람이 순하지 못했다. 몸이 불편한 것 같아 종일 나가지 않았다.

6일갑진 맑음. 늦게 경상 수사(권준)가 와서 만났다. 저녁에 아들 울(蔚)이 들어와서 어머니께서 평안하시다는 것을 알게 되니 한없이 기쁘고 다행이다.

7일을사 맑으나 바람이 순하지 못하다. 웅천 현감(이운룡), 거제 현령(안위), 평산포 만호(김축), 천성보 만호(윤홍년) 등이 와서 만나고 갔다. 청주의 이희남에게 답장을 써서 보냈다.

---

66 김희방(金希邦 1558~?)은 어모장군 김언공(金彦恭)의 아들로 순천에 거주했다.

67 무곡선(貿穀船)은 각 지방에서 생산된 어물 등의 물품과 교역하는 미곡선이다.

8일병오 맑음. 우우후(이정충)와 남도포 만호(강응표)가 와서 만났다. 체찰사(이원익)의 전령이 왔는데, 가까운 시일에 소비포에서 만나자고 했다.

9일정미 맑음. 몸이 불편하여 밤새도록 신음했다. 거제 현령(안위)과 안골포 만호 우수 등이 와서, "적들이 물러갈 뜻이 없는 것 같다."고 말했다. 하응구도 왔다.

10일무신 맑음. 충청도 순찰사(박홍로)와 충청 수사(선거이)에게 공문을 작성하여 보냈다.

11일기유 맑음. 조카 해와 분이 무사히 본영에 도착했다는 편지를 받아 보니 기쁘고 다행이다. 그러나 그 고생하는 사정이야 말로 다 표현할 수 없을 것이다.

12일경술 맑음. 경상 수사(권준)가 와서 만났다. 우후도 왔다.

13일신해 맑음. 왜군의 옷 50벌과 연폭(連幅) (이하 결문). 초저녁에 종 돌세 [石世]가 와서 말하기를, "왜선 3척과 작은배 1척이 등산 바깥 바다[68]로부터 와서 합포[69]에 정박했다."고 한다. 이는 필시 사냥하는 왜군인 것 같아 바로 경상 수사(권준), 방답 첨사(장린), 전라 우우후(이정충)에게 명하여 정탐해 보도록 하였다.

14일임자 맑음. 경상 수사(권준)와 여러 장수들이 합포로 나아가 왜놈들을 타일렀다. 미조항 첨사(성윤문)와 남해 현령(기효근), 하동 현감(최기준)이 들어왔다.

15일계축 맑음. 체찰사(이원익)의 처소로 나아갔던 관리가 와서, "18일에

을미일기

---

68 등산(登山) 바깥 바다는 통영의 동남쪽 거제 경계의 매미도(每未島) 뒤에 있는 등산망(登山望)의 앞바다이다.《통영지》등산망은 지금의 망산으로 거제시 남부면 저구리에 있다.

69 합포(合浦)는 마산의 병마절제사영터 앞의 해창(海倉)과 월영대가 있는 앞바다의 만(灣) 일대로 추정한다. 그 외 진해의 학개라는 설도 있고, 진해 수도동에도 합포가 있으나 후대의 지명이다. 이순신이《임진장초》에서 창원과 웅천을 호용하였기에 돝섬 일대의 만으로 본다.

삼천포에서 만나자."고 한다기에 행장을 차렸다. 초저녁에 경상 수사(권준)가 와서 만났다.

16일갑인 맑음. 새벽 4시경에 배를 출발하여 달빛을 타고 당포 앞바다에 도착하여 아침을 먹고 다시 사량도 뒷바다(양지리 하도 부근)에 도착했다.

17일을묘 비가 뿌렸다. 삼천진 앞에 이르니, 체찰사(이원익)가 사천(泗川)에 이르렀다고 한다.

18일병진 맑음. 아침식사 후 삼천진에 나아갔다. 오시에 체찰사(이원익)가 성안에 들어와서 함께 조용히 이야기했다. 초저녁에 체찰사가 또 함께 이야기하자고 청하므로[70] 새벽 2시 경까지 이야기하다가 헤어졌다.

19일정사 맑음. 아침 식사 후에 나가 공무를 보고 군사들에게 음식을 먹였다. 다 먹인 뒤에 체찰사(이원익)가 떠나고, 나도 배로 내려왔다. 바람이 몹시 사나워 배를 몰 수 없었다. 그대로 머물러 정박하고 밤을 지냈다.

20일무오 맑음. 바람이 크게 불었다. (이후 21일부터 30일까지 빠져있음)

---

70 이날 이원익이 이순신에게 조정의 기밀을 전했다. 왜적이 거북선을 추가 건조하고 전선 자재가 나오는 거제·옥포·지세포에 왜군들이 있는 사실을 도체찰사와 통제사에게 몰래 알리라는 내용이다.《선조실록》(1595. 10. 27)

丙申日記

병신년

1월 이순신은 청어를 잡아 군량 5백 섬을 마련하고, 2월 홍양 둔전의 벼 352섬을 받았다. 3월 원균이 이원익에게 곤장 40대를 맞고, 4월 장사를 가장한 부산의 정탐 왜병 4명을 효수했다. 6월 조정에서 이순신과 원균간의 문제를 논하였다. 원균이 전라병사가 되었다. 7월 귀순한 왜병이 광대놀이를 했고, 명나라 사신 수행원의 배 3척을 보냈다. 윤8월 무과시험장을 열었고, 체찰사 이원익과 순회 점검을 했다. 10월 여수본영에 모친을 모셔와 구경시켜드렸다. 겨울에 요시라가 간계를 부렸다.

임진왜란 약사

1월 심유경이 고니시 유키나가와 함께 일본에 가고 권율이 다시 도원수가 되었다. 2월 곽재우가 경상방어사가 되고 3월 요시라와 이홍발이 회담했다. 4월 고니시 유키나가가 부산에 오고, 6월 책봉정사 양방형과 함께 일본에 갔다. 7월 이몽학의 난이 일어나고 8월 김덕령이 옥사했다. 9월 도요토미 히데요시가 오사카에서 명나라와 강화협상을 했으나 결렬되었다. 10월 일본은 재침 준비에 착수하고 11월 이원익이 남하하고 12월 고니시 유키나가가 부산에 상륙했다.

병신년(1596)

만일 서쪽의 적이 급한데 남쪽의 적까지 동원된다면
임금이 어디로 가시겠는가.

1월
명나라와 일본의 상황을 듣다

1일무진 맑음. 새벽 2시 경 초에 어머님 앞에 들어가 배알하였다. 늦게 남양 아저씨와 신 사과(신정)가 와서 이야기했다. 저녁에 어머니께 하직하고 본영으로 돌아왔다. 마음이 매우 산란하여 밤새도록 잠들지 못했다.

2일기사 맑음. 일찍 나가 병기를 점검했다. (덕은 몸을 윤택하게 한다)[1] 이 날은 나라(인순왕후)의 제삿날이다. 부장(部將) 이계(李繼)가 비변사의 공문을 가지고 왔다.

3일경오 맑음. 새벽에 바다로 내려가니 아우 여필과 (덕은 몸을 윤택하게 한다) 여러 조카들이 모두 배 위로 왔다. 날이 밝아 배를 띄우고 서로 작별하였다. 정오에 곡포 바다 가운데에 이르니, 동풍이 약간 불었다. 상주포

---

1 2일자 내용 우변에 "덕윤신(德潤身)" 글이 적혀있는데, 《대학장구 전6장》에서 나오는 말이다. 증자(曾子)가 "부는 집을 윤택하게 하고, 덕은 몸을 윤택하게 하는 것이니, 덕이 있으면 마음이 넓어지고 몸이 펴져서 태연해진다. 그러므로 군자는 반드시 그 뜻을 성실히 하는 것이다.[富潤屋 德潤身 心廣體胖 故君子必誠其意]"라고 하였다. 다음 3일자에도 적혀 있다.

앞바다에 이르니 바람이 자서 노를 재촉하여 자정 경에 사량에 도착하여 잤다.

4일신미 맑음. 새벽 2시 경에 첫 나발을 불고 날이 새자 배를 띄웠다. 이여념이 와서 만났다. 진중의 일을 물으니, 모두 여전하다고 했다. 오후 4시경에 가랑비가 보슬보슬 내렸다. 걸망포에 이르니, 경상 수사(권준)가 여러 장수들을 거느리고 나와 기다렸다. 우후(이몽구)는 먼저 배 위로 왔으나 몹시 취해 정신을 차리지 못하여 바로 자기 배로 돌아갔다. 송한련과 송한 등이 말하기를, "청어 천여 두름을 잡아다 널었는데, 통제사께서 행차하신 뒤에 잡은 것이 1,800여 두름이나 됩니다."라고 했다. 비가 크게 내려 밤새도록 걷히지 않았다. 여러 장수들이 저물녘에 출발했는데, 길이 질어서 넘어진 사람이 많았다고 한다. 기효근과 김축이 휴가를 받아 돌아갔다.

진영에 이르렀다.(일기초)

5일임신 종일 비가 내렸다. 먼동이 틀 때에 우후(이몽구)와 방답·사도의 두 첨사(장린·김완)가 와서 문안했다. 나는 서둘러 세수하고 방밖으로 나가 그들을 불러들여 지난 사정을 물었다. 늦게 첨사 성윤문, 우우후 이정충, 웅천 현감 이운룡, 거제 현령 안위, 안골포 만호 우수, 옥포 만호 이담이 왔다가 어두워진 뒤에 돌아갔다. 이몽상(李夢象)은 또한 권 수사(권준)가 보낸 것이라고 와서 문안하고 돌아갔다.

6일계유 비가 계속 내렸다. 오수(吳水)가 청어 1310 두름을, 박춘양은 787 두름을 바쳤는데, 하천수가 받아다가 말렸다. 황득중은 202두름을 바쳤다. 종일 비가 내렸다. 사도 첨사(김완)가 술을 가지고 와서 말하기를, "군량 500여 섬을 마련해 놓았다."고 했다.

7일갑술 맑음. 이른 아침에 이영남이 눈독 들였던 여인이 와서 말하기를, "권숙(權俶)² 이 사통하려고 하여 피해 왔는데, 바로 다른 곳으로 가겠다."고 했다. 늦게 권 수사(권준)와 우후(이몽구), 사도 첨사(김완), 방답 첨사(장린)가 오고 권숙도 왔다. 오후 2시 경에 견내량의 복병장인 삼천포 권관이 급히 보고하기를 "항복한 왜인 5명이 부산으로부터 왔다."고 하였다. 그래서 안골포 만호 우수와 공태원을 보냈다. 날씨가 매우 춥고 서풍이 매서웠다.

8일을해 맑음. 입춘인데도 날씨가 몹시 차가워 매서운 한겨울 같다. 아침에 우우후(이정충)와 방답 첨사(장린)를 불러 함께 약식을 먹었다. 아침 일찍 항복한 왜인 5명이 들어왔기에 그 온 연유를 물으니, "저희 장수가 성질이 포악하고 일을 부리는 것이 고되어 도망 나와 투항했습니다."라고 하였다. 그들의 크고 작은 칼들을 거두어 누대 위에 두었다. 그러나 실은 부산에 있던 왜적이 아니고 가덕도에 있는 심안둔(시마즈 요시히로)의 부하라고 하였다.

9일병자 흐리고 추워서 살을 도리는 것 같았다. 오수가 잡은 청어 360두름을 하천수가 싣고 갔다. 각처에 공문을 작성하여 보냈다. 저물녘에 경상 수사가 와서 방비책을 논의했다. 서풍이 종일 불어서 배가 바다에 나가지 못했다.

10일정축 맑았으나 서풍이 크게 불었다. 이른 아침에 적이 다시 나올지를 점쳤더니, "수레에 바퀴가 없는 것과 같다[如車無輪]."는 괘가 나왔다. 다시 점을 쳤더니, "군왕을 만나본 것과 같다[如見君王]."는 괘가 나와 모두 길한 괘라서 기뻤다. 식후에 대청으로 나가 공무를 보았다. 전라 우우후(이정충)와 어란 만호(정담수)가 와서 만났다. 사도 첨사(김완)도 왔다. 체찰사(이원익)가 나누어 준 여러 가지 물품을 세 위장(衛將, 오위 지휘 장

---

2 권숙(權俶)은 성균관 박사 이치(李致)의 사위이다. 이치는 덕수 이씨로 이순신의 증조부 이거(李琚)의 아우 이찬(李璨)의 손자이다.

수)에게 나누어 주었다. 웅천 현감(이운룡), 곡포 권관(변익성), 삼천포 권관, 적량 만호(고여우)가 함께 와서 만났다.

11일무인 맑음. 서풍이 밤새도록 크게 부니 한겨울보다 배로 추웠다. 몸이 몹시 불편했다. 늦게 거제 현령(안위)이 와서 만났는데, 경상 수사(권준)의 옳지 못한 일을 자세히 말했다. 광양 현감(김성)이 들어왔다.

12일기묘 맑았으나 서풍이 크게 불어 추위가 배로 매서웠다. 새벽 2시 경에 꿈을 꾸었는데 어느 한 곳에 이르러 영의정(유성룡)과 함께 이야기를 나누고 있었다. 한동안 둘 다 걸친 옷을 벗어 놓고 앉았다 누웠다하며 서로 우국에 대한 생각을 털어 놓다가 끝내 속내를 쏟아내면서 극에 달했다. 얼마 후 비바람이 억세게 치는데도 흩어지지 않고 조용히 이야기하는 사이 만일 서쪽의 적[3]이 급한데 남쪽의 적까지 동원된다면 임금은 어디로 가시겠는가를 되풀이하며 걱정하다가 말할 바를 알지 못했다. 예전에 영의정이 천식을 심하게 앓는다고 들었는데 잘 나았는지 모르겠다. 척자점을 쳐보니 "바람이 물결을 일으키는 것과 같다[如風起浪]."는 괘가 나왔다. 또 오늘 어떤 길흉의 조짐을 들을지 점쳤더니, "가난한 사람이 보물을 얻은 것과 같다[如貧得寶]."고 했다. 이 괘는 매우 길하다. 어제 저녁에 종 금(金)을 본영으로 내보냈는데 바람이 몹시 거세어 걱정이 되었다. 늦게 나가서 공무를 보며 각지의 공문을 작성하여 보냈다. 낙안 군수(선의문)가 들어왔다. 웅천 현감(이운룡)의 보고에, "왜선 14척이 와서 거제의 금이포(金伊浦, 금포)에 정박했다."고 하기에 경상 수사에게 삼도의 여러 장수들을 거느리고 가 보도록 하였다.

13일경진 맑음. 아침에 경상 수사(권준)가 와서 견내량으로 출항할 것을 고하고 떠났다. 늦게 대청으로 나가 공문을 작성하여 보냈다. 체찰사(이

---

3   서쪽의 적은 중국 쑤쯔허(蘇子河) 상류에 근거지를 둔 누르하치의 여진족을 가리킨다.

원익)에게 올리는 공문을 보냈다. 성균관의 종은, '유생들이 성균관의 학문을 다시 세운다는 글'[4]을 가지고 온 자인데, 고하고 돌아갔다. 이날 바람이 자고 날씨가 따뜻했다. 이날 저녁 달빛은 대낮 같고 잔바람도 일지 않았다. 홀로 앉아 있으니 마음이 번잡하여 잠을 이루지 못했다. 신홍수[5]를 불러서 피리 부는 소리를 듣다가 밤 10시 경에 잠들었다.

14일신사 맑았으나 바람이 크게 불었다. 늦게 바람이 자고 날씨는 따뜻한 것 같다. 흥양 현감(흥유의)이 들어왔다. 정사립, 김대복이 들어왔다. 조기(趙琦)와 김숙(金俶)도 함께 왔다. 그 편에 연안(延安)에 있는 옥(玉)의 외조모의 상사(喪事)를 들었다. 밤늦게까지 이야기했다.

15일임오 맑고 따뜻하다. 새벽 3시경에 망궐례를 행했다. 아침에 낙안 군수(선의문)과 흥양 현감(흥유의)을 불러 아침식사를 함께 했다. 늦게 대청으로 나가 공문을 작성하여 나누어 보내고 항복한 왜인에게 술과 음식을 먹였다. 낙안과 흥양의 전선과 병기, 부속물 및 사부와 격군들을 점검하니 낙안의 것이 가장 잘못됐다고 했다. 이 날 저녁 달빛이 매우 밝으니 풍년들 것을 점칠 수 있다고 한다.

16일계미 맑음. 서리가 눈처럼 내렸다. 늦게 나가 공무를 보았다. 아주 늦게 경상 수사(권준)와 우후(이몽구) 등이 와서 만났다. 웅천 현감(이운룡)도 와서 취하여 돌아갔다.

17일갑신 맑음. 아침에 방답 첨사(장린)가 휴가를 받고서 변존서와 조카 분(芬), 김숙(金㴷)과 배를 함께 타고 떠났다. 마음이 편치 않았다. 정오에 나가 공무를 보았다. 우후를 불러 활을 쏠 때 성윤문과 변익성이 와서 만

---

4 성균관 진사 이욱(李稶) 등이 상소하기를, "난리 이후 5년 동안 선성(先聖)께 한 번도 예를 올리지 않으시니 한심합니다. 신들은 다시 성균관에 들어가 시서(詩書)를 배우고자 합니다."라고 하였다.《선조실록》(1596. 5. 17)

5 신홍수(申弘壽 1567~1619)는 이순신의 휘하에서 옥포와 노량해전에서 전공을 세웠다. 군자감 주부와 훈련원 정을 지냈다. 병신년에 진영에 오고 피리를 잘 불었다.

나고 함께 활을 쏘고서 돌아갔다. 어두울 무렵 강대수 등이 편지를 가지고 들어왔는데, 종 금(金)이 16일에 본영에 도착했다고 한다. 종 경(京)이 돌아와서 말하기를, "아들 회(薈)가 오늘 은진(논산)으로 돌아간다."고 했다.

18일을유 맑음. 아침부터 종일 군복을 마름질했다. 늦게 곤양 군수(이극일)와 사천 현감(변속)이 왔다가 취해서 돌아갔다. 동래 현령(정광좌)이 급히 보고하기를, "왜인들이 자주 마음이 바뀌는 모습이 보이고, 유격 심유경이 고니시 유키나가와 함께 1월 16일에 먼저 일본으로 갔다."[6]고 했다.

19일병술 맑고 따뜻했다. 늦게 나가서 공무를 보았다. 사도 첨사와 여도 만호가 왔고 우후(이몽구)와 곤양 군수(이극일)도 왔다. 경상 수사(권준)도 와서 우우후(이정충)를 불렀는데, 곤양 군수가 술을 차려 올리고 조용히 이야기했다. 부산의 적진에 들어갔었던 네 사람이 와서 "심유경이 고니시 유키나가, 겐소[7], 데라자와 마사나리[8], 고니시 히[9]와 함께 정월 16일 새벽에 바다를 건너갔다."는 소식을 전했다. 그래서 그들에게 양식 3말을 주어 보냈다. 이날 저녁에 박자방[10]은 서 순찰사(서성)가 진영에 온다

---

6 《선조실록》(1596, 1, 1)에, "심유경과 고니시 유키나가는 먼저 일본(나고야)에 들어갔다. 조칙을 맞을 절차를 의논한다고 핑계 대었으나 그 속사정을 몰랐다."고 하였다.

7 겐소(玄蘇)는 일본 성복사(聖福寺)의 승려로 유키나가의 휘하 참모로 활동하고 강화할 때마다 참석했다.

8 데라자와 마사나리(寺澤正成 1563~1633)는 도요토미 히데요시의 부하로서 기장과 울산에서 기요마사의 부대를 지휘하고 군량을 담당했으며, 명일 간 협상에 참여하고 노량해전 때 참전했다.

9 고니시 히(小西飛 1550~1626)(小西飛彈守)는 유키나가의 막하로서 1593년 7월 왕자 송환 조건으로 조공을 요구하고 1594년 북경에 가서 봉공을 약속받은 후 귀국했다. 평양성 전투 때 계월향과의 전설이 있다.

10 박자방(朴自邦(方/芳) 1579~1598)은 여수출신으로 이순신의 조방장이 되어 고향의 편지 전달을 담당했다.

고 하기 때문에 여러 가지 물건을 가지러 본영으로 갔다. 오늘 메주를 쑤었다.

20일정해 종일 비가 내렸다. 몸이 매우 피곤하여 낮잠을 잠깐 잤다. 오후 2시경에 메주 만드는 것을 끝내고 부뚜막에 들여놓았다. 낙안 군수가 와서, "둔전에서 거둔 벼를 실어왔다"고 고했다.

21일무자 맑음. 아침에 나가 공무를 보았다. 체찰사(이원익) 앞으로 보낼 순천의 공문을 작성했다. 식후에 미조항 첨사(성윤문)와 흥양 현감(홍유의)이 보러 왔기에 술을 먹여 보냈다. 미조항 첨사는 휴가를 보고했다. 늦게 대청으로 나가니 사도 첨사(김완), 여도 만호(김인영), 사천 현감(변속), 광양 현감(김성), 곡포 권관(변익성)이 와서 만나고 돌아갔다. 곤양 군수(이극일)도 와서 활 10순을 쏘았다.

22일기축 맑음. 지극히 춥고 바람도 매우 험하여 종일 나가지 않았다. 늦게 경상 우후 이의득이 와서 수사(권준)의 경박하고 망령됨을 전했다. 이날 밤은 바람이 차고 거세니 아이들이 들어오는데 고생할까 염려되었다.

23일경인 맑음. 바람이 찼다. 작은 형님(요신)의 제삿날이라 나가지 않았다. 심사가 매우 어지럽다. 아침에 옷 없는 군사 17명에게 옷을 주고는 여벌로 옷 한 벌씩 더 주었다. 하루 종일 바람이 험했다. 저녁에 가덕에서 나온 김인복[11]이 와서 인사하므로 적의 정세를 물어 보았다. 밤 10시경에 아들 면(葂)과 조카 완(莞) 및 최대성, 신여윤, 박자방이 본영에서 와서 어머니께서 평안하시다는 편지를 보게 되니 기쁜 마음 어찌 다하랴. 종 경(京)도 왔다. 종 금(金)은 애수(愛壽)와 금곡(아산 배방 중리)에 사는 종 한성(漢城), 공석(孔石) 등과 함께 왔다. 자정 경에 잠자리에 들었다. 눈이 2치(약7cm) 내렸는데, 근년에 없는 일이라고 한다. 이 날 밤 몸이 매우

---

11 김인복(金仁福)은 재종형 김억추와 함께 이순신을 돕고, 명량해전에서 부상을 입은 몸으로 전공을 세웠다.

불편했다.

24일신묘 맑음. 북풍이 크게 일어 눈보라 치면서 모래까지 날리니 사람들이 걸어 다닐 수 없었고 배도 다닐 수 없었다. 새벽에 견내량의 복병이 보고하기를, "어제 왜놈 한명이 복병에게 와서 항복하여 들어오기를 청한다."고 하기에 데려오라고 회답했다. 늦게 좌우후(이몽구)와 우우후(이정충), 사도 첨사(김완)가 와서 만났다.

25일임진 맑음.

26일계사 맑으나 바람이 순하지 못했다. 나가서 공무를 보고 활을 쏘았다.

27일갑오 맑고 따뜻하였다. 아침 식사 후에 나가 공무를 보았다. 장흥 부사(배흥립)의 죄를 신문 조사한 뒤에 흥양 현감(홍유의)과 함께 이야기했다. 늦게 경상우도 순찰사(서성)가 들어왔기에 오후 4시경에 우수사(이억기)의 진영으로 가서 만나고 자정 경에 돌아왔다. 사도의 관리가 화약을 훔치다가 붙잡혔다.

28일을미 맑음. 늦게 나가 공무를 보았다. 오시에 순찰사(서성)가 와서 활을 쏘고 함께 이야기했다. 순찰사가 나와 상대하여 활쏘기를 하여 7푼을 졌는데, 아쉬운 기색이 없지 않았다. 우스웠다. 군관 3명도 다 졌다. 밤이 깊도록 취하여 돌아갔다. 우스웠다.

29일병신 종일 비가 내렸다. 아침 식사 후에 경상도 진으로 가서 순찰사와 함께 조용히 이야기했다. 오후에 활을 쏘았는데, 순찰사가 9푼을 지고 김대복(金大福)이 활쏘기에서 일등하였다. 피리 소리를 듣다가 자정 경에 헤어지고 진영으로 돌아왔다. 저녁에 사도에서 화약을 훔친 자가 도망갔다.

30일정유 비가 계속 오다가 늦게 갰다. 나가서 공무를 보는데 군관들이 활을 쏘았다. 천성보 만호(윤홍년), 여도 만호(김인영), 적량 만호(고여우) 등이 와서 만나고 돌아갔다. 이 날 저녁 청주에 사는 이희남의 종 4명과 준복(俊福)이 들어왔다.

2월
둔전의 벼를 되질하다

1일무술 아침에 흐리더니 늦게 갰다. 여러 장수들과 함께 활을 쏘았다. 권숙(權俶)이 이곳에 왔다가 취해서 갔다.

2일기해 맑고 따뜻하다. 아들 울(蔚)과 조기(趙琦)가 배를 함께 타고 나갔다. 우후(이몽구)도 갔다. 저녁에 사도 첨사(김완)가 와서 "어사의 장계로 파면되었다."고 전하므로 바로 장계 초본을 작성했다.

3일경자 맑고 바람이 크게 불었다. 혼자 앉아서 자식이 떠난 것을 생각하니, 마음이 편치 않았다. 아침에 장계를 수정했다. 경상 수사(권준)가 와서 만났다. 그 편에 "적량 만호 고여우가 장담년에게 소송을 당하고 순찰사(서성)가 장계를 올려 파면시키려고 한다."고 하였다. 초저녁에 어란 만호(정담수)가 견내량의 복병한 곳으로부터 와서 보고하기를, "부산의 왜놈 3명이 성주(星州)에서 투항한 사람을 거느리고 복병한 곳에 와서 물품을 교환하여 장사를 하고자 한다."고 하였다. 그래서 곧 장흥 부사(배흥립)에게 전령하여 "내일 새벽에 가서 보고 타일러 쫓으라."고 하였다. 이 왜적들이 어찌 물건을 사려고 한 것이겠는가. 우리의 허실을 엿보기 위한 것이 틀림없다.

4일신축 맑음. 아침에 보고문을 봉하여 사도 사람 진무성에게 부쳤다. 영의정(유성룡)과 신식(申湜) 두 집에 문안 편지도 함께 덧붙여 보냈다. 늦게 흥양 현감(홍유의)이 와서 만나고 돌아갔다. 오후에 활 10순을 쏘았다. 여도 만호(김인영), 거제 현령(안위), 당포 만호(안이명), 옥포 만호(이담)도 왔다. 저녁에 장흥 부사(배흥립)가 복병한 곳에서 돌아와 왜놈들이 돌아갔다고 전했다.

5일임인 아침에 흐리더니 늦게 갰다. 사도 첨사(김완)와 장흥 부사(배흥립)가 일찍 왔기에 아침밥을 함께 먹었다. 식후에 권숙이 와서 돌아간다고 고하므로 종이와 먹 2개, 패도(휴대용 칼)를 주어 보냈다. 늦게 삼도의 여러 장수들을 불러 모아 위로연을 열고, 겸하여 활도 쏘고 풍악도 울리고 취한 뒤에 자리를 파하였다. 웅천 현감(이운룡)이 손인갑[12]의 옛 여인을 데려왔기에 여러 장수들과 함께 가야금 몇 곡조를 들었다. 저녁에 김기실[13]이 순천에서 돌아왔는데, 그 편에 어머님이 평안하시다는 소식을 알았으니 매우 기쁘고 다행이었다. 우수사(이억기)의 편지가 왔는데 약속한 기한을 늦추자고 하니, 우습고도 한심스러웠다.

6일계묘 흐림. 새벽에 목수 10명을 거제로 보내어 배를 만들도록 분부하였다. 이날 침방에 벽 흙이 떨어진 곳이 많아 수리했다. 사도 첨사 김완은 조도어사의 장계로 파면되었다는 기별이 또 와서 본포(사도진)로 보냈다. 순천 별감 유(兪) 아무개와 군관 장응진 등을 처벌하고 바로 누대로 돌아가 들어왔다. 송한련이 숭어를 잡아 와서 여도 첨사(김인영), 낙안 군수(선의문), 흥양 현감(홍유의)을 불러 함께 나누어 먹었다. 적량 만호 고여우가 큰 매를 안고 왔으나 오른쪽 발가락이 다 얼어서 문드러졌으니 어찌하겠는가. 어찌하겠는가. 초저녁에 잠깐 땀을 냈다.

7일갑진 아침에 흐리다가 동풍이 크게 불었다. 몸이 좋지 않다. 늦게 나가 군사들에게 음식을 먹였다. 장흥 부사(배흥립), 우후(이몽구), 낙안 군수(선의문), 흥양 현감(홍유의)을 불러 이야기하다가 해가 저물어 헤어졌

---

12 손인갑(孫仁甲)은 합천의 의병장으로서 낙동강 연안 무계(茂溪)에서 적병 백여 명을 사살하였다. 이듬해 초계의 마진(馬津)에서 낙동강을 건너려는 왜군을 대파하고, 왜선을 추격하다가 전사하였다.

13 김기실(金己實)은 순천 출신으로 이순신 휘하에서 활동했다. 부장(部將)을 지냈다.

다.

8일을사 맑음. 이른 아침에 녹도 만호(송여종)가 와서 만났다. 아침에 벚나무 껍질을 마름질했다. 늦게 손인갑이 눈독들였던 여인이 들어왔다. 얼마 후 오철과 현응원[14]을 불러 사정을 물었다. 저녁에 군량에 대한 장부를 만들고 흥양 둔전에서 추수한 벼 352섬을 받아들였다. 서풍이 크게 불어 배가 다닐 수 없었다. 유황(柳滉)을 떠나보내려고 했는데 갈 수 없었다.

9일병오 맑음. 서풍이 크게 불어 배가 통행하지 못했다. 늦게 권 수사(권준)가 와서 이야기하고 활 10순을 쏘았다. 저녁에 바람이 그쳤다. 견내량과 부산에 있는 왜선 2척이 나왔다는 말을 듣고서 웅천 현감(김충민)[15]과 우후(이정충)를 보내어 탐색하게 했다.

10일정미 맑고 온화했다. 일찍 박춘양이 대나무를 싣고 왔다. 늦게 나가 공무를 보고 태구생(太仇生)을 처벌했다. 저녁에 직접 창고를 지을 곳을 살펴보았다. 아침에 웅천 현감(김충민)과 우우후(이정충)가 견내량으로부터 돌아와서 왜인들이 겁에 질려 두려워하는 모습을 보고했다. 어두울 무렵 창녕사람이 술을 바쳐 밤이 깊어서야 헤어졌다.

11일무신 맑음. 아침에 체찰사(이원익) 앞으로 갈 공문을 작성하여 보냈다. 보성의 군량을 지원하는 유사 임찬(林贊)이 소금 50섬을 실어 갔다. 임달영이 제주에서 돌아왔는데, 제주 목사(이경록)의 편지와 박대남(朴大男), 김응수(金應綏)의 편지를 가지고 왔다. 늦게 장흥 부사(배흥립)와 우우후(이정충)가 왔기에 또 낙안 군수(선의문)와 흥양 현감(홍유의)을 불러 활을 쏘았다. 초저녁에 영등포 만호(조계종)가 방지기(房人)를 데리고 술

---

14 오철(吳轍)은 아산 출신으로 현응원(玄應元)과 함께 모두 이순신의 군관이다.

15 김충민(金忠敏)은 용인 전투와 칠천량 해전에 참전했다. 웅천현감으로서 이순신의 휘하에서 활동하였다.

을 갖고 와서 권했다. 어린 아이도 왔는데 놔두고 돌아갔다. 땀을 흘렸다.

12일기유 맑음. 일찍 창녕사람이 웅천의 별장으로 돌아갔다. 아침에 살대(箭竹) 50개를 경상 수사(권준)에게 보냈다. 늦게 수사가 와서 함께 이야기했다. 저녁에 활을 쏘았다. 장흥 부사(배흥립)와 흥양 현감(홍유의)도 함께 쏘다가 어둘 무렵에 헤어졌다. 어린 아이가 초저녁에 돌아갔다.

13일경술 맑음. 식후에 나가 공무를 보았다. 강진 현감(나대용)이 기한에 늦은 죄를 처벌했다. 가리포 첨사(이응표)는 논하고 보고한 것이 기한에 늦었기에 타일러서 내보냈다. 영암 군수(박홍장)를 파면시킬 장계의 초본을 작성하였다. 저녁에 어란포 만호가 돌아갔다. 임달영도 돌아갔다. 제주 목사(이경록)에게 답장을 보내는데 청어, 대구, 화살대, 곶감, 삼색 부채를 봉해서 보냈다.

14일신해 맑음. 늦게 나가 공무를 보고 장계 초본을 수정했다. 동복(同福)의 군량을 지원하는 유사 김덕린[16]이 와서 인사했다. 경상 수백(권준)가 쑥떡과 초 한 쌍을 보내왔다. 새로 지은 곳간에 지붕을 덮고는 낙안 군수(선의문)와 녹도 만호(송여종) 등을 불러서 떡을 먹었다. 얼마 후 강진 현감(나대용)이 와서 인사하기에 위로하고 술을 마시게 했다. 저녁에 물을 부엌가로 끌어들여 물 긷는 수고로움을 편리하게 했다. 이날 밤 바다의 달빛은 대낮 같고 물결 빛은 비단결 같았다. 홀로 높은 누대에 기대어 있노라니 마음이 몹시 어지러워 밤이 깊어서야 잠들었다. 흥양 유사 송상문[17]이 와서 쌀과 벼를 합해 7섬을 바쳤다.

15일임자 새벽에 망궐례를 행하고자 했으나 비가 부슬부슬 내리고 뜰이

16　김덕린(金德麟 ?~1598)은 고흥 출신으로 동복(同福)에 거주했고 의병장 김덕령의 아우와는 동명이인이다. 형제는 김덕룡, 김덕방이다.

17　송상문(宋象文)은 흥양에 거주하고 임진년에 군량을 지원하는 업무를 맡았다.

젖어서 행하기가 어려워 중지했다. 어두울 무렵 "전라우도의 항복한 왜인들이 경상도의 왜인들과 함께 약속하여 도망갈 계획을 꾸미려한다."고 들었기에 전령을 보내어 그쪽에 통보했다. 아침에 화살대를 가려내어 큰 살대 111개와 그 다음 대 154개를 옥지(玉只)가 받았다. 아침에 장계 초본을 수정했다. 늦게 나가 공무를 보는데, 웅천 현감(김충민), 거제 현령(안위), 당포 만호(안이명), 옥포 만호(이담), 우우후(이정충), 경상 우후(이의득)가 함께 와서 만나고 돌아갔다. 순천 둔전에서 추수한 벼를 내가 직접 보는 앞에서 받치게 하였다. 동복 유사 김덕린, 홍양 유사 송상문 등이 돌아갔다. 저녁에 사슴 한 마리와 노루 두 마리를 사냥해 가지고 왔다. 이날 밤 달빛이 대낮 같고 물빛은 비단결 같아서 자려 해도 잠들지 못했다. 아랫사람들은 밤새도록 술에 취하며 노래했다.

16일계축 맑음. 아침에 장계 초본을 수정했다. 늦게 나가 공무를 보았다. 장흥 부사(배흥립), 우우후(이정충), 가리포 첨사(이응표)가 와서 함께 활을 쏘았다. 군관들은 지난날 승부내기에 따라 진 편이 한턱을 내기에 모두 몹시 취해서 헤어졌다. 이 날 밤은 심히 취하여 잠을 이루지 못하고 앉았다 누웠다 하다가 새벽이 되었다. 봄날의 노곤함이 이렇구나.

17일갑인 흐림. 나라(세종)의 제삿날이라 출근하지 않았다. 식후에 아들 면(葂)이 본영으로 갔다. 박춘양과 오수(吳水)가 조기(石首魚) 잡는 곳으로 갔다. 어제의 취기로 인해 몸이 몹시 불편했다. 저녁에 홍양 현감(홍유의)이 와서 이야기하다가 저녁밥을 함께 먹었다. 미조항 첨사 성윤문의 문안 편지가 왔는데, "이제 관찰사의 공문을 받고 진주로 부임하게 되어 나아가 인사드리지 못한다."고 하고, "자기 대신으로는 황언실(黃彦實)이 맡게 되었다."고 했다. 웅천 현감(김충민)의 답장이 왔는데, "임금의 유서(諭書)를 아직 받지 못했다."고 한다. 이 날 저물녘에 서풍이 크게 불어 밤새도록 그치지 않았다. 아들이 떠나간 것을 생각하니 걱정이 되어 마음을 가눌 수가 없다. 답답한 마음을 어찌 말로 다하랴. 봄기운이 사람을 괴롭혀 몸이 매우 노곤하였다.

18일을묘 맑음. 식후에 나가 공무를 보았다. 서풍이 크게 불었다. 늦게 체찰사(이원익)의 비밀 공문 3통이 왔는데, 그 하나는 '제주목에서 계속 지원하는 일'이고, 또 하나는 '영등포 만호 조계종을 추문하여 조사하는 일'이며, 다른 하나는 '진도의 전선을 아직 독촉하여 모으지 말라는 것'이었다. 저녁에 김국[18]이 서울에서 들어왔는데, 비밀 공문 2통과 책력 1권을 가지고 왔다. 또 서울의 조정의 관보도 가지고 왔다. 황득중은 철을 싣고 와서 바쳤다. 절(節)이 술을 가지고 왔다. 땀이 온몸을 적셨다.

19일병진 맑으나 바람이 크게 불었다. 아들 면(葂)이 잘 갔는지 몰라서 밤새도록 매우 걱정이 되었다. 이날 저녁에 들으니 낙안의 군량선이 바람에 막혀 사량에 정박했는데, 바람이 자면 출발한다고 했다. 이날 새벽에 경상도 진영에 머물러 있는 항복한 왜인들을 이곳의 왜인 난여문 등에게 시켜 묶어 와서 목을 베게 했다. 권 수사(권준)가 왔다. 장흥 부사(배흥립), 웅천 현감(김충민), 낙안 군수(선의문), 흥양 현감(홍유의), 우우후(이정충), 사천 현감(변속) 등과 함께 부안의 술을 마셨다. 황득중이 가져온 총통 만들 철을 저울로 달아서 넣어 두게 했다.

20일정사 맑음. 이른 아침 조계종이 현풍의 수군 손풍련(孫風連)에게서 소송을 당했기 때문에 대면하여 진술하려고 여기에 왔다가 돌아갔다. 늦게 나가 공무를 보고 공문을 처리하여 보냈다. 손만세가 사사로이 입대 대기자에 관한 공문을 만든 죄에 대해 처벌했다. 오후에 활 7순을 쏘았다. 낙안 군수(선의문)와 녹도 만호(송여종)가 함께 왔다. 비가 올 징조가 있었다. 새벽에 몸이 노곤했다.

21일무오 궂은 비가 내렸다. 새벽에 내린 비가 늦게 그쳤다. 관아에 나가지 않고 혼자 앉아 있었다.

---

18 김국(金國)은 이순신에게 조정의 공문과 비밀유서를 전하는 일을 했다.

22일기미 맑고 바람이 없었다. 아침 식사를 하고 나가 공무를 보니, 웅천 현감(김충민)과 홍양 현감(홍유의)이 와서 만났다. 홍양 현감은 몸이 불편하여 먼저 돌아갔다. 우우후(이정충), 장흥 부사(배흥립), 낙안 군수(선의문), 남도포 만호(강응표), 가리포 첨사(이응표), 여도 만호(김인영), 녹도 만호(송여종)가 와서 활을 쏘았다. 나도 활을 쏘았다. 손현평(孫絃平)도 와서 몹시 취하여 헤어졌다. 이날 밤 땀을 흘렸다. 봄기운이 사람을 노곤하게 하였다. 강소작지(姜所作只)가 그물을 가지러 본영으로 갔다. 충청 수사(선거이)[19]가 화살대를 가져와서 바쳤다.

23일경신 맑음. 아침 일찍 식사한 후에 나가 공무를 보고 둔전의 벼를 다시 되질하였다. 새 곳간에 쌓은 것이 167섬이고 줄어든 수가 48섬이었다. 늦게 거제 현령(안위), 고성 현령 (조응도), 하동 현감(최기준), 강진 현감(나대용), 회령포 만호(민정붕) 등이 왔는데, 고성에서 가져온 술을 함께 마셨다. 웅천 현감(김충민)이 저녁에 와서 크게 취했다. 밤 10시 경에 자리를 파하고 돌아갔다. 하천수와 이진(李進)도 왔다. 방답 첨사가 들어왔다.

24일신유 맑음. 식후에 나가 공무를 보고 둔전의 벼를 다시 되는 것을 감독했다. 전라우수사(이억기)가 들어왔다. 신시에 비바람이 크게 일었다. 둔전의 벼를 다시 된 수량 170섬을 곳간에 들이니, 줄어든 수가 30섬이다. 낙안 군수(선의문)가 교체되었다는 기별[20]이 왔다. 방답 첨사(장린)와 홍양 현감(홍유의)이 와서 모였다. 배를 본영으로 보내려고 할 때 비바람 때문에 출발을 멈췄다. 밤새도록 비바람이 그치지 않았다. 몸이 노곤했다.

25일임술 비가 내리다가 정오쯤 갰다. 아침에 장계 초본을 수정했다. 늦게 전라우수사가 오고 나주 판관(어운급)도 왔다. 장흥 부사(배흥립)가 와

---

19 선거이는 1595년 9월 5일 이후 충청수영 수사로 복직하여 1596년 7월까지 근무하고 황해병사로 이임된다. 이때 황해도 남병사를 지낸 최호가 후임으로 온다.

20 1596년 4월 9일 사간원에서 낙안군수 선의문이 임진왜란 초기에 도주한 사실을 들어 파직을 청하였다.《선조실록》그후 선의문의 후임으로 임계영이 맡았다.

서, "수군의 업무를 수행하기 어려운 것은 관찰사(홍세공)가 방해하기 때문이다."라고 하였다. 이진(李璡)이 둔전으로 돌아갔다. 춘절(春節), 춘복(春福), 사화(士花)가 본영으로 돌아갔다.

26일계해 아침에 맑다가 저물녘에 비가 왔다. 늦게 대청으로 나갔다. 여도 만호(김인영)와 흥양 현감(홍유의)이 와서 감영 관리들이 백성을 침해하는 폐단을 말했다. 매우 놀라운 일이다. 양정언(梁廷彦)과 영리 강기경(姜起敬), 이득종(李得宗), 박취(朴就) 등을 중죄로 처벌하고, 곧바로 전령을 내려 경상도와 전라 우도의 영리를 잡아들이도록 하였다. 경상 수사(권준)가 와서 만났다. 얼마 후 견내량의 복병이 급히 보고하기를, "왜선 한 척이 견내량으로부터 들어와서 해평장에 도착하려 할 때에 머물지 못하도록 금지시켰다."고 하였다. 둔전에서 받아들인 벼 230섬을 다시 되질하여 198섬으로 바로잡으니 32섬이 줄었다고 한다. 낙안 군수(선의문)와 이별주를 마시고 전송했다.

27일갑자 흐리다가 늦게 갰다. 이날 녹도만호 등과 함께 활을 쏘았다. 흥양 현감(홍유의)이 휴가를 받아 돌아갔다. 둔전에서 받아들인 벼 220섬을 다시 되질하니 여러 섬이 줄었다.

28일을축 맑음. 아침 일찍 침을 맞았다. 늦게 나가 출근하니 장흥 부사(배흥립)와 체찰사(이원익)의 군관이 이곳에 이르렀는데, 장흥 부사(배흥립)는 "종사관이 전령을 알리고 자신을 잡아 갈 일로 왔다."고 보고했다.[21] 또 "전라도 수군 중에 우도의 수군은 좌도와 우도를 왕래하면서 제주와 진도를 성원하라."고 하였다.[22] 우스운 일이다. 조정에서 계책을 세움이

---

21 사헌부에서 배흥립은 전에 흥양현감 재직 시에 가렴주구와 불공정한 처벌 사유로 파직을 청했다.《선조실록》(1596, 3, 25)

22 비변사에서 이억기의 수군으로 진도와 제주를 성원하면 한산도 수군이 약해져 적의 대세를 막기 어려울까 염려되니 도체찰사에게 공문을 전하기를 청하였다.《선조실록》(1596, 1, 22)

이럴 수가 있는가. 체찰사(이원익)가 계책을 내놓은 것이 이처럼 제대로 된 것이 없단 말인가. 나라의 일이 이러하니 어찌할 것인가. 저녁에 거제 현령(안위)을 불러 와서 일을 물어본 뒤 바로 돌려보냈다.

29일병인 맑음. 아침에 공문의 초본을 수정했다. 식후에 나가 출근하니, 전라 우수사(이억기)와 경상 수사(권준)가 장흥 부사(배흥립)와 체찰사(이원익)의 군관과 함께 왔다. 경상우도 순찰사(서성)의 군관이 편지를 가지고 왔다.

30일정묘 맑음. 아침에 정사립으로 하여금 보고문을 쓰게 하여 체찰사(이원익)에게 보냈다. 장흥 부사(배흥립)도 체찰사에게 갔다. 해가 지려할 때 우수사(이억기)가 보고하기를, "이미 바람이 온화하여 대응 계책을 세워야 할 때를 당하니 급히 소속 부하를 거느리고 본도(전라우도)로 가고자 한다."고 하였다. 그 작심한 것이 지극히 해괴하여 그의 군관 및 도훈도에게 곤장 70대를 쳤다. 수사가 자기 부하를 거느리고 견내량에서 복병하는데 그 분하다고 하는 말에 가소로움이 많았다. 저녁에 송희립, 노윤발, 이원룡 등이 들어왔다. 송희립은 또 술을 가지고 왔다. 몸이 몹시 불편하여 밤새도록 식은땀을 흘렸다.

3월
연일 몸이 불편하다

1일무진 맑음. 새벽에 망궐례를 행했다. 아침에 경상 수사(권준)가 와서 이야기하고 돌아갔다. 늦게 해남 현감 유형과 임치 첨사 홍견, 목포 만호 방수경에게 기한에 늦은 죄를 처벌했다. 해남 현감은 새로 부임했기에 곤장을 치지는 않았다.

2일기사　맑음. 아침에 장계 초본을 수정했다. 보성 군수(안홍국)가 들어왔다. 몸이 몹시 불편하여 출근하지 않았다. 몸이 노곤하고 땀에 젖으니, 이것이 병의 근원이다.

3일경오　맑음. 새벽에 이원룡이 본영으로 돌아갔다. 늦게 반관해가 왔다. 정사립 등을 시켜 장계를 쓰게 했다. 이날은 명절(삼짇날)이라 방답 첨사(장린)와 여도 만호(김인영), 녹도 만호(송여종) 및 남도포 만호(강응효) 등을 불러 술과 떡[23]을 대접했다. 일찍 송희립을 우수사(이억기)에게 보내어 뉘우치는 뜻을 전하니, 공손하게 대답했다고 한다. 땀에 젖었다.

4일신미　맑음. 아침에 장계를 봉했다. 늦게 보성 군수 안홍국을 기한에 늦은 죄를 처벌했다. 오시에 배를 출발하여 곧장 소근두(所斤頭, 한산도 소고포)를 거쳐 경상 우수사(권준)에게 가서 그를 불렀다. 좌수사 이운룡도 와서 조용히 이야기하다가, 그대로 좌리도(佐里島, 한산면 좌도) 바다 가운데서 함께 잤다. 수시로 땀이 났다.

5일임신　맑다가 구름이 끼었다. 새벽 4시 경에 배를 출발하여 날이 밝을 무렵 견내량의 우수사(이억기)가 복병하고 있는 곳에 도착하니, 마침 아침 식사 때였다. 그래서 식사한 후에 우수사를 만나서 다시 망령된 점을 말하니 우수사는 사과하기를 마지않았다. 이에 술자리를 마련하여 잔뜩 취하여 돌아오다가 그 길로 이정충(李廷忠)의 장막(휴식소)에 들러 조용히 이야기하는데 나도 모르게 취기에 엎어졌다. 비가 크게 내려서 먼저 배로 내려가는데, 우수사는 취해서 누워 정신을 못 차리므로 말도 못하고 왔다. 우스운 일이다. 배안에 도착하니, 회, 해, 면, 울과 수원(壽元) 등이 함께 와 있었다. 빗속에서 진영으로 돌아오니, 김혼(金渾)도 왔다. 같이 이야기하다가 자정 경에 잤다. 여자종 덕금(德今), 한대(漢代)[24], 효대

23　예로부터 삼월 삼짇날에는 진달래꽃떡을 먹는 것이 풍습이 있다.

24　덕금과 한대는 여자종으로 해남윤씨의 상속문서(임진왜란 시기와 1600년 초)에 나

(孝代)와 은진(恩津)에 있는 여자종이 왔다.

6일계유 흐렸으나 비는 오지 않았다. 새벽에 한대(漢代)를 불러 일의 연유를 물었다. 아침에 몸이 불편했다. 식후에 하동 현감(신진)과 고성 현령(조응도)이 보고하고 돌아갔다. 늦게 함평 현감(최정립)과 해남 현감(유형)이 보고하고 돌아갔다. 남도포 만호(강응표)도 돌아갔는데, 기한을 5월 10일까지로 정했다. 우우후(이정충)와 강진 현감(나대용)은 8일이 지난 뒤에 나가도록 일렀다. 함평 현감, 남해 현령(기효근), 다경포 만호(윤승남) 등이 칼쓰기를 시험하였다. 땀이 지금까지도 흐른다. 사슴 세 마리를 사냥해 왔다.

7일갑술 맑음. 새벽에 땀이 흘러 나왔다. 늦게 나가 공무를 보았다. 가리포 첨사(이응표)와 방답 첨사(장린), 여도 만호(김인영)가 와서 만나고 돌아갔다. 머리카락을 한참 빗었다. 녹도 만호가 노루 두 마리를 잡아왔다.

8일을해 맑음. 아침에 안골포 만호(우수)가 큰 사슴을 한 마리 보내오고 가리포 첨사(이응표)도 보내 왔다. 식후에 나가 출근하니, 우수사(이억기)와 경상수사(경상우수사, 권준), 좌수사(경상좌수사, 이운룡), 가리포 첨사(이응표), 방답 첨사(장린), 평산포 만호(김축), 여도 만호(김인영), 우우후(이정충), 경상우후(이의득), 강진 현감(나대용) 등이 와서 함께 하였고, 종일 술에 몹시 취하고서 헤어졌다. 저녁에 비가 잠시 왔다.

9일병자 아침에 맑다가 저물녘에 비가 내렸다. 아침에 우우후(이정충)와 강진 현감(나대용)이 돌아가겠다고 고하기에 술을 먹였더니 몹시 취했다. 전라우우후는 취하여 쓰러져서 돌아가지 못했다. 저녁에 경상좌수사가 와서 이별주를 마시고 전송하고는 취하여 대청에서 엎어져 잤다. 개(介, 여자종)와 함께 했다.

10일정축 비가 계속 내렸다. 아침에 다시 좌수사(경상 이운룡)를 청했더니

오는 인물이다.

와서 이별주를 마시고 전송했다. 온종일 크게 취하여 나가지 못했다. 수시로 땀이 났다.

11일무인 흐림. 해, 회, 완과 수원(壽元) 등이 여자종 3명과 함께 나갔다. 이날 저녁에 방답 첨사(장린)가 성낼 일도 아닌데 성을 내어 지휘선의 선원 흔전자(欣田子)[25]에게 곤장을 쳤다니, 매우 놀라운 일이다. 바로 군관과 이방(吏房)을 붙잡아 군관에게는 20대, 이방에게는 50대의 곤장을 쳤다. 늦게 이전의 천성 만호(윤홍년)가 하직하고 돌아가고, 신임 천성 만호는 체찰사(이원익)의 공문에 의해서 우병사(김응서)에게 붙잡혀 갔다. 나주 판관(어운급)도 왔기에 술을 먹여 보냈다.

12일기묘 맑음. 아침 식사 후에 몸이 노곤하여 잠깐 잠자고 막 깨었다. 경상 수사(권준)가 와서 함께 이야기했다. 여도 만호(김인영)와 금갑도 만호(이정표), 나주 판관(어운급)도 왔는데, 군관들이 술을 내왔다. 저녁에 소국진이 체찰사 처소에서 돌아왔는데, 그 회답에 우도의 수군을 합하여 본도로 보내라는 것은 본의가 아니라고 하였다. 우스운 일이었다. 그 편에 들으니 흉악한 원균은 곤장 40대를, 장흥 부사(배흥립)는 20대를 맞았다고 했다.

13일경진 종일 비가 계속 내렸다. 저녁에 견내량의 복병이 급히 달려와, "왜선이 계속해서 나온다."고 보고하기에 여도 만호(김인영)와 금갑도 만호(이정표) 등을 뽑아 보냈다. 봄비가 오는 가운데 몸이 노곤하여 누워서 앓았다.

14일신사 궂은비가 걷히지 않았다. 새벽에 삼도에서 급한 보고가 왔는데, "견내량 근처의 거제 땅 세포(사등 성포리)에 왜선 5척과 고성 땅에 5척이 정박하여 상륙했다."고 하였다. 그래서 삼도의 여러 장수들에게 5척을

---

25 《난중일기초》의 오독된 "기전자(頎田子)"를 흔전자(欣田子)로 처음으로 바로잡았다. (2010 민음사) 흔전자는 천민 출신의 배의 운항을 담당한 선원이다.

더 뽑아 보내도록 전령했다. 늦게 나가 공무를 보고 각처에 공문을 작성하여 보냈다. 아침에 군량에 대한 회계를 마감했다. 방답 첨사(장린)와 녹도 만호(송여종)가 와서 만났다. 체찰사에게 공문을 보내려고 서류를 작성했다. 봄철의 노곤함이 이러한데 밤새도록 땀을 흘렸다.

15일을오 맑음. 새벽에 망궐례를 행했다. 가리포 첨사(이응표), 방답 첨사(장린), 녹도 만호(송여종)가 와서 참석했고, 우수사(이억기)와 다른 사람은 오지 않았다. 늦게 경상 수사(권준)가 와서 함께 이야기하다가 취해서 돌아갔는데, 그때 아랫방에서 덕(德)과 사담을 나눴다고 한다. 이날 저녁에 바다 위의 달빛이 희미했다. 몸이 노곤하여 밤새도록 식은땀이 났다. 자정 경에 비가 몹시 왔다. 낮에 노곤하여 머리를 빗었는데 수시로 땀이 흘렀다.

16일계미 비가 퍼붓듯이 내려 종일 그치지 않았다. 오전 8시 경에 동남풍이 크게 일어 지붕이 걷힌 곳이 많았다. 창문의 종이가 떨어져 비가 방안으로 흩뿌려서 괴로움을 견딜 수 없었다. 오시에 바람이 그쳤다. 저녁에 군관을 불러 와서 술을 먹였다. 새벽 1시 경에 비가 잠시 그쳤다. 어제처럼 땀이 흘렀다.

17일갑신 흐리다가 종일 가랑비가 내리더니 밤새도록 그치지 않았다. 늦게 나주 판관(이운급)이 보러 왔기에 술을 취하도록 먹여 보냈다. 어두울 무렵에 박자방이 들어왔다. 이날 밤에 식은땀이 등을 적셔서 옷 두 겹이 다 젖고 또 이불도 젖었다. 몸이 불편하였다.

18일을유 맑았으나 종일 동풍이 불고 날씨가 매우 찼다. 늦게 나가 공무를 보고 청원서를 작성하여 나누어 보냈다. 방답 첨사(장린), 금갑도 만호(이정표), 회령포 만호(민정붕), 옥포 만호(이담) 등이 와서 만났다. 활 10순을 쏘았다. 이날 밤 바다의 달빛이 희미하고 밤기운이 몹시 찼다. 자려해도 잠들지 못하고 앉으나 누우나 편치 않았다. 다시 몸이 불편했다.

19일병술 맑았으나 동풍이 크게 불고 날씨가 매우 찼다. 아침에 새로 만든 쟁(箏)²⁶에 줄을 올렸다. 늦게 보성 군수(안홍국)가 파종(직파)한 것을 검사할 일로 휴가를 받았다. 김혼이 함께 배를 타고 나갔다. 종 경(京)도 함께 돌아갔다. 정량(丁良)이 볼일이 있어 여기 왔다가 돌아갔다. 저녁에 가리포 첨사(이응표)와 나주 판관(어운급)이 보러 왔기에 술을 취하도록 먹여 보냈다. 저물녘 바람이 몹시 험했다.

20일정해 바람이 험하고 비가 계속 내려 종일 나가지 않았다. 몸이 몹시 불편하였다. 바람막이를 두 개 만들어서 걸었다. 밤새도록 비가 왔다. 땀이 옷과 이불을 적셨다.

21일무자 큰비가 종일 내렸다. 초경에 곽란이 나서 한참 구토를 했는데, 자정 경에 조금 가라앉았다. 몸을 뒤척거리며 앉았다 누웠다 하는데 괜한 고생을 하는 것 같아 이보다 더 한심스런 게 없다. 이날은 무료함이 너무 심해서 군관 송희립, 김대복, 오철 등을 불러서 종정도(從政圖)를 겨루었다. 바람막이 세 개를 만들어 달았는데, 이언량과 김응겸이 만드는 것을 감독했다. 자정 후에 비가 잠깐 걷히고 새벽 3시 경에 쇠잔한 달이 밝아지기 시작하였다. 방밖에 나가서 산보하였으나 몸이 몹시 피곤했다.

22일기축 맑음. 아침에 사내종 금(今)에게 머리를 빗게 했다. 늦게 우수사(이억기)는 경상 수사(권준)와 함께 보러 왔기에 술을 먹여 보냈다. 그 편에 들으니 작은 고래가 섬 위에 죽어서 떠있다고 하므로 박자방을 보냈다. 이 날 저녁에 수시로 땀이 났다.

23일경인 맑음. 새벽에 정사립이 와서 물고기 기름을 많이 짜갖고 왔다고 했다. 새벽 4시에 몸이 불편하여 금(今)을 불러 머리를 주무르게 했다. 늦게 나가 출근하여 각지의 공문을 작성하여 나누어 주었다. 활 10순을 쏘았다. 조방장 김완이 들어왔다. 충청 수군의 배 8척도 들어왔고 우

---

26 쟁(箏)은 거문고와 비슷한 13줄로 된 중국고대 현악기의 하나이다. 진시황 때 거문고를 개조하여 진쟁(秦箏)이라고 했다.

후(이몽구)도 왔다. 종 금(金)이 편지를 가져 왔는데, "어머니께서 편안하시다."고 했다. 초저녁 후에 영등포 만호가 그의 어린 딸을 데리고 술을 가져 왔다고 하는데 나는 만나지 않았다. 밤 10시 후에 돌아갔다. 이날에 비로소 미역을 채취했다. 자정 경에 비로소 잠이 들었는데 땀이 흘러 옷을 적셨다. 그래서 옷을 갈아입고 잤다.

24일신묘 맑음. 새벽에 미역을 채취하러 나갔다. 헌 활집은 베로 만든 것이 8개, 솜으로 만든 것이 2개였는데, 그중 활집 하나를 고쳐 만들라고 내주었다. 아침 식사 후에 나가서 공무를 보고 마량첨사 김응황, 파지도(波知島, 서산 고파도) 권관 송세응, 결성 현감 손안국 등을 처벌했다. 늦게 우후(이몽구)가 가져온 술을 방답 첨사(장린), 평산포 만호(김축), 여도 만호(김인영), 녹도 만호(송여종), 목포 만호(방수경) 등과 함께 마셨다. 나주 판관 어운급에게는 말미를 주어 내보냈는데, 4월 15일까지 기한을 정하였다. 저물녘 몸이 몹시 피곤하고 수시로 땀이 흐르니 이 또한 비가 올 징조다.

25일임진 새벽에 비가 내리더니 종일 퍼부어 잠시도 그치지 않았다. 저녁 내내 누대에 기대어 있었는데 품은 생각이 차츰 산란해졌다. 머리를 한참동안 빗었다. 낮에 땀이 옷을 적셨는데 밤에는 옷 두 겹이 젖고 방바닥까지 흘렀다.

26일계사 맑음. 남풍이 불었다. 늦게 나가 공무를 보고, 조방장(김완)과 방답 첨사, 녹도 만호가 와서 활쏘기를 하였다. 경상 수사도 와서 이야기를 했다. 체찰사의 전령이 왔는데, "전날 우도의 수군을 돌려보내라고 한 것은 답변보고를 잘못 본 때문이다."라고 하였다. 매우 가소롭다.

27일갑오 맑음. 남풍이 불었다. 늦게 나가 활을 쏘았다. 우후(이몽구)와 방답 첨사(장린)도 왔다. 충청 수사(선거이), 마량 첨사(김응황), 임치 첨사(홍견), 결성 현감(손안국), 파지도 권관(송세응)이 함께 왔기에 술을 먹여서 보냈다. 저녁에 신 사과(신정)와 아우 여필(우신)이 같은 배로 들어왔다.

그 편에 어머니께서 편안하시다는 소식을 들으니 기쁘고 다행인 마음 어찌 다하랴.

28일을미 궂은비가 크게 내려 종일 개지 않았다. 출근하여 공문을 만들어서 나누어 보냈다. 충청도의 각 뱃사람들이 다시 목책을 설치하여 방비하였다.

29일병신 궂은비가 개지 않았다. 늦게 부찰사(이정형)²⁷의 통지문이 왔는데, 성주(星州)에서 진으로 온다고 했다.

4월
일본 정보에 대한 보고를 받다

1일정유 큰 비가 내렸다. 신 사과(신정)와 함께 이야기했다. 종일 비가 내렸다.

2일무술 늦게 갰다. 저물녘에 경상 수사(권준)가 부찰사(이정형)를 마중하러 나갔다. 신 사과(신정)도 함께 배를 타고 갔다. 이날 밤 몸이 몹시 불편했다.

3일기해 맑았으나 동풍이 종일 불었다. 어제 저녁에 견내량 복병의 긴급 보고에, "왜놈 4명이 부산으로부터 장사하러 나왔다가 바람에 밀려 표류되었다."고 했다. 그래서 새벽에 녹도 만호 송여종을 보내어 그 연유를 묻고 처리하도록 지시하여 보냈다. 그 형적을 살펴보니, 정탐하러 온 것이 분명하므로 목을 베어 죽였다. 우수백(이억기)에게 가보려다가 몸이

---

27 이때 모친상을 당한 부체찰사 김륵(金玏) 대신 이정형(李廷馨)이 부체찰사가 되었다.《선조실록》(1596. 3. 1)

불편하여 가지 못했다.

4일경자 흐림. 아침에 오철이 나가고 사내종 금이(金伊)도 함께 갔다. 아침에 체찰사(이원익)의 공문을 작성하여 벽에 붙였다. 여러 장수들의 신분증을 고쳤다. 충청도의 군대에 목책을 설치했다. 늦게 우수사에게 가 보고 취중에 이야기하다가 돌아왔다. 밤 7시 경 비로소 저녁밥을 먹었다. 가슴이 뜨겁고 땀에 젖었다. 밤 10시경에 잠깐 비가 내리다가 그쳤다.

5일신축 맑음. 부찰사(이정형)가 들어왔다.

6일임인 흐렸으나 비는 오지 않았다. 부사가 활쏘기를 시험했다. 저녁에 나는 우수사(이억기) 등과 함께 들어가 앉아 군사들에게 음식을 먹이며 함께 대하였다.

7일계묘 맑음. 부사가 나가 공무를 보고 상을 나누어 주었다. 새벽에 부산 사람이 들어왔는데, 명나라 으뜸 사신(이종성)이 달아났다고 하니[28] 어떤 일인지 모르겠다. 부사가 입봉(立峯, 한산도 내)에 올라갔다. 점심을 먹은 뒤 두 수사와 함께 이야기했다.

8일갑진 종일 비가 내렸다. 늦게 들어가 부사와 마주 앉아 술을 마셨다. 몹시 취한 채 관등[29]을 하고 헤어졌다.

9일을사 맑음. 이른 아침에 부사가 떠나기에 배를 타고 포구로 나가 같은 배에서 이야기하고 헤어졌다.

10일병오 맑음. 아침에 암행어사가 들어온다는 기별을 들었기에 수사

---

28 1596년 1월 심유경은 양방형과 이종성을 부산에 머물게 하고 유키나가와 함께 일본에 갔다. 어떤 이가 이종성에게 "히데요시가 봉작 받을 의사가 없으니 그대를 가두어 곤욕을 보일 것이오."라고 하자, 이종성은 두려워 한밤중에 도망갔다.《징비록》

29 관등은 4월 8일 석가모니의 탄신을 기념하기 위해 연등을 다는 행사이다. 여기서는 이순신이 연등을 구경한 것이다.

이하 모두가 포구로 나가서 기다렸다. 조붕이 와서 만났다. 그 모습을 보니 오랫동안 학질을 앓아서 살이 무척 야위었다. 매우 한탄스럽다. 늦게 암행어사가 들어 왔는데, 내려 앉아 함께 이야기하다가 촛불을 밝히고 헤어졌다.

11일정미 맑음. 아침을 먹고 어사와 함께 마주하여 조용히 이야기했다. 늦게 장병들에게 음식을 먹이고 활 10순을 쏘았다.

12일무신 맑음. 아침 식사 후에 어사가 밥을 지어 군사들에게 먹인 뒤에 활 10순을 쏘고 종일 이야기했다.

13일기유 맑음. 아침 식사를 어사와 함께 하였다. 늦게 포구로 나가니 남풍이 크게 불어 배가 갈 수 없었다. 선인암으로 가서 종일 이야기하고 어두워져서 서로 헤어졌다. 저물녘에 걸망포에 이르렀는데 잘 갔는지 모르겠다.

14일경술 흐렸다가 종일 비가 내렸다. 아침을 먹고 나가 공무를 보았다. 홍주 판관(박륜)과 당진 만호(조효열)가 교서에 숙배한 뒤에 충청 우후 원유남에게 곤장 40대를 쳤다. 당진 만호도 역시 같은 벌을 내렸다.

15일신해 맑음. 아침에 단오날 진상할 물품을 봉하는 것을 감독하고 곽언수에게 주어 보냈다. 영의정(유성룡), 영부사 정탁, 판서 김명원, 윤자신, 조사척(趙士惕), 신식, 남이공에게 편지를 썼다.

16일임자 맑음. 아침 식사 후 나가서 공무를 보았다. 난여문[30] 등을 불러 불 지른 왜군 세 명이 누구인지를 묻고 불러내어 처형시켰다. 전라 우수사(이억기)와 경상 수사(권준)도 함께 앉아서 아우 여필이 가져온 술에 함께 취했다. 가리포 첨사(이응표)와 방답 첨사(장린)도 같이 마셨는데, 밤이 들고서야 헤어졌다. 이날 밤 바다의 달빛이 차갑게 비치고 티끌 한 점도

---

30 난여문(亂(南)汝文)은 조선에 항복한 일본 장수로 이순신에게 일본군의 정보를 알려 주었다.

일지 않았다. 다시 땀을 흘렸다.

17일계축 맑음. 아침 식사 후 아우 여필(우신)과 아들 면(葂)이 종을 데리고 돌아갔다. 늦게 각 공문을 작성하여 나누어 보냈다. 이 날 저녁에 울(蔚)이 안위(安衛)에게 가서 만나고 왔다.

18일갑인 맑음. 식사하기 전에 각 관청과 포구에 공문 및 청원문을 결재해 주고 체찰사도(이원익)에게 갈 공문을 내보냈다. 늦게 충청 우후(원유남), 경상 우후(이의득), 방답 첨사(장린), 조방장 김완과 함께 활 20순을 쏘았다. 마도진(강진 마량 관문)의 군관이 복병한 곳으로 항복해 온 왜인 한 명을 잡아 왔다.

19일을묘 맑음. 습열 때문에 침 20여 곳을 맞았더니 몸에 번열이 나는 것 같아 종일 방에 들어가서 나오지 않았다. 어두울 무렵 영등포 만호(조계종)가 와서 만나고 돌아갔다. 사내종 목년(木年)과 금화(今花), 풍진(風振) 등이 와서 인사했다. 이날 아침에 남여문을 통해 도요토미 히데요시[豊臣秀吉]가 죽었다는 말을 들었다. 손뼉 치며 뛰기를 그치지 않았지만 아직 믿을 수 없었다. 이 말은 벌써부터 전해졌으나 아직은 확실한 기별이 오지 않았다.

20일병진 맑음. 경상 우수사(권준)가 와서 내일 모임에 초대했다. 활 10순을 쏘고 헤어졌다.

21일정사 맑음. 아침 식사 후에 경상도의 진으로 가는 길에 전라 우수사(이억기)의 진에 들러 경상 수사의 초청에 함께 갔다. 종일 활을 쏘고 잔뜩 취해서 돌아왔다. 신 조방장(신호)은 병으로 자기 집에 돌아갔다. 영인(永人)이 왔다.

22일무오 맑음. 아침 식사 후에 나가 공무를 보았다. 부산의 허낸만(許內隱萬)이 요약 보고문을 보냈는데, "명나라 으뜸 사신(이종성)이 달아나고 부사(양방형)는 여전히 왜군의 진영에 머물러 있는데, 4월 8일에 그가 달아난 까닭을 임금께 아뢰었다."고 했다. 김 조방장이 와서 노천기(盧天紀)

가 술에 취해 망령을 부리다가 본영의 관리 황인수(黃仁壽), 성복[31] 등에게서 욕을 당했다고 고하므로 곤장 30대를 쳤다. 활 10순을 쏘았다.

23일기미 흐리다가 늦게 개었다. 아침에 첨지 김경록이 들어왔다. 일찍 아침밥을 먹고 나가 공무를 보고 함께 술을 마셨다. 늦게 군사들 중에서 힘센 사람에게 씨름을 시켰더니, 성복이란 자가 가장 뛰어나므로 상으로 쌀 한 말을 주었다. 활 10순을 쏘았는데, 충청 우후 원유남, 마량 첨사(김응황), 당진 만호(조효열), 홍주 판관(박륜), 결성 현감(손안국), 파지도 권관(송세응), 옥포 만호(이담) 등도 함께 쏘았다. 자정 경에 영인(永人)이 돌아갔다.

24일경신 맑음. 식후에 목욕탕에서 나와 여러 장수들과 함께 이야기를 하였다.

25일신유 맑음. 남풍이 크게 불었다. 일찍 목욕하러 탕에 들어가서 한참 있었다. 저녁에 우수사(이억기)가 와서 만나고 돌아갔다. 또다시 목욕하러 탕에 들어갔다가 탕의 물이 너무 뜨거워 오래 있지 못하고 도로 나왔다.

26일임술 맑음. 아침에 체찰사(이원익)의 군관이 경상도로 갔다는 말을 들었다. 식후에 목욕을 했다. 늦게 경상수사가 와서 만나고 돌아갔다. 체찰사의 군관 오(吳)도 왔다. 김양간[32]이 소를 실어 올 일로 본영(전라좌수영)으로 갔다.

27일계해 맑음. 저녁에 목욕을 한 차례 했다. 체찰사의 공문 회답이 왔다.

28일갑자 맑음. 아침과 저녁 두 차례 목욕했다. 여러 장수들이 모두 와서 만났다. 경상수사는 뜸을 뜨느라 오지 못하였다.

29일을축 맑음. 저녁에 한 번 목욕했다. 남여문을 시켜 항복한 왜인 사고

---

31 성복(成卜)은 소속 진영의 관리로서 씨름을 잘했다. 토병 출신이다.
32 김양간(金良幹)은 김양관(金良看)과 같다. 정유년에 진영의 농사를 감독했다.

여음(沙古汝音)의 목을 베었다.

30일병인　맑음. 저녁에 한번 목욕했다. 우수사가 와서 만났다. 충청 우후(원유남)가 와서 만나고 돌아갔다. 늦게 부산의 허낸만의 요약보고문이 왔는데, 고니시 유키나가가 군사를 철수하여 돌아갈 뜻이 있는 것 같다고 하였다. 김경록이 돌아갔다. 어머니께서 평안하시다는 편지가 왔다.

5월
풍신수길이 화친을 결정하다

1일정묘　흐렸으나 비는 오지 않았다. 경상 우수사(권준)가 와서 만나고 돌아갔다. 한차례 목욕을 하였다.

2일무진　맑음. 일찍 목욕하고 진으로 돌아왔다. 총통 두 자루를 쇠를 녹여 만들었다. 조방장 김완과 조계종이 와서 만났다. 우수사가 김인복(金仁福)을 효시했다. 이 날은 출근하지 않았다.

3일기사　맑음. 가뭄이 너무 심했다. 근심과 고민을 어찌 말로 다하랴. 나가서 공무를 보았다. 경상 우후가 와서 활 15순을 쏘았다. 저물어서 들어왔다. 총통을 만들지 못했다.

4일경오　맑음. 이 날은 어머님의 생신인데 나아가 장수를 빌어 올리는 술잔을 한 잔도 올리지 못하니 마음이 절로 편치 못했다. 밖에 나가지 않았다. 오후에는 전라우수사가 공무 보는 관사에 불이 나서 모두 타버렸다.

이날 저녁에 문촌공[33]이 부요(富饒, 순천 부유)에서 왔다. 조종(趙琮)[34]의 편지를 가지고 왔는데, 조정(趙玎)[35]이 4월 1일에 세상을 떠났다고 했다. 매우 애통하다. 우후(이몽구)가 앞산에서 여귀(厲鬼)에게 제사지냈다.[36]

5일신미 맑음. 이날 새벽에 여제(厲祭)를 지냈다. 일찍 아침밥을 먹고 나가 공무를 보았다. 회령포 만호(민정붕)가 교서에 숙배한 뒤에 여러 장수들이 와서 모임을 갖고 그대로 들어가 앉아서 위로주를 4순배 돌렸다. 경상 수사(권준)가 술잔 돌린 지 거의 반쯤 되었을 때 씨름을 시켰는데, 낙안 군수 임계형(林季亨)이 장원이었다. 밤이 깊도록 이들을 즐겁게 뛰놀게 한 것은 내 자신만을 즐겁게 하려는 것이 아니라, 다만 오랫동안 고생하는 장병들에게 노곤함을 풀어 주고자 한 계획인 것이다.

6일임신 아침에 흐렸다가 늦게 큰비가 왔다. 농민의 소망을 흡족하게 위로하니, 기쁘고 다행한 마음을 이루 말할 수 없다. 비가 오기 전에 활 5, 6순을 쏘았다. 비가 밤새도록 그치지 않았다. 초저녁 무렵 총통과 숯을 넣어둔 창고에 불이 나서 모두 타버렸다. 이는 감독관들이 새로 받은 숯을 쌓을 때 조심하지 않고 묵은 불씨를 살피지 않아서 이러한 재난을 만든 것이다. 매우 한탄스럽다. 울과 김대복이 배를 함께 타고 나갔다. 비가 크게 쏟아졌는데 잘 갔는지 모르겠다. 밤새도록 앉아서 걱정했다.

7일계유 비가 계속 내리더니 늦게 갰다. 오늘은 울(蔚)이 간 일이 온통 걱정되었는데 잘 도착했는지 몰라서였다. 밤에 앉아서 걱정하고 있을 때에

---

33 문촌공(文村公)은 이광선(李光先 1563~1616)의 호이다. 이몽정(李夢楨)의 아들로 나주에 거주하고 선전관을 지냈다. 1592년 7월 권율을 도와 이치 전투에 참전하고 1593년 2월 행주대첩 때 지원했다. 문어공(文於公)으로 보는 견해도 있다.

34 조종(趙琮 1549~?)은 조천상(趙天祥)의 셋째 아들이다. 후에 조연(趙珚)으로 개명했다.

35 조정(趙玎)은 조천상(趙天祥)의 차남으로 백부에게 양자를 갔다. 초명은 조정(趙珽).

36 제사를 받지 못하는 떠도는 넋이나 역질을 퍼뜨리는 귀신에게 지내는 제사이다.

사람이 문을 두드리는 소리가 나기에 문을 열어 물어보니, 바로 이영남이 온 것이었다. 불러 들여 조용히 옛 일을 이야기했다.

8일갑술 맑음. 아침에 이영남과 함께 이야기했다. 늦게 나가 공무를 보았다. 경상 우수사(권준)가 와서 만났다. 활 10순을 쏘았다. 몸이 몹시 불편하여 두 번씩이나 구토했다. 이날 영산(靈山, 영산현)의 이중(李中)의 무덤을 파낸다는 말을 들었다. 저녁에 조카 완(莞)이 들어왔다. 김효성도 왔다. 비인 현감(신경징)도 들어왔다.

9일을해 맑음. 몸이 몹시 불편하여 나가지 않았다. 이영남과 함께 서관(西關, 황해도와 평안도)의 일을 이야기했다. 초저녁에 비가 뿌리더니 새벽까지 왔다. 부안의 전선에서 불이 났으나 심하게 타지는 않아서 다행이다.

10일병자 맑음. 나라(태종)의 제삿날이라 출근하지 않았다. 몸이 불편하여 종일 신음했다.

11일정축 맑음. 새벽에 앉아서 이(李, 이영남)와 더불어 진지한 대화를 했다. 식후에 나가 공무를 보고, 비인 현감 신경징에게 기한에 늦은 죄로 곤장 20대를 쳤다. 또 순천 격군과 감관 조명(趙銘)의 죄에 대해서도 곤장을 쳤다. 몸이 불편하여 일찍 들어와 신음했다. 거제 현령, 영등포 만호, 이영남 등과 함께 잤다.

12일무인 맑음. 이영남이 돌아갔다. 몸이 불편하여 종일 신음했다. 김해 부사(백사림)에게서 긴급 보고가 왔는데 "부산에서 왜적에게 붙었던 김필동(金弼同)이 보낸 보고서에도 또한 도요토미 히데요시는 비록 정사(이종성)가 없으나 부사(양방형)가 그대로 있는 것을 생각하여,[37] 곧 화친을

---

37 병신년 4월 3일 책봉 정사(正使) 이종성이 부산에서 달아나자 5월 4일 명나라의 부사 양방형을 정사로 삼고 유격장 심유경을 부사로 임명하였다.《명신종실록》(1596, 5)

결정하고 군사를 철수하려고 한다."고 했다.

13일^{기묘}   맑음. 부산의 허낸만의 보고서가 왔는데, "가토 기요마사란 왜적이 이미 10일에 그의 군사를 거느리고 바다를 건너갔고, 각 진에 있는 왜적들도 또한 장차 철수해 갈 것이며, 부산의 왜적들은 명나라 사신을 모시고 바다를 건너가려고 그대로 남아 있다."라고 했다.[38] 이날 활 9순을 쏘았다.

14일^{경진}   맑음. 아침에 김해 부사 백사림의 긴급 보고도 허낸만의 보고문과 같았다. 그래서 순천 부사(배응경)에게 통문을 전하여 그로 하여금 차례대로 통보하도록 하였다. 활 10순을 쏘았다. 결성 현감 손안국이 나갔다.

15일^{신사}   맑음. 새벽에 망궐례를 행했다. 우수사(이억기)는 오지 않았다. 식후에 나가서 공무를 보았다. 들으니 한산도 뒤의 상봉(上峰)에서 다섯 섬과 대마도를 볼 수 있다고 하기에 혼자 말을 달려 올라가 보니 과연 다섯 섬과 대마도가 보였다. 해가 저물자 작은 냇가로 돌아와 조방장(김완)과 거제 현령(안위)과 함께 점심을 먹고 날이 저물어서야 진영으로 돌아왔다. 저물녘에 따뜻한 물에 목욕하고서 잤다. 바다 위의 달빛은 분명한데 잔바람도 일지 않았다.

16일^{임오}   맑음. 아침에 송한련의 형제가 물고기를 잡아 왔다. 충청 우후(원유남), 홍주 판관(박륜), 비인 현감(신경징), 파지도 권관(송세응) 등이 왔다. 우수사(이억기)도 와서 만나고 돌아갔다. 이날 밤 비 올 징조가 많더니 자정 경에 비로소 비가 내렸다. 이날 밤 정화수[39]를 마시고 싶었다.

---

38   비변사가 보고하기를 "가토 기요마사가 이미 바다를 건너갔지만, 부산・죽도의 왜군은 아직 모두 철수하지 않아서 왜군의 상황을 보장할 수 없다."고 하였다.《선조실록(1596, 5, 19)

39   정화수(井花水)는 샘에서 새벽 4시경 처음 길은 물이다. 선비가 매일 정화수로 봄철 차를 끓여 마시면 두목을 맑게 하니 성미가 눈이 녹은 물과 같다고 하였다.《명

17일계미 종일 비가 계속 내렸다. 농사의 바람에 크게 흡족하여 풍년이 들 것을 점칠 수 있다. 늦게 영등포 만호 조계종이 들어와서 만났다. 혼자 누대에 기대어 시를 읊조렸다.

18일갑신 비가 잠깐 갰으나 바다의 안개는 걷히지 않았다. 체찰사(이원익)의 공문이 들어왔다. 늦게 경상 수사(권준)가 와서 만났다. 나가서 공무를 보고 활을 쏘았다. 저녁에 탐후선이 들어왔는데, 어머니께서 평안하시나 식사하시는 것이 전보다 줄었다고 하니 걱정이 되어 눈물이 난다. 춘절(春節)이 납의(누빈옷)를 가지고 왔다.

19일을유 맑음. 방답 첨사(장린)가 모친의 상사를 들었기에 우후(이몽구)를 임시 대장으로 정하여 보냈다. 활을 10순을 쏘았다. 땀이 온 몸을 적셨다.

20일병술 맑고 바람도 없다. 대청 앞에 기둥을 세웠다. 늦게 나가니 웅천 현감 김충민이 와서 만났는데, 양식이 떨어졌다고 고하였다. 그래서 벼 20말을 증명서로 써 주었다. 사도 첨사(황세득)가 돌아왔다.

21일정해 맑음. 나가 공무를 보고 우후(이몽구) 등과 함께 활을 쏘았다.

22일무자 맑음. 충청 우후 원유남, 좌우후(전라좌도 우후) 이몽구, 홍주 판관 박륜 등과 함께 활을 쏘았다. 홍우(洪祐)가 장계를 가지고 감사에게 갔다.

23일기축 흐렸으나 비는 오지 않았다. 충청 우후(원유남) 등과 함께 활 15순을 쏘았다. 아침에 미조항 첨사 장의현[40]이 교서에 숙배한 뒤에 장흥으로 부임해 갔다. 춘절(春節)이 본영으로 돌아갔다. 이날 밤 10시 경부터 땀이 수시로 흘렀다. 이날 저녁에 새 누대의 지붕 덮는 것을 마치지 못했다.

나라 우박(虞搏)의 《의학정전》)

40 장의현(張義賢 1533~1615)은 광주목사 시절 운봉에서 전공을 세우고 병신년부터 장흥부사로 근무했다.

24일경인 아침에 날이 흐려 비 올 징후가 많았다. 나라(문종)의 제삿날이라 출근하지 않았다. 저녁에 나가 활 10순을 쏘았다. 부산 허낸만의 보고서가 들어왔다. 좌도 각 진영의 왜군들이 모두 철수하여 떠나고 다만 부산의 왜군만 남았다고 했다. 명나라 으뜸 사신이 갈려서 새로 정해진 사람이 온다는 기별이 22일 부사에게 왔다고 한다. 허낸만은 술쌀 10말과 소금 1곡(10말)을 보내주고서 심력을 다해 정보를 잘 탐지하라고 했다. 어두울 무렵 비가 오더니 밤새도록 퍼부었다. 박옥, 옥지, 무재(武才) 등이 화살대 150개를 처음으로 만들어 냈다.[땀이 잠시 흘렀다]

25일신묘 비가 계속 내렸다. 저녁 내내 홀로 누대 위에 앉아 있으니, 온갖 생각이 다 떠오른다. 동국(東國)의 역사를 읽어보니 개탄스러운 생각이 많이 들었다. 무재 등이 화살을 만드는데 휜 굽에 톱질을 넣은 것이 1천 개이고, 휜 굽 그대로 인 것이 870개이다.

26일임진 음산한 안개가 걷히지 않았다. 남풍이 크게 불었다. 늦게 나가 공무를 보고 충청 우후(원유남) 및 우후(이몽구) 등과 함께 활을 쏠 적에 경상수사(권준)도 와서 함께 활 10순을 쏘았다. 이날 저녁 날씨가 찌는 듯이 더워서 흐르는 땀이 그치지 않았다.

27일계사 가랑비가 종일 그치지 않았다. 충청 우후(원유남)와 좌우후(이몽구)가 이곳에 와서 종정도를 내기했다. 이날 저녁에도 찌는 듯이 무더워서 땀이 온 몸을 적셨다.

28일갑오 궂은비가 걷히지 않았다. 들으니 전라 감사(홍세공)가 파면되어 돌아갔다고 하고, 가토 기요마사가 부산으로 돌아왔다고 한다. 모두 믿을 수 없다.

29일을미 궂은비가 저녁 내내 내렸다. 장모의 제삿날이라 출근하지 않았다. 고성 현령(조응도)과 거제 현령(안위)이 와서 만나고 돌아갔다.

30일병신 흐림. 곽언수가 들어왔다. 영의정(유성룡)과 상장군 우참찬(김명원), 정판 부사(정탁), 지사 윤자신, 조사척, 신식, 남이공의 편지가 왔다.

늦게 우수사에게 가서 만나고 종일 실컷 즐기다가 돌아왔다.

6월
4도의 장수들이 모여 활쏘기를 하다

1일정유 궂은비가 종일 내렸다. 늦게 충청 우후(원유남) 및 본영 우후(이몽구)와 박윤, 신경징 등을 불러와서 술 마시며 이야기했다. 윤연(尹連)이 자기 포구로 간다고 하기에 도양장의 종자콩이 부족하면 김덕록(金德祿)에게서 가져가도록 증명서를 써 주었다. 남해 현령(박대남)⁴¹이 임명서를 가지고 와서 바쳤다.

2일무술 비가 그치지 않았다. 아침에 우후(이몽구)가 방답에 갔다. 비인 현감 신경징이 나갔다. 이날 가죽으로 아래옷을 만들었다. 늦게 나가 공무를 보고 활 10순을 쏘았다. 편지를 써서 본영으로 보냈다.

3일기해 흐림. 아침에 제포 만호 성천유가 교서에 숙배했다. 김양간이 농사짓는 소를 싣고 떠났다. 새벽꿈에 어린 아이가 태어난 지 겨우 대여섯 달밖에 안되었는데 직접 안았다가 도로 내려놓았다. 금갑도 만호(이정표)가 와서 만났다.

4일경자 맑음. 식후에 나가 공무를 보았는데, 가리포 첨사(이응표), 임치 첨사(홍견), 목포 만호(방수경), 남도포 만호(강응표), 충청 우후(원유남) 및 홍주 판관(박륜) 등이 왔다. 활 7순을 쏘았다. 우수사(이억기)가 와서 다시 과녁을 그리고 활 12순을 쏘았다. 취해서 헤어졌다.

---

41 박대남이 1596년 4월 24일 남해현령에 제수되었고, 이날 임명장을 가지고 이순신에게 가서 신고했다.

5일신축 흐림. 아침에 박옥, 무재, 옥지 등이 화살 150개를 만들어 바쳤다. 나가서 공무를 보고 활 10순을 쏘았다. 경상우도 감사(서성)의 군관이 편지를 가져 왔는데, 감사는 혼사가 있어서 서울로 올라갔다고 했다.

6일임인 맑음. 사도(四道)[42]의 여러 장수들이 모두 모여 활을 쏘았다. 술과 음식을 먹이고 다시 모여 활을 쏘아 승부를 겨루고서 헤어졌다.

7일계묘 아침에 흐리더니 늦게 갰다. 늦게 나가 충청 우후 등과 함께 활 10여 순을 쏘았다. 이날 왜군의 조총 값을 주었다.

8일갑진 맑음. 일찍 나가 활 15순을 쏘았다. 남도포 만호(강응표)의 본포(本浦) 방지기가 허씨 집으로 뛰어 들어가서 투기 싸움을 했다고 한다.

9일을사 맑음. 일찍 나가서 충청 우후(원유남), 당진 만호(조효열), 여도 만호(김인영), 녹도 만호(송여종) 등과 활을 쏠 때에 경상 수사(권준)가 와서 함께 활 20순을 쏘았다. 경상 수사(권준)가 잘 맞혔다. 이날 일찍이 사내종 금이(金伊)가 본영으로 갔고, 옥지도 갔다. 이날 저녁에 몹시 더워서 땀이 수시로 흘렀다.

10일병오 비가 종일 쏟아졌다. 정오 때에 부산에서 보고서가 왔는데, 평의지(平義智, 대마도주)가 9일 이른 아침에 대마도로 들어갔다고 했다.

11일정미 비가 계속 내리다가 늦게 개었다. 활 10순을 쏘았다.

12일무신 맑음. 심한 더위가 찌는 듯하였다. 충청 우후 등을 불러 활 15순을 쏘았다. 남해 현령(박대남)의 편지가 왔다.

13일기유 맑았으나 몹시 더웠다. 경상 수사(권준)가 술을 가지고 와서 활 10순을 쏘았다. 경상 수사가 매우 잘 맞혔지만 김대복이 일등을 하였다.

14일경술 맑음. 일찍 나가 활 15순을 쏘았다. 아침에 아들 회(薈)가 이수원(李壽元)과 함께 왔는데 어머니께서 평안하시다는 소식을 들었다.

15일신해 맑음. 새벽에 망궐례를 행했다. 우수사(이억기), 가리포 첨사

---

42 사도(四道)는 경상우도, 전라좌도, 전라우도, 충청도 네 도를 말한다.

(이응효), 나주 판관(어운급) 등은 병으로 탈이 났다. 늦게 나가 공무를 보고 충청 우후(원유남)와 조방장 김완 등 여러 장수들을 불러서 활 15순을 쏘았다. 이날 일찍 부산의 허내만이 와서 왜군의 정보를 전하고 군량을 주어 돌려보냈다.

16일임자 맑음. 늦게 경상 수사가 와서 이야기했다. 나가서 공무를 보고 활 10순을 쏘았다. 저녁에 김붕만과 배승련 등이 돗자리를 사가지고 진에 왔다.

17일계축 맑음. 늦게 우수사(이억기)가 왔다. 활 15순을 쏘고 헤어졌다. 수사는 술을 마시지 않았다. 충청 우후(원유남)는 아버지의 제삿날이라 거망포로 간다고 보고했다.

18일갑인 맑음. 늦게 나가 활 15순을 쏘았다.

19일을묘 맑음. 체찰사(이원익)에게 공문을 작성하여 보냈다. 늦게 나가서 공무를 보고 활 15순을 쏘았다. 이설(李渫)을 통해 황정록(黃廷祿)의 형편 없는 말을 들었다. 발포 보리밭에서 26섬을 생산했다고 한다.

20일병진 맑음. 어제 아침 곡포 권관 장후완[43]이 교서에 숙배한 뒤에 평산포 만호(김축)에게 제때에 진에 도착하지 않은 까닭을 조사하여 문책할 때에, 그는 "날짜를 정하지 않았기에 50여 일 물러나 있었다."고 답하였다. 해괴함이 이보다 더할 수 없어 곤장 30대를 쳤다. 한낮에 남해 현령(박대남)이 들어와 숙배한 뒤에 이야기하고서 활을 쏘았다. 충청 우후(원유남)도 와서 15순을 쏘았다. 다시 안으로 들어가 남해 현령 박대남과 자세히 이야기하다가 밤이 깊어서야 헤어졌다. 임달영도 들어왔는데, 소를 거래한 내역서와 제주 목사(이경록)의 편지를 가지고 왔다.

---

43 장후완(蔣後琬 1572~1644)은 음보로 옥포만호가 되어 1595년 동래의 적정을 정찰하고, 1596년 곡포권관으로서 진영에 왔다. 《난중일기초》의 "완(院)"자를 "완(琬)"자로 바로잡았다. (2010 민음사본)

21일정사 내일이 제삿날이므로 출근하지 않았다. 아침에 남해 현령(박대남)을 불러 함께 새벽밥을 먹었다. 남해 현령은 경상 수사(권준)에게 갔다가 저녁에 돌아와서 이야기했다.

22일무오 맑음. 할머니의 제삿날이라 출근하지 않았다. 남해 현령(박대남)과 종일 이야기했다.

23일기미 새벽 2시 경부터 종일 비가 내렸다. 남해 현령(박대남)과 이야기했다. 늦게 남해 현령은 경상 수사(권준)에게 갔다. 조방장(김완) 및 충청 우후(원유남), 여도 만호(김인영), 사도 첨사(황세득) 등을 불러 남해에서 가져온 술과 고기를 먹였다. 곤양 군수 이극일도 와서 만났다. 저녁에 남해 현령이 경상 수사에게서 왔는데 술에 취해 인사불성이었다. 하동 현감(신진)도 왔는데 본현으로 돌려보냈다.

24일경신 초복이다. 맑음. 일찍 나가서 충청 우후(원유남)와 함께 활 15순을 쏘았다. 경상 수사도 와서 함께 하였다. 남해 현령(박대남)은 자기 고을로 돌아갔다. 항복한 왜군 야여문 등이 동료인 신시로를 죽이자고 청하기에 죽이라고 명령했다. 남원의 김굉(金軦)이 군량을 축낸 데 대해 증거를 조사하려고 여기에 도착했다.

25일신유 맑음. 일찍 나가서 공문을 작성하여 보낸 뒤 조방장 및 충청우후(원유남), 임치 첨사(홍견), 목포 만호(방수경), 마량 첨사(김응황), 녹도 만호(송여종), 당포 만호(안이명), 회령포 만호(민정붕), 파지도 권관(송세응) 등이 활을 쏘러 왔다. 철전 5순, 짧은 화살 3순, 활 5순을 쏘았다. 남원의 김굉이 아뢰고 돌아갔다. 이날 저녁에 몹시 더워 땀을 흘렸다.

26일임술 바람이 크게 불고 잠시 비가 왔다. 늦게 나가 공무를 보고 철전과 짧은 화살을 각 5순씩 쏘았다. 왜인 난여문 등이 말하는 목수의 아내에게 곤장을 쳤다. 이날 낮에 망아지 두 필의 발굽을 떼어냈다.[44]

---

44 말의 발을 가볍고 편하게 해주기 위해서 네 개의 발굽을 떼어내는 것이다. 이것이

27일계해 맑음. 나가서 공무를 보고 조방장 김완, 충청 우후, 가리포 첨사(이응표), 당진포 만호(조효열), 안골포 만호(우수) 등과 함께 철전 5순, 짧은 화살 3순, 활 7순을 쏘았다. 이날 저녁에 송구(宋逑)를 잡아 가두었다.

28일갑자 맑음. 명종의 제삿날이라 출근하지 않았다. 아침에 고성 현령(조응도)이 급히 보고하기를, "순찰사(서성)의 일행이 어제 이미 사천현에 도착했다."고 한다. 오늘은 응당 소비포에 도착할 것이다. 수원(壽元)이 돌아갔다.

29일을축 아침에 흐리다가 늦게 갰다. 주선(周旋. 인명)이 받아갔다. 늦게 나가서 출근한 뒤에 조방장, 충청 우후, 나주 통판(어운급)과 함께 철전, 짧은 화살, 활을 도합해서 18순을 쏘았다. 심한 더위가 찌는 듯했다. 초저녁에 땀이 물 쏟듯이 흘렀다. 남해 현령의 편지가 오고 야여문이 돌아갔다.

7월
명나라 사신 수행원이 정해지다

1일병인 맑음. 인종의 나라제삿날이라 출근하지 않았다. 경상 우순찰사(서성)가 진에 이르렀으나 이날은 서로 만나지 않았다. 그의 군관 나굉(羅法)이 자기 대장의 말을 전하러 이곳에 왔다.

2일정묘 맑음. 아침 식사 후에 경상도의 진영으로 가서 순찰사(서성)와 함께 이야기했다. 얼마 후 새 정자로 올라가 앉았다. 편을 갈라 활을 쏘았는데, 경상 순찰사(서성) 편이 162점이나 졌다. 종일토록 매우 즐겁게

기마의 사육방법이다.《오자》〈치병〉

보내고 촛불을 켜고 돌아왔다.

3일무진 맑음. 아침 식사 후에 순찰사(서성)와 도사(都事, 감영관리)가 이 진영에 와서 활을 쏘았다. 순찰사 편이 또 진 것이 96푼이었다. 밤이 깊어서야 돌아갔다. 아침에 체찰사(이원익)의 공문이 왔다.

4일기사 맑음. 아침 식사 후에 경상도 진영으로 가서 순찰사와 서로 만나 이야기했다. 얼마 후 배로 내려가 함께 타고 포구로 나가니, 여러 배들이 밖으로 줄지어 있었다. 종일 이야기하고 선암[45] 앞바다에 이르러 닻을 풀고 헤어져 가려는데, 서로 바라보면서 인사하였다. 그 길로 우수사(이억기)와 경상 수사(권준)와 함께 배를 타고 들어왔다.

5일경오 맑음. 늦게 나가 활을 쏘았다. 충청 우후(원유남)도 와서 함께 하였다.

6일신미 맑음. 일찍 나가 각처의 공문을 작성하여 보냈다. 저물녘에 거제 현령, 웅천 현감(김충민), 삼천포 권관이 와서 만났다. 이곤변의 편지가 왔는데, 그 사연 중에는 입석이 잘못되었다는 말이 많았다. 우스운 일이다.

7일임신 맑음. 경상 우수사(권준) 및 우수사(이억기)와 여러 장수들이 함께 와서 세 가지로[46] 활쏘기를 잠간 했다. 종일 비는 오지 않았다. 궁장 지이(智伊)와 춘복(春卜)이 저녁 때 본영으로 돌아갔다.

8일계유 맑음. 충청 우후(원유남)와 함께 활 10순을 쏘았는데, 체찰사(이원익)의 비밀 증명을 받아 갔다고 한다.

9일갑술 맑음. 아침에 체찰사(이원익)에게 갈 여러 가지 공문을 작성하여 이전(李田)이 받아 갔다. 늦게 경상 수사(권준)가 이곳에 와서 통신사가

---

45 선암(仙巖)은 통영 한산도 두억리 문어개 북쪽에 있는 큰 바위이다. 신선암이라고도 한다.

46 삼관(三貫)은 세 가지 종류의 활쏘기로 철전(鐵箭)·짧은 화살·과녁 쏘기(射帿)를 말한다.

탈 배에 풍석⁴⁷이 갖추어지지 않았다고 누차 말했다. 빌려 쓰고자 하는 뜻이 그 말 속에서 보였다. 물을 끌어 쓰는 대나무와 서울 가는 사람이 요구하는 부채 만들 대나무를 채벌할 일로 박자방을 남해로 보냈다. 오후에 활 10순을 쏘았다.

10일을해 맑음. 새벽꿈에 어떤 사람이 멀리 화살을 쏘았고, 다른 어떤 사람은 갓을 발로 차서 부수는 것이었다. 스스로 이것을 점쳐보니, '화살을 멀리 쏜 것'은 적들이 멀리 도망하는 것이요, 또 '삿갓을 발로 차서 부순 것'은 삿갓이 머리에 써야할 것이나 발로 걷어 채였으니, 이는 적의 우두머리에 대한 것으로서 왜적을 모두 섬멸시킬 점이다. 늦게 체찰사(이원익)의 전령에, "황첨지(황신)⁴⁸가 이제 명나라 사신을 따라가는 으뜸 사신이 되고, 권황이 부사가 되어 가까운 시일에 바다를 건너게 될 것이니, 그들이 타고 갈 배 3척을 정비하여 부산에다 대어 놓으라."⁴⁹고 하였다. 경상 우후(이의득)가 여기에 도착하여 백문석(白紋席) 150닢을 빌려 갔다. 충청 우후, 사량 만호(김성옥), 지세포 만호(강지욱), 옥포 만호(이담), 홍주 판관(박륜), 전 적도 만호 고여우 등이 와서 만났다. 경상 수사(권준)가 급히 보고하기를, "춘원도에 왜선 한 척이 정박하였다."고 하기에 여러 장수들을 보내어 수색하도록 전령하였다.

11일병자 맑음. 아침에 체찰사(이원익)에게 통문을 전하는 배에 관한 공문을 성첩하여 보냈다. 늦게 경상 수사(권준)가 와서 바다를 건너 갈 격군

---

47 풍석(風席)은 돛을 만드는데 쓰는 돗자리이다. 여기서는 깔개로 사용할 멍석이나 맷방석 따위를 말한다.
48 황신(黃愼 1560~1617)은 1596년 통신사로 명나라의 사신 양방형과 심유경을 따라 일본에 다녀왔다.
49 명나라 사신을 수행할 부사로 권황이 임명되었으나 소재 파악이 안 되어 대신 박홍장이 임명되어 양방형을 따라갔다. (이정형,《동각잡기》)

들에 대해 의논하였다. 관원을 따라 바다를 건널 양식은 벼 23섬을 찧은 것이 21섬이 되어 2섬 1말이 줄었다. 나가서 공무를 보고 직접 세 가지로 활을 쏘는 것을 보았다.

12일정축 새벽 비가 잠시 뿌리다가 곧 그치고 무지개가 한참 동안 떴다. 늦게 경상 우후 이의득이 와서 뜸 15닢을 빌려 갔다. 부산으로 실어 보낼 군량으로 백미 20섬, 중미(中米) 40섬을 임시 파견 관원 변익성과 수사(권준) 군관 정존극이 받아갔다. 조방장이 오고, 충청 우후(원유남)도 와서 활을 쏘았다. 같은 해에 과거 급제한 남치온[50]도 왔다.

13일무인 맑음. 명나라 사신을 수행한 신하(황신)가 탈 배 3척을 정비하여 오전 10시 경에 보냈다. 늦게 활 13순을 쏘았다. 어두울 무렵 항복해온 왜인들이 광대놀이를 많이 벌였다. 장수된 자로서 좌시할 일은 아니었지만, 귀순하여 따르는 왜인들이 마당놀이를 간절히 바라기에 금하지 않았다.

14일기묘 아침에 비가 뿌렸다. 이날도 벌써 기망(旣望)[51]이다. 저녁에 고성현령 조응도가 와서 이야기했다.

15일경진 새벽에 비가 뿌렸다. 망하례(망궐례)를 행하지 못했다. 늦게 쾌청하게 갰다. 경상 우수사(권준)와 전라 우수사(이억기)가 함께 모여 활을 쏘고서 헤어졌다.

16일신사 새벽에 비 오다가 늦게 개었다. 북쪽으로 툇마루 세 칸을 만들었다. 이날 충청도 홍주의 격군으로서 신평(당진 신평리)에 사는 사노 엇복(旕卜)이 도망하다가 붙잡혀 수금되었기에 처형하여 효시하였다. 사천(변속)과 하동(신진)의 두 현감이 왔다. 늦게 세 가지로 활을 쏘았다. 이날

---

50 남치온(南致溫)은 남귀년(南龜年)의 아들로 무과시험에 이순신과 함께 급제한 동방급제자이다.

51 "기망(旣望)"은 16일인데 이순신이 보름을 기다리는 마음으로 적다가 오기한 것으로 보인다.

저녁 바다의 달빛이 지극히 밝아서 혼자 누대 위에 기대었다. 밤 10시 경에 잠자리에 들었다.

17일일오 새벽에 비가 뿌리다가 곧 그쳤다. 충청도 홍산에서 큰 도둑(이몽학)⁵²이 도발하여 홍산 현감 윤영현(尹英賢)이 붙잡히고, 서천 군수 박진국(朴振國)도 끌려갔다고 한다. 바깥 도둑도 아직 섬멸하지 못하고 안의 도둑들이 이러하니, 매우 놀라운 일이다. 남치온과 고성 현령(조응도), 사천 현감(변속)이 돌아갔다.

18일계미 맑음. 각지의 공문을 작성하여 보냈다. 충청 우후(원유남)와 홍주 반자(박륜)가 충청도 적(이몽학)의 일을 듣고 와서 아뢰었다. 저녁에 들으니 항복해 온 왜인 연은기(戀隱己), 사이여문(沙耳汝文) 등이 흉모를 꾸며서 남여문(항왜인)을 해치려고 한다고 한다.

19일갑신 맑았으나 큰 바람이 종일 불었다. 남여문이 연은기, 사이여문 등을 참수했다. 우수사(이억기)가 와서 만나고 돌아갔다. 경상 우후 이의득과 충청 우후(원유남), 다경포 만호 윤승남이 왔다.

20일을유 맑음. 경상 수사(권준)가 와서 만났다. 본영의 탐후선이 들어와서 어머님께서 평안하시다는 것을 알게 되어 매우 기쁘고 다행이다. 또 그 편에 충청도 토적(이몽학)이 이시발의 포수가 쏜 총에 맞아 즉사했다는 소식⁵³을 들었는데, 매우 다행이다.

21일병술 맑음. 늦게 나가 공무를 보았다. 거제 현령(안위)과 나주 판관(어운급), 홍주 판관(박륜)이 옥포 만호(이담), 웅천 현감(김충민), 당진포 만호(조효열)와 함께 왔다. 옥포에는 배 만드는데 사용될 양식이 없다고 하므로 체찰사(이원익)의 군량 20말을 주고, 웅천과 당진포에

---

52 이몽학(李夢鶴 ?~1596)은 반란군 6, 7백명을 거느리고 홍산과 홍주성을 공격했는데, 임억명에 의해 살해되었다.

53 실제 이몽학을 토벌한 것은 이시발의 포수가 아니라 그의 부하인 임억명이다.

는 배 만들 철 15근을 함께 주었다. 이날 아들 회(薈)가 하인 수(壽)에게 곤장을 쳤다고 하기에 아들을 뜰 아래로 붙들어다가 꾸짖고 타일렀다. 밤 10시 경에 땀이 계속 흘렀다. 통신사가 청하는 표범 가죽을 가지고 오도록[54] 배를 본영(여수)으로 보냈다.

22일정해 맑았으나 바람이 크게 불었다. 종일 나가지 않았다. 홀로 누대 위에 앉아 있었다. 사내종 효대와 팽수가 나가서 흥양현의 군량선을 탔다. 저녁에 순천 관리의 공문에, "충청도 도적들이 홍산(부여)에서 일어났다가 참수되었고, 홍주 등 세 고을이 포위되었다가 겨우 풀렸다."고 하였다. 매우 놀라운 일이다. 자정 경에 비가 크게 내렸다. 낙안의 교대할 배가 들어왔다.

23일무자 큰비가 내리다가 오전 10시 경에 갰으나 이따금 보슬비가 내렸다. 늦게 홍주 판관 박륜이 보고하고 돌아갔다.

24일기축 맑음. 나라(현덕왕후)의 제삿날이다. 이날 우물에 가서 고쳐 파는데 경상 수사(권준)도 왔다. 거제 현령, 금갑도 만호, 다경포 만호가 뒤따라 왔다. 샘의 줄기가 깊이 들어가 있고 물의 근원도 길었다. 점심 식사 후에 돌아와서 세 가지로 활을 쏘았다. 어두울 무렵 곽언수가 표범 가죽을 가지고 들어왔다. 이날 밤 마음이 어수선하여 잠들지 못했다. 인기척도 없이 앉았다 누웠다 하다가 밤이 깊어서야 잠들었다.

25일경인 맑음. 아침의 일은 사냥하고 그 수를 세는 것이었는데 녹각 10개는 창고에 넣고 표범 가죽과 화문석은 통신사에게 보냈다.

26일신묘 맑음. 이전(李荃)이 체찰사(이원익)로부터 증표 3개를 받아가지고 왔다. 하나는 경상 수사(권준)에게 보내고, 하나는 전라 우수사(이억기)에게 보냈다. 의금부의 나장이 윤승남을 잡아갈 일로 내려왔다.

27일임진 맑음. 늦게 활터로 달려가서 길을 닦도록 녹도 만호에게 지시

---

54 조일간의 강화 협상 중에 조선에서 일본에 표범과 호랑이 가죽을 선물로 보냈다.

하였다. 종 경(京)이 통증을 앓았다. 다경포 만호 윤승남이 잡혀 갔다.

28일계사 맑음. 사내종 무학(武鶴), 무화(武花), 박수매(朴壽每), 우놈쇠[于老音金] 등이 26일날 여기에 왔다가 오늘 돌아갔다. 늦게 충청 우후(원유남)와 더불어 세 가지로 활을 쏘았다. 철전 36분, 짧은 화살 60분, 보통 화살 26분으로 도합 122분이었다. 사내종 경(京)이 심하게 앓는다니 무척 걱정이 된다. 고향 아산의 추석에 제물을 보낼 때 홍(洪), 윤(尹), 이(李) 등의 네 곳[55]에 편지를 부쳤다. 밤 10시 경에는 꿈속에서도 땀을 흘렸다.

29일갑오 맑음. 경상 수사(권준)와 경상 우후(이의득)가 와서 만났다. 충청 우후(원유남)도 함께 와서 세 가지로 활을 쏘았는데, 내가 쏘던 활은 고자[高佐][56]가 들떠서 바로 수리하라고 명했다. 체찰사(이원익)로부터 과거 시험장을 설치하라는 공문이 도착했다. 저녁때 들으니 점집의 수지기 아이가 그 집의 여러 가지 물건들을 모두 훔쳐 달아났다고 하였다.

30일을미 맑음. 새벽에 칡넝쿨을 벨 일꾼들이 들어 왔다. 간밤 꿈속에 영의정(유성룡)과 함께 조용히 이야기했다. 아침에 이진(李珍)이 본영으로 돌아가고 춘화[57] 등도 돌아갔다. 김대인은 담제[58]를 지낸다며 휴가를 받아 돌아갔다. 늦게 조방장이 와서 세 가지로 활을 쏘았다. 저녁에 탐후선이 들어와서 어머니께서 평안하신 것을 알았다. 왕명서 2통이 내려왔다. 싸움에 쓸 말과 아들 면(葂)의 말도 들어오고 지이(智伊)와 무재(武才)가 함께 왔다.

---

55 네 곳(四處)은 평소 이순신과 편지를 왕래한 아산에 사는 4명(홍익현·윤선각·이사민·강인중)의 처소를 말한다.

56 활고자는 활의 양 끝에 시위를 맨 휘어진 부분을 말한다.

57 춘화(春花)는 이순신의 부친 이정(李貞) 소유의 여자 종이다. 고흥 출신의 사내종 앵무(鸚鵡)의 셋째 손녀이다.

58 담제(禫祭)는 부모의 3년 상이 끝난 뒤 상주가 평상으로 돌아감을 고하는 제사이다.

8월
한산도를 출발하여 순시하다

1일병신 맑음. 새벽에 망궐례를 행했다. 충청 우후(원유남), 금갑도 만호(이정표), 목포 만호(방수경), 사도 첨사(황세득), 녹도 만호(송여종)도 와서 행했다. 늦게 파지도 권관 송세응이 돌아갔다. 오후에 활터로 가서 말을 달리다가 저물어서 돌아왔다. 부산에 갔던 곽언수가 돌아와서 통신사의 답장을 전했다. 저녁에 비 올 징후가 많았기에 비오기 전에 대비하도록 지시했다.

2일정유 아침에 비가 크게 쏟아졌다. 지이 등에게 새 활을 시험해보게 했다. 늦게 거센 바람이 크게 일고 빗줄기는 삼대 같이 굵어서 대청마루에 걸어 놓은 바람막이가 날아가 방 마루 바람막이에 부딪쳐 동시에 바람막이 두 개가 깨져 산산조각이 났다. 한탄스러웠다.

3일무술 맑았으나 가끔 비가 뿌렸다. 지이에게 새로 만든 활을 당겨보게 했다. 조방장과 충청 우후가 와서 만나고 거기서 활을 쏘았다. 아들들이 육량궁[59]을 쏘았다. 이날 늦게 송희립과 아들들을 시켜 황득중, 김응겸의 이름을 기록하고 허통[60]하는 증명서를 작성하여 주었다. 초저녁에 비가 오다가 새벽 2시 경에 그쳤다.

4일기해 맑았으나 동풍이 크게 불었다. 아들 회(薈)가 면(葂), 조카 완(莞) 등과 함께 아내의 생일에 장수를 비는 술잔을 올릴 일로 떠나갔다. 정선(鄭愃)도 나가고 정사립은 휴가를 얻어서 갔다. 늦게 누대에 앉아서 아이

---

59 육량궁(六兩弓)은 큰활로 몸채가 두껍고 커서 활을 당기면 강하게 나간다. 주로 전쟁이나 과시에 사용했다.

60 허통(許通)은 이름 기록과 함께 천인이나 서얼에게 벼슬길에 오르게 해주는 허가 제도이다.

들을 보내는 것을 바라보느라 몸 상하는 줄도 몰랐다. 늦게 대청으로 나가 활 몇 순을 쏘다가 몸이 몹시 불편하여 활 쏘는 것을 멈추고 안으로 들어오니, 몸은 언 거북이처럼 움츠러들기에 바로 옷을 두껍게 입고 땀을 냈다. 저물녘 경상 수사(권준)가 와서 문병하고 갔다. 밤의 통증이 낮보다 배로 심하여 신음하며 밤을 보냈다.

5일경자 맑음. 몸이 불편하여 공무를 보러 나가지 않았다. 가리포 첨사(이응표)가 와서 만났다.

6일신축 흐리나 비는 오지 않았다. 아침에 김 조방장(김완)과 충청 우후(원유남), 경상 우후(이의득) 등이 보러 와서 문병했다. 당포 만호(안이명)는 "자기 어머니의 병환이 심하다."고 와서 고하였다. 경상 수사(권준)와 우수사(이억기) 등이 와서 만났다. 배 조방장(배흥립)이 들어왔다가 날이 저문 뒤에 돌아갔다. 밤에 비가 크게 내렸다.

7일임인 비가 계속 내리다가 늦게 갰다. 몸이 불편하여 출근하지 않았다. 서울에 보낼 편지를 썼다. 이날 밤 땀이 옷 두 겹을 적셨다.

8일계묘 흐리나 비는 오지 않았다. 박담동이 서울로 올라가는 편에 서 승지(서성)에게 혼수를 보냈다. 늦게 강희로[61]가 이곳에 와서 남해 현령(박대남)의 병세가 잠시 주춤한다고 했다. 그와 함께 밤이 깊도록 이야기했다. 의능이 생마 120근을 가져와서 바쳤다.

9일갑진 흐렸으나 비는 내리지 않았다. 아침에 수인(守仁 승장)에게서 생마 330근을 받았다. 하동에서 가공한 도련지[62] 20권, 주지[63] 32권, 장지

---

61 강희로(姜熙老)는 이순신과 동시대 인물이다. 《아산읍지》에 "아산 백암에 세거한 강희로(姜熙老)의 손자 여언(汝彦 1629~?)이 사마시에 합격했다."고 하였다.

62 도련지(搗鍊紙)는 다듬잇돌에 올려놓고 다듬질하여 반듯하게 만든 종이이다.

63 주지(注紙)는 주서(注書)나 승지(承旨)가 왕명을 받아 적거나 보고 내용을 쓰는데 사용한 종이이다.

[64] 31권을 김응겸과 곽언수 등에게 주어 보냈다. 마량 첨사 김응황이 직무평가에서 하등급을 맞고 떠나갔다. 늦게 나가 앉아서 공문을 작성하여 나누어 보냈다. 활 10순을 쏘았다. 몸이 몹시 불편하다. 밤 10시 경에 땀이 흘렀다.

10일을사 맑음. 아침에 충청 우후가 문병 왔다가 조방장과 함께 아침 식사를 했다. 아침에 송한련에게 그물을 만들라고 생마 40근을 주어서 보냈다. 몸이 몹시 불편하여 한동안 베개를 베고 누워 있었다. 늦게 두 조방장과 충청 우후를 불러다가 상화병[65]을 만들어 함께 먹었다. 저녁에 체찰사(이원익)에게 보낼 공문을 작성하였다. 저녁 달빛은 비단 같고, 나그네 회포는 만 갈래라 자려해도 잠들지 못하였다. 밤 10시 경에 방에 들어갔다.

11일병오 맑고 동풍이 크게 불었다. 아침에 체찰사(이원익)에게 갈 여러 가지 공문을 성첩하여 보냈다. 배 조방장(배흥립)과 아침 식사를 함께 하고 늦게 그와 같이 활터로 가서 말달리는 것을 구경하고 저녁에 진영(통제영)으로 돌아왔다. 초저녁에 거제현령(안위)이 급히 보고하기를, "왜적의 배 한 척이 등산(登山, 거제 저구리 망산)에서 송미포[66]로 들어왔다."고 했다. 밤 10시 경에 또 보고하기를, "아자포[67]로 옮겨 정박하였다."고 했다. 배를 정비하여 내보낼 때 또 다시 보고하기를, "견내량을 넘어갔다."고 했다. 그래서 복병장을 잡아다가 신문했다.

---

64 장지(狀紙)는 공문이나 편지를 쓸 때 사용하는 종이이다. 주로 서장(書狀)을 쓸 때 사용했다.
65 상화병(床(霜)花餠)은 밀가루를 탁주와 물로 반죽하여 둥글게 빚어 만든 떡으로 주로 중국사신에게 대접하였다.
66 송미포(松未浦)는 송미가 참솔이 아닌 흑송·해송을 의미하므로, 남부면 다대리의 다대포로 보았다.
67 아자포(阿自浦)는 거제 법동리 남동쪽의 아지랑곶에서 둔덕면 어구리의 아지랭이 끝을 포함한 일대이다.

12일정미 맑으나 동풍이 크게 불었다. 동쪽으로 가는 배가 도저히 오갈 수가 없었으니 오랫동안 어머니의 안부를 듣지 못하여 매우 걱정이 되었다. 우수사(이억기)가 와서 만났다. 땀이 두 겹 옷을 적셨다.

13일무신 날이 갰다가 흐리고 동풍이 크게 불었다. 충청 우후와 함께 활을 쏘았다. 이날 밤 땀이 흘러 등을 적셨다. 아침에 우(禹)씨가 곤장을 맞아 죽었다는 소식을 듣고 장사지낼 물품을 약간 보냈다.

14일기유 흐리고 바람이 크게 불었다. 동풍이 계속 불어 벼 이삭이 상했다고 한다. 배 조방장(배흥립)과 충청 우후(원유남)와 함께 이야기를 나누다가 그쳤다. 땀은 나지 않았다.

15일경술 새벽에 비가 계속 내려 망궐례를 멈췄다. 늦게 우수사(이억기), 경상 수사(권준) 및 두 조방장(김완, 배흥립)이 충청 우후(원유남), 경상 우후(이의득), 가리포 첨사(이응표), 평산포 만호(김축) 등 열아홉 명의 여러 장수들과 모여서 이야기했다. 비가 종일 그치지 않았다. 초저녁 후에 남풍이 불면서 비가 크게 쏟아졌다. 새벽 2시 경에 이르도록 세 차례 땀을 흘렸다.

16일신해 잠깐 갰으나 남풍이 크게 불었다. 강희로가 남해로 돌아갔다. 몸이 매우 불편하여 종일 누워서 신음하였다. 저녁에 체찰사(이원익)가 진주성에 왔다는 공문이 왔다. 막 개인 뒤의 달빛이 지극히 밝아서 자려해도 잠들지 못하였다. 밤 10시 경에 누워서 가랑비를 보니 또 한동안 내리다가 그쳤다. 땀이 흘렀다.

17일임자 갰다 흐렸다하더니 비가 오다 개다 했다. 경상 수사가 와서 만났다. 충청 우후와 거제 현령이 함께 와서 만났다. 이날 동풍이 그치지 않았다. 체찰사 앞으로 탐문하는 아전을 보냈다.

18일계축 비가 오다 개다 하였다. 자정 경에 특별사면장을 가지고 온 임시 파견 관원 구례 현감(이원춘)⁶⁸이 들어왔다. 땀이 수시로 흘렀다.

19일갑인 흐리다 맑다 하였다. 새벽에 우수사(이억기)와 여러 장수들과 함께 사면장에 숙배하고 그대로 아침 식사를 함께 했다. 구례 현감이 보고하고 돌아갔다. 송의련이 본영(여수)에서 아들 울(蔚)의 편지를 가지고 들어왔는데, 어머니께서 차츰 강령해지신다고 했다. 매우 다행이다. 늦게 거제 현령(안위)과 금갑도 만호(이정표)가 이곳에 와서 이야기했다. 밤 7시경에서 자정 경에 이르도록 땀에 젖었다. 저녁에 목수 옥지가 재목에 깔리어 중상을 입었다고 보고를 받았다.

20일을묘 동풍이 크게 분다. 새벽에 전선을 만들 재목을 끌어내리려고 우도 군사 3백 명, 경상도 군사 1백 명, 충청도 군사 3백 명, 전라좌도 군사 3백 90명을 송희립이 거느리고 갔다. 늦은 아침에 조카 봉, 해와 아들 회, 면, 조카 완이 최대성, 윤덕종, 정선⁶⁹ 등과 함께 들어왔다.

21일병진 맑음. 식후에 사정에 가서 아들들에게 활쏘는 연습을 시키고 말달리면서 활 쏘는 것도 시켰다. 배 조방장(배흥립)과 김 조방장(김완)이 충청 우후와 함께 와서 점심을 함께 먹었다. 저물어서 돌아왔다.

22일정사 맑음. 외조모의 제삿날이라 나가지 않았다. 경상 수사가 와서 만났다.

23일무오 맑음. 활터에 가 보았다. 경상 수사도 와서 함께 했다.

24일기미 맑음.

25일경신 맑음. 우수사(우수사)와 경상 수사(권준)가 와서 만나고 돌아갔다.

---

68 이원춘(李元春 ? ~1597)은 구례현감으로서 의병장이 되어 전라의병 5천명을 이끌고 정인홍과 최경회와 성주 탈환을 시도했으나 실패했다. 구례를 지켜낸 뒤 1597년 남원 전투에서 전사했다.

69 정선(鄭愃)은 정사준의 아들이다. 중부 정사익과 숙부 정사굉 등과 함께 의병을 일으키고 이순신을 도왔다.

26일신유　맑음. 새벽에 배로 출발하여 사천에 이르러 유숙했다. 충청 우후(원유남)와 함께 종일 이야기하고 헤어졌다.

27일임술　맑음. 일찍 출발하여 사천에 이르러 점심을 먹은 뒤 그 길로 진주성으로 가서 체찰사(이원익)를 뵙고 온종일 이야기를 나누었다. 저물녘에 진주 목사(나정언)의 처소로 돌아와서 잤다. 김응서도 왔다가 바로 돌아갔다. 이날 저녁에 이용제가 역적 무리의 편지를 가지고 들어왔다.

28일계해　맑음. 이른 아침에 체찰사 앞으로 가서 종일 여쭙고 논의하여 결정하였다. 초저녁 후에 진주 목사의 처소로 돌아왔다. 진주목사와 함께 밤이 깊도록 이야기하고 헤어졌다. 청생(靑生)도 왔다.

29일갑자　맑음. 일찍 출발하여 사천에 도착했다. 아침밥을 먹은 뒤 그 길로 선소(사천 선진리)로 갔다. 고성 현령(조응도)도 왔다. 삼천포 권관과 이곤변이 술을 가지고 뒤따라 와서 밤늦도록 함께 이야기하고 (망산 아래의) 구라량[70]에서 잤다.

윤(閏) 8월
완도의 요충 남망산에 오르다

1일을축　맑음. 일식을 했다.[71] 이른 아침에 비망진[72]에 이르러 이곤변 등

70　구라량(仇羅梁)은 사천시 대방동 각산(角山) 아래에 있는 해변 일대이다. 이곳에 진영이 있었고, 구라(仇羅)는 늑도(勒島)의 '굴레(勒)'를 한자로 음차한 것이다. 대방진 굴항(堀項)도 구라에서 온 것이다.

71　《선조실록》(1596, 윤8, 1)에, "오전 10시 경 정각에 일식이 있었고 미시에 다시 둥그러졌다."고 하였다.

72　비망진(飛望津)은 사천시 선구동 망산 아래 나루터가 있었던 삼천포항 일대다. 여기에 조선 수군이 휴식했던 군영숲이 있다.

과 함께 아침식사를 하였다. 서로 헤어지고 저물녘 진중(한산도)에 이르니 우수사(이억기)와 경상 수사(권준)가 나와서 기다리고 있었다. 우수사를 만나서 이야기했다.

2일병인 맑음. 아침에 여러 장수들이 와서 만났다. 늦게 경상 수사와 우수사(권준)가 와서 이야기했다. 경상 수사(이억기)와 함께 사청[73]으로 갔다.

3일정묘 맑음.

4일무진 비가 계속 내렸다. 이날 밤 밤 10시경에 땀이 흘렀다.

5일기사 맑음. 사청에 가서 아이(아들)들이 말달리고 활 쏘는 것을 구경했다. 하천수가 체찰사(이원익)에게 갔다.

6일경오 맑음. 아침 식사 후에 경상 수사(권준), 우수사(이억기)와 함께 사청에 가서 말달리고 활 쏘는 것을 구경하고 저물어서 돌아왔다. 이날 밤 잠시 땀이 흘렀다. 방답 첨사(우치적)가 진중에 도착했다.

7일신미 맑음. 아침에 아산의 사내종 백시(白是)가 들어왔다. 가을보리의 소출이 43섬이고, 봄보리는 35섬이며, 어미(魚米, 생선과 바꾼 쌀)는 모두 12섬 4말인데, 또 7섬 10말이 나고, 또 4섬이 났다고 했다. 이날 늦게 나가 공무를 보고 청원문을 작성하여 보냈다.

8일임신 맑음. 식후에 사청으로 가서 말달리며 활쏘는 것을 구경했다. 광양 현감(이함림)[74]과 고성 현령(조응도)이 시관으로 들어왔다. 하천수가 진주에서 왔다. 장수의 군사 임정로(林廷老)가 휴가를 받아 나갔다. 이 날 밤 땀을 내었다.

9일계유 맑음. 아침에 광양 현감(이함림)이 교서에 숙배를 했다. 봉, 아들

---

73 사청(射廳)은 군사들이 활쏘기를 하기 위하여 정자 비슷하게 지은 건물이다.

74 이함림(李咸臨 1564~?)은 1596년 7월부터 11월까지 광양현감으로 근무했다.《광양읍지》

회와 김대복이 사령장에 숙배하고서 이들과 함께 이야기했다. 이날 밤에 우수사(이억기)와 경상 수사(권준)가 와서 이야기했다.

10일갑술 맑음. 새벽에 과거 시험장을 열었다. 늦게 면(葂)이 쏜 것은 모두 55보(步), 봉이 쏜 것은 모두 35보, 해가 쏜 것은 모두 30보, 회가 쏜 것은 모두 35보, 완(莞)이 쏜 것은 25보라고 했다. 진무성이 쏜 것은 모두 55보로 합격하였다. 저녁에 우수사와 경상 수사(권준), 배 조방장(배흥립)이 함께 와서 밤 10시 경에 헤어져 돌아갔다.

11일을해 맑음. 체찰사(이원익)를 모시는 일로 진중을 출발하여 당포에 도착했다. 초저녁에 체찰사에게 갔던 탐문하는 아전이 돌아왔는데, (체찰사는) 14일에 떠난다고 하였다.

12일병자 맑음. 종일 노질을 재촉하여 밤 10시 경에 어머님께 도착했다. 백발이 성성한 채 나를 보고 놀라 일어나시는데, 숨이 곧 끊어지시려는 모습이 아침저녁을 보전하시기 어렵겠다. 눈물을 머금으며 서로 붙잡고 밤새도록 위안하며 기쁘게 해 드림으로써 마음을 풀어 드렸다.

13일정축 맑음. 아침진지를 어머니 곁에서 모시고 올리니 기뻐하시는 빛이 가득했다. 늦게 하직을 고하고 본영(여수)으로 왔다. 오후 6시경에 작은 배를 타고 밤새 노를 재촉하였다.

14일무인 맑음. 새벽에 두치에 이르니, 체찰사(이원익)와 부체찰사(한효순)가 어제 벌써 와서 잤다고 한다. 뒤를 따라 점검하는 곳으로 가서 진주 소촌(召村)의 찰방(이시경)[75]을 만나고 일찍 광양현에 도착했다. 지나온 지역에는 쑥대만이 눈에 가득하니 그 참혹함을 차마 볼 수 없었다. 우선 전선 정비하는 일을 면제해 주어 군사와 백성들의 염려하는 마음을 풀어 주어야겠다.

---

75 이시경(李蓍慶 1565~1597)은 영의정 이양원(李陽元)의 셋째 아들로 부친을 수행하고 정유재란 때 소촌 찰방으로 참전하여 전사했다.

15일기묘 맑음. 일찍 떠나 순천에 이르니 체찰사(이원익)의 일행이 관아(순천부) 안으로 들어갔다고 하기에 나는 정사준의 집(학구리)에서 묵었다. 순찰사(박홍로)도 와서 함께 이야기했다. 저녁에 들으니 아들들이 모두 시험에 참가했다고 한다.

16일경진 맑음. 이날은 거기서(정사준 집) 머물렀다.

17일신사 맑음. 늦게 낙안으로 향하였다. 그 고을에 이르니 이호문(李好問)과 이지남(李智男) 등이 보러 와서 오로지 수군에 폐단이 있다고 말했다.

18일임오 맑음. 일찍 출발하여 양강역(고흥 남양리)에 도착하니 종사관 김용[76]은 서울로 올라갔다. 점심을 먹은 뒤 산성(남양리산성)으로 올라가 멀리 바라보고 각 포구와 여러 섬들을 손으로 짚어가며 살펴보고, 그 길로 흥양(고흥)으로 향했다. 저물녘에 흥양현에 이르러 향소청(유향소)에서 잤다. 어두울 무렵 이지화(李至和)가 제 물건을 뽐내려고 거문고를 가지고 왔다. 영(英)도 와서 만나고 밤새도록 이야기했다.

19일계미 맑음. 녹도로 가는 길에 도양의 둔전을 살펴보았다. 체찰사(이원익)는 얼굴에 희색이 만연했다. 녹도에 도착하여 잤다.

20일갑신 맑음. 일찍 출발하여 배를 타고 체찰사와 부찰사(한효순)와 함께 앉아 종일 군사 일을 이야기했다. 늦게 백사정(보성 명교마을)에 이르러 점심을 먹은 뒤에 그 길로 장흥부에 도착했다. 나는 관청의 동헌에서 잤는데, 김응남이 와서 만났다.

21일을유 맑음. 그대로 머물러 잤다. 정경달이 와서 만났다.

---

76 김용(金涌 1557~1620)은 김성일의 조카로 의병을 모으고 이원익의 종사관으로 활동했다.

22일병술　맑음. 늦게 병영[77]에 도착했는데 원균[78]을 만나 밤이 깊도록 이야기했다.

23일정해　맑음.

24일무자　부사(한효순)와 함께 가리포로 갔더니, 우우후 이정충이 먼저 와 있었다. 남망산[79]에 함께 오르니, 적들이 다니는 좌우의 길과 여러 섬들을 역력히 헤아릴 수 있었다. 참으로 한 도(道)의 요충지이다. 그러나 이곳은 형세가 지극히 외롭고 위태롭기에 부득이 이진(梨津, 해남 북평)으로 옮겨 합하였다. 병영에 도착하였다. 원공(원균)의 흉악한 행동은 여기에 기록하지 않는다.

25일기축　일찍 출발하여 이진에 도착했다. 점심 식사 후 바로 해남으로 가는 길에서 중간에 김경록(金景祿)이 술을 가져 와서 만났다. 나도 모르게 날이 저물어 횃불을 들고 쉬지 않고 가니, 밤 10시 경에 해남현에 도착했다.

26일경인　맑음. 일찍 출발하여 우수영(전라도)에 도착했다. 나는 곧 대평정[80]에서 자면서 우후(이정충)와 함께 이야기했다.

27일신묘　맑음. 체찰사(이원익)가 진도에서 우수영(해남)으로 들어왔다.

28일임진　비가 조금 내렸다. 일기의 줄을 고쳐 바로잡았다. 수영에 머물렀다.

77　병영(兵營)은 강진군 병영면에 있다. 이곳에 전라병영성이 있는데 전라병마도절제사의 지휘소이다.

78　원균은 1596년 7월 9일 전라도 병사에 임명되었고, 8월 11일 부임지로 떠나기 위해 이순신에게 하직 인사를 했다.

79　남망산(南望山)은 완도 망석리에 있는 남망봉이다. 이 산의 누대에 오르면 여러 섬들을 역력히 셀 수 있는데, 이순신이 "참으로 호남 제일의 요충이다"라고 하였다.《가리포진진지(加里浦鎭鎭誌)》

80　대평정(大平亭)은 해남 우수영 안에 있다.《신증동국여지승람》〈해남현〉조에 "大平亭"이 있다.

29일계사 비가 조금 내렸다. 이른 아침에 남녀역(男女驛, 해남 남리역)에 도착했다. 점심을 먹은 뒤에 해남현에 이르렀다.

9월
전라일대에서 평온한 시간을 갖는다

1일갑오 소국진을 본영으로 보냈다. 잠시 비가 뿌렸다. 새벽에 망궐례를 행했다. 일찍 출발하여 석제원(강진 원기마을)에 도착하여 점심을 먹고 밤 10시 경에 영암으로 가서 향사당[81]에서 잤다. 정랑 조팽년(趙彭年)이 와서 만났다. 최숙남(崔淑男)도 와서 만났다.

2일을미 맑음. 영암에서 머물렀다.

3일병신 맑음. 아침에 출발하여 나주 신원(新院, 신원리)에 도착했다. 점심을 먹은 뒤 나주 판관(어운급)을 불러 고을의 일들을 물었다. 저녁에 나주 별관에 이르니 종 억만(億萬)이 신원으로 알현하러 왔다.

4일정유 맑음. 나주에서 머물렀다. 어둘녘 목사(이복남)가 술을 가져 와 권했다. 일추(一秋)도 술잔을 들었다. 이날 아침에 체찰사와 함께 공자의 사당(향교)에 알현했다.

5일무술 맑음. 나주에서 머물렀다.

6일기해 맑음. 먼저 무안에 갈 일로 체찰사(이원익)에게 고하고 길에 올랐다. 고막원(古莫院, 나주 옥당리)에 이르러 점심을 먹고 나니 나주 감목관 나덕준[82]이 뒤쫓아와서 서로 만났다. 이야기하는 중에 강개한 일이 많았

---

81 향사당은 향촌자치기구로서 이용된 청사이다. 여기서는 원로들이 모여 의논하고 활쏘기도 행하였다.

82 나덕준(羅德駿) 1553~1604)은 나주 관하의 망운 감목관을 지냈으며 유성룡이 종

다. 그래서 오랫동안 이야기를 나누다가 저물녘에 무안에 가서 잤다.

7일경자 맑음. 아침에 나감목관(나덕준), 무안 현감(남언상)과 함께 민폐에 대해 이야기했다. 얼마 후 정대청(鄭大淸)이 들어왔다고 하기에 그에게 청하여 함께 앉아 이야기했다. 늦게 출발하여 다경포(무안군 성내리)에 이르러 영광 군수(김상준)와 밤 10시 경까지 이야기했다.

8일신축 맑음. 나라(세조)의 제삿날이다. 이날 새벽 조반에 고기반찬이 올랐으나 먹지 않고 도로 내놓았다. 아침을 먹은 뒤 길에 올라 감목(監牧)이 있는 곳[83]에 갔더니 감목관(나덕준)과 영광 군수(김상준)가 함께 있었다. 국화 떨기 속에 들어가서 술 몇 잔을 마셨다. 저물녘에 동산원(무안 봉오제)에 와서 말에 여물을 먹이고 말을 재촉하여 임치진(臨淄鎭, 무안 임수리)에 도착하니, 여덟살 된 이공헌[84]의 딸이 그 사촌의 여자종 수경(水卿)과 함께 들어와서 알현했다. 공헌(公獻)을 생각하니 참담한 심경을 가눌 수 없었다. 수경은 길에 버려진 것을 이염[85]의 집에서 데려다가 기른 아이이다.

9일임인 맑음. 일찍 일어나서 임치 첨사 홍견을 불러 적을 방비할 대책을 물었다. 아침 식사 후에 뒷성(무안 봉대산성)으로 올라가 형세를 살펴보고 동산원으로 돌아왔다. 점심을 먹은 뒤 함평현에 가다가 도중에 한여경[86]을 만났으나 말 위에서 보기가 어려우므로 현(함평)으로 들어오라고 일렀다. 현감(손경지)은 경차관을 맞이하러 갔다고 했다. 김억창(金億昌)도

자용 곡식을 공급하게 하였다.

83 감목은 말을 사육하는 목장으로, 이를 감독하는 관아가 무안군 망운면 목동리 목동공원에 있었다.

84 이공헌(李公獻)은 이염(李琰)으로 보았다. 한편 이를 이영(李瑛 ?~1593)으로도 본다.

85 이염(李琰 1551~?)은 자는 정숙(精叔), 본관이 전주이고 이원량(李元良)의 아들이다.

86 한여경(韓汝璟 1544~1597)은 의병을 모집하여 참전하고, 정유재란 때 성을 지키다가 순절하였다.

함께 함평에 왔다.

10일계묘 맑음. 몸이 노곤하고 말도 피로하여 함평에 머물러 잤다. 아침 식사를 하기 전에 무안의 정대청이 와서 함께 이야기했다. 고을의 유생도 많이 들어와 고을의 폐단을 이야기했다. 저녁에 도사(都事, 성진선)가 들어와서 함께 이야기를 나누다가 밤 10시 경에 헤어지고 왔다.

11일갑진 맑음. 아침 식사 후 영광으로 가는 도중에 신경덕(辛慶德)을 만나 잠시 이야기했다. 영광에 도착하니 영광 군수(김상준)가 교서에 숙배한 뒤에 들어와 함께 이야기했다. 내산월[87]도 와서 만났는데 술 마시며 이야기하다가 밤이 깊어서 헤어졌다.

12일을사 비바람이 크게 불었다. 늦게 나서긴 했으나 진눈개비가 내려 길에 오를 수 없었다. 10리쯤 되는 냇가에 이광보(李光輔)와 한여경(韓汝璟)이 술을 갖고 와서 기다리고 있었기에 말에서 내려 함께 이야기를 나누었는데 비바람이 그치지 않았다. 안세희(安世熙)도 왔다. 저물녘 무장(전북 고창)에 도착하여 유숙했다. 여진.[88]

13일병오 맑음. 이중익(李仲翼, 이광보)과 이광축(李光軸)도 와서 함께 이야기했다. 이중익이 군색하고 급하다는 말을 많이 하므로 내 옷을 벗어주었다. 종일 이야기했다.

14일정미 맑음. 하루를 더 묵었다. 여진이 공무수행하다.[89]

---

87 내산월(萊山月)은 한양 기생의 이름으로 말년에 영광 법성포에 거주했다. 이춘원(李春元 1571-1634)의 《구원집(九畹集)》에, 한양기생 내산월에게 준 시가 있다. "스스로 예쁜 것만 믿다가 홍등가에 잘못 드니 궁지에서 초라한 신세 뉘 알아주랴. 번화한 거리에서 한번 더럽혀지고 바닷가 꽃 속에서 부질없이 풍월읊네. 한 가득한 오주에서는 봄 풀이 푸르고 꿈 깨는 금곡에서는 석양빛 짙네. 아름다운 얼굴 빌려오지 못하고 나이만 들었으니 붉은 촛불과 맑은 술잔 그대 어이 하리오"

88 여진(女眞)은 해남윤씨 가문에 속한 여자종이다. 임진왜란 때는 무장에 거주하고 전후에는 해남에 거주했다. 1602년에 작성된 해남윤씨의 문서(한국학중앙연구원)에 보인다.

89 함께 했다는 "공(共)"자이다. 《난중일기초》의 오독자 "스물 입(卄)"자를 "共"자로

15일무신 맑음. 체찰사가 현(무장현)에 이르렀기에 들어가 인사하고 대책을 의논하였다. 여진이 공무수행하다.[90]

16일기유 맑음. 체찰사(이원익) 일행이 고창(高敞)에 이르렀다. 점심을 먹은 뒤에 장성에 와서 잤다.

17일경술 맑음. 체찰사(이원익)와 부사(한효순)는 입암 산성(立巖山城, 장성 신성리)으로 가고, 나는 혼자 진원현(珍原縣, 장성 진원리)에 도착하여 진원 현감(심론)과 함께 이야기했다. 종사관(정경달)도 왔다. 저물녘 관청에 이르니 두 조카딸이 나와 앉아 있었다. 오랫동안 못 본 회포를 풀고 다시 작은 정자로 나와서 현감과 여러 조카들과 함께 밤이 깊도록 이야기했다.

18일신해 비가 조금 내렸다. 식후에 광주에 이르러 목사(최철견)와 이야기했다. 비가 크게 내리더니 자정 경에는 달빛이 대낮 같았다. 새벽 2시 경에 비바람이 크게 일었다. 영의정.

19일임자 비바람이 크게 불었다. 아침에 행적(行迪)이 와서 만났다. 진원에 있는 종사관(정경달)의 편지와 윤간, 봉, 해의 문안 편지도 왔다. 이날 아침 광주 목사(최철견)가 와서 함께 아침 식사를 하는데 술부터 마시어 밥을 먹지도 못한 채 취해버렸다. 광주 목사의 별실에 들어가 종일 몹시 취했다. 낮에 능성 현령(조공근)이 들어와서 곳간을 봉했다.[91] 광주 목사는 체찰사가 파면시켰다고 한다. 최철견의 딸 귀지(貴之)가 와서 잤다.

수정했다. 이는 '두손으로받들 공(廾)'자와 통용인데, 일본인이 "입(卄)"으로 오독한 것이다. 이순신은 평소 만남의 표시로 "共"자를 관용적으로 사용했는데. 72건의 "共"자 용례가 있다. 홍기문은 "여진이 20명이다."로 해석했으나 이는 오역이다. (한국고전번역원, 《민족문화》61집, 〈女眞共卂 해독에 관한 일고찰〉(노승석))

90 이 역시 공(共)자이다. 《난중일기초》의 오독자 "서른 삽(卅)"자를 "共"자로 수정했다. 홍기문은 "여진이 30명이다."로 해석했으나 역시 오역이다. (상동)

91 관아의 부정을 조사하기 위해 감찰이 창고를 봉하여 잠그는 것이다. 《경국대전》〈예전·청대〉

20일계축　비가 크게 내렸다. 아침에 각종 사무를 담당한 아전들의 죄를 논하였다. 늦게 목사(최철견)를 만나보고 길을 떠나려 할 즈음에 명나라 사람 두 명이 대화를 청하기에 술을 취하도록 대접했다. 종일 비가 내려 멀리 가지 못하고 화순에 가서 잤다.

21일갑인　비가 개다 오다 했다. 일찍 능성에 이르러 최경루[92]에 올라가서 연주산(連珠山, 화순 능성산)을 바라보았다. 이 고을 수령이 술을 청하기에 잠깐 취하고 헤어졌다.

22일을묘　맑음. 아침에 각 항목의 죄들을 논했다. 늦게 출발하여 이양원(李陽院, 화순 이양리)에 이르니, 해운 판관(전함사 정5품)이 먼저 와 있었다. 내가 가는 것을 보고 이야기를 청하고자 하므로 그와 함께 이야기했다. 저물녘 보성군에 도착했는데 몸이 매우 고단하여 바로 잤다.

23일병진　맑음. 그대로 머물렀다. 나라(신의 왕후 한씨)의 제삿날이라 출근하지 않았다.

24일정사　맑음. 일찍 출발하여 선 병사(선거이)의 집에 이르니, 선병사의 병이 극히 위중하여 몹시 위태하게 될까 걱정스러웠다. 저물녘 낙안에 가서 잤다.

25일무오　맑음. 아전과 선중립(宣仲立)의 죄를 논했다. 순천에 이르러 순천 부사(배응경)와 함께 이야기했다.

26일기미　맑음. 일 때문에 더 머물렀다. 저녁에 순천부의 사람들이 소고기와 술을 마련해 놓고 나오기를 청했으나 굳이 사양하다가 부사(배응경)의 간청으로 잠시 마시고서 헤어졌다.

27일경신　맑음. 일찍 출발하여 어머니를 뵈러 갔다.

28일신유　맑음. 남양 아저씨의 생신이므로 본영(여수)으로 왔다.

92　최경루(最景樓)는 능주면 연주산 아래에 있는 영벽정(映碧亭)이다. 시인과 아전들의 휴식처로 사용되었다.

29일임술　맑음. 식후에 동헌에 출근하여 공문을 작성하였다. 종일 관아에 앉아서 공무를 보았다.

30일계해　맑음. 아침에 옷 담아 둔 농을 뒤져보다가 두 통은 고음내로 보내고, 한 통은 본영에 제공하여 남겨 두었다. 저녁에 선유사(宣諭使)의 군관 신탁(申拆)이 와서 군사들에게 위로연을 베풀 날짜를 말하였다.

10월
어머니를 마지막으로 배알하다

1일갑자　비가 오고 바람이 크게 불었다. 새벽에 망궐례를 행했다. 식후에 어머니를 뵈러 가는 길에 신 사과(愼司果, 신정)가 임시 거처하는 곳에 들렀다가 크게 취해서 돌아왔다.

2일을축　맑았으나 바람이 크게 불어 배가 다니지 못했다. 청어선(靑魚船)이 들어왔다.

3일병인　맑음. 새벽에 배를 돌려 어머니를 모시고 일행과 함께 배에 올라 본영(여수)으로 돌아왔다. 종일토록 즐겁게 모시니 이 역시 행복한 일이다. 흥양 현감(홍유의)이 술을 가지고 왔다.

4일정묘　맑음. 식후에 객사 동헌에 출근하여 종일 공무를 보았다. 저녁에 남해 현령(박대남)이 자기 방지기를 데리고 왔다.

5일무진　흐림. 남양 아저씨 집안에 제사가 있어서 일찍 부르기에 다녀왔다. 남해 현령과 함께 이야기했다. 비 올 징후가 많았다. 순천 부사(배응경)는 석보창에서 잤다.

6일기사　비바람이 크게 일어 이 날은 잔치를 차리지 못하고 이튿날로 미루었다. 늦게 흥양 현감(홍유의)과 순천 부사(배응경)가 들어왔다.

7일경오　맑고 온화했다. 아침 일찍 수연(壽宴)을 베풀어 온종일 매우 즐거워 하니 참으로 다행스러웠다. 남해 현령(박대남)은 조상의 제삿날이라 먼저 돌아갔다.

8일신미　맑음. 어머님의 체후가 평안하시니 참으로 다행이다. 순천 부사(배응경)와 서로 작별의 술잔을 나누고 전송했다.

9일임신　맑음. 공문을 처리하여 보냈다. 하루 종일 어머니를 모셨다. 내일 진영에 들어갈 일로 어머니께서는 다소 편치 않은 기색을 띠셨다.

10일계유　맑음. 새벽 1시 경에 뒷방으로 갔다가 새벽 2시 경에 누대방으로 돌아왔다. 오시에 어머님께 떠날 것을 고하고 미시에 배를 탔다. 바람에 따라 돛을 달고 밤새도록 노를 재촉하여 갔다.

11일갑술　맑음.(이후 12월까지의 일기가 빠져 있음)

丁酉日記

정유년

이순신이 가토 기요마사에 대한 허위정보에 출동하지 않자, 3월 4일 왕명거역죄로 옥에 갇혔다. 4월 1일 특사되고 백의종군을 한다. 아산 선영에 도착하고 11일 모친상을 당하였다. 6월 8일 초계에 있는 권율의 진영으로 갔다. 7월 16일 조선 수군이 칠천량에서 패전한 뒤, 8월 3일 삼도수군통제사에 복직되었다. 9월 조정에서 육전을 명하자 "12척이 있어 싸울 수 있다"고 장계하였다. 16일 명량해전에서 13척으로 왜선 133척을 물리쳤다. 10월 29일 보화도로 진영을 옮겼다. 셋째아들 면(葂)이 전사하였다. 12월 선조가 상중에 육식하라고 명하였다.

임진왜란 약사

1월 가토 기요마사부대가 다대포에 도착했다. 원균이 경상우수사 겸 삼도수군통제사에 임명되었다. 2월 도요토미 히데요시가 작전을 지시하고 선조는 명나라에 선위문제를 보고하게 했다. 3월 명나라의 수군부대가 출동했다. 5월 명나라 부총병 양원(楊元)이 조선에 파견되어 모든 장수를 지휘하였다. 8월 남원성이 함락되고 9월 경리 양호가 한양에 오고 이순신이 명량대첩을 이룬다. 10월 명군이 남하하여 일본군이 후퇴하고, 11월 경략 형개가 한양에 도착한다. 12월 울산전투가 치러졌다.

정유년 I (1597)

어머니의 부고를 고했다.
달려 나가 가슴을 치고 발을 구르니 하늘의 해조차 참참해 보였다.

4월
출옥 후 백의종군길에 오르다

1일 신유 맑음. 감옥문을 나왔다.[1] 남대문 밖 윤간(尹侃)의 종 집에 가서 조카 봉, 분과 아들 울이 윤간, 허주와 더불어 한 방에 함께 앉아 오래도록 이야기했다. 윤지사(윤자신)가 와서 위로하고 비변랑(비변사 낭청6품) 이순지[2]가 와서 만났다. 더해지는 슬픈 마음을 가눌 수 없었다. 지사가 돌아갔다가 저녁밥을 먹은 뒤에 술을 갖고 다시 왔다. 윤기헌도 왔다. 정으로 권하며 위로하기에 사양할 수 없어 억지로 마셨는데 몹시 취했다. 영

---

[1] 1596년 겨울 고니시 유키나가는 부하인 요시라를 시켜 가토 기요마사에 대한 허위 정보를 조선에 전하자, 선조는 이순신에게 출동을 명한다. 그러나 그것이 적의 간계임을 안 이순신은 출동하지 않아 왕명거역죄로 파직되고, 결국 1597년 2월 26일 서울로 압송되어 3월 4일 투옥되었다. 이때 정탁, 이원익, 이항복, 이정형 등 대신들의 노력으로 28일간의 옥고 끝에 한차례 고문을 받고 4월 1일 원수 권율의 막하에서 백의종군하여 공을 세우라는 명을 받고 석방되었다. 이날부터 복직되기까지 120일의 백의종군 길에 오른다. 이순신이 출옥한 장소는 의금부터인 현재 종로구 공평동 종각역 1번 출구 부근이다.

[2] 이순지(李純智)는 무의공 이순신(李純信)의 5형제 중 넷째 형이다.

공 이순신(李純信)이 술병을 들고 와서 함께 취하고 간절한 뜻을 전했다. 영의정(유성룡)이 종을 보내고 판부사 정탁, 판서 심희수, 이상(二相, 좌찬성·우찬성)(김명원), 참판 이정형(李廷馨)[3], 대사헌 노직(盧稷), 동지 최원(崔遠), 동지 곽영(郭嶸)이 사람을 보내어 문안했다. 술에 취하여 땀이 몸을 적셨다.

2일임술 종일 비가 계속 내렸다. 여러 조카들과 함께 이야기했다. 방업(方業)이 음식을 내온 것이 매우 풍성하였다. 붓 만드는 공인을 불러 붓을 매게 했다. 저녁에 성으로 들어가 재상(유성룡)과 이야기하다가 닭이 울어서야 헤어지고 나왔다.

3일계해 맑음. 일찍 남쪽으로 가는 길에 올랐다. 금오랑(의금부 도사) 이사빈(李士贇), 서리 이수영(李壽永), 나장 한언향(韓彦香)이 먼저 수원부(수원 고읍성)에 이르렀다. 나는 인덕원(과천)에서 말을 쉬게 하고 조용히 누워서 쉬다가 저물녘 수원에 들어가서 이름도 모르는 경기 관찰사(홍이상)의 병사의 집에서 잤다. 신복룡[4]이 우연히 왔다가 내 행색을 보고 술을 가지고 와서 위로해 주었다. 수원 부사 유영건(柳永健)이 나와서 만났다.

4일갑자 맑음. 일찍 길을 떠나 독성 아래[5]에 이르니, 판관 조발(趙撥)이 술을 준비하여 장막을 설치하고 기다렸다. 취하도록 술을 마시고 길을 떠나 바로 진위(평택 봉남리)의 옛길을 거쳐 냇가에서 말을 쉬게 했다. 오산(吾山, 화성 오산)의 황천상(黃天祥)의 집에 가서 점심을 먹었다. 황(황천상)은 내 짐이 무겁다고 말을 내어 실어 보내게 하니, 고마운 마음 그지없었

---

3 이정형(李廷馨 1549~1607)은 개성유수가 되어 의병을 모아 성거산(聖居山)에서 전공을 세웠다.

4 신복룡(愼伏龍 1555~?)은 본관이 거창으로 수원에 거주했고 신지행(愼之行)의 아들이다.

5 독성(禿城)은 독성 산성으로 오산시 지곶동에 있는데 여기서 140m거리에 세마대가 있고 독산성 아래는 성안의 지휘소가 있던 남문의 아래라고 한다.

다. 수탄(水灘, 안성천 상류)을 거쳐 평택현(팽성읍) 이낸손(李內隱孫)의 집에 투숙했는데, 주인이 매우 친절하게 대했다. 자는 방이 몹시 좁은데 뜨겁게 불을 때서 땀이 흘렀다.

5일을축 맑음. 해가 뜰 때 길을 떠나 곧장 부친의 선산으로 갔다. 수목이 거듭 들에 난 불을 겪고 말라 비틀어져서 차마 볼 수가 없었다. 묘소 아래에서 절하며 곡하는데 한참동안 일어나지 못했다. 저녁이 되어 외가로 내려가 사당에 절하고, 그 길로 조카 뇌(蕾)의 집에 가서 조상의 사당에 곡하며 절했다.[6] 또한 들으니 남양 아저씨가 세상을 뜨셨다고 한다. 저물녘 본가[7]에 이르러 장인과 장모님의 신위 앞에 절하고 바로 작은 형님(요신)과 아우 우신의 부인인 제수의 사당에도 올라갔다가 잠자리에 들었으나 마음이 편치 않았다.

6일병인 맑음. 멀고 가까운 친척과 친구들이 모두 와서 모였다. 오랫동안 못 본 회포를 풀고 갔다.

7일정묘 맑음. 금오랑(이사빈)이 아산현에서 왔기에 내가 가서 매우 정성껏 대접했다. 홍찰방, 이별좌, 윤효원[8]이 와서 만났다. 금오랑은 홍백(변존서)의 집에서 잤다.

8일무진 맑음. 아침에 자리를 차려 남양 아저씨 영전에 곡하고 상복을 입었다. 늦게 홍백(변존서)의 집에 가서 이야기했다. 강계장(姜褉長)이 세상을 떠났다고 하므로 내가 가서 조문하고, 그 길로 홍석견(洪石堅)의 집에 들러보았다. 늦게 홍백의 집에 이르러 도사(의금부 관리)를 만났다.

---

6 이순신이 희신의 맏아들 뇌의 집에 모셔진 사당에 들러 참배한 것은 멀리 출정하러 가는 사유를 고한 것이다.

7 본가는 현충사 안에 있는 고택이다. 본래는 이순신의 장인인 방진(方震)의 집이었는데, 이순신이 처가살이하면서 이순신의 집이 되었다. 고택의 사당에는 장인과 장모, 이순신의 조상을 배향했다.

8 윤효원(尹孝元)은 이순신의 사위인 윤효전(尹孝全, 1563~1619)의 이명이다.

9일기사 맑음. 동네 사람들이 각기 술병을 갖고 와서 멀리 가는 이의 심정을 위로해 주기에 거절하지 못하고 몹시 취하고서 헤어졌다. 홍군우는 창을 하고 이 별좌(이숙도)도 창을 하였다. 나는 창을 들어도 즐겁지 않았다. 도사는 술을 잘 마시나 흐트러짐이 없었다.

10일경오 맑음. 아침 식사 후 변흥백(변존서)의 집에 가서 도사와 함께 이야기했다. 늦게 홍찰방, 이별좌 형제, 윤효원 형제가 와서 만났다. 이언길, 허제가 술을 들고 왔다.

11일신미 맑음. 새벽꿈이 매우 심란하여 이루다 말할 수가 없었다. 덕(德)이를 불러서 대강 이야기하고 또 아들 울(蔚)에게도 말했다. 마음이 몹시 침울하여 취한 듯 미친 듯 마음을 가눌 수 없으니, 이것이 무슨 징조인가. 병드신 어머니를 그리워하는 생각에 나도 모르게 눈물이 흘렀다. 사내종을 보내어 어머니의 소식을 듣게 했다. 도사는 온양으로 돌아갔다.

12일임신 맑음. 종 태문(太文)이 안흥량⁹에서 들어와 편지를 전하는데, "어머니께서는 숨이 가쁘시며, 초9일 위아랫 사람들은 모두 무사히 안흥에 도착하여 정박하였다."고 했다. 법성포(영광 법성리)에 도착하여 배를 대고 자고 있을 때 닻이 끌려 떠내려가서 두 배가 육일 간 서로 떨어져 있다가 만났는데, 무사하다고 한다. 아들 울(蔚)을 먼저 바닷가로 보냈다.

13일계유 맑음. 일찍 식사 후에 어머니를 맞이할 일로 바닷가 길에 올랐다. 도중에 홍찰방 집에 들러 잠깐 이야기하는 동안 아들 울(蔚)이 종 애수(愛壽)를 보냈을 때에는 배가 왔다는 소식이 없었다. 다시 들으니 황천상이 술병을 들고 변흥백의 집에 왔다고 하여 홍찰방과 작별을 고하

---

9 안흥량(安興梁)은 태안군 근흥면 정죽리에 있는 해협이다. 현재 이 해협 입구에 안흥항이 있다.

고 흥백의 집으로 갔다. 얼마 후 종 순화[10]가 배에서 와서 어머니의 부고를 고했다. 달려 나가 가슴을 치고 발을 구르니 하늘의 해조차 캄캄해 보였다. 바로 해암[11]으로 달려가니 배는 벌써 와 있었다. 길에서 바라보면서 가슴 찢어지는 비통함을 모두 적을 수가 없었다. 나중에 대강 기록했다.

14일갑술 맑음. 홍 찰방(홍군우)과 이 별좌(이숙도)가 들어와서 곡하고 관을 만들었다. 관은 본영에서 준비해 왔는데, 조금도 흠난 데가 없다고 했다.

15일을해 맑음. 늦게 입관하는데 직접 해준 오종수(吳終壽)가 정성을 다해 상을 치르게 해주니 뼈가 가루가 되도록 잊지 못하겠다. 관에 넣는 물품은 후회함이 없게 했으니 이것은 다행이다. 천안 군수(정호인)가 들어와서 장례를 준비해주고 전경복(全慶福)씨가 연일 상복을 만드는 일 등에 성심을 다하니 슬프고 감사한 마음을 어찌 말로 다하랴.

16일병자 궂은비가 오다. 배를 끌어 중방포(中方浦, 아산 중방리) 앞으로 옮겨 대고, 영구를 상여에 올려 싣고 본가로 돌아왔다. 마을을 바라보면서 가슴이 찢어지는 비통함을 어찌 말로 다할 수 있으랴. 집에 도착하여 빈소를 차렸다. 비가 크게 내렸다. 나는 아주 지친데다가 남쪽으로 갈 일이 또한 급박하니, 울부짖으며 곡을 하였다. 오직 어서 죽기만을 기다릴 뿐이다. 천안 군수(이유청)가 돌아갔다.

17일정축 맑음. 금오랑(의금부 도사)의 서리 이수영(李壽永)이 공주에서 와서 갈 길을 재촉했다.

18일무인 종일 비가 계속 내렸다. 몸이 몹시 불편하여 고개도 내밀지

---

10 순화(順花)는 이순신의 부친 이정(李貞) 소유의 사내종이다. 전라도 고흥출신으로 사내종 앵무(鸚鵡)의 첫째아들 종이다. 이름을 순화(順化)로도 사용했다.

11 해암(蟹巖)은 아산시 인주면 해암리 197-2번지에 소재한다. 본래 바닷가에 인접한 포구였는데, 지금은 매립되어 농지가 되었다. 여기에 있는 바위 모양이 게와 비슷하여 "게바위(蟹巖)"라고 한다.

못하고, 다만 빈소 앞에서 곡만 하다가 종 금수(今守)의 집으로 물러나왔다. 늦게 계원들이 내가 있는 곳으로 모여서 계(稧)에 관한 일을 의논하고 헤어졌다.

19일기묘 맑음. 일찍 나와서 길에 올랐다. 어머니의 혼령을 모신 자리에 하직을 고하고 울부짖으며 곡하였다. 어찌하랴. 어찌하랴. 천지사이에 어찌 나와 같은 사정이 있겠는가. 빨리 죽는 것만 같지 못하구나. 조카 뇌(蕾)의 집에 가서 조상의 사당 앞에서 하직을 아뢰었다. 금곡(아산 감태기마을)의 강선전관(강희중)의 집 앞에 당도하니, 강정[12], 강영수[13]씨를 만나 말에서 내려 곡을 하였다.[14] 또 보산원(천안 광덕)에 당도하니 천안 군수(이유청)가 먼저 와 있어서, 냇가에서 말에서 내려 쉬고 갔다. 임천 군수 한술(韓述)은 한양에 가서 중시(重試, 특별시험)를 보고 오는데 앞길을 지나다 내가 가는 것을 듣고 들어와 조문하고 갔다. 아들 회, 면, 봉, 해, 분, 완 및 변주부(존서)가 함께 천안까지 따라 왔다. 원인남(元仁男)도 와서 만나고 작별한 뒤에 말에 올랐다. 일신역(日新驛, 공주 신관동)에 도착하여 잤다. 저녁에 비가 뿌렸다.

20일경진 맑음. 공주 정천동(定天洞)에서 아침밥을 먹고 저녁에 이산(尼山)[15]에 들어가니, 고을 원이 극진히 대접했다. 관아 동헌에서 잤다. 김덕장(金德章)이 우연히 와서 만났고, 도사(의금부 관리)도 와서 만났다.

---

12 강정(姜晶)은 강희윤(姜希尹)의 둘째 아들이고 강희중의 조카이다. 가선대부 한성우윤을 지냈다.

13 강영수(姜永壽)1540~1627)는 강세온(姜世溫)의 아들이다. 첨지중추부사를 지냈다.

14 이순신이 강씨 인물들을 만난 아산에서의 마지막 장소이다. (신흥리 96-1번지) 아산에 머문 15일 동안은 이순신이 가장 절망한 시기였다. 이때 이순신은 "나라에 충성을 다하고자 하나 죄가 이미 이르렀고, 어버이에게 효도를 하고자 하나 어버이는 돌아가셨네."라는 말을 하였다.《행록》

15 이산(尼山)은 논산시 노성(魯城)의 옛 이름이고, 관아가 있던 노성면 읍내리에 518년 된 느티나무 두 그루가 있다.

21일신사 맑음. 일찍 출발하여 은원(恩院, 논산 은진 연서리)에 도착하니, 김익(金瀷)이 우연히 왔다고 한다. 임달영이 곡식을 교역할 일로 은진 포구에 왔다고 하는데, 그의 행적이 매우 괴상하고 거짓되었다. 저녁에 여산(礪山, 익산 여산)의 관아의 사내종 집에서 잤다. 한밤중에 홀로 앉았으니, 비통한 마음을 어찌 견딜 수 있으랴.

22일임오 맑음. 낮에는 삼례역(완주) 지방관의 집에 가고 저녁에는 전주 남문 밖 이의신(李義臣)의[16] 집에서 묵었다. 판관 박근(朴勤)이 와서 만났고 부윤(박경신)도 후하게 대접해 주었다. 판관이 유둔(기름종이)과 생강 등을 보내 왔다.

23일계미 맑음. 일찍 출발하여 오원역(임실 관촌)에 도착하여 역관에서 말을 쉬게 하고 아침밥을 먹었다. 얼마 후 도사가 왔다. 저물녘 임실현으로 들어가니 현감이 예를 갖추어 대접했다. 현감은 홍순각(洪純慤)이다.

24일갑신 맑음. 일찍 출발하여 남원에 이르렀는데, 고을에서 15리쯤 되는 곳에서 정철(丁哲) 등을 만났다. 남원부 5리 안까지 이르러서 내가 가는 것을 전송하였고, 나는 곧장 십리 밖의 동쪽 이희경의 종 집으로 갔다. 애통한 심정을 어찌하리오.

25일을유 비 올 징후가 많았다. 아침 식사 후에 길에 올라 운봉(남원 운봉읍)의 박롱(朴籠)의 집에 들어가니, 비가 크게 내려 머리를 내밀 수도 없었다. 여기서 들으니 "원수(권율)가 이미 순천을 향했다"[17]고 하기에 즉시 사람을 금부랑(도사, 이사빈)에게 보내어 머물게 했다. 고을 수령(남간)은 병 때문에 나오지 않았다.

26일병술 흐리고 개지 않았다. 일찍 밥을 먹고 길에 올라 구례현에 이르

---

16 이의신(李義臣)은 본관이 덕산(德山)으로 금산군수를 지냈다. 전주에서 활동하고 교수관과 도사를 지냈다.

17 이때 한효순이 순천에서 한산도로 들어가고 권율은 진주에서 순천으로 향했다. 《난중잡록》(1597, 3, 28)

니 금오랑(도사, 이사빈)이 먼저 와 있었다. 손인필[18]의 집에 거처를 정하였더니, 고을의 현감(이원춘)이 급히 보러 나와서 매우 정성껏 대접하였다. 금오랑도 와서 만났다. 내가 현감을 시켜 금오랑에게 술 마시도록 권하게 했더니, 고을 현감이 정성을 다했다고 한다. 밤에 앉아 있으니 비통함을 어찌 말로 다하랴.

27일정해 맑음. 일찍 출발하여 송치(松峙)[19] 아래에 이르니 구례 현감(이원춘)이 사람을 보내어 점심을 지어 먹고 가게 했다. 순천 송원(松院, 운평리)에 도착하자, 이득종과 정선(鄭愃)이 와서 문안하였다. 저녁에 정원명의 집에 도착하니, 원수(권율)는 내가 온 것을 알고 군관 권승경을 보내어 조문하고 안부를 물었는데, 위로하는 말이 매우 정성스러웠다. 저녁에 이 고을 수령(우치적)이 와서 만났다. 정사준도 와서 원공(원균)의 패악하고 망령되어 잘못된 행태를 많이 말했다.[20]

28일무자 맑음. 아침에 원수(권율)가 또 군관 권승경을 보내어 문안하였다. 이에 전언하기를, "상중에 몸이 피곤할 것이니, 몸이 회복되는 대로 나오라."고 하며, "이제 들으니 친절한 군관이 통제영에 있다하니, 편지와 공문을 보내어 나오게 하고 데리고 가서 간호하게 하라."는 편지와 공문을 작성해 갖고 왔다. 부사(순천부사 우치적)의 소실이 세상을 떠났다고 한다.

29일기축 맑음. 신 사과(신정)와 방응원이 와서 만났다. 병사(이복남)도 원

---

18 손인필(孫仁弼)은 군자감 첨정을 지냈다. 임진, 정유년의 난리 때 아들 숙남(淑男)과 함께 이순신의 막하에서 왜적과 싸워 전공을 세웠다. 손인필의 비각이 구례군 봉북리에 있다.

19 송치(松峙)는 순천시 서면 학구리에서 월등면 계월리를 거쳐 황전면 괴목리로 넘어가는 고개다.

20 비변사의 보고를 보면, 원균이 안골포와 가덕도의 왜적을 4~5월 안에 수륙 공격하여 결단내자고 했지만, 우리의 군사가 궤멸될 형세가 될 것이며, 장계의 뜻은 생각이 부족한 듯하다고 하였다. 《선조실록》(1597, 4, 22)

수의 의논을 들을 일로 관부에 들어왔다고 한다. 신 사과와 함께 이야기했다.

30일경인 아침에 흐리고 저물녘에 비가 내렸다. 아침 식사 후에 신 사과(신정)와 함께 이야기하였는데, 그는 병사(이복남)가 남아서 술을 마시게 했다고 했다. 병사 이복남이 아침 식사 전에 보러 와서 원균에 대한 일을 많이 말했다. 전라 감사(박홍로)도 원수에게 왔다가 군관을 보내어 안부를 물었다.

5월
누추한 집을 전전하다

1일신묘 비가 계속 내렸다. 신 사과(신정)가 머물러서 대화하였다. 순찰사(박홍로)와 병사(이복남)는 원수(권율)가 임시 거처하는 정사준의 집에 함께 모여서 머물며 술을 마시고 매우 즐거워한다고 하였다.

2일임진 늦게 개었다. 원수(권율)는 보성으로 가고, 병사(이복남)는 본영으로 갔다. 순찰사(박홍로)는 담양으로 가는 길에 와서 만나고 돌아갔다. 순천 부사(우치적)가 와서 만났다. 진흥국(陳興國)이 좌수영으로부터 와서 눈물을 흘리며 원균의 일을 말했다. 이형복(李亨復)과 신홍수(申弘壽)도 왔다. 남원의 종 끗석[㫆石]이 아산집에서 와서 어머님의 혼령을 모신 자리가 평안하시다고 전하고, 또 변유헌은 무사히 식구들을 거느리고 금곡에 도착했다고 전하였다. 홀로 빈 동헌(순천부)에 앉아 있으니, 비통함을 어찌 견디랴.

3일계사 맑음. 신 사과(신정), 응원(방응원), 진흥국이 돌아갔다. 이기남(李奇男)이 와서 만났다. 아침에 둘째 아들 울(蔚)의 이름을 열(悅)로 고쳤다. 열(悗)의 음은 열(悅)이다. 싹이 처음 생기고 초목이 무성하게 자란다는 뜻이니[21] 글자의 뜻이 매우 아름답다. 늦게 강소작지(姜所作只)가 보러 왔다가 곡을 했다. 오후 4시경에 비가 뿌렸다. 저녁에 고을 수령(우치적)이 와서 만났다.

4일갑오 비가 내렸다. 오늘은 어머님의 생신이다. 애통함을 어찌 견디랴. 닭이 울 때 일어나 앉으니 눈물을 드리울 뿐이다. 오후에 비가 크게 내렸다. 정사준이 와서 종일 돌아가지 않았다. 이수원(李壽元)도 왔다.

5일을미 맑음. 새벽꿈이 매우 어지러웠다. 아침에 부사(우치적)가 와서 만났다. 늦게 충청 우후 원유남이 한산도에서 와서 "원공의 흉포하고 패악함"을 많이 전하고, 또 진중의 장졸들이 이탈하여 반역하니, 그 형세가 장차 어찌 될지 모르겠다고 말하였다. 오늘은 단오절인데 천리 되는 천애의 땅에 멀리 와서 종군하여 어머니의 장례도 못 치르고[22] 곡하고 우는 것도 마음대로 못하니, 이 무슨 죄로 이런 앙갚음을 받는 것인가. 나와 같은 사정은 고금(古今)에 둘도 없을 터이니, 가슴 찢어지듯이 아프다. 다만 때를 만나지 못한 것이 한스러울 뿐이다.

6일병신 맑음. 꿈에 돌아가신 두 형님을 만났는데, 서로 붙들고 통곡하면서 말씀하시기를, "장사를 지내지도 못하고 천리 밖에서 종군하고 있으니, 누가 그것을 주관한단 말인가. 통곡한들 어찌하리오."라고 하셨다. 이것은 두 형님의 혼령이 천리 밖까지 따라와서 이토록 걱정한 것이니 비통함이 그치지 않는다. 또 남원의 감독하는 일을 걱정하시는데, 그것은

---

21 "싹이 처음 생기고 초목이 무성하게 자란다(萌芽始生, 草木盛長)"는 글귀는 당(唐)나라 혜림(慧琳)이 지은 《일체경음의(一切經音義)》24권에 나온다. 즉, 열(悗)은 무성하다는 뜻이다. 곽박(郭璞)이 주석하기를, 《방언》에, '싹이 처음 생기는 것'이고, 《고성(考聲)》에, '초목이 무성한 모양이다'"라고 하였다.

22 이순신이 멀리 떠나와서 모친의 장례를 치르지 못했다. 조선시대 상례는 4품 이상의 관리는 3개월 이후에 장례를 치렀다. 이순신의 경우는 113일 만인 8월 4일에 모친의 장례를 가족이 대신 치렀다.

모르겠다. 연일 꿈이 어지러운 것도 죽은 혼령이 말없이 걱정하여 주는 터라 깊은 애통함이 간절하다. 아침저녁으로 그립고 비통함에 눈물이 엉겨 피가 되건마는, 하늘은 어찌 아득하기만 하고 내 사정을 살펴주지 못하는가. 어찌하여 어서 죽지 못하는가. 늦게 능성현령 이계명(李繼命)이 역시 상중에 벼슬한 사람인데, 와서 만나고 돌아갔다. 흥양의 종 우놈쇠(禹老音金), 박수매(朴守每), 조택(趙澤)이 순화의 처와 함께 와서 만났다. 이기윤(李奇胤)과 몽생(夢生)이 오고 송정립, 송득운도 왔다가 바로 돌아갔다. 저녁에 정원명이 한산도에서 돌아왔는데, 흉악한 자(원균)의 소행을 많이 이야기했다. 또 들으니 "부찰사(한효순)가 좌수영으로 나와서 병 때문에 머무르며 조리한다"고 했다. 우수백(이억기)이 편지를 보내어 조문했다.

7일정유 맑음. 아침에 정혜사(定惠寺, 순천 계족산)의 승려 덕수(德修)가 와서 미투리 한 켤레를 바쳤으나 거절하고 받지 않았다. 두세 번 드나들며 고하기에 그 값을 주어 보내고 미투리는 바로 정원명에게 주었다. 늦게 송대기(宋大器)와 유몽길(柳夢吉)이 와서 만났다. 서산 군수 안괄(安适)도 한산도에서 와서 흉악한 공(원균)의 일을 많이 말했다. 저녁에 이기남이 또 오고 이원룡은 수영(좌수영)에서 돌아왔다. 안괄(安适)이 구례에 갔을 때 조사겸(趙士謙)의 수절녀(아내)를 사통하려 했으나 하지 못했다고 한다. 매우 놀랍다.

8일무술 맑음. 아침에 승장 수인(守仁)이 밥 지을 승려 두우(杜宇)를 데리고 왔다. 종 한경(漢京)은 일 때문에 보성으로 보냈다. 흥양의 종 세충(世忠)이 녹도에서 망아지를 끌고 왔다. 활만드는 장인 이지(李智)가 돌아갔다. 이날 새벽꿈에 사나운 범을 때려잡아서 가죽을 벗기고 휘둘렀는데, 이건 무슨 징조인지 모르겠다. 조종(趙琮)이 이름을 연(璉)으로 고치고 와서 만났고 조덕수(趙德秀)도 왔다. 낮에 망아지에 안장을 얹어 정상명²³이 타고 갔다 흉악한 원균이 편지를 보내어 조문하니, 이는 곧 원수(권율)의 명령이었다. 이경신(李敬信)이 한산도에서 와서 흉악한 원균의 일에 대해 많이 말하였다. 또 말하기를 "그가(원균) 데리고 온 서리를 곡식을 교역한다고 구실삼아 육지에 보내놓고 그 아내를 사통하려 하였는데, 그 여인이 발악하여 따르지 않고 밖으로 나와 고함을 질렀다."고 했다. 원(원균)이 온갖 계략으로 나를 모함하니 이 또한 운수로다. 짐을 실은 것이 서울 가는 길에 연잇고 나를 훼방하는 것이 날로 심하니, 스스로 불우함을 한탄할 따름이다.

9일기해 흐림. 아침에 이형립(李亨立)이 와서 만나고 바로 돌아갔다. 이수원이 광양에서 돌아왔다. 순천의 과거급제자 강승훈(姜承勳)이 응모해 왔다. 부사(우치적)가 좌수영에서 돌아왔다. 종 경(京)이 보성에서 말을 끌고 왔다.

10일경자 궂은비가 내렸다. 오늘은 태종의 제삿날이다. 오늘은 예로부터 비가 내렸으니,²⁴ 늦게 큰 비가 내렸다. 박줏생(朴注叱生)이 와서 인사했다. 주인이 보리밥을 지어서 내왔다. 장님 임춘경(任春景)이 운수를 미루어 셈하려고 왔다. 부찰사(한효순)도 조문하는 글을 보내 왔다. 녹도 만호 송여종이 삼(麻)과 종이 두 종류를 보냈다. 전라 순찰사(박홍로)는 백미, 중미 각 10말에다 콩과 소금을 얻어다가 군관을 통해 보낸다고 말했다.

11일신축 맑음. 김효성이 낙안에서 왔다가 바로 돌아갔다. 전 광양현감

---

23 정상명(鄭詳(翔)溟)은 정원명의 동생이고 송강 정철의 조카이다. 이순신의 휘하에서 정원명과 함께 참전했다.

24 자고우(自古雨)는 음력 5월 10일에 오는 비다. 《동국세시기》〈5월·월내〉에 보면 "초 10일은 태종의 제삿날로 매년 이날에 반드시 비가 오는데, 이를 태종우라 한다. 태종이 임종할 때 세종에게 '가뭄이 심하니 내가 죽어도 반드시 이날 비가 오게 하겠다.'고 하더니, 후에 과연 비가 왔다."고 하였다.

김성(金惺)이 체찰사(이원익)의 군관을 데리고 화살대를 구할 일로 순천에 왔다가 나를 보러 왔다. 소문을 많이 전하는데, 그 소문이란 것은 모두 흉악한 자(원균)의 일이었다. 부사(부체찰사 한효순)의 통지가 왔다. 장위(張渭)가 편지를 보냈다. 정원명이 보리밥을 지어서 내왔다. 장님 임춘경이 와서 운수를 추산하는 것에 대해 말했다. 부사가 순천부에 도착하자, 정사립과 양정언이 와서 부찰사가 와서 보기를 원한다고 전했으나 나는 몸이 불편하다고 거절했다.

12일임인 맑음. 새벽에 이원룡을 보내어 부사(한효순)에게 문안했더니, 부사(한효순)도 김덕린을 보내어 문안했다. 늦게 이기남과 기윤이 보러 왔다가 도양장으로 돌아간다고 고했다. 아침에 아들 열(悅)을 부사에게 보냈다. 신홍수(申弘壽)가 보러 와서 원공(원균)에 대해 점을 쳤는데, 첫 괘인 수뢰둔(水雷屯,䷂)[25]이 변하여 천풍구(天風姤,䷫)[26]가 되니, 용(用)이 체(體)를 극(克)하는 것이라 크게 흉하였다.[27] 남해 현령(박대남)이 조문 편지를 보냈다. 또 여러 가지 물품을 보냈는데, 쌀 2섬, 참기름 2되, 꿀 5되, 조 1섬, 미역 2동이다. 저녁에 향사당에 가서 부사(한효순)와 함께 밤늦게 이야기하고 자정 경에 숙소로 돌아왔다. 정사립과 양정언 등이 와서 닭이 운 뒤에 돌아갔다.

13일계묘 맑음. 어젯밤에 부사(한효순)가 이르기를, "상사(이원익)가 보낸

---

25 주역(周易) 육십사괘의 하나로 진하감상(震下坎上)이다. 앞길이 험난하여 나아가기 어려움을 상징하는 괘이다.

26 육십사괘의 하나로 손하건상(巽下乾上)이다. 음효(陰爻) 하나가 다섯 양효(陽爻)를 만나 음기가 성해짐을 상징하는 괘이다.

27 수뢰둔괘는 구오만 빼고 나머지 5개의 효가 모두 변하여 천풍구괘가 되었다. 소강절은 "변한 괘가 용(用)이 되고 변하지 않은 괘가 체(體)가 된다."고 하고 《단점총결》, 또 "용이 체를 극하면 흉하다"고 하였다. 따라서 '천풍구괘의 구오'가 점괘 판단의 기준이자 변하는 괘로서 용이 된다. 이를 적용하면 구오가 포함된 건괘☰가 용이 되고, 손괘☴가 체가 된다. 건괘는 금(金)이고 손괘는 목(木)이니 용이 체를 극하여 흉하다고 본 것이다.

편지에 영공(이순신)의 일에 대해 많이 탄식했다."고 한다. 늦게 정사준이 떡을 만들어 왔다. 부사(우치적)가 노자를 보내주니 매우 미안하였다.

14일갑진 맑음. 아침에 부사(우치적)가 와서 만나고 돌아갔고, 부사(한효순)도 출발하여 부유(순천 창촌)로 향했다. 정사준, 정사립, 양정언이 와서 모시고 가겠다고 고하기에 아침밥을 먹고 길에 올라 송치(순천 학구리) 밑으로 가서 말을 쉬게 하고, 혼자 바위 위에 앉아서 한동안 곤하게 잤다. 운봉의 박롱(朴巃)이 왔다. 저물녘 찬수강(구례 신촌강)에 이르러 말에서 내려 걸어서 건너가 구례현의 손인필의 집[28]에 가니, 현감(이원춘)이 바로 보러 왔다.

15일을사 비가 오다 개다 했다. 주인집은 지대가 너무 낮게 있어서 파리가 벌떼처럼 몰려들어 사람이 밥을 먹을 수가 없었다. 관아의 띠정자로 옮겨왔더니 남풍이 바로 불어 와서 현감과 함께 종일 이야기하다가 그대로 잤다.

16일병오 맑음. 구례 현감(이원춘)과 함께 이야기를 나누었다. 저녁에 남원의 정탐군이 돌아와서 전하여 고하되, "체찰사(이원익)가 내일 바로 곡성을 거쳐 본현(구례)으로 들어와서 며칠 묵은 뒤에 진주로 간다."고 했다. 구례 현감(이원춘)이 음식상을 내왔는데 매우 풍요하였다. 매우 미안하였다. 저녁에 정상명이 왔다.

17일정미 맑음. 고을 수령(이원춘)과 함께 이야기했다. 저녁에 남원의 정탐군이 돌아와서 전하기를, "원수(권율)가 운봉 길로 가지 않고 명나라 양총병(양원)을 영접할 일로 완산(전주)으로 달려갔다."고 했다. 내 행색은 엉망이라 민망스럽다.

18일무신 맑음. 동풍이 크게 불었다. 저녁에 김종려(金宗麗)가 남원에서

---

28 손인필의 집이 구례군 봉북리에 소재한다. 현재 비각이 봉북리 260번지에 남아있다.

곧바로 와서 만났다. 충청 수영(최호)의 감영 관리 이엽이 한산도에서 왔기에 집에 보낼 편지를 보냈다. 그러나 그가 아침술에 취해 광기를 부리니 가증스러웠다.

19일기유 맑음. 체찰사(이원익)가 구례현에 들어온다고 하는데 성안에 머물고 있기가 미안해서 동문 밖 장세호(張世豪)의 집으로 옮겨 갔다. 명협정[29]에 앉았는데, 고을 현감(이원춘)이 와서 만났다. 저녁에 체찰사(이원익)가 현으로 들어왔다. 오후 4시경에 소나기가 크게 쏟아지더니 오후 6시경에 갰다.

20일경술 맑음. 저녁에 김 첨지(김경로)가 와서 만났는데, 무주 장박지리(長朴只里, 영동 박계리)의 농토가 호품이라고 말했다. 옥천에 사는 권치중(權致中)은 김첨지의 얼자 처남인데, 장박지리가 옥천 양산창(영동 가곡리)의 근처라고 했다. 체찰사(이원익)가 내가 머물고 있다는 것을 듣고는 먼저 공생(貢生)을 보내고 또 군관 이지각을 보내더니, 조금 있다가 또 다시 사람을 보내어 "일찍이 모친상을 당했다는 소식을 듣지 못하였다가 이제야 비로소 듣고 놀랍고 애도하는 마음에 군관을 보내어 조문한다."고 하였다. 그를 통해 "저녁에 만날 수 있는가."라고 묻기에 나는 "당연히 저녁에 가서 인사하겠다."고 대답하고, 저녁에 가서 뵈니 체찰사는 소복[30]을 입고 기다리고 있었다. 조용히 일을 의논하는데 체찰사는 개탄스러움을 참지 못했다. 밤이 깊도록 이야기하는 가운데에 "일찍이 왕명서가 있었는데 거기에 미안하다는 말이 많이 있어서, 그 심사가 미심쩍었으나 어떤 뜻인지를 몰랐다."고 하였다. 또 말하되 "흉악한 자(원균)의 일은 기

---

29 명협정(蓂莢亭)은 현재 구례현 자리(현 구례읍사무소)에 복원되었다. 명협정의 명협은 중국 요(堯)임금 때의 상서로운 풀이다.

30 이원익이 상제인 이순신을 조문하기 위해 소복을 입고 맞이했다. 《사례편람》에 보면, "조문에는 모두 소복을 입는데, 모자와 띠를 모두 흰 명주로 만든다"고 하였다.

만함이 심한데도 임금이 살피지 못하니 나랏일을 어찌하겠는가."하는 것이었다. 나올 때 남종사(南從事)가 사람을 보내어 문안했으나 나는 대답하기를, "밤이 깊어서 나가 인사하지 못한다."고 하였다.

21일신해　맑음. 박천(博川, 평북 박천) 군수 유해(柳海)가 서울에서 내려와서 한산도에서 공을 세우겠다고 하였다. 또 말하기를, "은진현에 가니, 현의 현감이 배로 가는 일에 대해 이야기했다."고 하였다. 유해가 또 말하기를, "의금부 감옥에 갇힌 이덕룡(李德龍)을 고소한 사람이 옥에 갇혀 세 차례나 형장을 맞고 죽어간다."고 하니 매우 놀라운 일이다. 또 "과천의 유향소 수장 안홍제(安弘濟) 등이 이상공(李尙公)에게 말과 스무 살 난 여자종을 바치고 풀려나 돌아갔다."고 한다. 안(安, 홍제)은 본디 죽을죄도 아닌데 누차 형장을 맞아 거의 죽게 되었다가 물건을 바치고서야 석방되었다는 것이다. 안팎이 모두 바치는 물건의 많고 적음에 따라 죄의 경중을 정한다니, 아직 결말이 어떻게 날지 모르겠다. 이것이 이른바 "백전(百錢)의 돈으로 죽은 혼을 살게 한다."[31]는 것이리라.

22일임자　맑음. 남풍이 크게 불었다. 아침에 손인필의 부자가 와서 만났다. 유해가 순천으로 가고 그 길로 한산도로 간다하기에 전라, 경상 두 수사(水使, 이억기·배설)와 가리포 첨사(이응표) 등에게 문안 편지를 썼다. 늦게 체찰사(이원익)의 종사관 김광엽(金光燁)이 진주에서 이 고을(구례)로 들어오고, 배흥립이 온다는 사적인 통보도 왔다. 그 동안의 회포를 풀 수 있을 것이니 매우 다행이다. 혼자 앉아 있노라니 비통하여 매우 견디기 어려웠다. 저녁에 배동지(배흥립)와 현감(이원춘)이 와서 만났다.

31　이순신이 물품에 의해 죄의 경중이 정해지는 현실을 풍자하기 위해 인용한 시구이다. 이는 구우(瞿祐)의 《전등신화》〈영호생명몽록〉에 나온다. 선비 영호선(令狐譔)은 신의 존재를 믿지 않았는데, 어느 날 오로(烏老)라는 이가 죽었다가 그 가족들이 불사로서 많은 돈을 불살라 소생했다는 말을 듣고 돈으로 환생한 것을 비판하였다.

23일계축　아침에 정사룡과 이사순이 보러 와서 원공(원균)의 일을 많이 전했다. 늦게 배동지는 한산도로 돌아갔다. 체찰사가 사람을 보내어 부르기에 가서 뵙고 조용히 의논하는데, 시국의 일이 이미 잘못된 것에 대해 많이 분해하며 오직 죽을 날을 기다린다고 했다. 내일 초계[32]에 갈 일을 고하니, 체찰사가 이대백(李大伯)에게 모은 쌀 두 섬을 증명서로 써주고 성 밖의 주인인 장세휘의 집으로 보냈다.

24일갑인　맑음. 동풍이 종일 크게 불었다. 아침에 광양의 고응명의 아들 고언선(高彦善)이 와서 만났는데 한산도의 일을 많이 전했다. 체찰사가 군관 이지각을 보내어 안부를 묻고, 이에 "경상우도의 연해안 지도를 그리고 싶으나 방도가 없으니, 본대로 그려 보내주시기를 바란다"고 전하므로, 나는 거절할 수가 없어서 지도를 베껴 그려서 보냈다. 저녁에 비가 크게 내렸다.

25일을묘　비가 내렸다. 아침에 길을 출발하려 하다가 비 때문에 가기를 멈추고 혼자 시골집에 기대어 있으니 떠오르는 생각이 만 가지다. 슬픔과 그리움이 어떠하겠는가. 슬픔과 그리움이 어떠하겠는가.

26일병진　종일 큰비가 내렸다. 비를 맞으면서 길에 올라 막 떠나려는데, 사량만호 변익성이 조사받을 일로 이종호에게 붙잡혀서 체찰사 앞으로 왔다. 잠깐 서로 대면하고는 석주관(구례 송정리)의 관문에 가니, 비가 퍼붓듯이 내렸다. 말을 쉬게 하고 간신히 엎어지고 자빠지면서 악양(하동 평사리)의 이정란[33]의 집에 당도했는데, 문을 닫고 거절하였다. 그 집 뒤에 기와집이 있어서 종들이 사방으로 흩어져 찾았

32　초계는 초계군 갑산(甲山) 일대를 말한다. 이 부근에 권율이 주둔한 적포진(赤布陣)과 두사진(杜泗陣)이 있었는데, 이순신이 실제 권율을 만난 곳은 합천군 율곡면 영전리에 있던 영전진이다.

33　이정란(李廷鸞 1529~1600)은 전주성에서 공로를 세워 태상시 첨정이 되고 정유재란에 왜군이 전주성을 포위하자, 조정에 읍소하여 전주부윤이 되어 성을 지켰다.

으나 모두 만나지 못하여 잠시 쉬었다가 돌아왔다. 이정란의 집은 김덕령의 아우 덕린[34]이 빌려 입주하고 있었다. 나는 아들 열(䓁)을 시켜 억지로 말하여 들어가 잤다. 행장이 다 젖었다.

27일정사 흐리고 갠 것이 반반이다. 아침에 젖은 옷을 널어 바람에 말렸다. 늦게 출발하여 두치의 최춘룡 집에 도착하니, 사량 만호 이종호가 먼저 와 있었다. 변익성은 곤장 스무 대를 맞고 몸을 움직이지 못한다고 한다. 유기룡이 와서 만났다.

28일무오 흐렸으나 비는 오지 않았다. 늦게 출발하여 하동현에 도착하니, 고을 현감(신진)이 만난 것을 기뻐하여 성안의 별채로 맞아 대접하여 정성을 다하였다. 그리고 원(원균)이 하는 일에 미친 짓이 많다고 말했다. 날이 저물도록 이야기를 나누었다. 변익성도 왔다.

29일기미 흐림. 몸이 매우 불편하여 길에 오를 수 없었다. 그대로 머물러 몸조리를 했다. 고을 현감(신진)은 정겨운 말을 많이 했다. 황(黃) 생원이라고 칭하는 이가 나이가 70세로 하동에 왔는데, "예전에 서울에 살다가 지금은 떠돌아다닌다"고 하였다. 나는 만나지 않았다.

6월
합천의 권율 진영에 도착하다

1일경신 비가 계속 내렸다. 일찍 출발하여 청수역(하동 정수리) 시냇가의

---

34 김덕린(金德麟)이 실제 김덕령의 아우가 아닌 듯하다. 김덕령의 본관은 광산이고, 김덕린은 동복(同福)이다.《광산김씨족보》에는 김덕령의 아우가 덕보(德普)로 되어 있고, 덕린이 나오지 않는다. 김덕보(金德普 1571~1627)는 의병장으로서 김덕령과 함께 전라도에서 왜적을 물리치고 김덕령이 무고로 죽자 귀향했다. 김덕린은 이와 다른 인물로 계향유사로서 군량을 지원했다.

정자에 이르러 말을 쉬게 하였다. 저물녘 단성(산청 성내리) 땅과 진주 땅의 경계에 사는 박호원[35]의 농사짓는 종의 집[36]에 투숙하려는데, 주인이 반갑게 맞기는 하나 잠자는 방이 좋지 못하여 간신히 밤을 지냈다. 비가 밤새도록 내렸다. 유둔 1개, 장지(狀紙) 2권, 백미 1섬, 참깨와 들깨, 혹 5말, 혹 3말, 꿀 5되, 소금 5말 등을 보내고, 또 특우(숫소) 5마리를 보냈으니, 모두 하동 현감(신진)이 보낸 것이다.

2일_{신유} 비가 오다 개다 했다. 일찍 출발하여 단계(丹溪, 산청 신등) 시냇가 (벽계마을 단계천)에서 아침밥을 먹었다. 늦게 삼가현(삼가 금리)에 도착하니, 현감(박몽득)은 이미 (백마)산성으로 가서 빈 관사에서 잤다. 고을 사람들이 밥을 지어서 먹게 했으나 먹지 말라고 종들에게 타일렀다. 삼가현 5리 밖에 홰나무 정자가 있어서 내려가 앉아 있는데, 근처에 사는 노순(盧錞)과 노일(盧鎰) 형제[37]가 와서 만났다.

3일_{임술} 비가 계속 내렸다. 아침에 출발하려고 하니 비가 이토록 와서 쭈그리고 앉아 고민하고 있을 때쯤 도원수(권율)의 군관 유홍(柳泓)이 흥양에서 왔다. 그에게 길을 물어보니 출발하지 못할 정도라고 하여 그대로 묵었다. 아침에 들으니 고을 사람들의 밥을 얻어먹었다고 하기에 사내종들에게 매질을 하고 밥한 쌀을 돌려주었다.

4일_{계해} 흐리다가 맑음. 일찍 출발하여 막 떠나려는데 현감(박몽득)이 문안편지와 함께 노자까지 보내왔다. 낮에 합천 땅에 도착하여 관아에서

---

35 박호원(朴好元 1527~1637)은 박이(朴苡)의 아들이다. 임꺽정 등의 도적을 진압한 공으로 숙마 1필을 하사받고, 대사헌, 호조참판을 지냈다.

36 농노의 집은 산청군 단성면 사월리 1393번지에 있는 이사재(泥泗齋)의 별채이다. 이는 박호원의 재실이다.

37 "노순일(盧淳鎰)"은 노순(盧錞)과 노일(盧鎰) 형제이다. 노순(盧錞)은 군량을 지원한 삼가의 의병으로, 1595년 5월 7일 사망했다. 때문에 이날 이순신은 동생 노일(盧鎰)만을 만난 것으로 보인다.

10리쯤 되는 곳에 괴목정[38]이 있어서 아침밥을 먹었다. 몹시 더워서 한참 동안 말을 쉬게 하고, 5리 되는 전방에 당도하니 갈림길이 있었다. 하나는 곧장 고을(합천)로 들어가는 길이고, 다른 하나는 초계로 가는 길이다. 그래서 강(황강)을 건너지 않고 겨우 10리(약 4Km)를 가니 원수(권율)의 진(陣)[39]이 바라 보였다. 문보(文珤)가 우거했던 집에 들어가서 잤다. 개연[40]으로 걸어오는데 기암절벽이 천 길이고 강물은 굽어 흐르고 깊었으며, 길은 또한 건너지른 돌길이 위험했다. 만일 이 험한 길목을 지킨다면, 만명의 군사도 지나가기 어려울 것이다.

5일갑자 맑음. 서풍이 크게 불었다. 아침에 초계 군수(정이길)가 모여곡(毛汝谷, 율곡 매실마을)으로 달려왔기에 바로 그를 불러들여 이야기했다. 식후에 중군 이덕필도 달려 와서 함께 지난 일을 이야기했다. 얼마 후 심준(沈俊)이 보러 와서 함께 점심을 먹고 잠자는 방(이어해 집)을 도배했다. 저녁에 이승서(李承緖)가 보러 와서 파수병과 복병이 도피한 일을 말했다. 이날 아침에 구례 사람과 하동 현감(신진)이 보내준 사내종과 말들을 모두 돌려보냈다.

6일을축 맑음. 잠자는 방을 다시 도배하고 군관이 쉴 대청 두 칸을 만들었다. 늦게 모여곡 주인집의 이웃에 사는 윤감(尹鑑)과 문익신(文益新)이 와서 만났다. 사내종 경(京)을 이대백(李大伯)에게 보냈는데 아전이 나가고 없어서 받아오지 못했다고 한다. 대백도 나를 보러 오려고 한다고 했다. 저녁에 집에 들어갔는데 그 집 과부(이어해 모친)는 다른 집으로 옮겨

---

38 괴목정(槐木亭)은 합천군 대양면에 있었다. 괴목정이 있던 터에 4백여 년 된 홰나무가 있었으나 4십여 년 전에 고사했다.

39 원수의 진은 권율의 군사가 주둔한 초계군 갑산리(율곡면 낙민리)의 적포진(赤布陣)이다. 이순신이 바라보니 멀리 '수자기(帥字旗)'가 보였다고 한다. 권율의 진은 1593년 12월 27일 합천군 벽전리에 설치되었다.

40 개연(介硯)은 "견연(犬硯)·개비리"라고 부른다. 합천군 율곡면 문림리 본천천에서 영전교 부근까지 기암절벽을 이룬 벼랑이다. 합천군에서 동쪽 5.2km에 있다.

갔다.

7일병인 맑고 몹시 더웠다. 원수(권율)의 군관 박응사(朴應泗)와 유홍(柳洪) 등이 와서 만났다. 원수의 종사관 황여일(黃汝一)이 사람을 보내어 문안하므로 바로 답례하여 보냈다. 안방으로 들어가 잤다.

8일정묘 맑음. 아침에 정상명을 보내어 황 종사관(황여일)에게 안부를 물었다. 늦게 이덕필과 심준이 와서 만나고 고을 수령(초계군수 정이길)이 그 아우와 함께 와서 만났다. 원수(권율)를 마중 갔는데 원수의 일행 여남은 명이 와서 만났다. 점심을 먹은 뒤에 원수가 진영에 도착하여 내가 바로 가서 만났다. 종사관이 원수 앞에서 원수와 함께 이야기했다. 얼마 후에 원수가 박성[41]이 올린 사직서 초본을 보여 주는데, 박성은 원수의 처사가 허술하다고 많이 말하였고, 원수는 스스로 불안하여 체찰사(이원익)에게 글을 올렸다. 또 복병을 보내는 것에 대한 사항의 조건을 보고 저물어서야 돌아왔다. 몸이 매우 불편하여 저녁을 먹지 않았다.

9일무진 흐리고 개지 않았다. 늦게 정상명을 원수에게 보내어 문안하고 다음으로 종사관(황여일)에게도 문안했다. 처음으로 노마료[42]를 받았다. 숫돌을 채취해 왔는데[43] 연일석(延日石, 연일 숫돌)보다 훨씬 낫다고 한다. 윤감, 문익신, 문보 등이 와서 만났다. 이날은 여필의 생일인데 혼자 변방 땅에 앉아 있으니 품은 생각이 어떠하겠는가.

10일기사 맑음. 아침에 가라말(加羅馬, 검은말), 월라말(月羅馬, 얼룩말), 간자짐말(看者卜馬, 이마와 뺨이 흰말), 유짐말(騮馬, 갈기는 검고 배가 흰말) 등이 네 발의 편자가 떨어진 것을 갈아 박았다. 원수의 종사관이 삼척 사람 홍

---

41 박성(朴惺 1549~1606)은 영남 선비로서 이순신이 파직되었을 때 조정에 참수를 청했다.

42 노마료(奴馬料)는 군 복무의 댓가로 받은 종과 말에게 먹일 비용이다.

43 숫돌을 캔 곳이 율곡면 매실마을의 큰 청산골의 홰나무 숲속에 있다. 이 일대에 지금도 숫돌이 있다.

연해[44]를 보내어 문안하고 늦게 보러 오겠다고 하였다. 홍연해는 홍견과 삼촌 조카 사이다. 어릴 때 같이 놀던 죽마고우(竹馬故友) 서철(徐徹)이 합천 땅 동쪽 율진(栗津)에 사는데, 내가 왔다는 소식을 듣고 와서 만났다. 아이 때 이름은 서갈박지(徐㗆朴只)였는데 음식을 대접해서 보냈다. 저녁에 원수의 종사관 황여일이 와서 만나고, 조용히 이야기하다가 임진년에 왜적을 토벌한 일에 대해 훌륭하다고 찬탄해 마지않았다. 또 산성(백마산성)에 험한 요새를 설치하지 않은 데 대한 안타까움과 지금의 토벌과 방비가 허술한 것 등의 일을 말하는데, 밤이 깊은 줄도 모르고 돌아갈 것을 잊고서 이야기했다. 또 말하기를 내일은 원수가 산성을 살펴보러 간다고 했다.

11일경오 맑음. 중복이라 쇠나 구슬도 녹일 것처럼 대지가 찌는 듯이 더웠다. 늦게 명나라 차관 경략군문 이문경(李文卿)이 보러 왔기에, 부채를 주어 보냈다. 어제 저녁 종사관과 이야기 할 때, 변홍백(존서)의 사내종 춘(春)이 집안 편지를 가지고 와서 어머니의 혼령을 모신 자리가 평안하신 것을 전하여 알았다. 애통한 심정을 말로 다할 수 있겠는가. 다만 홍백이 나를 만나볼 일로 여기까지 왔다가 그냥 청도(淸道)로 돌아갔다고 하니, 아쉽다. 이날 아침 홍백에게 편지를 써서 보냈다. 아들 열(䘲)이 곽란을 앓아 밤새도록 신음했는데, 애태우며 걱정한 심정을 말로 다할 수 있겠는가. 닭이 울고서야 조금 덜하여 잠들었다. 이날 아침 한산도의 여러 곳에 갈 편지 14장을 썼다. 경(庚)의 모친이 보낸 편지 내용에, "말하기가 매우 괴롭다"며 "도둑이 또 일어나서 밤을 엿본다."고 하였다. 작은 월라말(얼룩말)이 먹지를 않으니 더위를 먹은 탓이다.

12일신미 맑음. 이른 아침에 사내종 경(京)과 인(仁)을 한산도 진영으로

---

44 홍연해(洪漣(瀣)海 1577~?)는 홍견의 조카이다. 청년시절 이순신과 선거이와 함께 공부했다고 한다.

보냈다. 전라 우수백(이억기), 충청 수사(최호), 경상 수사(배설), 가리포 첨사(이응표), 녹도 만호(송여종), 여도 만호(김인영), 사도 첨사(황세득), 배동지(홍립), 김 조방장(김완), 거제 현령(안위), 영등포 만호(조계종), 남해 현령(박대남), 하동 현감(신진), 순천 부사(우치적)에게 편지를 했다. 늦게 승장 처영(處英)⁴⁵이 와서 만나고 둥근 부채와 미투리를 바치므로 다른 물건으로써 갚아 보냈다. 또 적의 사정을 말하고 또 원공(원균)의 일도 말했다. 오후에 들으니 중군장(이덕필)이 군사를 거느리고 적에게 나아갔다고 한다. 무슨 일인지 알 수 없었다. 내가 원수(권율)에게 가보니, 우병사(김응서)의 급한 보고에, "부산의 적이 창원 등지로 출발하려 하고, 서생포(울산 서생리)의 적은 경주로 진영을 옮긴다고 하기에 복병군을 보내어 길을 막고 우리 군대의 위세를 과시했다."고 한다. 병사의 우후 김자헌(金自獻)이 일 때문에 원수에게 와서 인사했다. 나도 그를 만나보고 달빛을 받으며 돌아왔다.

13일임신 맑음. 늦게 가랑비가 뿌리다가 그쳤다. 늦게 병마사의 우후 김자헌이 보러 왔기에 한참 동안 서로 이야기하다가 점심을 대접해서 보냈다. 이날 낮에 왕골을 쪄서 말렸다. 저녁에 청주의 이희남의 종이 들어와서, "주인이 우병사의 부대에 입대했기 때문에 지금 원수의 진영 근방에까지 왔는데 날이 저물어서 유숙했다."고 했다.

14일계유 흐리나 비는 오지 않았다. 이른 아침에 이희남이 들어와서 자기 누이의 편지를 전했는데, "아산 어머니의 혼령을 모신 자리와 위 아랫사람들이 모두 무사하다."고 하였다. 그러나 아픈 마음을 말로 다할 수 있겠는가. 아침 식사 후에 이희남이 편지를 가지고 우병사(김응서)에게

---

45 처영(處英)은 휴정(休靜)의 제자로 호남의 승병 천여 명으로 권율을 지원하여 이치와 독왕산성, 행주산성 전투에서 전공을 세웠다. 조정에서 절충장군에 임명했다. 승부호군을 지냈다.

갔다.

15일갑술 맑고 흐리기가 반반이다. 오늘은 보름인데 몸이 군중에 있어서 혼령의 자리를 만들고서도 곡하지 못하니, 그리운 마음을 어찌하랴. 초계 군수(정이길)가 떡을 마련하여 보냈다. 원수의 종사관 황여일이 군관을 보내어 전하기를, "원수가 오늘 산성으로 가고자 한다."고 했다. 나도 따라가서 큰 냇가(합천 황강가)에 이르렀는데, 다른 논의[46]가 있을까 염려가 되어 냇가에 앉아 정상명을 보내 병에 걸렸다고 아뢰고서 그길로 돌아왔다.

16일을해 맑음. 종일 혼자 앉았는데 와서 묻는 이가 없었다. 아들 열(愈)과 이원룡(李元龍)을 불러 책을 만들어 변씨 족보를 쓰게 했다.[47] 저녁에 이희남이 언문(한글) 편지를 보내어 말하기를, "병사가 보내주지 않는다."고 했다. 변광조가 와서 만났다. 아들 열은 정상명과 함께 큰 냇가로 가서 전투말을 씻기고 왔다.

17일병자 흐리고 비는 오지 않았다. 서늘한 기운이 감돌고 밤의 경색이 쓸쓸하다. 새벽에 앉았으니 애통함과 그리움을 어찌 말로 다하랴. 아침 식사 후에 원수(권율)에게 가니, 원균의 정직하지 못한 점을 많이 말했다. 또 비변사의 회계에 대한 공문을 보이는데, 원균의 장계에 "수군과 육군이 함께 나가 먼저 안골포의 적을 공격한 후에 수군이 부산 등지로 진입하려 한다니, 안골포의 적을 먼저 토벌하면 안 됩니까?"하였고, 또 원수(권율)의 장계에는 "통제사 원(원균)이 전진하려 하지 않고, 우선 안골포를 먼저 토벌해야 한다[48]고 말하지만, 수군의 여러 장수들은 대부분 이

---

46 이순신은 백의종군하는 신분으로서 권율과 산성을 시찰하러 가면 문제가 생길까 염려한 것이다.

47 충무공의 집안은 3대가 모두 초계 변씨와 혼인하였다. 할머니는 변함(卞諴)의 딸이고 어머니는 변수림(卞守琳)의 딸이며, 누이도 변기(卞騏)에게 출가하였다.

48 원균은 장계를 통해 안골포와 가덕도를 4, 5월에 수륙으로 크게 진격하자고 하였

와 다른 생각을 갖고 있고, 원균은 안으로 들어가 나오지 않으니, 절대로 여러 장수들과 합의하여 계획하지 못할 것이므로 일을 그르칠 것을 알 수 있습니다."라고 하였다. 원수에게 고하여 이희남과 변존서, 윤선각 등에게 모두 공문을 보내어 독촉하도록 했다. 돌아올 때에 종사관 황여일의 임시 숙소에 들어가 앉아서 한참 이야기하다가 우거하는 집으로 와서 바로 이희남의 종을 의령 산성으로 보냈다. 청도에는 파발(통신)꾼이 공문을 보내어 초계 군수(정의길)에게 보여주었으니, 양심 없는 사람이라 하겠다.

18일정축 흐리나 비는 오지 않았다. 아침에 황 종사관이 종을 보내어 문안했다. 늦게 윤감이 떡을 만들어서 왔다. 명나라 사람 섭위(葉威)가 초계에서 와서 이야기 했다. 또 말하기를, "명나라 사람 주언룡(朱彦龍)이 일본에 붙잡혀 갔다가 이제 비로소 나왔는데, 적병 10만 명이 이미 사자마(沙自麻)나 대마도에 이르고, 고니시 유키나가는 의령을 거쳐 곧장 전라도를 침범하고, 가토 기요마사는 경주, 대구 등지로 옮겨가서 그대로 안동땅으로 가고자 할 것이다."라고 했다. 저물녘 원수(권율)가 사천에 갈 일을 통보하기에 곧 바로 정 사복(정상명)을 보내어 가는 것을 물으니, "원수가 수군의 일로 사천에 간다."고 하였다.

19일무인 새벽닭이 세 번 울 때 문을 나와 원수의 진영에 이르려하니 새벽빛이 벌써 환했다. 진영에 도착하니 원수와 황 종사관(황여일)이 나와 앉아 있었다. 내가 들어가 보니 원수는 원균에 관한 일을 내게 알려주는데, "통제사(원균)의 일은 흉악함을 말로 다할 수가 없소. 그는 조정에 청하여 안골과 가덕을 모두 초멸한 뒤[49]에 수군이 나아가 토벌해야 한다고

다.《선조실록》(1597. 4. 22)

49 1597년 6월 18일, 19일 원균의 수군이 2차 안골포해전을 치렀다. 19일 통제사 원균이 학익진으로 안골포의 왜적을 많이 죽이고 왜선 2척을 빼앗고 가덕도에서 재차 교전했다.《선조실록》(1597. 6. 29)

하니, 이것이 정말 어떤 마음이겠소? 일을 뒤로 미루다가 나아가지 않으려는 뜻에 불과한 것이오. 그러하니 사천으로 가서 세 수사(水使, 배설·이억기·최호)에게 독촉할 것이오. 통제사(원균)는 내가 지휘할 것도 없소."라고 했다. 내가 또 왕명서를 보니, "안골의 적은 경솔하게 들이 쳐서는 안된다."고 하였다. 원수가 나간 뒤에 황 종사관과 함께 이야기하였다. 얼마 후 초계 군수가 왔는데 작별에 임해서 초계 군수에게 말하기를, "진찬순(陳贊順)에게 심부름시키지 말라."고 했더니 원수부의 병방 군관과 수령(군수 정의길)이 모두 수락했다. 내가 올 때 붙잡혔다가 도망쳐 온 사람이 따라 왔다. 이날은 대지가 찌는 듯이 더웠다. 저녁에 작은 월라말(얼룩말)에게 풀을 조금 먹였다. 낮에 군사 변덕기(卞德基)와 우영리 덕장(德章), 늙어서 면역된 아전 변경완(卞慶琬), 18세의 변경남(卞敬男) 등이 와서 만나고, 진사 이신길(李信吉)의 아들 진사 일장(日章)도 와서 만났다. 밤에 소나기가 크게 내리니 처마의 낙수가 쏟아지듯 요란했다.

20일기묘 종일 비가 오더니 밤에는 큰비가 왔다. 늦은 아침에 서철이 와서 만났다. 윤감, 문익신, 문보 등도 와서 만나고 변유(卞瑜)도 와서 만났다. 오후에 종과 말 먹일 비용을 받아왔다. 병든 말이 조금 나아졌다.

21일경진 비가 오다가 개다가 했다. 새벽에 덕(德)과 율온(栗溫)을 꿈꾸었고, 대(臺)도 꿈에 함께 보였는데, 반갑게 인사하는 빛이 역력했다. 아침에 영덕(盈德) 현령 권진경(權晉慶)이 원수에게 인사할 일로 왔다가 원수가 이미 사천에 갔으므로 내게 와서 만나고 좌도(경상)의 일을 많이 전했다. 좌병사(성윤문)의 군관이 편지를 가지고 왔기에 바로 답장을 써서 보냈다. 황 종사관이 사람을 보내어 문안하였다. 변주부(변존서)와 윤선각이 여기에 와서 밤까지 이야기했다.

22일신사 비가 오다가 개다가 하였다. 아침에 초계 군수(정이길)가 연포

(軟泡)⁵⁰를 장만해 가지고 와서 권했는데 오만한 빛이 역력했다. 그의 처사가 무례함을 말로 다할 수 있겠는가. 늦게 이희남이 들어와서 우병사(김응서)의 편지를 전했다. 낮에 정순신(鄭舜信), 정사겸(鄭思謙), 윤감, 문익신, 문보 등이 와서 만나고 이선손(李先孫)도 와서 만났다.

23일임오 비가 오다가 개다가 하였다. 아침에 큰 화살을 수리했다. 늦게 우병사(김응서)가 편지를 보내고 아울러 크고 작은 환도를 보냈다. 그러나 갖고 오던 사람이 물에 빠뜨려 장식과 칼집이 망가졌으니 아깝다. 아침에 나굉(羅宏)의 아들 재흥(再興)이 그 아버지의 편지를 가지고 와서 만났다. 또 군색한 노자까지 보내왔으니 매우 미안했다. 오후에 이방⁵¹이 와서 만났는데, 방(芳)은 곧 아산 이몽서(李夢瑞)의 차남이다.

24일계미 오늘은 입추이다. 새벽안개가 사방에 자욱이 끼니 골짜기 안을 분간할 수 없었다. 아침에 수사 권언경(권준)의 종 세공(世功)과 감손(甘孫)이 와서 무밭의 일⁵²을 고했다. 또 생원 안극가(安克家)가 와서 만나고 시국의 일을 이야기했다. 무밭을 갈고 심는 일에 감관(監官) 이원룡, 이희남, 정상명, 문림수⁵³ 등을 정하여 보냈다. 오후에 합천 군수(오운)가 조언형을 보내어 안부를 물었다. 혹독한 더위가 찌는 듯했다.

25일갑신 맑음. 다시 무[菁]를 심도록 하였다. 아침을 먹기 전에 황 종사관이 와서 만났는데 해전에 관한 일을 많이 말하였다. 또 원수가 오늘이나 내일 진중으로 돌아온다고 말했다. 군사의 일을 토론하다

---

50 연포는 두부와 무, 고기를 넣고 끓인 연포국이다. 연포탕은 연한 두부를 잘게 썰어 한 꼬치에 3, 4개 꽂아 흰 새우젓국과 끓이되, 베를 위에 덮어 소금물을 뺀다. 그 속에 두부꼬치를 살짝 익히고, 굴과 함께 끓이고 다진 생강을 국물에 타서 먹는다.《산림경제》〈치선·어육〉

51 이방(李芳)은 이방(李昉)이다. 효행이 뛰어나서 호역(戶役)을 면제 받았다.《일선지》

52 권율의 지시로 이순신이 무를 재배한 밭이 합천 제내리 둔전마을에 있다.

53 문림수(文林守)는 정유년에 군대의 일을 시찰하고 원수부에 수시로 지원하였다.

가 늦게 돌아갔다. 저녁에 종 경(京)이 한산도에서 돌아왔는데, 보성 군수 안홍국이 적탄에 맞아 죽었다는 소식[54]을 들었다. 놀랍고 슬픈 마음을 가눌 수가 없다. 놀라서 탄식할 따름이다. 적을 한 놈도 잡지 못하고 먼저 두 장수를 잃었으니 통탄함을 말로 다할 수 있겠는가. 거제 현감이 사람을 보내어 미역을 실어 보냈다.

26일을유 맑음. 새벽에 순천의 종 윤복(允福)이 와서 인사하기에 즉시 곤장 쉰 대를 쳤다. 거제에서 온 사람이 돌아갔다. 늦게 중군장 이덕필과 변홍달, 심준 등이 와서 만났다. 황 종사관이 개벼루(합천 개비리) 강가의 정자로 갔다가 돌아갔다. 어응린과 박몽삼 등이 와서 만났다. 아산에 있는 종 평세(平世)가 들어와서 "어머니의 혼령을 모신 자리가 평안하시고, 각 집안의 위아래 분들이 모두 평안 보중한데, 다만 석 달 동안 가물어서 농사가 끝장나고 가망이 없다."고 하였다. "장삿날은 7월 27일로 미루어 택했다가 다시 8월 4일로 택했다"[55]고 했다. 그리운 생각이 간절하니 비통함을 말로 다할 수 있겠는가. 저녁에 우병사(김응서)가 체찰사(이원익)에게 보고하여, "아산의 이방(李昉)과 청주의 이희남이 복병시키기를 꺼려하여 원수(권율)의 진영 옆에서 피해 있도록 하였다."고 하여, 체찰사(이원익)가 원수에게 공문을 보냈다. 원수가 매우 노하여 공문을 작성하여 보내니, 병사 김응서의 뜻을 알지 못한 것이다. 이 날에 작은 월라말이 죽어서 버렸다.

27일병술 맑음. 아침에 어응린과 박몽삼 등이 돌아갔다. 이희남과 이방(李昉) 등이 체찰사(이원익)의 행차가 당도한 곳으로 갔다. 늦게 황여일이 와서 만나 한참동안 이야기하였다. 오후 3시경에 소나기가 크게 내려 잠

---

54 이원익의 장계에 가덕도와 안골포의 적들이 역습하여 안홍국이 이마에 철환을 맞고 죽었다고 하였다.《선조실록》(1597. 6. 29)

55 정4품 이상은 3개월 후에 장례를 지내므로 이순신의 집안은 모친을 112일 만인 8월 4일에 장례하였다.

깐 사이에 물이 불었다고 했다.

28일정해 맑음. 늦게 황해도 배천[白川]에 사는 별장 조신옥(趙信玉)과 홍대방(洪大邦) 등이 와서 만났다. 또 초계 아전이 보낸 요약보고서에는 "원수가 내일 남원에 간다."고 하였다. 이날 새벽꿈이 매우 어지러웠다. 종경(京)이 물건을 교역하러 가서 돌아오지 않았다.

29일무자 맑음. 변 주부(변존서)가 마흘방(馬訖坊, 합천 두방리)으로 갔다. 종경(京)이 돌아왔다. 이희남과 이방(李昉) 등이 돌아왔다. 중군장 이덕필과 심준이 와서 전하기를, "심 유격(심유경)이 체포되어 가는데, 양총병(양원)이 삼가(三嘉)에 와서 그를 결박해서 압송했다."[56]고 했다. 문림수가 의령에서 와서 전하기를, "체찰사(이원익)가 이미 초계역에 도착했다."고 했다. 새로 급제한 양간(梁諫)이 황천상의 편지를 가지고 왔다. 변주부가 마흘방에서 돌아왔다.

30일기축 맑음. 새벽에 정상명을 시켜 체찰사(이원익)에게 문안을 드리게 했다. 이날 매우 더워서 대지가 찌는 듯했다. 저녁에 홍양의 신여량[57]과 신제운 등이 와서 연해 지역에는 빗물이 알맞게 내렸다고 전했다.

7월
원균의 패전을 듣고 동산산성에 오르다

---

56 명나라 시랑 손헌(孫憲)이, "1597년 4월 강화를 핑계로 조선 백성만 괴롭힌다고 심유경을 죽여야 한다."하고, 차관을 조선에 보내어 조사하게 했다. 6월 27일 양원이 의령에서 심유경을 체포한 뒤 참살했다.

57 신여량(申汝樑(良) 1564~?)은 한산해전에서 백여 명의 왜적을 죽이고 갑오년에 통영에서 왜선을 격퇴하여 부산 첨사가 되었다.

1일경인 새벽에 비가 오고 늦게 갰다. 명나라 사람 3명이 왔는데, 부산에 간다고 했다. 송대립[58]이 송득운과 함께 왔다. 안각(安珏)도 와서 만났다. 저녁에 서철 및 변덕수[59]가 그 아들들과 함께 와서 잤다. 이날 밤 가을 날씨가 몹시 서늘하니 슬픔과 그리움이 어떠하겠는가. 송득운이 원수의 진에 갔다온 일에 의하면 "종사관(황여일)이 큰 냇가에서 피리소리를 들었다."고 한다. 매우 놀라운 일이다. 오늘이 바로 인종의 제삿날이다.

2일신묘 맑음. 아침에 변덕수가 돌아왔다. 늦게 신제운과 평해에 사는 정인서(鄭仁恕)가 종사관에게 문안할 일로 여기에 왔다. 오늘은 돌아가신 아버님의 생신인데, 멀리 천리 밖에 와서 군영에서 복무하고 있으니 인간사가 참으로 어떠한 것인가.

3일임진 맑음. 새벽에 앉아 있으니 서늘한 기운이 뼈 속에 스민다. 비통한 마음이 더욱 심해졌다. 제사에 쓸 찹쌀과자(조과)와 밀가루를 준비했다. 늦게 정읍의 군사 이량(李良)과 최언환(崔彦還) 및 건손(巾孫) 등 세 사람을 심부름 시키라고 보내왔다. 늦게 장후완이 남해로부터 와서 만났는데, 남해 현령의 병이 심하다고 전하였다. 마음이 애타고 걱정스러웠다. 얼마 뒤 합천군수 오운이 보러 와서 산성(백마산성)의 일을 많이 이야기했다. 점심을 먹은 뒤에 원수의 진영으로 가서 황 종사관과 함께 이야기했다. 종사관은 전적(정6품) 박안의(朴安義)와 함께 활을 쏘았다. 이때 좌병사가 자기 군관을 시켜 항복한 왜군 두 명을 압송해 가지고 왔는데, 그들은 가토 기요마사의 부하라고 하였다. 해가 저물어서 돌아 왔는데, 고령 현감이 성주(星州)에 갇혔다는 소식을 들었다.

---

58 송대립(宋大立 1550~1557)은 아우 송희립과 함께 이순신을 돕고, 정유재란 때 흥양에서 8명의 왜장을 참살하였는데, 그 후 천여 명의 왜군들에게 포위되어 대항하다가 전사하였다.

59 변덕수(卞德壽 1555~?)는 변백흥(卞伯興)의 아들로 초계 출신이다. 훈련원 주부를 지냈다.

4일계사 맑음. 아침에 황 종사관이 정인서를 보내어 문안했다. 늦게 이방과 유황이 오고 자원군인 홍양의 양점(梁霑), 찬(鑽), 기(紀) 등이 수비에 임하러 왔다. 변여량(卞汝良), 변회보(卞懷寶), 황언기(黃彥己) 등이 모두 무과에 급제하고서 보러 왔다. 변사중(卞師曾)과 변대성(卞大成) 등도 와서 만났다. 점심을 먹은 뒤에 비가 뿌렸다. 아침밥을 먹을 때 안극가가 와서 만났다. 저녁때 비가 크게 내리더니 밤새도록 그치지 않았다.

5일갑오 비가 내렸다. 아침에 초계 군수(정이길)는 체찰사(이원익)의 종사관 남이공(南以恭)이 경내를 지나간다고 해서 산성에서부터 집 앞을 지나갔다. 늦게 변덕수가 왔다. 변존서가 마흘방으로 갔다.

6일을미 맑음. 꿈에 윤삼빙[60]을 만났는데 나주로 귀양지가 정해져 간다고 했다. 늦게 이방이 와서 만났다. 홀로 빈방에 앉았으니 그리움과 비통함을 어찌 말로 다할 수 있겠는가. 저녁에 바깥 행랑에 나가 앉았다가 변존서가 마흘방에서 돌아왔기에 안으로 들어갔다. 안각 형제도 변흥백을 따라 왔다. 이날 제사에 쓸 중배끼[61] 다섯 말을 꿀로 만들어 봉해서 시렁에 올려놓았다.

7일병신 맑음. 오늘은 칠석이다. 슬프고 그리운 마음이 어찌 그치랴. 꿈에 원공(원균)과 함께 모였는데 내가 원공의 윗자리에 앉아 밥을 내올 때 원균이 즐거운 기색을 보이는 것 같았다. 그 징조를 잘 모르겠다. 박영남(朴永男)이 한산도에서 와서 "자기 주장(主將)의 잘못 때문에 대신 죄를 받으려고 원수에게 붙잡혔다."고 했다. 초계 군수(정이길)가 계절 산물을 갖추어 보내왔다. 아침에 안각 형제가 와서 만났다. 저물녘 홍양의 박응사가 와서 만나고 심준 등도 와서 만났다. 의령 현감 김전(金銓)이 고령

---

60 윤삼빙(尹三聘 1549~1623)은 한양 출신으로 강서현감 재직 시 형벌남용과 탐욕으로 탄핵을 받았다.

61 중배끼[中朴桂]는 밀가루와 꿀로 만든 유밀과로서 중계(中桂)라고도 하며 주로 제사 용으로 쓴다.

에서 와서 병사의 처사가 잘못된 것을 많이 이야기했다.

8일정유 맑음. 아침에 이방이 보러 왔기에 밥을 먹여 보냈다. 그에게서 들으니, 원수가 구례에서 이미 곤양에 이르렀다고 한다. 늦게 집 주인 이어해[62]와 최태보(崔台輔)가 와서 만났다. 변덕수도 왔다. 저녁에 송대립, 유홍(柳洪), 박영남이 왔는데, 송(대립)과 유(홍) 두 사람은 밤이 깊어서야 돌아갔다.

9일무술 맑음. 내일 아들 열(䓲)을 아산으로 보내려고 제사에 쓸 과일을 봉하는 것을 살펴보았다. 늦게 윤감, 문보 등이 술을 가지고 왔다. 열과 변 주부(변존서) 등이 돌아가는 것을 전별하였다. 이 밤은 달빛이 대낮 같이 밝으니 어머니를 그리며 슬피 우느라 밤늦도록 잠들지 못했다.

10일기해 맑음. 이른 새벽에 열과 변존서를 보낼 일로 밤에 앉아서 날이 새기를 기다렸다. 일찍 아침식사를 하였는데 심정을 스스로 억누르지 못하고 통곡하며 보냈다. 내가 무슨 죄를 지었기에 이 지경에 이르렀는가. 구례에서 구해온 말을 타고 가니 더욱 염려된다. 열 등이 막 떠나자 황 종사관이 와서 한참동안 이야기했다. 늦게 서철이 와서 만났다. 정상명이 말가죽을 종이옷으로 만들기를[63] 마쳤다. 저녁에 홀로 빈집에 앉았으니, 품은 생각이 매우 서글퍼서 밤이 깊도록 잠들지 못하고 밤새 뒤척거렸다.

11일경자 맑음. 열이 잘 갔는지 온통 걱정되는 마음을 어찌 감당하랴. 더위가 매우 엄혹하여 근심이 그치지 않았다. 늦게 변홍달, 신제운, 임중형

---

62 이어해(李魚海)는 사망년이 미상이고 10월 29일 사망했다.《고성이씨족보》이순신은 "漁"자로 적었으나 자가 "于淵"인 것을 보면 "魚"자가 맞으므로 이를 따라 수정했다.

63 전쟁터에서 전사자를 염할 때 말가죽 대신 종이옷을 사용한 것이다. 말가죽은 전사자의 시신을 싼다는 마혁과시(馬革裹屍) 고사에서 유래한다. 임진왜란 때는 전사자를 염할 때 삼베 대신 종이옷을 입힌 듯하다.

⁶⁴ 등이 와서 만났다. 홀로 빈 대청에 앉았으니 그리운 마음이 어떠하겠는가. 매우 비통하다. 종 태문과 종이(終伊)가 순천으로 갔다.

12일신축 맑음. 아침에 합천 군수(오운)가 햅쌀과 수박을 보냈다. 점심을 지을 무렵 방응원, 현응진, 홍우공, 임영립 등이 박명현⁶⁵이 있는 곳에서 와서 함께 밥을 먹었다. 종 평세(平世)는 열(悅)의 일행으로부터 돌아왔다. 잘 갔다는 소식을 들으니 다행이다. 그러나 슬픔과 탄식을 어찌 말로 다하랴. 이희남이 사철쑥⁶⁶ 백 묶음을 베어 왔다.

13일임인 맑음. 아침에 남해 현령(박대남)이 편지를 보내고 음식물을 많이 보냈다. 또 싸움말을 끌어가겠다고 하기에 답장을 썼다. 늦게 이태수와 조신옥, 홍대방이 와서 만나고, 또 적을 토벌할 일에 대해 이야기하였다. 송대립과 장득홍도 왔다. 장득홍은 자비로 복무한다고 고하기에 식량 두 말을 주었다. 이날 칡을 채취하여 왔다. 이방(李芳)도 와서 만났다. 남해의 아전이 따라다니는 사람⁶⁷ 두 명과 함께 왔다.

14일계묘 맑음. 이른 아침에 정상명과 종 평세(平世), 귀인(貴仁), 짐말[卜馬] 두 필을 남해로 보냈다. 정(상명)은 싸움말을 끌고 오도록 보냈다. 새벽꿈에, 내가 체찰사와 함께 어느 한 곳에 갔는데 많은 송장들이 널려 있어 혹은 밟고 혹은 목을 베기도 했다. 아침을 먹을 때 문인수(文麟壽)가 와가채⁶⁸와 동아 전과(東瓜餞)를 가져 왔다. 방응원, 윤선각, 현응진, 홍우

---

64 임중형(林仲亨)은 이순신의 휘하에서 왜군을 정탐하는 군관으로 활약하였다.

65 박명현(朴名賢, ?~1608)은 정유재란 때 전라병마절도사로서 충청, 전라에서 전공을 세웠다.

66 사철쑥은 국화과에 속하는 다년생 풀로 맛이 쓰고 성질이 찬데 간질환이나 해열 등에 쓴다.

67 따라 다니는 사람(從人)은 관리의 심부름을 한다. 7품 이하 관리는 2명이 수행한다.《경국대전》〈병전·초료〉

68 와가채(蛙歌菜)는 무명조개로 만든 음식이다. 무명조개국을 와가탕이라고 하는데 '와가'는 조개의 이칭인 와각(蝸角)에서 나온 말이다. 즉 와가의 음을 '와가(蛙歌)'

공(洪禹功) 등과 함께 이야기했다. 홍(우공)은 자기 부친의 병 때문에 종군을 원하지 않아 나에게 팔에 질병이 있다고 핑계를 대었다. 매우 놀라운 일이다. 오전 10시 경에 황 종사관은 정인서를 보내어 문안하고, 또 김해사람으로 왜적에게 붙었던 김억의 보고문을 보여 주었다. 그 내용은, "7일에 왜선 5백여 척이 부산을 나오고, 9일 왜선 천척이 합세하여 우리 수군과 절영도 앞 바다에서 싸웠는데, 우리 전선 5척이 표류하여 두모포(부산 기장)에 대었고, 7척은 간 곳이 없었다."[69]고 하였다. 그 말을 듣고 통분함을 참지 못해 곧 바로 황 종사관이 군대를 점열하는 곳으로 달려갔다. 황 종사관과 일을 논의하고, 그대로 앉아서 활 쏘는 것을 구경했다. 얼마 뒤 내가 타고 간 말을 홍대방에게 달려보게 하니 매우 잘 달렸다. 날씨가 비 올 징후가 많아서 돌아와 집에 도착하니 비가 크게 내렸다. 밤 10시 경에 맑게 개고 달빛이 조금 밝아져 낮보다 두 배 밝으니 회포를 말로 다할 수 있겠는가.

15일갑진 비가 오다가 개다가 했다. 늦게 조신옥과 홍대방 등과 여기 있는 윤선각까지 9명을 불러서 떡을 장만하여 먹였다. 가장 늦게 중군 이덕필이 왔다. 저물어서 돌아갔다. 그를 통해 "우리 수군 20여 척이 적에게 패했다."는 소식을 들었다. 매우 분통하였다. 제어할 방책이 없는 것이 매우 한탄스럽다. 저녁비가 크게 내렸다.

16일을사 비가 오다 개다하면서 끝내 흐리고 맑지 않았다. 아침 식사 후에 손응남[70]을 중군(이덕필)에게 보내어 수군의 사정을 조사하게 하니, 돌

로 음차한 것이다.

69 정유년 7월 8, 9일에 원균의 부대가 부산 절영도에서 왜적과 교전했는데, 적은 아군을 피곤하게 하고 종일 교전하지 않았다. 왜선 10척을 분멸했으나 조선의 전선은 깊은 밤 심한 바람에 7척이 표류하였다. (절영도 전양해전)

70 손응남(孫應男)은 손인필의 맏아들로 이순신의 휘하에서 참전하고 석주성을 수호하였다.

아와서 중군에 대한 말을 전하기를, "좌병사의 급보를 보니 불리한 일이 많다."면서 자세히 말하지 않았다. 한탄스러운 일이다. 늦게 변의정(卞義禎)이라는 사람이 수박 두 덩이를 가지고 왔는데, 그 모습이 형편없어 어리석고 용렬해 보였다. 궁벽한 촌에 사는 사람이 배우지 못하고 가난하게 지내어 형편이 그렇게 만든 것이리라. 이 역시 소박하고 순후한 모습이다. 이날 낮에 이희남에게 칼을 갈게 했는데, 매우 예리하여 적장의 맨머리를 벨 만 하였다. 소나기가 급히 내렸다. 아들 열(䓋)이 가는데 고될 것이 많이 걱정된다. 은연중 생각이 그치지 않는다. 은연중 생각이 그치지 않는다. 저녁에 영암군 송진면(송지부곡)에 사는 사노 세남(世男)이 서생포(울주 서생리)에서 알몸으로 왔기에 그 연유를 물으니, "7월 4일에 전병사의 우후(이의득)가 타고 있던 배의 격군이 되어 5일에 칠천량에 이르러 정박하고, 6일 옥포에 들어왔다가 7일에는 날이 밝기 전에 말곶(부산천가 고직말)을 거쳐 다대포(부산 사하구)에 가니, 왜선 8척이 머물러 정박하고 있었습니다. 우리의 여러 배들이 바로 돌격하려는데, 왜인들은 하나도 남김없이 육지로 올라가고 빈 배만 걸려 있어, 우리 수군이 그것을 끌어내어 불을 지른 뒤에, 그 길로 부산의 절영도 바깥바다로 향했습니다. 그때 대마도에서 건너 온 무려 천여 척의 적선을 만나 서로 싸울 것을 작정하니, 왜선은 어지러이 흩어져 회피하므로 끝내 잡아 초멸할 수 없었습니다. 제가 탄 배와 다른 배 6척은 배를 조정하지 못하여 서생포 앞바다까지 표류하여 뭍으로 오르려고 할 즈음에 거의 모두 살륙을 당하고, 저만 혼자 숲 속으로 들어가 기어가서 살게 되어 간신히 여기에 왔습니다."라고 하였다. 듣고 보니, 매우 놀라운 일이다. 우리나라에서 믿는 것은 오직 수군에 있는데, 수군이 이와 같으니 다시는 가망이 없을 것이다. 거듭 생각할수록 분한 간담이 찢어지는 것만 같다. 또 선장 이엽(李

曄)⁷¹이 왜적에게 붙잡혔다고 하니 더욱 통분하다. 손응남이 집으로 돌아갔다.

17일병오 가끔 비가 내렸다. 아침에 이희남을 황 종사관에게 보내어 세남(世男)의 말을 전했다. 늦게 초계 군수(정이길)가 벽견산성⁷²에서 와서 만나고 돌아갔다. 송대립, 유황, 유홍, 장득홍 등이 와서 만나고 날이 저물어서 돌아갔다. 변대헌(卞大獻), 정운룡(鄭雲龍), 득룡(得龍), 구종(仇從) 등은 초계의 아전들인데 어머니 집안과 같은 파의 사람으로서 와서 만났다. 큰비가 종일 내렸다. 성명을 적지 않은 임명장을 신여길이 바다 가운데서 분실한 일로 조사받으러 갔다. 경상 순찰사(이용순)가 그 기록을 가져갔다.

18일정미 맑음. 새벽에 이덕필과 변홍달이 와서 전하기를, "16일 새벽에 수군이 밤의 기습을 받아 통제사 원균과 전라 우수사 이억기, 충청 수사(최호) 및 여러 장수들이 다수의 피해를 입고 수군이 크게 패했다.⁷³"고 하였다. 듣자니 통곡함을 참지 못했다. 얼마 뒤 원수(권율)가 와서 말하기를, "일이 이미 이 지경에 이르렀으니 어쩔 수 없다."고 하면서 오전 10시 경까지 이야기를 나누었으나 마음을 안정하지 못했다. 나는 "내가 직접

---

71 이엽(李曄)은 칠천량해전 때 경상 우후로서 가토 기요마사에게 붙잡혀 갔다. 히데요시에게 보내진 뒤 왜장을 꾀어 큰 배 1척을 사서 탈출했으나 그후 붙잡혀 자결하였다.《서애집》〈잡저〉

72 벽견산성(碧堅山城)은 합천군 대병면 성리 산54-1번지에 있는 악견산성(岳堅山城)이다. 여기서 의병들이 창의하고 이원익이 노흠과 곽재우와 모의하였다. 이정(李瀞)이 악견산성장(岳堅山城將)이다.

73 원균이 웅천에서 패한 후 권율이 출전명령을 내렸다. 7월 14일 원균은 160여 척으로 진격하는데, 왜군들은 아군을 유인하여 피로하게 만들었다. 아군이 가덕도로 후퇴했다가 왜적의 기습을 받아 4백여 명을 잃고 15일 새벽 칠천도 부근에서 도도 다카도라와 와키자카 야스하루 등이 포위하고 16일 새벽 칠천량 남단에서 수륙으로 기습 공격하였다. 이때 이억기와 최호가 전사하고, 원균은 도주하다 적의 추격을 받고 추원포에서 전사했다. 배설만이 전선 10여 척을 끌고 탈출하였다. (칠천량 해전)

연해 지방에 가서 듣고 본 뒤에 결정하겠다."고 말했더니, 원수가 매우 기뻐하였다. 나는 송대립, 유황, 윤선각, 방응원, 현응진, 임영립, 이원룡, 이희남, 홍우공과 함께 길을 떠나 삼가현에 도착하니, 새로 부임한 수령(신효업)이 나와서 기다리고 있었다. 한치겸[74]도 와서 오랫동안 이야기했다.

19일무신 종일 비가 계속 내렸다. 오는 길에 단성의 동산산성(東山山城, 산청 백마산성)에 올라가 그 형세를 살펴보니, 매우 험하여 적이 엿볼 수 없을 것이다. 그대로 단성현에서 유숙했다.

20일기유 종일 비가 계속 내렸다. 아침에 권문임의 조카 권이청(權以淸)이 와서 만나고 수령(안륵)도 와서 만났다. 낮에 진주 정개산성(하동 종화리) 아래에 있는 강정(江亭, 하동 문암리)으로 갔다. 진주 목사(나정언)가 와서 만났다. 굴동(하동 문암리)의 이희만의 집[75]에서 잤다.

21일경술 맑음. 일찍 출발하여 곤양군에 이르니 군수 이천추(李天樞)가 고을에 있고, 백성들은 대부분 농사에 힘써서 혹은 이른 벼를 거두고, 혹은 보리밭을 갈았다. 점심을 먹은 뒤 노량에 도착하니, 거제 현령 안위와 영등포 만호 조계종 등 십 여명이 와서 통곡하고, 피해 나온 군사와 백성들도 울부짖으며 곡하지 않는 이가 없었다. 경상 수사(배설)는 피해 달아나서 보이지 않았다. 우후 이의득이 보러 왔기에 패한 상황을 물었더니, 사람들은 모두 울면서 말하기를, "대장 원균이 적을 보고 먼저 달아나 육지로 올라가자, 여러 장수들도 모두 그를 따라 육지로 올라가서 이 지경에 이르렀다."고 하였다. 그들은 "대장의 잘못을 입으로 표현할 수 없고 그의 살점이라도 뜯어먹고 싶다."고 하였다. 거제의 배 위에서 자면서 거제

---

74   한치겸(韓致謙 1574~1608)은 한효순의 셋째 아들이다. 부친을 따라 이순신의 진영을 오가며 활동하였다.

75   이희만(李希(喜)萬)은 두 아들을 전쟁터로 보내고 이순신의 휘하에서 전공을 세웠다.

현령(안위)과 이야기하는데, 새벽 2시 경에 이르도록 조금도 눈을 붙이지 못해 눈병을 얻었다.

22일신해 맑음. 아침에 배설이 와서 만나고, 원균의 패망한 일[76]을 많이 말했다. 식후에 남해 현령 박대남이 있는 곳에 가니, 병세가 거의 구할 수 없게 되었다. 싸움 말을 서로 바꿀 일을 다시 이야기했다. 종 평세(平世)와 군사 한 명을 데려오겠다고 했다. 오후에 곤양에 가서 몸이 불편하여 잤다.

23일임자 비가 오다가 개다가 했다. 아침에 노량에서 만든 공문을 송대립에게 주어 먼저 원수부에 보냈다. 뒤따라 출발하여 곤양 십오리원(十五里院, 사천 봉계원)에 가니, 배흥립의 부인이 먼저 도착했다. 말에서 내려 잠깐 쉬고 진주 운곡(하동 옥종)의 전에 유숙했던 곳에서 잤다. 백기(배흥립)도 와서 잤다.

24일계축 비가 계속 내려 그치지 않았다. 한치겸과 이안인(李安仁)이 부찰사(한효순)에게로 돌아갔다. 정씨의 종 예손(禮孫)이 손씨의 종과 함께 돌아갔다. 식후에 이홍훈의 집[77]으로 거처를 옮겼다. 방응원이 정개산성에서 와서 전하기를, "황 종사관이 산성에 와서 연해의 사정을 보고 들은 대로 전했다."고 하였다. 군량 2섬, 말먹이 콩 2섬과 말 대갈(편자 징) 7벌을 가져 왔다. 이날 저녁에 배 조방장(배경남)이 와서 만나고 술로 위로했다.

25일갑인 늦게 갰다. 황 종사관이 편지를 보내 문안했다. 조방장 김언공

---

76 선전관 김식(金軾)이 한산도의 전황을 보고한 내용에, "… 원균은 늙어서 행보하지 못하여 맨몸으로 칼을 잡고 소나무 밑에 앉아 있어 왜노 6, 7명이 칼을 휘두르며 원균에게 달려들었는데 그 뒤로 원균의 생사를 알 수 없습니다."라고 하였다.《선조실록》(1597. 7. 22)

77 이홍훈(李弘勛)의 집은 하동 옥종면 청룡리 338-1번지에 있다. 이홍훈은 이순신과 곽재우와 친분이 있었다.

(金彦恭)이 와서 만나고는 그 길로 원수부로 갔다. 배수립이 와서 만나고 이곳 주인 이홍훈도 와서 만났다. 남해 현령 박대남이 그의 종 용산(龍山)을 보내어 내일 들어오겠다고 보고했다. 저녁에 배백기가 병이 난 것을 가서 보니, 고통이 심했다. 매우 걱정되었다. 송득운을 황종사에게 보내어 문안했다.

26일을묘 비가 오다 개다 했다. 일찍 밥을 먹고 정개산성 아래의 송정(松亭) 아래로 가서 황 종사관 및 진주 목사(나정언)와 함께 이야기했다. 해가 저물어서 숙소로 돌아왔다.

27일병진 종일 비가 내렸다. 이른 아침에 정개산성 건너편 손경례[78]의 집으로 옮겨 머물렀다. 늦게 동지(同知) 이천[79]과 판관 정제가 체찰사에게서 와서 전령을 전했다. 함께 저녁을 먹었다. 이 동지(이천)는 배 조방장(배흥립)이 있는 곳에서 잤다.

28일정사 비가 내렸다. 이희량(李希良)이 와서 만났다. 초저녁에 이 동지(이천)과 진주 목사(나정언), 소촌(召村) 찰방 이시경[80]이 와서 밤에 이야기하다가 자정 후에 돌아갔다. 논한 일이 모두 대응 계책에 대한 일이었다.

29일무오 비가 오다가 개다가 했다. 아침에 이천과 함께 밥을 먹고는 그를 체찰사(이원익) 앞으로 보냈다. 늦게 냇가로 나가 군사를 점검하고 말을 달렸는데, 원수(권율)가 보낸 데는 모두 말이 없고 활과 화살도 없어 쓸모가 없었다. 매우 한탄스러웠다. 저녁에 들어올 때 동지 배흥립과 남해 현령 박대남을 만났다. 밤새도록 큰비가 왔다. 찰방 이시경에게 사람

78　손경례(孫景禮)는 진주의 선비이다. 정유년 7월 27일 이순신이 그의 집에 묵었는데, 함께 정개산성에서 말을 달리고 원계의 들에서 군사 훈련을 하였다. 이곳을 "원계진", "진배미"라고 한다.

79　이천(李薦)은 신할(申硈)의 휘하에서 조방장으로 이빈(李薲)과 함께 임진강을 건너가 왜군을 물리쳤다.

80　이시경(李蓍慶)은 왜군의 진법에 능통하고 정유재란 때 부친을 복수하려고 싸우다가 진주 남강에서 전사했다.

을 보내어 안부를 물었다.

8월
삼도수군통제사의 복직 교서를 받다

1일기미 큰비가 와서 물이 불었다. 늦게 이찰방(이시경)이 와서 만났다. 조신옥과 홍대방 등이 와서 만났다.

2일경신 잠시 갰다. 홀로 병영 마루에 앉았으니 그리운 마음이 어떠하랴. 비통함이 그치지 않는다. 이날 밤 꿈에 임금의 명령을 받을 징조가 있었다.

3일신유 맑음. 이른 아침에 선전관 양호(梁護)가 뜻밖에 들어와 교서와 유서를 주었는데, 그 왕명서 내용은 곧 '삼도통제사를 겸하라는 명령'이었다.[81] 숙배를 한 뒤에 삼가 받았다는 서장(書狀)을 써서 봉해 올렸다. 이 날 바로 길을 떠나 곧장 두치 가는 길에 들어 초저녁에 행보역(하동 횡포역)에 이르러 말을 쉬게 하고, 새벽 1시 경에 길에 올라 두치에 이르니, 날이 새려고 했다. 남해 현령(박대남)은 길을 잃고 강가의 정자로 잘못 들어갔기에 말에서 내려서 불렀다. 쌍계동(하동 탑리)에 이르니, 어지러운 암석들이 뽀족하게 솟아 있고 막 내린 비에 물이 넘쳐흘러 간신히 건넜다. 석주관에 이르니, 이원춘과 유해(柳海)가 복병하여 지키다가 나를 보고는 적을 토벌할 일에 대해 많이 이야기했다. 저물녘 구례현에 이르니, 온 경내가 적막했다. 성 북문 밖(구례 봉북리)의 전날 묵었던 주인집에서

---

81 김명원과 이항복의 건의로 정유년 7월 22일 이순신에게 재임명 명령이 내려지고, 7월 23일자로 교서와 〈사부유지〉가 내려졌다. 이 교서와 유지를 8월 3일에 이순신이 손경례의 집에서 받았다.

잤는데, 주인은 이미 산골로 피난을 갔다고 했다. 손인필이 바로 와서 만났는데, 곡식을 지고 왔고, 손응남은 때 이른 감을 바쳤다.

4일임술 맑음. 아침 식사 후에 압록강원(순사 압록유원지)에 가서 점심밥을 짓고 말의 병도 치료했다. 고산 현감(최철강)이 군인을 건네 줄 일로 와서 수군의 일을 많이 말했다. 오후에 곡성에 가니, 관사와 마을이 온통 비어 있었다. 이 고을에서 유숙했다. 남해현령 박대남이 곧장 남원으로 갔다.

5일계해 맑음. 아침 식사 후 옥과 땅에 이르니, 피난민들이 길에 가득하였다. 매우 놀라운 일이다. 말에서 내려서 앉아 그들을 타일렀다. 고을에 들어갈 때 이기남의 부자를 만나 함께 고을에 도착하니, 정사준과 정사립이 마중 나와서 함께 이야기했다. 옥과 현감(홍요좌)은 처음에는 병을 핑계 삼아서 나오지 않다가, 얼마 후 와서 만났다. 그를 잡아다가 처벌하려고 했기 때문에 보러 나온 것이다.

6일갑자 맑음. 이 날은 옥과에 유숙했다. 초경에 송대립 등이 적을 정탐하고 왔다.

7일을축 맑음. 이른 아침에 길에 올라 곧장 순천으로 가는데, 도중에 선전관 원집(元潗)을 만나 임금의 왕명서를 받았다. 전라 병마사(이복남)의 군사들이 모두 괴멸하여 돌아가는 것이 길에 줄을 이으므로 말 3필과 활, 화살을 약간 빼앗아 왔다. 곡성의 강정[82]에서 잤다.

8일병인 새벽에 출발하여 부유창(순천 창촌 군기창고)에서 아침밥을 먹으려는데 병사(兵使) 이복남이 이미 명령하여 불을 놓았다. 광양 현감 구덕령, 나주 판관 원종의, 옥구 현감(김희온) 등이 부유창 아래에 있다가 내가 당도한 것을 듣고 급히 달려가 배경남과 함께 구치(鳩峙, 순천 비월재)

---

82 강정(江亭)은 곡성군 석곡면 석곡리(능파리) 대황강변에 있던 능파정(凌波亭)이다. 신숭겸의 후손인 신대년(申大年)이 옛 강정 터에 능파정을 짓고 풍류를 즐겼다. 장성식의 능파정 시에, "충무공이 이 강정에 유숙했다."고 하였다.《조선환여승람》《곡성편》(노승석 역)

로 갔다. 내가 즉시 말에서 내려 앉아 명령을 내렸더니, 동시에 와서 인사하였다. 내가 피해 옮겨 다니는 것을 말거리로 삼아 꾸짖었더니, 모두 그 죄를 병사 이복남에게로 돌렸다. 곧장 길에 올라 순천에 도착하니, 성 안팎에는 인적도 없이 적막했다. 승려 혜희(惠熙)가 와서 인사하므로 의병장의 직첩을 주고, 또 총통 등을 옮겨 묻게 했다. 긴 화살과 짧은 화살은 군관들에게 나누어 소지하게 하고 그대로 같은 관부(순천부)에서 잤다. 여기에 ….

9일정묘　맑음. 일찍 출발하여 낙안에 이르니, 5리의 길에까지 사람들이 많이 나와 인사하였다. 백성들이 흩어져 달아난 까닭을 물으니, 모두들 말하기를, "병사(이복남)가 적이 임박해왔다고 전하자 창고에 불을 지르고 달아난 까닭에 백성들도 도망하여 흩어졌다."고 하였다. 관사에 이르니 적막하여 인기척도 없었다. 순천 부사 우치적과 김제 군수 고봉상 등이 와서 인사했다. 늦게 보성의 조양(兆陽, 보성 고내마을)에 가서 김안도(金安道)의 집에서 잤다.

10일무진　맑음. 몸이 불편하여 그대로 안도의 집에 유숙했다.

11일기사　맑음. 아침에 양산항(梁山杭)[83]의 집으로 옮겨서 유숙했다. 송희립과 최대성이 와서 만났다.

12일경오　맑음. 계본을 등서했다. 그대로 유숙했다. 거제 현령(안위)과 발포 만호(소계남)가 와서 만났다.

13일신미　맑음. 거제 현령과 발포 만호가 와서 인사하고 돌아갔다. 수사(배설)와 여러 장수 및 피란하여 나온 사람들이 유숙하고 있다는 소식을 들었다. 우후 이몽구가 오긴 했으나 만나지 않았다. 하동 현감(신진)을 통

83　양산항(梁山杭 1554~1634)은 의병을 모집했다. 정유년 8월 13일 이순신이 찾아와 만나고 보성 열선루에서 국사를 논의하며 며칠 동안 머물렀다. 이름을 '건널 항(杭)'자로 수정했다.《제주양씨파보》

해 정개 산성과 벽견 산성은 전라 병사(이복남)가 스스로 밖의 진을 파괴시켰다는 소식을 들으니 비통하다.

14일임신　맑음. 아침에 이몽구에게 곤장 80대를 쳤다.[84] 식후에 장계 7통을 봉하여 윤선각에게 주어 보냈다. 오후에 어사(임몽정)를 만날 일로 보성군에 가서 잤다. 밤에 큰비가 물 쏟아지듯 내렸다.

15일계유　비가 계속 오다가 늦게 쾌청하였다. 식후에 열선루[85]에 나가 공무를 보니, 선전관 박천봉(朴天鳳)이 왕명서를 가지고 왔다. 그것은 8월 7일에 작성한 것이었다. 영상(유성룡)은 경기 지방으로 나가 순행 중이라고 하니, 곧바로 잘 받았다는 장계를 작성하였다. 보성의 군기를 검열하여 네 마리 말에 나누어 실었다. 저녁에 밝은 달 비치는 누대 위에서 마음이 매우 편치 않았다.

16일갑술　맑음. 아침에 보성 군수(반혼)와 군관 등을 굴암으로 보내어 피난 간 관리들을 찾아내게 했다. 선전관 박천봉이 돌아가기에 그편에 나주 목사(배응경)와 어사 임몽정에게 답장을 보냈다. 사령들을 박사명(朴士明)의 집에 보냈더니, 사명의 집은 이미 비었다고 했다. 오후에 활 만드는 장인 지이와 태귀생, 선의(先衣), 대남(大男) 등이 들어왔다. 김희방과 김붕만도 왔다.

17일을해　맑음. 일찍 아침 식사 후에 곧장 장흥 땅 백사정(회천 명교마을)에 갔다. 점심 후에 군영구미(장흥 해창, 또는 보성군학마을)로 가니, 온 경내가 이미 무인지경이 되었다. 수사 배설은 내가 탈 배를 보내지 않았다.

84　이몽구가 관곡을 훔쳐 도주한 사건으로 처단하기를 청한 사실이 있다. 《선조실록》(1597, 10, 11)

85　열선루(列仙樓)는 객관 북쪽에 있는 옛날의 취음정(翠蔭亭)인데, 군수 신경(申經)이 다시 짓고 지금 이름으로 고쳤다. 《신증동국여지승람》 이순신이 여기서 수전을 폐하고 육전을 하라는 왕명서를 받고 장계를 올렸다. 이때 또는 이후에 "今臣戰船尙有十二"가 적힌 장계를 썼다고 추정하는데, 조정에서 육전을 명하나 이순신은 전선 12척으로 죽을 힘을 내어 싸우면 그래도 해낼 수 있다고 하였다.

장흥의 군량을 감관과 아전이 모두 훔쳐 갔는데 관리들이 나누어 가져
갈 때에 마침 가서 붙잡아다가 중한 장형을 내렸다. 그대로 유숙했다.

18일병자 맑음. 회령포[86]에 갔더니, 경상 수사 배설이 배 멀미를 핑계 대
므로 만나지 않았다. 회령포 관사에서 잤다.

19일정축 맑음. 여러 장수들이 교서에 숙배하는데, 배설은 교서에 공경히
맞아 절하지 않았다. 그 능멸하고 오만한 태도를 이루 말할 수 없기에 그
의 감영 관리에게 곤장을 쳤다. 회령포만호 민정붕이 전선에서 받은 물
건을 사사로이 피난민 위덕의(魏德毅) 등에게 준 죄로 곤장 20대를 쳤다.

20일무인 맑음. 앞 포구가 매우 좁아서 이진(梨津)으로 진을 옮겼다.

21일기묘 맑음. 날이 새기 전에 곽란이 나서 심하게 아팠다. 몸을 차게 했
다는 생각이 들어서 소주(燒酒)[87]를 마셨더니 조금 후 인사불성이 되어
거의 구하지 못하게 될 뻔했다. 밤새도록 새벽까지 앉아 있었다.

22일경진 맑음. 곽란이 점점 심해져서 일어나 움직일 수가 없었다.

23일신사 맑음. 통증이 매우 심해져서 배에 머무르기가 불편하여 배를
버리고 바다에서 나와 육지에서 잤다.

24일임오 맑음. 일찍 도괘[88]에 가서 아침밥을 먹었다. 어란(송지면) 앞바다
에 도착하니, 가는 곳마다 이미 텅 비었다. 바다 가운데서 잤다.

25일계미 맑음. 그대로 어란포에 머물렀다. 아침 식사를 할 때 당포의
포작이 방목한 소를 훔쳐 끌고 가면서 허위 경보를 알리기를, "왜적이
왔다. 왜적이 왔다."고 하였다. 나는 이미 그것이 거짓임을 알고 허위

---

86 회령포는 장흥군 회진면 회진리에 있다. 이순신이 여기서 배설이 가져온 10여 척
의 배를 19일에 인계받았다.

87 소주(燒酒)는 찹쌀이나 매벼, 기장, 밀 등을 쪄서 익힌 다음 누룩과 함께 발효시켜
만드는데, 맛이 맵고 달며 기미가 조열하기 때문에 냉기가 쌓인 한기를 치료한
다.《본초강목》

88 도괘(刀掛)는 해남군 북평면 영전리에 있는 남성항 일대이다. (2014년 완역본) 괘도
포(掛刀浦).

경보를 낸 두 사람을 잡아다가 바로 목을 베어 효시하게 하니, 군중의 인심이 크게 안정되었다.

26일갑신 맑음. 그대로 어란포에 머물렀다. 임준영[89]이 말을 타고 와서 고하기를, "왜적이 이진(梨津)에 도착했다."고 고하였다. 우수사(김억추)가 왔다.

27일을유 맑음. 그대로 어란 바다 가운데에 머물렀다.

28일병술 맑음. 적선 8척이 뜻하지 않게 들어오자 여러 배들이 두려워 겁을 먹고 피하려 하고, 경상 수사(배설)가 피하여 후퇴하려고 하였다. 나는 동요하지 않고 적선이 가까이 오자 나팔(角)을 불어 깃발(대장기)을 지휘하며 뒤쫓게 하니, 적선들이 물러갔다.[90] 갈두(葛頭, 해남 송호리)까지 뒤쫓아 갔다가 돌아왔다. 저녁에는 장도(獐島, 해남 내장리)로 옮겨 정박했다.

29일정해 맑음. 아침에 벽파진(진도 벽파리)으로 건너갔다.

30일무자 맑음. 그대로 벽파진에 머물렀다.

9월
수군을 재건하여 명량대첩을 이루다

1일기축 맑음. 그대로 벽파진에 머물렀다.

2일경인 맑음. 정자(벽파정) 위로 내려가 앉았는데, 포작 점세(占世)가 제

---

89 임준영(任俊英)은 부정(副正)을 지냈다. 이를 간혹 임중형으로 보기도 하나 서로 다른 인물이다.
90 이날 이순신부대가 13척의 전선으로 어란포 앞바다에서 왜선 8척을 물리쳤다. (어란포해전)

주에서 와서 인사했다. 이날 새벽에 배설이 도망갔다.[91]

3일신묘 비가 뿌렸다. 뜸 아래에서 머리를 움츠리고 있으니, 생각이 어떠하겠는가.

4일임진 북풍이 크게 불었는데 각 배들을 겨우 보전했다. 천행이다.

5일계사 북풍이 크게 불어, 각 배들을 지킬 수가 없었다.

6일갑오 바람이 그치는 듯 했으나 물결은 자지 않았다.

7일을미 맑음. 바람이 비로소 잠잠하다. 탐망 군관 임중형이 와서 보고하기를, "적선 55척 가운데 13척이 이미 어란 앞 바다에 이르렀는데, 그 뜻이 우리 수군에 있다."고 했다. 그래서 각 배를 엄하게 신칙하였다. 오후 4시경에 적선 13척이 곧장 아군의 진 친 곳으로 향해 왔다. 우리 배들도 닻을 올려 바다로 나가 맞서서 공격하여 나아가니, 적선들이 배를 돌려 달아났다.[92] 먼 바다까지 쫓아갔지만, 바람과 물결에 모두 거슬려 배가 갈 수 없으므로 벽파진으로 되돌아왔다. 아마도 밤의 경보가 있을 것 같았다. 밤 10시 경에 적선이 포를 쏘아 밤의 경보를 알리자, 아군의 여러 배들이 겁을 먹은 것 같으므로 다시 엄하게 명령을 내렸다. 내가 탄 배가 곧장 적선을 향하여 연달아 포를 쏘니 적의 무리는 저항하지 못하고 자정 경에 물러갔다. 그들은 일찍이 한산도에서 승리했던 자들이었다.

8일병신 맑음. 적선이 오지 않았다.

9일정유 맑음. 오늘이 곧 9일(중양절)이다. 군사들에게 음식을 먹이려는데 마침 부찰사(한효순)가 지원한 군량을 얻고 제주에서 소 5마리가 왔다. 녹도 만호(송여종)와 안골포 만호(우수)를 시켜 그것을 잡아

---

91 1597년 8월 30일 배설이 도주했다. 그전에 배설이 12척의 배로 진도 벽파정을 지켰는데 "상륙하여 호남의 진영에서 전쟁을 돕겠다."며 야간도주했다. 그후 비변사가 법에 따라 처치하라고 보고하였다.

92 이날 이순신부대가 13척의 전선으로 벽파진 앞바다에서 왜선 13척을 물리쳤다. (벽파진 해전)

장수와 병사들에게 먹이고 있을 때, 적선 2척이 곧장 감보도(진도 벽파리)로 들어와 우리 배의 많고 적음을 정탐했다. 영등포 만호 조계종이 끝까지 뒤쫓았으나 잡지는 못했다.

10일^{무술} 맑음. 적의 무리들이 멀리 달아났다.

11일^{기해} 맑음.

12일^{경자} 비가 계속 내렸다.

13일^{신축} 맑았으나 북풍이 크게 불었다.

14일^{임인} 맑았으나 북풍이 크게 불었다. 임준영이 육지를 정탐하고 달려와서 말하기를, "적선 55척이 벌써 어란 앞바다에 들어왔다."고 하였다. 또 말하기를, "포로가 되었다가 도망쳐 온 김중걸(金仲乞)이 전하여 말하기를, '이달 6일에 달마산(達磨山)에서 피난하다가 왜적에게 붙잡혀 묶여서 왜선에 실렸는데, 이름 모르는 김해 사람이 왜장에게 청하여 결박을 풀어주게 하니, 밤에 김해 사람이 중걸의 귀에 대고 몰래 말하기를, 「(왜군이) 조선 수군 십여 척이 우리 배를 쫓아와서 혹 사살하고 배를 불태웠으니 보복하지 않을 수 없다. 여러 배를 불러 모아 조선 수군들을 모조리 죽인 뒤 곧장 경강(京江, 뚝섬과 양화도 사이의 한강)으로 올라가자」고 했다.'"는 것이었다. 이 말을 비록 다 믿지는 못하겠으나 그럴 리가 없는 것도 아니므로 전라우수영에 전령선을 보내어 피난민들을 즉시 육지로 올라가도록 당부하였다.

15일^{계묘} 맑음. 조수의 흐름을 따라 여러 배를 거느리고 우수영 앞바다로 들어가 거기서 머물러 잤다. 밤의 꿈에 이상한 징조가 많았다.

16일^{갑진} 맑음. 이른 아침에 망보는 군사가 와서 보고하기를, "적선이 무려 2백여 척이 명량(鳴梁)[93]을 거쳐 곧장 진치고 있는 곳(양도 부근)

93　명량(鳴梁, 울돌목)은 해남군 문내면 학동리와 진도군 군내면 녹진리 사이의 해협을 말한다. 이순신이 왜선 133척을 명량으로 유인하여 전선 13척으로 양도 부근

으로 향해 온다."고 했다. 여러 장수들을 불러 거듭 약속할 것을 밝히고 닻을 올리고 바다로 나가니, 적선 133척[94]이 우리의 배를 에워쌌다. 지휘선이 홀로 적선 가운데로 들어가 탄환과 화살을 비바람같이 발사했지만, 여러 배들은 바라만 보고서 진격하지 않아 앞 일을 헤아릴 수 없었다. 배 위에 있는 군사들이 서로 돌아보며 얼굴빛이 질려 있었다. 나는 부드럽게 타이르면서 "적이 비록 천 척이라도 감히 우리 배를 곧바로 공격하지 못할 것이니, 절대로 동요하지 말고 힘을 다해 적을 쏘라."고 말했다. 여러 배들을 돌아보니, 이미 1마장(馬場, 0.4km)쯤 물러나 있었고, 우수사 김억추[95]가 탄 배는 멀리 떨어져있어 아득했다. 배를 돌려 곧장 중군 김응함의 배에 다가가서 먼저 목을 베어 효시하고자 하였다. 그러나 내 배가 머리를 돌리면 여러 배들이 차츰 멀리 물러나고 적선이 점차 다가와서 사세가 낭패되었을 것이다. 중군에게 명을 내리는 깃발과 초요기를 세우니 김응함의 배가 점차 내 배로 가까이 오고 거제현령 안위의 배도 왔다. 내가 뱃전에 서서 직접 안위를 불러 말하기를, "네가 억지 부리다 군법에 죽고 싶으냐?"고 하였고, 다시 불러 "안위야, 감히 군법에 죽고 싶으냐? 물러나 도망간들 살 것 같으냐?"라고 했다. 이에 안위가 황급히 적과 교전하는 사이에 곧장 들어가니, 적장의 배와 다른 적의 두 척의 배가 안위의 배에 개미처럼 달라붙었고, 안위의 격군 7, 8명은 물에 뛰어들어 헤엄치니 거의 구할 수 없었다. 나는 배를 돌려 곧장 안위의 배 쪽으

에서 교전한 결과 왜선 31척을 분멸하였다. (명량대첩)

94 이때 왜군의 전투선인 세키부네(關船)는 133척이었다. 후방인 녹도 부근의 안타케부네(安宅船) 70여 척과 어란진의 전선까지 포함하면 300여 척인데, 혹은 130여 척(행장), 200여 척(징비록), 330여 척(전서본)으로 되어 있다.

95 김억추(金億秋 1548~1618)는 정유재란 때 전라우수사로서 이순신을 도와 잔선을 수습하여 거북선 모양으로 꾸미고 명량해전에 공을 세웠다. 김억추의 명량 철쇄 이야기는 하나의 전설이 되었다.

로 들어갔다. 안위의 배 위에 있는 군사들은 결사적으로 난격하고 내가 탄 배 위의 군관들도 빗발치듯 난사하여 적선 2척을 남김없이 모두 섬멸하였다. 매우 천행한 일이었다. 우리를 에워쌌던 적선 31척도 격파되니 여러 적들이 저항하지 못하고 다시는 침범해 오지 못했다. 그곳에 정박하고자 했으나 물이 빠져 배를 정박하기에 알맞지 않으므로 건너편 포구로 진을 옮겼다가 달빛 아래 다시 당사도(신안 당사리)로 옮겨 정박하여 밤을 지냈다.

17일을사 맑음. 여올도(신안 지도 어의도)에 이르니, 피난민들이 무수히 와서 정박하고 있었다. 임치 첨사(홍견)는 배에 격군이 없어서 나오지 못한다고 했다.

18일병오 맑음. 그대로 그곳에 머물렀다. 임치 첨사가 왔다.

19일정미 맑음. 일찍 출발하여 칠산도[96]를 건너는데, 바람은 약하고 하늘은 맑아서 배를 몰기에 매우 좋았다. 법성포 선창(영광 진내리)에 이르니, 적들이 벌써 침범하여 간혹 인가에 불을 지르기도 하였다. 해질 무렵 홍룡곶(洪龍串, 영광 계마항)으로 돌아가 바다 가운데서 잤다.

20일무신 맑고 바람도 순조로왔다. 배를 몰아 고참도(古參島, 부안 위도)에 가니 피난민들이 무수히 배를 정박하고 있었다. 이광보도 와서 만나고 이지화(李至和) 부자도 왔다.

21일기유 맑음. 새벽에 출발하여 고군산도[97]에 가니, 호남 순찰사(박홍로)는 내가 만나러 들어왔다는 말을 듣고서 배를 타고 옥구로 갔다고 하였다.

---

96 칠산도(七山島)는 영광군 낙월면 송이리 산466번지에 있는 7개 섬 중에 일곱 번째 섬이다.

97 고군산도(古群山島)는 군산시 옥도면 선유도리에 소재한다. 이순신은 명량해전 이후 정유년 9월 21일부터 10월 3일까지 12일간 망주봉 기슭의 수군 진영에서 휴식하고 명량대첩 보고서를 조정에 올렸다.

22일경술 맑음.

23일신해 맑음.

24일임자 맑음.

25일계축 맑음.

26일갑인 맑음. 이날 밤에는 식은땀이 온몸을 적셨다.

27일을묘 맑음. 송한(宋漢)이 대첩에 대한 보고문[98]을 가지고 배를 타고 올라갔다. 정제(鄭霽)도 충청 수사(권준)에게 전령을 가지고 갔다. 몸이 매우 불편해서 밤새도록 고통스러웠다.

28일병진 맑음. 송한과 정제가 바람에 막혀 되돌아 왔다.

29일(정사) 맑음. 송한 등이 바람이 순하여 떠나갔다.

10월
휴식 후 법성포로 가다

1일무오 맑음.

2일기미 맑음. 아들 회(薈)가 가정 식구들의 생사를 알아볼 일로 올라갔다. 홀로 배 위에 앉았으니 온갖 생각이 다 떠올랐다.

3일경신 맑음. 새벽에 배를 출발하여 돌아오다가 변산을 거쳐 곧장 법성포로 내려가니, 바람이 매우 부드럽고 따뜻하기가 봄날과 같았다. 저물어서 법성창 앞으로 갔다.

---

98 이순신의 명량대첩 보고문에, "신이 김억추 등과 전선 13척을 수습하여 해남현 해로를 차단하였고, 적의 전선 1백 30여 척이 이진포로 들어오기에 신이 김억추, 배흥립, 안위 등과 함께 진도 벽파정 앞바다에서 적을 맞아 죽음을 무릅쓰고 힘껏 싸웠습니다."라고 하였다. 《선조실록》(1597. 11. 10)

4일신유 맑음.

5일임술 맑음.

6일계해 맑고 흐리다가 간혹 눈비가 내리기도 했다.

7일갑자 흐린 구름이 걷히지 않고 비가 오다 개다 했다.

8일을축 맑음. 바람이 순해지는 것 같았다. 새벽에 ….

송사를 읽고[讀宋史][99]

이강(李綱)이 군사를 독려하여 여진(女眞)을 방어하고 하관(何灌)은 힘써 싸우다 죽었다. 그런데 여진이 사신을 보내어 억지로 황금과 비단을 취하고 땅을 나누어 화친하자고 하니 황제가 따랐다. 이강은 자신의 말이 쓰이지 않았다고 해서 사직을 청했다.
  - 구준(丘濬)의《세사정강(世史正綱)》25권,〈송세사(宋世史)〉에 실린 요약문이다.

* 아래의〈독송사〉는 위의 글에 대한 구준의 해설문을 이순신이 옮겨 적은 것이다.

아, 슬프도다. 그 때가 어느 때인데, 강(綱)[100]은 떠나고자 했던가. 떠난다면 또 어디로 가려했던가. 사람의 신하 된 자가 임금을 섬김에는 죽음만이 있고 다른 길은 없다.[101] 이러한 때를 당하여 종묘 사직

---

99 〈독송사(讀宋史)〉는 이순신이 명나라의 학자 경산(瓊山) 구준(丘濬 1420~1495)이 지은 역사서《세사정강(世史正綱)》25권에 실린〈독송사〉전문을 인용한 것이다.《신완역 난중일기 교주본》

100 강(綱)은 남송(南宋) 때 고종(高宗) 조구(趙構)의 신하인 이강(李綱)이다. 1127년에 좌상이 되어 항금정책을 주장했으나 화의파가 반대하자, 결국 떠날 것을 청하여 파직되고 그의 정책도 폐기되었다.《송사》본기23권

101 송나라 이방(李昉)의《문원영화(文苑英華)》에, "사람의 신하 된 자가 임금을 섬김

(나라)의 위태함은 겨우 머리털 하나로 3만근을 당기는 것과 같아서, 바로 사람의 신하된 자가 몸을 던져 나라에 보답할 때이니, 떠나간다는 말은 정말 마음 속에서 싹트게 해서는 안 될 것이로다. 하물며 이를 감히 입 밖에 낼 수 있겠는가.

그러한즉 강(綱)을 위한 계책은 어떻게 해야 하겠는가. 체면을 깎고 피눈물 흘리며 충심을 드러내고 일의 형세가 이 지경에 이르러서 화친할 이유가 없음을 분명히 말할 것이다. 말한 것을 따르지 않을지라도 죽음으로써 이어 갈 것이다. 이 역시 수긍하지 않는다면 우선 그들의 계책을 따르되 자신이 그 사이에 간여하여 마음을 다해 사태를 수습하고 죽음 속에서 살 길을 구한다면, 만에 하나라도 혹 구제할 수 있는 이치가 있을 것이다. 강(綱)은 계책을 여기에서 내지 않고 떠나기를 구하고자 했으니, 이것이 어찌 사람의 신하된 자로서 몸을 던져 임금을 섬기는 도리이겠는가.

에는 죽음만이 있고 다른 길은 없다.(人臣事君, 有死無二)"고 하였다. 《송사》〈열전·이약수〉에도 해당 내용이 나오지만, "人臣"이 "忠臣"으로 되어 있다.

丁酉日記

정유년

《정유일기》는 이순신이 먼저 일기를 적었다가 나중에 다시 재작성하여 두 책이므로, 이를 Ⅰ·Ⅱ로 나누었다. 《정유일기》Ⅰ은 4월 1일부터 10월 8일까지 적혀 있고, 《정유일기》Ⅱ는 8월 4일부터 12월 30일까지 적혀있다. 이로 인해 이 두 일기는 8월 4일부터 10월 8일까지 66일간의 일기가 서로 중복되어 있다. 전서본은 이 두 일기를 합본하는 과정에서 많은 내용이 생략되었는데, 본고에서는 원본 내용 그대로 번역하였다.

임진왜란 약사

1월 가토 기요마사부대가 다대포에 도착했다. 원균이 경상우수사 겸 삼도수군통제사에 임명되었다. 2월 도요토미 히데요시가 작전을 지시하고 선조는 명나라에 선위문제를 보고하게 했다. 3월 명나라의 수군부대가 출동했다. 5월 명나라 부총병 양원(楊元)이 조선에 파견되어 모든 장수를 지휘하였다. 8월 남원성이 함락되고 9월 경리 양호가 한양에 오고 이순신이 명량대첩을 이룬다. 10월 명군이 남하하여 일본군이 후퇴한다. 11월 경략 형개가 한양에 도착한다. 12월 울산전투가 치러졌다.

정유년Ⅱ(1597)

너희 여러 장수들이 조금이라도 명령을 어김이 있다면
즉시 군율을 적용하여 조금도 용서하지 않을 것이다.

8월
삼도수군통제사의 복직 교서를 받다

4일임술 말을 보내 왔다. (…) 아산 집에 (…) 왔다. (…) 압록원에 걸어가서 점심을 지을 때 고산 현감 최철강이 군인을 병사(兵使)에게 건네주려고 했으나 (…) 어긋나서 길을 잃고 흩어졌다고 한다. 또한 원공(원균)이 망령됨이 많다고 말했다. 낮에 곡성현에 이르니, 인가의 불 때는 연기가 끊어졌다. (…) 에서 잤다.

5일계해 맑음. (…) 거느리고 온 군사를 건네 줄 곳이 없어서 이제 이 압록원에 이르니, 전라 병사(이복남)가 경솔히 후퇴하는 기색이 매우 한탄스러웠다. 점심을 먹은 뒤에 곡성현에 도착하니 온 경내가 이미 비었고 말먹일 꼴도 구하기 어려웠다. 여기서 그대로 잤다.

6일갑자 맑음. 아침 식사 후 길에 올라 옥과 땅에 이르니 순천과 낙안의 피난민들이 길에 가득히 쓰러져 남녀가 서로 부축하며 갔다. 그 참혹함을 차마 볼 수 없었다. 그들은 울부짖고 곡하며 말하기를, "사또께서 다시 오셨으니 우리들에게 살 길이 생겼다."라고 하였다. 길 옆에 대괴정

(大槐亭, 곡성 괴정마을)이 있기에 내려가 앉아 말을 쉬게 하였다. 순천의 군관 이기남이 와서 만났는데, "백성들이 장차 골짝에 굴러 죽을 것이다"고 말했다. 옥과현에 이르니 현감(홍요좌)은 병을 핑계로 나오지 않았다. 정사준과 정사립이 먼저 도착하여 관아 문 앞에 와서 내가 오기를 기다리고, 조응복과 양동립도 우리 일행을 따라 왔다. 나는 현감(홍요좌)이 병을 핑계로 나오지 않기에 잡아다가 곤장을 치려고 하였는데, 현감 홍요좌가 먼저 그 의도를 알고 급히 나왔다.

7일을축 맑음. 일찍 길에 올라 곧장 순천의 길로 가니 현과 10리쯤 떨어진 길에서 왕명서를 갖고 오는 선전관 원집을 만났다. 길옆에 싸리나무를 꺾어 펴고 앉아서 이야기를 나누는데,[1] 병사(이복남)가 거느린 군사들이 모두 패하여 후퇴하여 갔다. 이날 닭이 울 때 송대립이 순천 등지에서 정탐하고 왔다. 석곡 강정(곡성 강정)에서 잤다.

8일병인 맑음. 새벽에 출발하여 곧장 부유로 들어가다가 중도에 이형립(李亨立)을 병사(이복남)에게로 보냈다. 부유에 도착하니 병사 이복남이 이미 부하들을 시켜 불을 놓았는데, 오직 잿더미만 남아 있어서 보기에도 참혹하였다. 점심 식사 후에 구치에 이르니 조방장 배경남, 나주 판관 원종의, 광양 현감 구덕령이 복병한 곳에 있었다. 저물녘 순천부에 이르니 관사의 창고 곡식은 예전처럼 남아 있으나 병기 등의 물건들은 병사(兵使)가 처리하지 않고 후퇴하여 달아났으니, 매우 놀라운 일이다. 순천부 내에 들어가 사방을 돌아보니 적막하였다. 오직 승려 혜희(惠熙)만이 와서 인사하기에 그에게 승병의 직첩을 주었다. 병기 중에 긴 화살과 짧은 화살은 군관들에게 져 나르게 하고, 총통과 운반하기 어려운 잡물들

---

1 이 내용은 초(楚)나라 때 오거(伍擧)와 성자(聲子)가 정교(鄭郊) 땅에서 만나 길에 싸리를 꺾어 펴고 앉아 옛이야기를 나누었다는 고사에서 나온 말이다. (좌전, 양공 26년)

은 깊이 묻고 표를 세워두도록 했다. 그대로 윗방에서 잤다.

9일정묘 일찍 출발하여 낙안군에 이르니 관사의 창고 곡식과 병기가 모두 타 버렸다. 관리와 촌민들도 눈물 흘리며 말하지 않는 이가 없었다. 얼마 뒤 순천 부사 우치적과 김제 군수 고봉상이 산골에서 내려와서, 병사의 잘못된 행태를 자세히 말하면서 하는 짓을 헤아리면 패망할 것을 알만하다고 했다. 점심 식사 후에 길에 올라 십리쯤 되는 곳에 이르니 길가에 어른들이 늘어서서 다투어 술병을 바치는 데, 받지 않으면 울면서 억지로 권했다. 저녁에 보성군 조양창(보성 고내마을)에 이르니, 사람은 한 명도 없고 창고 곡식은 예전처럼 봉해져 있었다. 군관 4명을 시켜 맡아서 지키게 하고 나는 김안도의 집에서 잤다. 그 집주인은 이미 피난 간 상태였다.

10일무진 맑음. 몸이 몹시 불편하여 그대로 머물렀다. 배 동지(배흥립)도 함께 머물렀다.

11일기사 맑음. 아침에 박곡²에 있는 양산항의 집으로 옮겼다. 이집 주인도 이미 배를 타고 바다로 나갔고,³ 곡식은 가득히 쌓여 있었다. 늦게 송희립과 최대성이 와서 만났다.

12일경오 맑음. 아침에 장계 초본을 수정했다. 늦게 거제 현령(안위)과 발포 만호(소계남)가 들어와서 명령을 들었다. 그 편에 배설의 겁내하는 모습을 들으니 더해지는 탄식을 참지 못했다. 권세 있는 가문에 아첨하여 감당 못할 자리에 함부로 올라가 국사를 크게 그르쳤는데도 조정은 살피지 못하고 있으니 어찌하겠는가. 보성 군수(반혼)가 왔다.

13일신미 맑음. 거제 현령 안위와 발포 만호 소계남이 고하고 돌아갔다.

---

2 박곡(朴谷)은 보성군 득량면 송곡리의 박실로 본래는 박곡(亳谷)이다.

3 이때는 원균이 칠천량에서 패전한 이후라서 영호남의 많은 사대부들이 바다에 배를 띄워 피난을 갔는데, 여러 섬에 흩어진 피난선이 천여 척이 되었다. (오익창의 《사호집》)

우후 이몽구가 전령을 받고 들어왔는데, 본영의 군기와 군량을 하나도 옮겨 싣지 않았기에 곤장 80대를 쳐서 보냈다. 하동 현감 신진이 와서, "3일에 장군이 떠나가신 후 진주의 정개산성과 벽견산성이 모두 피폐하여 흩어지고 스스로 불을 질렀다고 하였다."고 전하였다. 매우 비통한 일이다.

14일 임신 아침에 여러 가지의 장계 7통을 봉하는 것을 감독하고 윤선각에게 주어 올려 보냈다. 저녁에 어사 임몽정을 만날 일로 보성군에 갔다. 이날 밤에 큰비가 내렸다. 열선루에서 잤다.

15일 계유 비가 계속 내리다가 늦게 갰다. 선전관 박천봉이 왕명서를 가지고 왔는데, 8월 7일에 작성한 것이었다. 곧 바로 잘 받았다는 장계를 작성하였다. 술을 과음하여 잠들지 못했다.

16일 갑술 맑음. 선전관 박천봉이 돌아갔다. 활장이 이지와 태귀생[4]이 와서 만나고 선의(先衣), 대남(大男)도 왔다. 김희방과 김붕만이 뒤따라 왔다.

17일 을해 맑음. 이른 새벽에 길에 올라 백사정에 가서 말을 쉬게 했다. 군영구미에 가니 온 경내가 이미 무인지경이었다. 수사 배설이 내가 탈 배를 보내지 않았다. 장흥 사람들이 많은 군량을 임의대로 훔쳐 다른 곳으로 가져갔기에 잡아다가 곤장을 쳤다. 날이 벌써 저물어서 그대로 머물러 잤다. 배설이 약속을 어긴 것이 매우 한스럽다.

18일 병자 맑음. 늦은 아침에 곧장 회령포에 갔더니, 배설이 배멀미를 핑계로 나오지 않았다. 다른 장수들은 보았다.

19일 정축 맑음. 여러 장수들로 하여금 교서와 유서에 숙배하게 하였는데, 배설은 교서와 유서를 공경하여 맞지 않았다. 그 태도가 매우 놀랍기에

---

4 태귀생(太貴生)은 이순신의 휘하에서 정보를 전달하고 주부를 지냈다. 군관으로서 봉좌 등과 함께 해남의 주둔한 왜군을 공격했다.

이방(吏房)과 감영 관리에게 곤장을 쳤다. 회령포 만호 민정붕은 전선에서 음식을 받아다가 위덕의 등에게 술과 음식을 사사로이 내준 까닭에 곤장 20대를 쳤다.

20일무인 맑음. 포구가 좁아서 이진(梨津) 아래 창사(倉舍, 해남 북평 남창리)로 진을 옮겼는데, 몸이 몹시 불편하여 음식도 먹지 못하고 신음하였다.

21일기묘 맑음. 새벽 2시 경에 곽란이 일어났다. 몸을 차게 한 것으로 생각하여 소주를 마시고 치료하려 했는데, 인사불성이 되어 거의 구하지 못할 뻔했다. 구토를 10여 차례하고 밤새도록 고통스러웠다.

22일경진 맑음. 곽란으로 인사불성이 되었다. 하기[5]도 통하지 않았다.

23일신사 맑음. 병세가 매우 위중해져 배에 머무르기가 불편하였다. 실제 전쟁터가 아니기에 배에서 내려 포구 밖에서 잤다.

24일임오 맑음. 아침에 괘도포에 이르러 아침을 먹었다. 낮에 어란 앞 바다에 가니 곳곳이 이미 비어 있었다. 바다 가운데서 잤다.

25일계미 맑음. 그대로 머물렀다. 아침을 먹을 때 당포의 어부가 피난민의 소 2마리를 훔쳐 끌고 와서는 잡아먹으려고 왜적이 왔다고 허위 경보를 하였다. 나는 이미 그 사실을 알고서 배를 움직이지 않게 고정시키고, 즉시 그들을 잡아오게 했더니 과연 짐작한 대로였다. 군대의 사정이 비로소 안정되었으나 배설은 이미 도망갔다. 허위 경보한 두 사람의 목을 베어 효시하고 순회하여 보이게 하였다.

26일갑신 맑음. 그대로 어란의 바다에 머물렀다. 늦게 임준영이 말을 타고 와서 보고하기를, "적선이 이미 이진에 도착했다."고 했다. 전라 우수사(김억추)가 왔다. 배의 격군과 기구가 규모를 이루지 못했으니[6] 놀랄 일

---

5 하기(下氣)는 신장·방광·대소장의 기운을 말한다.《의방유취》이는 소변과 다르고, "방귀"라는 뜻도 있다.

6 명량해전 이전에 조선 수군의 잔선을 수습하여 13척을 모으는 과정에서 이 내용을 근거하여 김억추가 전선 1척을 가져온 것으로 추정한다.

이다.

27일을유 맑음. 그대로 머물렀다. 배설이 와서 만났는데, 두려워서 떠는 기색이 역력하였다. 내가 급한 목소리로, "수사는 피난 갔던 것이 아닌가?"라고 물었다.

28일병술 맑음. 오전 6시 경에 적선 8척이 뜻하지 않게 돌입하자, 아군의 여러 배들은 겁을 먹고 후퇴하려는 계획이 있는 것 같았다. 나는 동요하는 기색을 띠지 않고 나팔을 불어 깃발을 휘두르며 추격하게 하니, 여러 배들은 회피하지 못하고 일시에 갈두까지 추격하였다. 그러나 적선이 멀리 달아났기에 끝까지 뒤쫓지 않았는데 뒤따르는 왜선이 50여 척이라고 했다. 저녁에 장도에 진을 쳤다.

29일정해 맑음. 아침에 벽파진을 건너서 진을 쳤다.

30일무자 맑음. 그대로 벽파진에서 머물면서 정탐군을 나누어 보냈다. 늦게 배설은 적이 많이 몰려올 것을 걱정하여 도망가기 위해 배속된 여러 장수들을 소집하였다. 나는 그 속뜻을 알고 있었지만, 때가 아직 분명하게 드러나지 않았기에 먼저 발설하는 것은 장수가 취할 계책이 아니었다. 가만히 참고 있을 때 배설이 종을 시켜 청원문을 올리기를, "병세가 몹시 위중하여 조리를 하고자 한다."고 하였다. 내가 육지에 올라가 조리할 일로 결재해서 보냈더니, 배설은 우수영에서 육지로 올라갔다.

9월
수군을 재건하여 명량대첩을 이루다

1일기축 맑음. 나는 벽파정 위로 내려가 앉았다. 점세(占世)가 제주에서 왔는데, 소 5마리를 싣고 와서 바쳤다.

2일경인 맑음. 배설이 도주했다.

3일신묘 아침에는 맑더니 저녁에 비가 뿌렸다. 밤에는 북풍이 불었다.

4일임진 맑으나 북풍이 크게 불었다. 배가 각기 고정되지 않아 여러 배들을 겨우 보전했다.

5일계사 북풍이 크게 불었다.

6일갑오 바람이 조금 가라앉았으나 추위가 사람에게 엄습하니 격군들 때문에 매우 걱정되었다.

7일을미 맑음. 탐망군관 임중형이 와서 보고하기를, "적선 55척 가운데 13척이 이미 어란 앞바다에 도착했는데, 그들의 뜻이 필시 우리 수군에 있다."고 하였다. 그래서 여러 장수들에게 전령하여 재삼 타이르고 경계하였다. 오후 4시 경에 적선 13척이 과연 쳐들어왔는데, 우리의 여러 배들이 닻을 올려 바다로 나가 추격하자, 적선은 뱃머리를 돌려 피해 달아났다. 먼 바다 밖까지 쫓아갔지만 바람과 물결이 모두 거스르고 복병선이 있을 것을 염려하여 끝까지 쫓아가지는 않았다. 벽파정으로 돌아와서 여러 장수들을 소집하여 약속하기를, "오늘밤에는 반드시 적의 경보가 있을 것이니 모든 장수들은 각자 미리 알아서 대비할 것이요, 조금이라도 명령을 어기면 군법대로 할 것이다."라고 재삼 거듭 밝히고서 헤어졌다. 밤 10시 경에 왜적이 과연 쳐들어오니 야간에 경보하여 탄환을 많이 발사했다. 내가 탄 배가 곧바로 앞장서서 지자포(地字砲)를 쏘니 강산이 진동하였다. 적의 무리들도 범할 수 없음을 알고 네 번이나 나왔다가 물러났다 하면서 화포만 쏘다가 새벽 1시경에 아주 후퇴하여 달아났다.

8일병신 맑음. 여러 장수들을 불러 대책을 논의했다. 우수사 김억추는 겨우 만호에만 적합하고 장수의 직책을 맡길 수 없는데, 좌의정 김응남이 그와 친밀한 사이라고 해서 함부로 임명하여 보냈다.[7] 그러니 조정에 사

---

7 1595년 2월 27일 김응남이 선조에게 김억추가 수군의 장수지만 그를 데려가고자

람이 있다고 할 수 있겠는가. 다만 때를 못 만난 것을 한탄할 뿐이다.

9일정유 　맑음. 이날은 곧 9일(중양절)이다. 일년 중의 좋은 명절이므로 내 비록 복중의 사람이지만, 여러 장수와 병졸들에게는 음식을 먹이지 않을 수 없었다. 그래서 제주에서 나온 소 5마리를 녹도(송여종)와 안골포(우수) 두 만호에게 주어서 장수와 병사들에게 먹이도록 분부했다. 늦게 적선 두 척이 어란에서 곧장 감보도로 와서 우리 수군의 많고 적음을 정탐하였다. 이에 영등포 만호 조계종이 끝까지 추격하니 적의 무리들은 당황하고 형세가 급박하자 배에 실었던 여러 가지 물품들을 모두 바다 가운데에 던져버리고 달아났다.

10일무술 　맑음. 적선이 멀리 달아났다.

11일기해 　흐리고 비 올 징후가 있었다. 홀로 배 위에 앉았으니 그리운 생각에 눈물이 흘렀다. 천지 사이에 어찌 나와 같은 자가 있겠는가. 아들 회(薈)는 내 심정을 알고 심히 불편해하였다.

12일경자 　종일 비가 뿌렸다. 배 뜸 아래에서 심회를 스스로 가눌 수가 없었다.

13일신축 　맑았지만 북풍이 크게 불어서 배가 고정할 수 없었다. 꿈이 예사롭지 않으니 임진년 대첩할 때와 대략 같았다. 무슨 징조인지는 알 수 없었다.

14일임인 　맑음. 북풍이 크게 불었다. 벽파정 맞은편에서 연기가 나기에 배를 보내어 싣고 오니 바로 임준영이었다. 그가 정탐한 내용을 갖고 보고하기를, "적선 2백여 척 가운데 55척이 먼저 어란 앞바다에 들어왔다."고 하였다. 또 말하기를, "붙잡혔다가 도망해 돌아온 김중걸이 전하는 말

한다고 하였고, 그후 김억추는 만포 첨사와 진주 목사를 지냈다. 1597년 7월 선조는 "이순신과 전라우도 연안을 방어하는데 김억추가 아니면 안된다"며 전라우수사에 특임했다. (위백규의 〈김공묘갈명〉)

에, '내가 이달 6일 달마산에서 왜적에게 붙잡혀 묶인 채로 왜선에 실렸는데 다행히 임진년에 포로가 된 김해 사람을 만나 왜장에게 청하여 결박을 풀고 함께 배를 탔다.'고 합니다." 한밤중에 왜놈들이 깊이 잠들었을 때 김해사람이 귀에 대고 몰래 이야기하기를, "왜놈들이 모여서 의논하기를, '조선 수군 10여 척이 우리 배를 쫓아와 혹 사살하고 배를 불태웠으니 매우 통분한 일이다. 각처의 배를 불러 모아 합세해서 모두 섬멸해야 한다. 그후 곧장 서울로 올라가자.'고 했다."는 것이다. 이 말이 비록 모두 믿을 수는 없으나 그럴 리가 없는 것도 아니기에 곧바로 전령선을 보내어 피난민들을 타일러 급히 육지로 올라가도록 하였다.

15일계묘 맑음. 조수를 타고 여러 장수들을 거느리고 우수영 앞바다로 진을 옮겼다. 벽파정 뒤에 명량이 있는데 수가 적은 수군이 명량을 등지고 진을 칠 수 없기 때문이다. 여러 장수들을 불러 모아 약속하기를, "병법에 이르기를 '반드시 죽고자 하면 살고 반드시 살고자 하면 죽는다[必死則生, 必生則死]'[8]고 하였고, 또 '한 사나이가 길목을 지키면 천명도 두렵게 할 수 있다[一夫當逕, 足懼千夫.]'[9]고 했는데, 이는 오늘의 우리를 두고 이른 말이다. 너희 여러 장수들이 조금이라도 명령을 어김이 있다면, 즉시 군율을 적용하여 조금도 용서하지 않을 것이다."라고 하고 재삼 엄중히 약속했다. 이날 밤 꿈에 어떤 신선이 가르쳐 주기를 "이렇게 하면 크게 이기고, 이렇게 하면 지게 된다."고 하였다.

16일갑진 맑음. 이른 아침에 별방군이 와서 보고하기를, "적선들이 헤아

---

8 "필사즉생 필생즉사(必死則生, 必生則死)"는 전국시대 오기(吳起)의 《오자》〈치병〉에서 인용한 글이다. "무릇 병사가 싸움을 벌인 곳과 시체가 널린 곳에서는 반드시 죽으려하면 살고 살기를 바라면 죽는다(必死則生 幸生則死)" "필(必)"자가 《오자》에는 "행(幸)"자로 되어 있다.

9 "일부당경(一夫當逕)"은 《명사》에 나오는 "일부당관(一夫當關)"의 "관(關)"을 이순신이 "경(逕)"으로 고쳤다. "족구천부(足懼千夫)"는 《오자》〈여사〉에서 인용한 글이다.

릴 수 없을 정도로 많이 명량을 거쳐 곧장 진을 친 곳(양도 부근)을 향해 온다."고 했다. 곧바로 여러 배에 명령하여 닻을 올리고 바다로 나가게 하니, 적선 130여 척이 우리의 여러 배들을 에워쌌다. 여러 장수들은 스스로 적은 군사로 많은 적을 대하는 형세임을 알고 회피할 꾀만 내고 있었다. 우수사 김억추가 탄 배는 이미 2마장(0.8km) 밖에 있었다. 나는 노를 재촉해서 앞으로 돌진하여 지자, 현자 등의 각종 총통을 이리저리 쏘니, 탄환이 나가는 것이 바람과 우레 같았다. 군관들은 배 위에 빽빽이 들어서서 빗발처럼 난사하니, 적의 무리가 저항하지 못하고 나왔다 물러갔다 했다. 그러나 적에게 몇 겹으로 포위되어 형세가 장차 어찌 될지 헤아릴 수 없으니, 온 배안에 있는 사람들은 서로 돌아보며 얼굴빛이 질려 있었다. 나는 부드럽게 타이르기를, "적선이 비록 많아도 우리 배를 바로 침범하기가 어려울 것이니 조금도 마음 흔들리지 말고 더욱 심력을 다해서 적을 쏘라."고 하였다. 여러 장수들의 배를 돌아보니 먼 바다로 물러가 있고, 배를 돌려 군령을 내리려하니 여러 적들이 물러간 것을 이용해 공격할 것 같아서 나가지도 물러나지도 못하는 상황이었다. 나팔을 불게하고 중군에게 명령하는 깃발을 세우고 또 초요기를 세웠더니, 중군장 미조항 첨사 김응함의 배가 점점 내 배에 가까이 왔는데, 거제 현령 안위의 배가 먼저 도착했다. 나는 배 위에 서서 직접 안위를 부르며 말하기를, "안위야, 군법에 죽고 싶으냐? 안위야, 군법에 죽고 싶으냐? 도망간들 어디 가서 살 것이냐?"라고 말하였다. 그러자 안위도 황급히 적선 속으로 돌진하여 들어갔다. 또 김응함을 불러서 말하기를, "너는 중군장이 되어서 멀리 피하고 대장을 구하지 않으니, 그 죄를 어찌 피할 것이냐? 당장 처형하고 싶지만 적의 형세가 또한 급하니 우선 공을 세우게 해주겠다."라고 하였다. 두 배가 먼저 교전하고 있을 때 적장이 탄 배가 그 휘하의 배 2척에 지령하니, 일시에 안위의 배에 개미처럼 달라붙어서 기어가며 다투어 올라갔다. 이에 안위와 그 배에 탄 군사들이 각기 죽을힘을 다해서 혹은 능장(稜杖, 순찰용 나무방망이)을 잡고 혹은 긴 창을 잡고 혹은 수마석(포탄돌) 덩어리를 무수히 난격하였다. 배 위의 군사들이 거의 힘이 다하자, 내 배가 뱃머리를 돌려 곧장 쳐들어가서 빗발치듯 난사하였다. 적선 3척이 거의 뒤집혔을 때 녹도 만호 송여종과 평산포 대장(代將) 정응두[10]의 배가 잇달아 와서 협력하여 사살하니 왜적이 한 놈도 살아남지 못했다. 항복한 왜인 준사(俊沙)는 안골에 있는 적진에서 투항해온 자인데, 내 배 위에 있다가 바다를 굽어보며 말하기를, "무늬 놓은 붉은 비단옷 입은 자가 바로 안골진에 있던 적장 마다시[11]입니다."라고 말했다. 나는 선원 김돌손을 시켜 갈구리로 낚아 뱃머리에 올리게 하니, 준사가 날뛰면서 "이 자가 마다시입니다."라고 말하였다. 그래서 바로 시체를 마디마디 토막을 내게 하니, 적의 기세가 크게 꺾였다. 아군의 여러 배들은 적이 침범하지 못할 것을 알고 일시에 북을 치고 함성을 지르며 일제히 나아가 각기 지자와 현자 총통을 발사하니 소리가 산천을 진동하였고, 화살을 빗발처럼 쏘아 적선 31척을 격파하자 적선들은 후퇴하여서 다시는 가까이 오지 못했다. 우리의 수군이 싸움하던 바다에 정박하기를 원했지만 물살이 매우 험하고 바람도 역풍으로 불며 형세 또한 외롭고 위태로워 당사도(唐笥島)로 옮겨 정박하고 밤을 지냈다. 이번 일은 실로 천행(天幸)이었다.

17일을사　맑음. 어외도(於外島, 신안 어의도)에 이르니 피난선이 무려 3백여

10　정응두(丁應斗)는 명량해전에 참전하여 전공을 세웠다. 왜선 여러 척이 수군의 전선을 포위했을 때 송여종과 정응두가 역전하여 왜선 11척을 격파했다.《선조실록》(1597. 11. 10)

11　마다시(馬多時, 波多新時)는 해전에 능한 일본 장수로서 명량해전 때 조선군에게 죽임을 당했다. 이를 기존에는 쿠루시마 미치후사(來島通總)로 보았으나 서로 다른 인물이다.

척이 먼저 도착해 있었다. 나주 진사 임선(林愃), 임환(林懽)¹², 임업(林㩣) 등이 와서 만났다. 우리 수군이 크게 승첩한 것을 알고 서로 다투어 치하하고 또 많은 양식을 가져와 관군에게 주었다.

18일병오 　맑음. 그대로 어외도에 머물렀다. 내 배에 탔던 순천 감목관 김탁(金卓)과 진영의 사내종 계생(戒生)이 탄환에 맞아 죽었다. 박영남과 봉학(奉鶴) 및 강진 현감 이극신(李克新)도 탄환을 맞았으나 중상에 이르지는 않았다.

19일정미 　맑음. 일찍 출발하여 배를 몰았다. 바람이 약하고 물살도 순하여 무사히 칠산도 바다를 건넜다. 저녁에 법성포로 가니, 흉악한 적들은 육지를 통해 들어와서 인가와 창고에 불을 질렀다. 해가 질 무렵 홍농(弘農, 영광 홍농읍) 앞으로 가서 배를 정박시키고 잤다.

20일무신 　맑음. 새벽에 출항하여 곧장 위도(蝟島)에 이르니, 피난선이 많이 정박해 있었다. 황득중과 종 금이(金伊) 등을 보내어 종 윤금(允金)을 찾아 잡아오게 했더니, 과연 위도 밖에 있기에 묶어다가 배에 실었다. 이광축과 이광보가 와서 만났고, 이지화 부자도 왔다. 날이 저물어 그곳에서 잤다.

21일기유 　맑음. 일찍 출발하여 고군산도에 도착했다. 호남 순찰사(박홍로)가 "내가 왔다는 소식을 듣고 배를 타고 급히 옥구로 향했다."고 하였다. 늦게 거센 바람이 크게 불었다.

22일경술 　맑으나 북풍이 크게 불었다. 그대로 머물렀다. 나주목사 배응경과 무장 현감 이람(李覽)이 와서 만났다.

23일신해 　맑음. 승첩에 대한 장계 초본을 수정했다. 정희열¹³이 와서 만

12 　임환(林懽 1561~1608)은 김천일의 종사관으로서 유랑민 구제에 힘썼다. 전라도의 의병장으로서 정유재란 때 이순신이 보화도에서 식량이 없을 때 곡식 수백 석을 바쳤다.

13 　정희열(丁希悅 1529~?)은 명군을 지원하고 성곽을 방어하여 승지에 추증되

났다.

24일임자   맑음. 몸이 불편하여 신음했다. 김홍원[14]이 와서 만났다.

25일계축   맑음. 이날 밤은 몸이 몹시 불편하고 식은땀이 온 몸을 적셨다.

26일갑인   맑음. 몸이 불편하여 종일 나가지 않았다.

27일을묘   맑음. 송한(宋漢), 김국(金國), 배세춘(裵世春) 등이 승첩에 대한 장계를 가지고 뱃길로 올라갔다. 정제는 충청 수사(권준)에게 갈 부찰사(한효순)의 공문을 가지고 함께 갔다.

28일병진   맑음. 송한과 정제가 바람에 막혀 되돌아 왔다.

29일정사   맑음. 장계와 정 판관(정제)이 다시 올라갔다.

10월
셋째 아들 면(葂)이 전사하다

1일무오   맑음. 아들 회(薈)를 보내서 제 어머니도 보고 여러 집안 사람의 생사도 알아오도록 하였다. 마음이 몹시 초조하여 편지를 쓸 수 없었다. 병조(兵曹)의 역졸이 공문을 가지고 내려 왔는데, "아산의 고향집이 이미 분탕을 당하고 잿더미가 되어 남은 것이 없다."고 전하였다.

2일기미   맑음. 아들 회가 배를 타고 올라갔는데 잘 갔는지 알 수가 없다. 내 마음을 말로 다할 수 있겠는가.

3일경신   맑음. 새벽에 배를 출발하여 법성포에 돌아왔다.

4일신유   맑음. 여기서 유숙했다. 임선(林愃)과 임업(林㸅)이 붙잡혔다가

다.《영광읍지》

14   김홍원(金弘遠 1571~1645)은 정유재란 때는 격문을 올려 변산의 백성을 모아 왜군을 무찔렀다.

적에게 빌어 임치로 돌아와서[15] 편지를 보내왔다.

5일임술 맑음. 그대로 머물게 되어 마을 집으로 내려가 잤다.

6일계해 흐리고 가끔 비가 뿌렸다. 진눈깨비가 내렸다.

7일갑자 바람이 순하지 않고 비가 오다가 개다 했다. 들으니 호남의 안팎에 적의 형적이 완전히 없어졌다고 한다.

8일을축 맑고 바람도 약했다. 배를 출발하여 어외도에 가서 잤다.

9일병인 맑음. 일찍 출발하여 우수영에 가니, 성 안팎에 인가가 하나도 없고, 또한 사람의 자취도 없어서 보기에 참혹하였다. 저녁에 해남의 흉악한 적들이 머물러 진을 쳤다는 소문을 들었다. 초저녁에 김종려, 정조(鄭詔), 백진남[16] 등이 와서 만났다.

10일정묘 새벽 2시 경에 비가 뿌리고 북풍이 크게 불어 배가 다닐 수 없어 그대로 머물렀다. 밤 10시 경에 중군장 김응함이 와서, "해남에 있던 적들이 달아나 후퇴하는 모습이 많았다."고 전했다. 이희급의 부친이 적에게 붙잡혔다가 빌고서 풀려났다고 한다. 마음이 불편하여 앉았다 누웠다 하다가 새벽이 되었다. 우우후 이정충이 배에 왔으나 만나지 않은 것은 바깥 섬에 도망가 있었기 때문이다.

11일무진 맑음. 새벽 2시 경에 바람이 그치는 것 같기에 첫 나팔을 불고 닻을 올렸다. 바다 가운데로 가서 정탐인 이순(李順), 박담동(朴淡同), 박수환, 태귀생을 해남으로 보냈다. 해남에는 연기가 하늘에 가득했다고 하니, 이는 필시 적의 무리들이 달아나면서 불을 지른 것이다. 낮에 안편도(安便島, 신안 안좌도)에 가니, 바람이 순하고 날씨도 화창했다. 육지에

---

15 임환의 가족인 임선과 임업이 탄 피난선이 나주의 몽탄 어구에서 왜군에게 나포되었는데, 임환의 부인 제주양씨가 스스로 왜선에 옮겨타고 가족이 무사히 빠져나간 뒤 바다에 빠져 죽었다. 〈제주양씨 효열각〉

16 백진남(白振南 1564~)은 명량해전 때 정운희, 김성원, 마하수 등과 함께 피난선으로 조선수군의 후방을 지원했다.

올라가 정상의 산봉우리에서 배를 감출 곳을 살펴보니, 동쪽 전망에는 앞에 섬이 있어서 멀리 바라볼 수 없으나 북쪽으로는 나주와 영암의 월출산에 통하였고, 서쪽으로는 비금도(飛禽島, 신안 구림리)에 통하여 시야가 훤하게 트였다. 조금 있으니 중군장(김응함)과 우치적이 올라오고, 조효남, 안위, 우수(禹壽)가 잇따라 왔다. 날이 저물어 산봉우리에서 내려와 언덕에 앉았으니, 조계종이 와서 왜적들의 형편을 말하고, 또 왜적들이 우리 수군을 몹시 꺼린다고 했다. 이희급의 부친이 와서 인사하고 또 적에게 사로잡혔던 경위를 전하는데, 비통한 심정을 참을 수가 없었다. 저녁에는 온화한 기운이 봄과 같아 아지랑이가 허공에 나부끼고 비 올 징후가 많았다. 초저녁에 달빛이 비단결 같아 홀로 봉창에 앉았으니 온갖 생각이 다 떠올랐다. 밤 10시 경에 식은땀이 몸을 적셨다. 자정 경에 비가 왔다. 이 날 우수사(김억추)가 군량선의 하인들에게 무릎을 심하게 때렸다고 한다. 놀라운 일이다.

12일기사 비가 계속 내리다가 오후 2시경에 맑게 갰다. 아침에 우수사(김억추)가 와서 하인의 무릎을 때린 잘못에 대해 사과하였다. 가리포 첨사(이응표)와 장흥 부사(전봉) 등 여러 장수들이 와서 인사하고 종일 이야기했다. 탐후선이 나흘이 지나도 오지 않은 것이 걱정이 되었다. 흉악한 적들이 멀리 달아나 그 뒤를 쫓아가서 돌아오지 않는 것으로 생각된다. 그대로 발음도(안좌도)에 머물렀다.

13일경오 맑음. 아침에 배 조방장(배흥립)과 경상 우후(이의득)가 와서 만났다. 조금 있으니, 탐망선이 임준영을 싣고 왔다. 그 편에 적의 기별을 들으니, "해남에 들어와 웅거한 적들이 10일에 우리 수군이 내려오는 것을 보고 11일에 빠짐없이 달아났는데, 해남의 향리 송언봉(宋彦逢, 송원봉)과 신용(愼容) 등이 적진으로 들어가서 왜놈을 꼬드기어 그 곳의 선비들을 많이 죽였다."고 하였다. 통분함을 참지 못했다. 즉시 순천 부사 우치적, 금갑도 만호 이정표, 제포 만호 주의수, 당포 만호 안이명, 조라포 만호 정공청 및 군관 임계형, 정상명, 봉좌[17], 태귀생, 박수환[18] 등에게 명령하여 해남으로 보냈다. 늦게 언덕의 자리 위로 내려가 앉아 배 조방장(배흥립), 장흥 부사 전봉 등과 함께 이야기했다. 이날 우수영 우우후 이정충이 뒤로 쳐졌던 죄를 처벌했다. 우수사의 군관 배영수가 와서 고하기를, "수사의 부친이 바깥 바다로부터 살아 돌아왔다."고 하였다. 이날 새벽꿈에 우의정(이원익)을 만나 조용히 이야기했다. 낮에 선전관 4명이 법성포에 내려왔다는 말을 들었다. 저녁에 중군 김응함을 통해 들으니, "섬 안에 모르는 어떤 사람이 산골에 숨어서 소와 말을 도살한다."고 하므로, 황득중과 오수 등을 보내어 찾아내게 하였다. 이날 밤 달빛은 비단결 같고 잔바람도 일지 않는데 홀로 뱃전에 앉았으니 마음이 편치 않았다. 뒤척거리며 앉았다 누웠다 하면서 밤새도록 잠들지 못하고 하늘을 우러러 탄식만 더할 뿐이다.

14일신미 맑음. 새벽 2시 경에 꿈을 꾸니 내가 말을 타고 언덕 위로 가다가 말이 발을 헛디뎌 냇물 가운데로 떨어졌으나 거꾸러지지는 않았다. 막내 아들 면(葂)을 붙잡고 안은 형상이 있는 듯하다가 깨었다. 이것은 무슨 징조인지 모르겠다. 늦게 배 조방장과 우후 이의득이 와서 만났다. 배 조방장(배흥립)의 종이 영남에서 와서 적의 형세를 전했다. 황득중 등이 와서 고하기를 "내수사의 종 강막지(姜莫只)라는 자가 소를 많이 기르기 때문에 왜놈들이 12마리를 끌고 갔다."고 했다. 저녁에 어떤 사람이 천안에서 와서 집안 편지를 전하는데, 아직 봉함을 열기도 전에 뼈와 살이 먼저 떨리고 마음이 조급해지고 어지러웠다. 대충 겉봉을 펴서 열(悅)이 쓴 글씨를 보니, 겉면에 '통곡(慟哭)' 두 글자가 씌어 있었다. 마음으로

---

17 봉좌(逢佐)는 정유재란 때 군관으로서 임계형과 정상명, 우치적 등의 장수들과 함께 해남의 왜적 13급을 베었다.

18 박수환(朴壽(守)還 1572~1646)은 군관으로서 태귀생 등과 함께 해남에 주둔한 왜군을 공격했다.

면(葂)이 전사했음[19]을 알게 되어 나도 모르게 간담이 떨어져 목 놓아 통곡하였다. 하늘이 어찌 이처럼 인자하지 못한 것인가. 간담이 타고 찢어지는 듯하다. 내가 죽고 네가 사는 것이 당연한 이치이거늘, 네가 죽고 내가 살았으니, 어찌하여 이치에 어긋난 것인가. 천지가 어둡고 밝은 해조차도 빛이 바랬구나. 슬프다, 내 아들아! 나를 버리고 어디로 간 것이냐. 영특한 기질이 남달라서 하늘이 세상에 머물러 두지 않는 것인가. 내가 지은 죄 때문에 화가 네 몸에 미친 것이냐. 이제 내가 세상에서 끝내 누구를 의지할 것인가. 너를 따라 죽어 지하에서 함께 지내고 함께 울고 싶건만, 네 형, 네 누이, 네 어미도 역시 의지할 곳이 없어 아직은 참고 연명한다마는 마음이 죽고 형상만 남은 채 부르짖어 통곡할 따름이다. 하룻밤 지내기가 일 년 같다. 이날 밤 10시 경에 비가 내렸다.

15일임신 비바람이 종일 불었다. 누웠다 앉았다 하면서 하루 내내 뒤척거렸다. 여러 장수들이 와서 문안하지만 어찌 얼굴을 들 수 있으랴. 임홍(林紅), 임중형, 박신이 왜적의 형세를 편승하여 작은 배를 타고 흥양과 순천 앞바다로 나갔다.

16일계유 맑음. 우수사(김억추)와 미조항 첨사(김응함)를 해남으로 보냈다. 해남 현감(유형)도 보냈다. 나는 내일이 막내아들의 죽음을 들은 지 나흘째가 되는 날인데 마음대로 통곡하지도 못했다. 소금 굽는 이 강막지(姜莫只)의 집으로 갔다. 밤 10시 경에 순천 부사(우치적), 우후 이정충, 금갑도 만호(이정표), 제포 만호(주의수) 등이 해남에서 돌아왔는데, 왜적의 머리 13급과 투항해 들어갔던 송원봉 등의 머리를 베어가지고 왔다.

---

19 한산도에서 이순신이 밤에 면(葂)을 꿈꾸었는데 피를 흘린 채 찾아와, "포로 왜적 13명 중에 나를 죽인 자가 있다."고 하였다. 이순신이 잠에서 깨고 아들이 죽은 것을 알았는데 얼마 후 부음이 왔다. 이순신이 잡혀온 왜적에게 추궁하자, 한 왜적이 "제가 (용두천에서) 풀속에 잠복하여 타살하고 그 말을 빼앗아 주장에게 바쳤다."고 하였다. 이에 이순신이 그를 참수하라고 명했다.《총화(叢話)》

17일갑술 맑으나 종일 바람이 크게 불었다. 새벽에 향을 피우고 곡을 하는데, 흰 띠를 착용하고 있으니, 비통함을 어찌 견딜 수 있으랴. 우수사가 와서 만났다.

18일을해 맑음. 바람이 그치는 것 같았다. 우수사(김억추)는 배를 부릴 수 없어 바깥바다에서 잤다. 강막지가 와서 알현하고 임계형과 임준영도 와서 알현하였다. 밤 11시경에 꿈을 꾸었다.

19일병자 맑음. 새벽꿈에 고향집의 사내종 진(辰)이 내려왔는데 내 죽은 아들이 생각나서 통곡을 하였다. 늦게 조방장과 경상 우후(이의득)가 와서 만났다. 백진사(백진남)가 와서 만나고 임계형이 와서 알현했다. 김신웅(金信雄)의 아내, 이인세, 정억부를 붙잡아 왔다. 거제 현령(안위), 안골포 만호(우수), 녹도 만호(송여종), 웅천 현감(김충민), 제포 만호(주의득), 조라포 만호(정공청), 당포 만호(안이명), 우우후(전라, 이정충)가 보러 왔는데, 적을 잡았다는 공문을 가져와서 바쳤다. 윤건(尹健) 등의 형제가 왜적에게 붙었던 사람 두 명을 붙잡아 왔다. 어두울 무렵 코피가 한 되 남짓 흘렀다. 밤에 앉아 생각하느라 눈물이 났다. 어찌 말로 다하리요. 금세에 죽은 혼령이 되었으니 끝내 불효가 이 지경에 이르게 된 것을 어찌 알랴. 비통한 마음은 꺾이고 찢어지는 듯하여 억누르기 어렵다.

20일정축 맑고 바람도 잤다. 이른 아침에 미조항 첨사(김응함), 해남 현감(유형), 강진 현감(이극신)이 해남현의 군량을 수송하기 위해 돌아간다고 보고하고, 안골포 만호 우수도 돌아간다고 보고하였다. 늦게 김종려와 정수, 백진남이 보러 와서 윤지눌(尹志訥)의 잘못된 행태를 말하였다. 김종려를 소음도(발음도) 등 13개 섬의 염전 감독관으로 정하여 보냈다. 군영의 여자종 사화(士化)의 모친이 배 안에서 죽었다고 하기에 바로 매장하도록 군관에게 분부하였다. 남도포(강응표)와 여도(김인영)의 두 만호가 와서 알현하고 돌아갔다.

21일무인 새벽 2시 경에 비가 오다 눈이 오다 했다. 바람이 몹시 차가워 뱃사람들이 추워서 얼지 않을까 걱정이 되어 마음이 안정되지 않았다. 오전 8시 경에 눈보라가 크게 일었다. 정상명이 와서 보고하기를, "무안 현감 남언상이 들어 왔다."고 했다. 언상은 원래 수군에 속한 관리로서 자신을 보전하려는 계책을 세우고자 하여 수군에 오지 않고 몸을 산골에 숨겼다. 이미 한 달을 넘기고 적이 물러간 뒤에야 중벌을 받을까 두려워 비로소 나타났다.[20] 그의 행태가 매우 놀랍다. 늦게 가리포 첨사(이응표) 및 배 조방장(배흥립)과 우후(이몽구)가 와서 인사했다. 종일 눈보라가 쳤다. 장흥 부사(전봉)가 와서 잤다.

22일기묘 아침에 눈이 오고 늦게 갰다. 장흥 부사(전봉)와 함께 식사를 했다. 오후에 군기시 직장 선기룡(宣起龍) 등 3명이 왕명서와 의정부의 길의 공고문을 가지고 왔다. 해남 현감(유형)이 적에게 붙었던 윤해(尹海)와 김언경(金彦京)을 결박하여 올려 보냈기에 나장이 있는 곳에 굳게 가두어 두도록 하였다. 무안 현감 남언상은 가리포의 전선에 가두었다. 우수사가 황원[21]에서 와서 김득남(金得男)을 처형했다고 하였다. 진사 백진남이 와서 만나고 돌아갔다.

23일경진 맑음. 늦게 김종려와 정수가 와서 만났다. 배 조방장(배경남)과 우후(이의득), 우수사 우후(이정충)도 왔다. 적량과 영등포 만호가 잇따라 왔다가 저녁에 돌아갔다. 이날 낮에 윤해와 김언경을 처형했다. 대장장이 허막동(許莫同)을 나주로 보내려고 초저녁에 종을 시켜 불렀더니 배가 아프다고 했다. 싸움말의 떨어진 말굽에 편자를 박았다.

24일신사 맑음. 해남에 있던 왜군의 식량 322섬을 실어왔다. 초경에 선전관 하응서(河應瑞)가 왕명서를 가지고 들어왔는데, 그것은 우후 이몽구

---

20 비변사는 선조에게 남언상을 포함한 도주한 수령들을 전쟁터에 보내어 공을 세우게 하자고 보고했다.《선조실록》(1597, 12, 9)

21 황원(黃原)은 해남군 문내면, 화원면, 황산면에 해당하는 지역이다. 이곳의 목장이 황원목장이다.

를 처형할 일에 관한 것이다.[22] 그 편에 들으니, "명나라 수군이 강화도에 도착했다"고 한다. 밤 10시 경에 땀이 나서 등을 적셨는데 새벽 1시 경에 그쳤다. 새벽 3시 경에 또 선전관과 금오랑(도사)이 왔다고 한다. 날이 밝았을 때 들어오니, 선전관은 권길(權吉)이고, 금오랑은 훈련원 주부 홍지수(洪之壽)이었다. 무안 현감(남언상), 목포 만호(방수경), 다경포 만호(윤승남)를 잡아 갈 일로 여기에 온 것이다.

25일일오 맑음. 몸이 몹시 불편했다. 윤련(尹連)이 부안(扶安)에서 왔다. 종 순화(順花)가 아산에서 배를 타고 와서 집안의 편지를 받아 보고 마음이 불편하여 뒤척거리며 혼자 앉아 있었다. 초저녁에 선전관 박희무(朴希茂)가 왕명서를 가지고 왔는데, "명나라의 수군이 배를 정박하기에 적합한 곳을 헤아려 급히 보고하라."는 것이다. 양희우(梁希雨)가 장계를 가지고 서울로 올라갔다가 되돌아왔다. 충청 우후(원유남)가 편지를 보내고 또 홍시 한 접(백개)을 보내 왔다.

26일계미 새벽에 비가 뿌렸다. 조방장(배경남) 등이 와서 만났다. 김종려, 백진남, 정수 등이 와서 만났다. 이날 밤 10시 경에 식은땀이 몸을 적셨는데, 온돌이 너무 더웠기 때문이다.

27일갑신 맑음. 영광 군수(전협)의 아들 전득우가 군관으로서 인사하러 왔는데, 바로 그를 부친이 있는 곳으로 돌려보냈다. 그가 홍시 백 개를 가지고 왔다. 밤에 비가 뿌렸다.

28일을유 맑음. 아침에 여러 가지 보고문 봉하는 것을 감독하여 피은세[23]에게 주어서 보냈다. 늦게 강막지의 집에서 나와 지휘선으로 옮겨 탔다. 저녁에 염전의 서원의 우두머리 거질산(巨叱山)이 큰사슴을 잡아 바치기

---

22 장령 이함(李諴)이 이몽구를 칠천량해전 때 관곡을 훔쳐 처자를 데리고 도주한 죄로 처단하기를 청했다.《선조실록》(1597, 10, 11)

23 피은세(皮銀世)는 주부를 지내고 이순신의 장계를 전달하는 일을 하였다.

에 군관들에게 주어 나누어 먹게 했다. 이날 밤에는 잔바람도 일지 않았다.

29일병술 맑음. 새벽 2시 경에 첫 나팔을 불고 배를 출발하여 목포로 향하는데, 이미 비와 우박이 섞여 내리고 동풍이 약간 불었다. 목포에 갔다가 보화도[24]로 옮겨 정박하니, 서북풍을 막을 것 같고 배를 감추기에 매우 적합했다. 그래서 육지에 올라 섬 안을 돌아보니, 형세를 이룬 곳이 매우 많으므로 진을 치고 집 지을 계획을 세우고자 했다.

30일정해 맑으나 동풍이 불고 비올 징조가 많았다. 아침에 집 지을 곳에 내려가 앉았으니, 여러 장수들이 와서 알현했다. 해남 현감(유형)도 와서 적에게 붙었던 자들이 한 행위를 전했다. 일찍 황득중을 시켜 목수를 데리고 섬 북쪽 산봉우리(고하도 당산) 밑으로 가서 집 지을 재목을 벌목해 오게 했다. 늦게 적에게 붙었던 해남의 정은부와 김신웅의 부인과 왜놈에게 지시하여 우리나라 사람을 죽인 자 2명과 사족의 처녀를 강간한 김애남(金愛南)을 모두 목베어 효시하였다. 저녁에 양밀(梁謐)은 도양장의 곡식을 멋대로 나누어 준 일로 곤장 60대를 쳤다.

11월
군공으로 은자 20냥을 받다

1일무자 비가 내렸다. 아침에 사슴 가죽 2개가 물에 떠내려 왔기에 명나

---

24 보화도(寶華島)는 목포시 달동 고하에 있는 고하도(高下島)인데, 이순신이 명량대첩 이후 이곳으로 진영을 옮겼다. 식량이 부족하여 해로통행첩을 만들어 쌀을 바치고 받아가게 하고, 통행첩이 없으면 간첩으로 논죄한다고 하자, 피난선들이 다투어 와서 통행첩을 받아갔다.《선묘중흥지》

라 장수에게 선물로 주고자 했다. 괴이하다. 오후 2시경에 비가 갰으나 북풍이 크게 불어 뱃사람들은 추위에 괴로워했다. 나는 선실에서 웅크리고 앉아 있으니, 심사가 매우 초조하여 하루를 지내는 것이 일 년 같았다. 비통함을 어찌 말로 다하랴. 저녁에 북풍이 크게 불어 밤새도록 배가 흔들리니 사람들이 저마다 안정할 수 없었다. 땀이 나서 몸을 적셨다.

2일기축 흐렸지만 비는 오지 않았다. 일찍 들으니 "전라 우수사(김억추)의 전선이 바람에 표류하다가 바위에 걸려 부서졌다."고 한다. 매우 통분한 일이다. 병선 군관 당언량(唐彦良)에게 곤장 80대를 쳤다. 선창에 내려가 앉아서 다리 만드는 것을 감독했다. 그 길로 새 집 짓는 곳으로 올라갔다가 어두워서 배로 내려왔다.

3일경인 맑음. 일찍 새집 짓는 곳으로 올라가니 선전관 이길원(李吉元)이 배설을 처단[25]할 일로 들어왔다. 배설은 이미 성주 본가로 갔는데, 그 본가로 가지 않고 곧장 여기로 왔다. 그 사사로움을 따른 죄가 극심하다. 선전관을 녹도의 배로 보냈다.

4일신묘 맑음. 일찍 새집 짓는 곳으로 올라갔다. 이길원이 머물렀다. 진도군수 선의문(宣義問)이 왔다.

5일임진 맑음. 따뜻하기가 봄날과 같다. 일찍 새집 짓는 곳으로 올라갔다가 날이 저물어서 배로 내려왔다. 영암 군수 이종성(李宗誠)이 와서 밥을 30말을 지어 일하는 군인들에게 먹였다. 또 말하기를, "군량미 2백 섬을 준비하고, 벼 7백 섬도 준비하였다."고 한다. 이날 보성 군수(반혼)와 흥양 현감(최희량)[26]에게 군량창고 짓는 것을 살펴보게 했다.

---

25 권율이 배설을 선산(善山)에서 붙잡아 서울로 보내어 참수했다.《선조실록》(1599, 3. 6)

26 최희량(1560~1651)은 정유년 7월 5일 흥양현감에 임명되고 이순신을 도와 전선을 만들고 왜군을 다수 참획하고 포로 7백여 명을 구출했다. 노량해전에 전공을 세우고 이순신이 전사하자 귀향했다.

6일계사 맑음. 일찍 새집 짓는 곳으로 올라가 종일 배회하느라 해가 저무는 것도 몰랐다. 새집에 지붕을 덮고 군량 곳간도 지었다. 전라 우수영의 우후(이정충)가 벌목해 올 일로 황원 목장으로 갔다.

7일갑오 맑고도 따뜻했다. 아침에 해남의 의병이 왜인의 머리 1급과 환도 한 자루를 가져와 바쳤다. 이종호와 당언국을 잡아왔기에 거제의 배에 가두었다. 늦게 전 홍산 현감 윤영현(尹英賢)과 생원 최집(崔潗)이 와서 만났는데, 군량으로 벼 40섬과 쌀 8섬을 가져와 바쳤다. 며칠 간의 양식으로 도움이 될 만하다. 본영의 박주생(朴注生)이 왜인의 머리 2급을 베어 왔다. 전 현령 김응인(金應仁)이 와서 만났다. 이대진(李大振)의 아들 순생(順生)이 윤영현을 따라왔다. 저녁에 새집의 마루를 다 만들었다. 우수사(김억추)가 와서 만났다. 이날 밤 자정 경 꿈에 면(葂)이 죽던 모습이 보여 울부짖으며 곡을 했다. 진도 군수(선의문)가 돌아갔다.

8일을미 맑음. 새벽 2시 경 꿈에 물에 들어가 물고기를 잡았다. 이날은 따뜻하고 바람이 없었다. 새방의 벽에 흙을 발랐다. 이지화 부자가 와서 만났다. 마루를 만들었다.

9일병신 맑고 따뜻하기가 봄날 같다. 우수사(김억추)가 와서 만나고 강진 현감(송상보)은 고을로 돌아갔다.

10일정유 눈 비가 섞여 내리고 서북풍이 크게 일어 간신히 배를 구호했다. 이정충이 와서 말하기를, "장흥의 적들이 달아났다."고 하였다.

11일무술 맑고 바람도 약해졌다. 식후에 새집에 올라가니 평산(平山)의 새 만호가 임명서를 바쳤는데, 그는 하동 현감(신진)의 형 신훤(申萱)이었다. 전하는 말에 "숭정대부로 포상하여 승급하라는 명령이 이미 나왔다."고 한다. 장흥 부사(전봉)와 배 조방장이 와서 만났다. 저녁에 우후 이정충이 왔다가 초저녁에 돌아갔다.

12일기해 맑음. 이날 늦게 영암과 나주 사람들이 타작을 못하게 했다고 해서 결박되어 왔기에 그 중 주모자를 적발하여 처형하고, 그 나머지 4

명은 각 배에 가두었다.

13일경자 맑음.

14일신축 맑음. 해남 현감 유형이 와서 윤단중(尹端中)이 무리한 일을 한 것을 많이 전했다. 또 말하기를, "아전들이 법성포로 피난갔다가 돌아올 때 바람을 만나 배가 기울어져 전복되었는데, 바다 가운데서 그를 만났어도 구조하여 건져주지는 않고 배의 물건만 빼앗아 갔다."고 하였다. 그래서 그를 중군선에 가두고, 김인수(金仁守)는 경상도 수영의 배에 가두었다. 내일은 아버님의 제삿날이라 출입하지 않을 것이다.

15일임인 맑음. 따뜻하기가 봄날과 같다. 식후에 새집에 올라갔다. 늦게 임환과 윤영현이 와서 만났다. 오늘 밤에 송한이 서울에서 이곳으로 들어왔다.

16일계묘 맑음. 아침에 조방장(배흥립)과 장흥 부사(전봉) 및 진중에 있는 여러 장수들이 함께 와서 만났다. 군공 조사기록을 살펴보니 거제 현령 안위가 통정대부가 되고, 그 나머지도 차례대로 관직에 임명되었다. 내게는 은자 20냥을 상금으로 보냈다.[27] 명나라 장수 경리 양호[28]가 붉은 비단 한 필을 보내면서 말하기를, "배에 이 붉은 비단을 걸어 주고 싶으나 멀어서 할 수 없다."고 했다. 영의정(유성룡)의 답장도 왔다.

17일갑진 비가 계속 내렸다. 양호의 파견관이 포고문과 면사첩[29]을 가지고 왔다.

---

27 이 부분이 전서본에는 "은자 20냥을 천한 신하에게 상금으로 하사했다."로 되어 있다.

28 양호(楊鎬 ?~1629)는 1597년 6월 마귀와 양원과 함께 조선에 왔다. 양호가 이순신에게 "이번 승첩에 붉은 비단을 걸어주고 싶으나 멀어서 못간다"며 백금과 붉은 비단을 보내어 축하하였다.《선조실록》(1597. 10. 20)

29 면사첩(免死帖)은 죽음을 면하게 한다는 내용을 담은 증서이다. 선조는 "명나라의 군문 형개(邢玠)와 경리 양호의 분부대로 면사첩 3만장을 동로·중로·서로의 3첩에 나누어 보냈다."고 하였다.《선조실록》(1597. 12. 23)

18일을사 맑음. 따뜻하기가 봄날과 같다. 윤영현이 와서 만났다. 정한기(鄭漢己)도 왔다. 몸에서 땀이 났다.

19일병오 흐림. 배 조방장(배흥립)과 장흥 부사(전봉)가 와서 만났다.

20일정미 비가 계속 내리고 바람도 계속 불었다. 임준영이 와서 완도(莞島)를 정탐한 내용을 전하는데, 적선이 없다고 하였다.

21일무신 맑음. 송응기 등이 산에서 일할 군인을 거느리고 해남의 소나무가 있는 곳으로 갔다. 이날 저녁에 순생(順生)이 와서 잤다.

22일기유 흐리다가 개다 했다. 저녁에 김애(金愛)가 아산에서 돌아왔고, 왕명서를 모시고 가져 온 사람이 월초 10일에 아산에서 왔는데, 모두 편지를 가지고서 왔다. 밤에 진눈개비가 내리고 바람도 크게 불었다. 장흥에 있던 적이 20일에 달아났다는 소식이 왔다.

23일경술 바람이 크게 불고 눈도 크게 내렸다. 이 날 승첩에 대한 장계를 썼다. 저녁에 얼음이 얼었다고 한다. 아산 집에 편지를 쓰니 눈물을 거둘 수 없었다. 아들을 생각하니 감정을 가누기 어려웠다.

24일신해 비와 눈이 내렸다. 서북풍이 연이어 불었다.

25일임자 눈이 내렸다.

26일계축 비와 눈이 내렸다. 추위가 갑절이나 심했다.

27일갑인 맑음. 이날 장흥의 승첩 계본을 수정했다.

28일을묘 맑음. 계본을 봉했다. 무안에 사는 진사 김덕수[30]가 군량으로 벼 15섬을 가져와 바쳤다.

29일병진 맑음. 마유격(마귀)[31]의 차관 왕재(王才)가 "수로로 명나라 군사

---

30 김덕수(金德秀)는 명량해전 때 벼 50포를 가져오고 군량을 공급하였다. 이순신이 전사했다는 소식을 듣고 은둔했다.

31 마귀(麻貴)는 명나라에서 조선에 파견한 장수이다. 형개(荊玠)와 양호(楊鎬)가 대대적으로 왜적을 공격하기 위해 장수를 4로에 나눠 보냈는데, 마귀(麻貴)는 동로를 맡았다.

가 내려온다."고 했다. 전희광과 정황수가 오고 무안 현감도 왔다.

12월
선조가 상중에 육식을 명하다

1일정사　맑고 온화했다. 아침에 경상 수사 이입부(이순신)가 진영에 왔다. 나는 복통을 앓아 늦게 수사를 만나고 함께 이야기하며 온종일 방책을 논의했다.

2일무오　맑음. 날씨가 매우 따뜻하여 봄날과 같다. 영암의 향병장 유장춘(柳長春)이 왜적을 토벌한 연유를 보고하지 않았기에 곤장 50대를 쳤다. 홍산 현감 윤영현, 김종려, 백진남, 정수 등이 와서 만났다. 밤 10시 경에 땀에 젖었다. 북풍이 크게 불었다.

3일기미　맑으나 바람이 크게 불렀다. 몸이 불편하였다. 경상 수사(이순신)가 와서 만났다.

4일경신　맑음. 매우 추웠다. 늦게 김윤명(金允明)에게 40차례 곤장을 쳤다. 장흥의 교생 기업(基業)이 군량을 훔쳐 실은 죄로 곤장 30대를 쳤다. 거제 현령(안위) 및 금갑도 만호(이정표)와 천성보 만호(윤홍년)는 타작하는 데서 돌아왔다. 무안 현감(남언상)과 전희광 등이 돌아갔다.

5일신유　맑음. 아침에 군공을 세운 여러 장수들에게 상으로 내린 임명장을 나누어 주었다. 김돌손이 봉학을 데리고 함평 땅으로 가서 포작을 찾아 모았다. 정응남(鄭應男)이 점세를 데리고 진도로 갔는데, 새로 배를 만드는데 죄상을 조사할 일로 함께 나간 것이다. 해남의 독동(禿同)을 처형했다. 전 익산 군수 고종후[32]가 왔고, 김억창(金億昌), 광주의 박자(朴仔), 무안의 나씨(나덕명)도 왔다. 도원수의 군관이 왕명서를 가지고 왔는데, "이번에 선전관을 통해 들으니, 통제사 이(李, 이순신(李舜臣))가 아직도 권도[33]를 따르지 않아서 여러 장수들이 걱정거리로 여긴다고 한다. 개인 사정이 비록 간절하긴 하나 나라 일이 한창 다급하다. 옛사람이 말하기를, '전쟁 진터에서 용맹이 없으면 효가 아니다.'[34]라고 하였다. 전쟁 진터에서의 용기는 소찬을 하여 기력이 곤핍한 자가 능히 할 수 있는 일이 아니다. 예법에도 원칙(經)과 방편(權)이 있으니, 일정한 법도만을 고수할 수 없는 것이다. 경(卿)은 내 뜻을 깊이 깨닫고 육식을 하여 권도(방편)를 따르도록 하라."고 하였다. 왕명서와 함께 고기 음식을 하사하셨으니, 더욱 더 마음이 비통하였다. 해남의 강간, 약탈한 죄인들을 함평 현감(손경지)이 자세히 조사했다.

6일임술 나덕준과 정대청의 아우 응청(應淸)이 와서 만났다.

7일계해 맑음.

8일갑자 맑음.

9일을축 맑음. 종 목년(木年)이 들어왔다.

10일병인 맑음. 조카 해(荄), 아들 열 및 진원 현감(심륜)과 윤간, 이언량이 들어왔다. 배 만드는 곳에 나가 공무를 보았다.

---

32 고종후(高從厚)는 고성후(高成厚 1549~?)의 오기로 보인다. 고종후는 이미 진주성 전투에서 사망하였고, 고성후는 고경명의 형인 고경조(高敬祖)의 아들로서 익산 군수로 근무하였다.

33 권도는 임시방편으로 상제가 전쟁 중에 힘을 내기 위해 육식하는 것이다. 본래 부모상에는 육식을 하지 않고 소식하는 것이 예법이므로, 전쟁 중 육식하는 것을 방편으로 보았다.

34 《예기》〈제의〉에, 증자(曾子)가 말하기를, "거처함에 장중하지 못하고, 임금을 섬김에 충성스럽지 못하고, 벼슬에 임하여 공경스럽지 못하고, 친구와 돈독하지 못하고, 전쟁터에서 용맹스럽지 못하면 효도가 아니다(戰陳無勇 非孝也)."라고 한 내용이 있다.

11일정묘 맑음. 경상 수사(이순신)와 조방장(배흥립)이 와서 만났다. 우수사(김억추)도 왔다.

12일무진 맑음.

13일기사 가끔 눈이 내렸다.

14일경오 맑음.

15일신미 맑음.

16일임신 맑다가 늦게 눈이 왔다.

17일계유 눈과 바람이 뒤섞여 혹독하였다. 조카 해와 작별 인사를 하였다.

18일갑술 눈이 내렸다. 새벽에 해(荄)는 어제의 취기가 아직 깨지도 않았는데 배를 출발시켰다. 마음이 편치 않았다.

19일을해 종일 눈이 내렸다.

20일병자 진원 현감의 모친과 윤간이 올라갔다. 우후(이몽구)가 교서에 숙배했다.

21일정축 눈이 내렸다. 아침에 홍산 현령(윤영현)이 목포에서 와서 만났다. 늦게 배 조방장(배흥립)과 경상 수사(이순신)가 보러 와서 크게 취하여 돌아갔다.

22일무인 비와 눈이 섞여 내렸다. 함평 현감(손경지)이 들어왔다.

23일기묘 눈의 깊이가 3치(약10cm)이다. 순찰사(황신)가 진영에 도착한다는 소식이 먼저 왔다.

24일경진 눈이 오다 개다 했다. 아침에 이종호를 순찰사(황신)에게 보내어 문안했다. 이날 밤 나덕명이 와서 이야기하는데, 머무르는 것을 싫어하는 줄도 모르니 한심하다. 밤 10시 경에 집에 보낼 편지를 썼다.

25일신사 눈이 내렸다. 아침에 열(莌)이 돌아갔는데, 제 어미의 병 때문이다. 늦게 경상 수사(이순신)와 배 조방장(배흥립)이 와서 만났다. 오후 6시 경에 순찰사(황신)가 진중에 와서 함께 군사의 일을 논의하였는데, 연해안의 19개 고을은 오로지 수군에 배속시키기로 하였다. 저녁에 방안으로 들어가 조용히 이야기하였다.

26일임오 눈이 내렸다. 방백(황신)과 함께 방에 앉아서 군사 계책에 대해 조용히 이야기했다. 늦게 경상 수백(이순신)과 배 조방장(배흥립)이 와서 만났다.

27일계미 눈이 내렸다. 아침 식사 후에 순찰사(황신)가 돌아갔다.

28일갑신 맑음. 경상 수백(이순신)과 배 조방장(배흥립)이 와서 만났다. 비로소 들으니 경상 수사의 지원 물품을 갖고 왔다고 한다. (이하 마멸됨)

29일을유 맑음. 김인수(金仁秀)를 놓아 주었다. 윤□□에게 곤장 30대를 치고서 놓아 주었다. 영암의 좌수는 문초를 받고,(…) 석방되었다. 저녁에 승려 두우가 종이 백지(白紙, 닥나무 한지)와 상지(常紙, 보통 한지)를 모두 50(…)을 가져왔다. 초저녁에 5명이 뱃머리에 왔다고 하기에 고을의 사내종을 보냈다. (…) 그것이 무슨 뜻인지 알 수가 없다. 거제 현령(안위)의 망령됨을 알 수 있다. 변화 … 끓는물에 의해 팔과 손가락을 다쳤다고 한다.

30일병술 입춘(立春)이다. 눈보라가 몰아치고 추위가 몹시 심했다. (…) 배 조방장(배흥립)이 와서 만나고 여러 장수들이 모두 와서 만났다. 평산포 만호(정응두)와 영등포 만호(조계종)는 오지 않았다. 부찰사(한효순)의 군관이 편지를 가지고 왔다. 오늘밤은 한 해를 마치는 그믐밤이라 비통한 마음이 더욱 심하였다.

戊戌日記

무술년

2월 18일 이순신이 보화도에서 고금도로 진영을 옮기고, 7월 16일 명나라 도독 진린(陳璘)과 연합작전을 세웠다. 24일 절이도 해전에서 송여종이 포획해 온 적선 6척과 적군의 머리 69급을 진린에게 주었다. 10월 2일 왜교 전투에서 유정(劉綎)과 협공하고 고니시 유키나가 생포작전을 벌였다. 19일 뇌물을 받은 진린이 왜선을 통과시키고, 노량에서 왜군이 고니시 유키나가에 대한 구출작전을 벌였다. 이순신이 적탄을 맞고 전사하였다.

임진왜란 약사

1월 명나라 유격장 섭방영 부대가 평양에 도착했다. 2월 가토 기요마사가 화친을 구하는 글을 보내왔다. 선조는 비망기를 통해 선위를 밝혔다. 3월 명군에게 4로(동·중·서·수)공격 명령이 내려졌다. 5월 명나라 제독 유정(劉綎)부대 만3천명이 의주에 왔고 6월 도독 진린이 전라도에 오고 유정과 동일원이 한양에 왔다. 7월 고금도해전이 치러지고, 8월 도요토미 히데요시가 죽자 일본군이 철수하기 시작했다. 9월 4로 공격이 실시되고 11월 가토 기요마사도 철수했다. 노량해전이 끝나고 고니시 유키나가가 도망갔다. 이시언이 통제사가 되었다.

> # 무술년(1598)
>
> 나의 임무는 병사를 철수하라고 호령함인데, 앞에 있는 배들의 함성은 성대하고 대포소리는 우레와 같아서 호령을 듣지 못하였다.

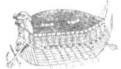

1월
판옥선 건조를 마치다

1일정해 맑음. 늦게 잠깐 눈이 내렸다. 경상 수사(이순신)와 조방장 및 여러 장수들이 모두 와서 모였다.

2일무자 맑음. 나라(인순왕후)의 제삿날이라 출근하지 않았다. 이날 새로 만든 배를 완성하여 흙받침대에서 내렸다. 해남 현감(유형)이 와서 만나고 돌아갔다. 송대립, 송득운, 김붕만이 각 고을로 나갔다. 진도 군수(선의문)가 와서 보고 돌아갔다.

3일기축 맑음. 이언량, 송응기 등이 산(山) …

4일경인 맑음. 무안 현감(남언상)에게 곤장을 쳤다. … 수사에게 … 했더니, 우수사가 … 왔다.(이후 1월 5일에서 9월 14일까지 빠져있음.)

7월 24일 복병장 녹도만호 송여종이 전선 8척을 거느리고 나아가서 적선 11척을 절이도에서 만났다. 6척을 전부 포획하여 적군의 머리 69급을

베어 용기를 발휘하고 진영으로 돌아왔다.[1]

(이는 기존의 《난중일기》에 없고 《충무공유사》《일기초》에 있는 새로운 일기로 절이도해전에 관한 내용이다. 〈2010 민음사본〉)

9월
예교성전투가 시작되다

15일정유 　맑음. 명나라 도독 진린[2]과 함께 일시에 군대를 움직여 나로도(고흥 봉래·동일)에 가서 잤다.

16일무술 　맑음. 나로도에 머물면서 도독과 함께 술을 마셨다.

17일기해 　맑음. 나로도에 머물며 진린과 함께 술을 마셨다.

18일경자 　맑음. 오후 2시 경에 군사를 움직여 방답에 가서 잤다.

19일신축 　맑음. 아침에 좌수영 앞바다로 옮겨 정박하니, 보이는 것들이 비참했다. 자정 경에 달빛을 받으며 하개도[3]로 옮겨 정박했다가 날이 밝기 전에 군사를 움직였다.

20일임인 　맑음. 아침 8시 경 묘도[4]에 이르니, 명나라 육군 유제독(유정)이

1　7월 18(19)일 일본선 백 여척이 녹도를 침입하자, 이순신은 금당도와 거금도 일대로 출동하여 적선 50여 척을 불살랐다. 이때 송여종 부대가 적의 머리 70급을 베고 명군은 하나도 베지 못했다. 진린이 발노하자, 이순신은 진린에게 40여 급을 보내고 계금에게 5급을 보냈다. 《선조실록》〈동년 8, 3〉

2　진린(陳璘)은 명나라 광동 사람이다. 1597년 수군제독으로서 5천 군사를 거느리고 조선에 왔다. 예교에 숨은 고니시 유키나가가 진린에게 뇌물을 주고 퇴각을 요청했으나 이순신이 반대했다. 고금도와 노량 해전에서 전공을 세웠다.

3　하개도(何介島)는 전라좌수영에서 남쪽에 있는 경도나 동쪽의 오동도로 추정한다.

4　묘도(猫島)는 여수시 묘도동. 진린 부대와 이순신이 9월 20일 묘도를 경유하고, 조명군의 연합작전지이다.

벌써 진군했다. 수군과 육군이 모두 협공하니 왜적의 기세가 크게 꺾이고 두려워하는 기색이 역력했다. 수군이 드나들며 대포를 쏘았다.[5]

21일계묘 맑음. 아침에 진군하여 혹은 화살을 쏘기도 하고 혹은 대포를 쏘기도 하였다. 종일 적과 싸웠으나 조수(潮水)가 매우 얕아 가까이 다가가서 싸울 수 없었다. 남해의 적이 가벼운 배를 타고 들어와서 정탐할 때 허사인(許思仁) 등이 추격하니, 왜적은 육지에 올라 산으로 올라갔다. 그들의 배와 여러 가지 물건들을 빼앗아 와서 바로 도독(진린)에게 바쳤다.

22일갑진 맑음. 아침에 진군하여 출입하다가 명나라 유격(遊擊, 계금)이 왼쪽 어깨에 탄환을 맞았는데 중상에 이르지는 않았다. 명나라 군사 11명이 탄환을 맞고 죽었다. 지세포 만호(강지욱)와 옥포 만호(이담)도 탄환에 맞았다.

23일을사 맑음. 도독(진린)이 화를 내어 서천 만호(소희익) 및 홍주 대장(代將)과 한산 대장에게 각각 곤장 7대씩 치고, 금갑도 만호(이정표), 제포 만호(주의수), 회령포 만호(민정붕)에게도 함께 곤장을 15대씩 쳤다.

24일병오 맑음. 진대강[6]이 돌아갔다. 원수(권율)의 군관이 공문을 가지고 왔다. 충청 병사(이시언)의 군관 김정현(金鼎鉉)이 왔다. 남해 사람 김덕유(金德酉) 등 다섯 명이 나와서 그 경계에 있는 왜적의 정보를 전하였다.

25일정미 맑음. 진대강이 돌아와서 유 제독의 편지를 가져와 전했다. 이날 육군은 비록 공격을 하려고 했으나 무기가 완전하지 못하였다. 김정현이 와서 만났다.

26일무신 맑음. 육군의 준비가 아직 갖춰지지 못했다. 저녁에 정응룡(鄭應

---

5 이날부터 7차 예교성전투가 시작되었다. 즉 1차(9.20), 2차(21), 3차(22), 4차(10.2), 5차(3), 6차(4), 7차(6)인데, 처음에는 조명연합군이 수륙 협공했으나 유정군이 소극적으로 대처하여 일본군 토벌에 실패했다.

6 진대강(陳大綱)은 명나라 장수로 보병 390명을 이끌고 제독 유정을 따라 왔다. 《상촌고》

龍)[7]이 와서 북도(함경도)의 일을 말했다.

27일기유   아침에 잠시 비가 뿌리고 서풍이 크게 불었다. 아침에 명나라 군문 형개[8]가 글을 보내어 수군이 신속히 진군한 것을 칭찬하였다. 식후에 진 도독(진린)을 만나서 조용히 이야기했다. 종일 바람이 크게 불었다. 저녁에 신호의(愼好義)가 와서 만나고 갔다.

28일경술   맑으나 서풍이 크게 불어 크고 작은 배들이 드나들 수가 없었다.

29일신해   맑음.

30일임자   맑음. 이날 저녁 명나라의 왕 유격(왕원주), 복 유격(복일승), 이 파총(이천상)[9]이 배 백여 척을 거느리고 진에 도착했다. 이날 밤 등불이 매우 밝아 적의 무리들의 간담이 떨어졌을 것이다.

10월
육군이 후퇴하나 이순신은 계속 도전하다

1일계축   맑음. 도독(진린)이 새벽에 유제독(유정)에게 가서 잠깐 서로 이야기했다.

2일갑인   맑음. 아침 6시경에 군대를 진군하게 했는데, 우리의 수군이 먼

---

7 정응룡(鄭應龍)은 황해도 해주 출신이며, 이정암의 군관으로 활동하고 사용(司勇)을 지냈다.

8 형개(邢玠)는 총독군문으로서 경리 양호와 함께 조선에 왔다. 무술년 9월 제독들을 4로에 보내어(마귀는 동로, 동일원은 중로, 유정은 서로, 진린은 수로) 대대적으로 왜적을 정벌하였다.

9 왕유격, 복유격, 이파총은 군문 형개의 지시로 함께 따라 온 진린(陳璘)의 휘하 장수들이다.

저 전장에 나가 정오까지 싸워 많은 적을 죽였다. 사도 첨사(황세득)가 적탄에 맞아 전사하고,[10] 이청일도 역시 죽었다. 제포 만호 주의수, 사량 만호 김성옥, 해남 현감 유형, 진도 군수 선의문, 강진 현감 송상보 등은 탄환을 맞았으나 죽지는 않았다.

3일을묘 맑음. 도독(진린)이 유 제독의 비밀 서신에 의하여 초저녁에 나가 싸웠는데, 자정 경까지 공격하다가 명나라의 사선(沙船, 밑이 평평한 배) 19척과 호선(虎船) 20여 척이 불에 탔다. 도독의 안절부절하는 모습을 이루 말할 수 없었다. 안골포 만호 우수는 탄환에 맞았다.

4일병진 맑음. 이른 아침에 왜적을 공격하러 배를 나아가게 하여 종일 싸웠는데, 적들은 황급하게 달아났다.

5일정사 맑음. 서풍이 크게 불어 각 배들을 간신히 정박하고 하루를 지냈다.

6일무오 맑았으나 서북풍이 크게 불었다. 도원수(권율)가 군관을 보내어 편지를 전하는데, "유 제독(유정)이 후퇴하여 달아나려고 한다."[11]고 했다. 통분할 일이다. 나랏일이 장차 어떻게 될 것인가.

7일기미 맑음. 아침에 송한련이 군량 4섬, 조 1섬, 기름 5되, 꿀 3되를 바치고, 김태정(金太丁)이 쌀 2섬 1말을 바쳤다.

유제독의 차관이 도독부에 와서 보고하기를, "육병이 잠시 순천으로

---

10 조명군과 일본군이 교전중에 이순신의 처종형인 첨사 황세득(黃世得)이 탄환에 맞아 죽었는데, 이순신은 말하기를, "황세득이 나라 일에 죽었으니, 그 죽음은 영광스러운 것이다."라고 하였다.〈신도비〉

11 유정이 후퇴하려고 하여 이덕형이 제지하자, 유정은 응하는 척하다가 권율에게 철수를 명하였다. 감군 왕기(王琦)가 이를 알고 유정의 장수 왕지한(王之翰)의 목을 베려하자, 유정은 다시 순천에 나아갔다.《임진록》무술년 10월〉〈예교진병일록〉(10, 6)에는 "유정이 일본과 굳게 체결했기 때문에 한차례 교전하고 조금 꺾이자 철수를 계획했다."고 하였다.

후퇴했는데, 다시 나아가 싸울 것입니다."라고 하였다.[12]

* 별도의 기록이다.(편집자 주)

군무를 위한 일이다. 이달(10월) 3일 유총병(유정)의 친서에 의하야 이날 밤의 조수에서 장시간 교전을 벌였다. 나의 임무는 각 장병들의 전선을 거느려 앞으로 나아가는 것이었으니, 각 관병들은 격분하여 제 몸을 돌아보지 않고 곧장 왜선에 돌진하여 불태우고 10여 척을 끌어내었다. 왜적은 산성 위에서 총포가 이미 다하였고, 관병은 승세를 얻어 한창 전쟁하는데 전념했다. 마침 조수(潮水)가 막 빠지는 것을 보았는데, 나의 임무는 즉시 신호나팔을 불어 병사를 철수시키는 것이나 앞에 있는 배들의 함성이 하늘에 요란하고 대포소리는 우레와 같아서 호각 소리를 듣지 못하였다. 사선(沙船) 19척이 (…)하게 되자, (…) 병사들이 왜놈에게 빼앗길까 염려되어 장수의 전선을 화약과 함께 스스로 불을 질러 태워버렸다. 진지에서 생포한 왜적과 진지에서 죽은 담당군사를 분명하게 조사하여 별도로 보고하는 일 외에는 (…).
사선(沙船) 25척, 호선(號船) 77척, 비해선(飛海船) 17척, 잔선(剗船) 9척.

---

12   이날 조명군이 철수하기 시작하여 유정은 한 밤중에 대군을 후퇴하여 순천 부유에 주둔했다. 진린이, "내가 차라리 순천의 귀신이 될지언정 차마 군대를 철수할 수 없다."라고 하였다.《재조번방지》

8일경신 맑음.

9일신유 육군이 이미 철수하였으므로 도독과 함께 배를 거느리고 바닷가 정자에 도착하였다.

10일임술 좌수영(여수)에 이르렀다.

11일계해 맑음.

12일갑자 나로도에 이르렀다.(이후 10월 13일부터 11월 7일까지는 빠져있음.]

11월
노량해전에서 이순신이 전사하다

8일기축 명나라 도독부에 가서 위로연을 베풀어 종일 술을 마시고 어두워져서야 돌아왔다. 조금 뒤 도독(진린)이 보자고 청하기에 바로 나아갔다. 도독이 말하기를, "순천 왜교의 적들이 10일 사이에 철수하여 도망한다는 기별[13]이 육지로부터 급히 알려왔으니, 급히 진군하여 돌아가는 길을 끊어 막자."고 하였다.

9일경인 도독과 함께 일시에 군대를 움직여서 백서량(백야 해협)에 가서 진을 쳤다.

10일신묘 좌수영 앞바다에 가서 진을 쳤다.

11일임진 묘도(猫島)에 가서 진을 쳤다.[14]

---

13 무술년 10월 11일 진린과 이순신이 왜교의 왜군에게 날마다 도전하자 16일 유키나가는 유정에게 철수하도록 도와달라고 부탁했다. 유정이 이를 허락하여 군사 40명을 왜교로 보내주었다.《난중잡록》

14 묘도(猫島)에 대해서는《선조실록》(무술년 12월조)에 이순신이 직접 언급한 내용이 있고, 다른 문헌에도 묘도는 이순신의 진지, 유키나가의 도주 경유지로 되어 있다.

12일계사

13일갑오 왜선 10여 척이 장도(獐島, 여수 율촌산내)에 모습을 드러내어 곧바로 도독과 약속하고 수군을 거느리고 쫓아갔다. 왜선은 물러나 움츠리고 온종일 나오지 않았다.[15] 도독과 함께 장도로 돌아와 진을 쳤다.

14일을미 왜선 2척이 강화할 일로 중류에까지 나오니, 도독이 왜의 통역관을 시켜 왜선을 맞이하고, 조용히 한 개의 홍기(紅旗)와 환도(環刀) 등의 물건을 받았다. 오후 8시경에 왜장이 작은 배를 타고 도독부로 들어와서 돼지 2마리와 술 2통을 도독에게 바쳤다고 한다.

15일병신 이른 아침에 도독에게 가보고 잠시 이야기하고 돌아왔다. 왜선 2척이 강화할 일로 재삼 도독의 진중에 드나들었다.

16일정유 도독이 진문동(陳文同)을 왜군의 진영에 들여보냈는데, 얼마 뒤 왜선 3척이 말 한 필과 창, 칼 등의 물품을 가져와 도독에게 바쳤다.[16]

17일무술 어제 복병장 발포만호 소계남과 당진포 만호 조효열 등이 왜의 중선 1척이 군량을 가득 싣고 남해에서 바다를 건너 올 때 한산도 앞 바다까지 쫓아갔다. 왜적은 언덕을 따라 육지로 올라가 달아났고, 포획한 왜선과 군량은 명나라 군사에게 빼앗기고 빈손으로 와서 보고

15　고니시 유키나가는 유정의 도움으로 먼저 왜선 10척을 출발시켰는데, 묘도의 조선 수군들이 이를 물리쳤다. 유키나가가 유정에게 항의하니 유정은 진린과 타협하라고 했다.《임진록》무술년 11월

16　고니시 유키나가는 조선수군의 제지로 탈출이 어렵게 되자, 진린에게 은 백냥과 보검 50구를 진린에게 바치며 "전쟁에는 피를 보지 않는 것을 귀히 여기니, 길을 빌려 주어 환국하게 해 주시오."하자, 진린이 허락하였다. 그러나 유키나가가 보낸 배 여러 척을 이순신이 공격하여 섬멸하였다. 유키나가가 진린에게 항의하자, 진린은 "내가 알 바 아니오. 이것은 통제사 이순신이 한 것이오."라고 하였다.《난중잡록》무술년 11월 19일 이전 기록

했다.

노량해전 이야기

1598년 11월 11일 이순신이 진린과 함께 묘도에 진을 치고, 고니시 유키나가가 묘도 밖으로 보낸 전선 10여 척을 격파했으며(12일), 수군 60척이 장도 해상에서 부산으로 가는 일본선 10여 척을 공격했다.(13일) 그러나 14일 진린은 유키나가의 많은 뇌물을 받고 길을 열어주도록 허락했다. 그후 심지어 진린이 이순신에게 강화하라고 하자, 이순신이 강하게 반대했다. 다시 일본 사자가 찾아오자 진린은 이순신이 거절했다며 다시 말할 수 없다고 했다.

유키나가가 재차 간청하자, 결국 진인이 묵인했고, 그 결과 작은 배가 남해와 사천에 가서 구원을 요청했다. 17일 초저녁 사천의 적장 요시히로와 남해의 적장 야나가와 시게노부(柳川調信) 등이 백 척으로 지원 출동했다. 이들이 노량에 가까워지자, 유키나가가 횃불을 들어 호응했고, 이순신과 진린은 야간공격을 계획했다. 18일 오후 6시경에 사천의 요시히로와 남해의 소 요시토시(宗義智), 부산의 데라자와 마사나리(寺澤正成)와 다카하시 무네마스(高橋統增) 등이 연합한 일본선 500여 척이 노량과 남해일대에 집결하였다.

진린의 휘하부대 3백여 척이 도착했는데, 이순신이 진린에게 먼저 요격하겠다고 했으나 진린이 허락하지 않았다. 이순신이 출동을 강행하자 밤 10시경 진린도 묘도를 함께 출발했다. 조선 수군은 노량해협 우측인 남해의 관음포에 주둔하고, 명군은 해협 좌측에 있는 곤양의 죽도에 주둔했는데, 한밤중에 적선이 사천의 남해 수로로부터 운집하여 노량을 지나 왜교를 막 향하고 있었다.

19일 자정에 이순신이 배 위에서 하늘에 기도하기를, "이 원수를 제거한다면 죽어도 여한이 없겠습니다."라고 하자, 홀연히 바다 가운데로 큰 별이 떨어졌다. 조명군이 몰래 출발했는데, 동쪽의 적들은 관음포에서 조명군대를 기다리고 있었다. 이때 진린이 계금과 함께 출동하고 이순신이 앞장서서 나아가 진을 쳤다. 새벽 2시경 일본군이 발포하여 먼저 나갔던 배에 사망자가 많았는데, 이때부터 본격적인 노량해전이 시작되었다. 이순신이 부하들에게 명하기를 "일본군의 머리를 베는 자가 있으면 군령을 내릴 것이다."라고 하여 머리 베는 것보다 전면전에 힘쓰도록 독려했다.

조명군이 좌우에서 장작불(柴火)을 마구 던지니 일본선이 연소되었다. 적이 불리해지자 관음포 항구로 후퇴하여 들어가니 날이 이미 새었다. 적은 뒤로 돌아갈 길이 없어 마침내 반격했는데 조명군들이 승세를 타서 육박전을 벌였다. 진린이 위급할 때 이순신의 정병이 왜장 1명을 쏘아 죽여 구출하고, 진린은 이순신 부대와 함께 호준포로 일본선을 격침시켰다.

이순신은 직접 북채를 잡고 지휘하여 먼저 나아가 일본군을 추격했는데 적의 포병이 배꼬리에 엎드려 이순신을 향하여 일제히 발사하여 이순신이 탄환을 맞았다. 이때 이순신은 "전쟁이 한창 급하니 부디 나의 죽음을 말을 하지 말라."고 말하고 눈을 감았다. 이순신부대는 일본군의 머리 9백급을 베고 일본선 2백여 척을 분멸했다. 시마즈 요시히로 등은 50척으로 도주했고 유키나가는 몰래 예교에서 배를 띄워 묘도의 서쪽 관문과 남해의 평산보, 부산 바다를 거쳐 비틀거리며 곧장 대마도로 건너갔다. 이때 유정이 왜교성에 대군을 거느리고 왔으나 얻은 것은 빈 성 뿐이었다.

서간첩

국보 76호 『난중일기』부록 서간첩은 현재 현충사에 소장되어 있다. 이순신이 쓴 편지 7통과 아들 이회(李薈) 쓴 편지 1통, 이순신의 10세손 이규대(李奎大)가 쓴 글이 1편 들어 있다. 여기서는 본래의 편지 순서를 보기 쉽도록 수신자와 날짜 순으로 바꾸어 편집하였다.

1. 조카에게 보낸 편지
2. 현건(玄健)에게 보낸 편지
    1) 부친 상중에
    2) 현감역[현건] 여탑에
    3) 현감역[현건] 댁에
3. 현덕승(玄德升)에게 보낸 편지.
    1) 현정랑(玄正郎)[현덕승] 댁에
    2) 현정랑 여탑(旅榻)에
    3) 현지평(玄持平) 정안(靜案)에
4. 이회(李薈)가 현감역(玄監役)에게 보낸 편지
5. 이규대(李奎大)가 이순신의 유묵에 대해 쓴 글

1
조카에게 보낸 편지[1]

서쪽과 남쪽이 멀리 떨어져 있어서 늘 원통한 생각이 더해가던 중, 오늘 조카 온(薀)[2]을 만나고 또 너의 편지를 보니 비통함이 더 심해지는구나. 네 형들은 고향에 돌아오려고 하지 않더냐? 내 비록 천식이 좀 있는 듯해도 명나라 장수들이 누차 와서 찾는 일이 많아 일일이 응답을 못했으니 어찌하겠느냐. 너는 고향에서 어떻게 지내느냐? 모름지기 속히 내려오는 것이 좋겠다. 타고 올 것이 없으면 회(薈)의 말을 상의해서 타고 오면 될 것이니 이 편지를 회에게도 보여주도록 해라. 남은 할 말을 다하지 못하였다. 팔월 초6일 삼촌이.

[西南遠隔 每增悵痛 今見薀姪 又見汝書 悲慟尤極 汝兄等不欲還鄉耶 吾雖似粗喘 天將疊到 求索煩多 未能一一應答 奈何奈何 汝在故土 何以爲度 須速下來 爲可爲可 無可騎 則薈處馬相議騎來 爲可爲可 此書示于薈處可可 餘不盡 八月 初六日 叔]

[해설] 임진왜란 중 이순신이 남쪽 땅에 있을 때 자신의 조카에게 보낸 편지이다. 명나라 장수들이 자주 찾아오고 전쟁 업무로 바빠서 조카에게 일일이

---

1 이 편지는 『이충무공전서』 1권, 『잡저』에 「여모질서(與某姪書)」란 제목으로 실려있다.
2 이순신의 조카 이온(李薀)이란 이름인데, 『덕수이씨족보』에는 실려 있지 않은 인물이다.

답장을 보내지 못한 아쉬움을 토로하였다. 삼촌이 전쟁 중이라서 이동하기가 쉽지 않으므로 조카에게 속히 내려오라고 당부하였다. 여기서 이순신이 조카에게도 자식처럼 사랑했던 마음을 엿볼 수 있다.

2
현건玄健에게 보낸 편지

1) 부친 상중에

인사말씀 줄이옵니다.[3] 복중 죄인이 되고 병으로 눈도 침침해져서 인사를 끊었으니, 예사로운 편지조차 본래부터 폐해 버렸습니다. 더욱이 천리나 떨어진 곳에서 소식을 들을 수 없으니, 한 생각만이 늘 매여 있어 오직 홀로 가슴 속에서 슬픈 감회만 느낄 뿐입니다.

뜻밖에 사령이 와서 별지의 위문을 받들고 거듭 사연을 읽어 보니 직접 뵌 것 같아 위로가 되는 마음 마땅히 어떠하겠습니까. 또한 몇 년 사이 정양(靜養)하시는 체후가 더욱 좋아졌다고 하시니, 기쁜 마음 이루 형언할 수 없습니다. 부의(賻儀)로 여러 가지 이처럼 넉넉히 도와주시니 그 은덕에 감사한 마음이 깊어서 어찌 보답해야 할지 모르겠습니다. 저는 우매한 목숨을 구차하게 이어가다가 해가 바뀌니 천지에 울부짖고 오직 홀로 피눈물을 흘릴 뿐입니다. 장사 모신 산소가 가까이 있어 심정은 조금 놓이니, 이제는 죽어도 여한이 없을 것입니다.

남쪽을 바라보면 아득하기만 하여 어디에 호소할 길이 없는데, 이 생애에

---

[3] "성식(省式)"은 상중에 있는 사람이 격식을 생략한다는 뜻으로 편지에 사용하는 말이다.

언제 다시 만날 수 있을지 모르겠습니다. 생각할수록 슬픔과 근심만이 가득하고 병이 심하여 글쓰기조차 어려워 이만 줄입니다. 다만 존체를 잘 보전하시어 멀리서 바라는 소망에 부응하시기 바랍니다. 삼가 살펴주십시요. 정신이 혼미하여 두서없이 썼습니다.

을유년(1585) 정월 13일 죄인[4] 이순신 올림.

[省式 罪疚病瞀 屛絶人事 尋常書尺 固已廢矣 況地隔千里 信問無憑 一念尙係 只自哀感于中 料外伻來 伏承別紙慰問 披復辭意 如獲面晤 慰浣當如何 且審年來 靜養益勝 欣聳尤不可勝喩 賻儀各種若是優助 感德良深 莫知所報 舜臣冥頑 苟延歲改 叫号天地 只自血泣而已 葬山便近 情理粗愜 自此死□ 可以無恨矣 南望杳然 無由号訴 未知此生其有再逢於何時耶 思之哀悒萬萬 病甚艱草不備 只祝崇護以副遠望 伏惟尊照荒迷不次 玄監役座前 乙酉正月 十三日 罪人李舜臣 疏]

[해설] 이 편지는 이순신이 부친 상을 당하고 고향에서 복상 중 일 때(41세) 멀리서 조문품을 보내온 인척 현건(玄健)[5]에게 보낸 글이다. 현건은 이순신의 모친 변(卞)씨와 집안사람으로 이순신과는 선대 때부터 매우 돈독한 관계이었다. 현건은 그 당시 토목일을 맡아보는 선공감의 감역(監役)을 맡고 있었으므로, 그를 현감역이라 했다. 이순신은 상중에 현건의 위문을 받고 매우 위안이 되었다고 감사의 뜻을 전하였다. 멀리서 상사를 돕고자 각종 물품을 보내온 현건의 정은 이순신에게 고맙기 그지 없었다. 이순신자신은 병이 심한 상태이지만 멀리서 건강을 빈다는 말로 끝을 맺고 있다.

---

4 부모의 상중에는 자식을 죄를 지은 사람이란 뜻으로 "죄인"이라고 한다.
5 현건(玄健, 1572~1656) : 자는 여강(汝强). 전남 영암사람. 행실이 매우 의로워 비변사에서 천거하여 군자감 주부에 제수되었다. 집을 영암 내동에 짓고 '재간(在澗)'이라는 현액을 걸어 놓고 산수를 즐기며 유유자적한 생활을 하였다.『영암군지』「누정편」을 보면, "회사정(會社亭)이 영암읍 서쪽 20리 지점에 있는데 현건 · 조행립(曹行立) 등이 향약을 설치하여 봄 가을로 모임을 갖고 신의를 강명한 곳이다."고 하였다.

2) 현감역 여탑에

현감역 여탑(객지)에 즉시 전하시오.
아침의 서신이 위로가 되었습니다. 그동안 객지에 계신 체후가 편안하신지요. 순영(감영)에서 존형이 저의 관아에 머물러 계신다는 말을 듣고 편지를 보내왔으니, 일찌감치 오셔서 답장해주심이 어떠하겠습니까. 남은 할 말은 만나서 하기로 하고 이만 줄이겠습니다. 순신 아우 올림.
[玄監役 旅榻 卽傳
朝書爲慰 俄間旅履安重 巡營聞尊兄留鄙衙 有此書問 須卽早臨 以爲答送如何 餘在握敍 姑不宣 卽舜弟拜]

보내온 물품. 삼무명 각 3필, 장지(壯紙)·백지(白紙) 각 3묶음, 황촉 1쌍, 전복 2접건수아민어 각 10마리가 부탁한대로 왔습니다. 그런데 귤100개는 보내긴 했어도 오지 않았으니 아마도 짐이 무거워서 그런 것 같습니다. 지역이 멀어 알 수 없기에 편지를 보냅니다.[을유년에 쓴 충무공의 친필][6]
[下惠麻綿各三匹 壯白各三束 黃燭一雙 大鰒二帖 乾首魚民魚各十尾依到 而黃橘百枚 有送無來 或者卜重而然歟 地遠莫知故 祥書以及耳 (乙酉忠武公手蹟)]

[해설] 현건이 객지에서 순행하던 중 이순신의 관아에 머물렀다는 소식을 감영의 관찰사가 이순신에게 전하였다. 이때 이순신은 출행 중이어서 관아에 없었던 것으로 보인다. 이순신은 현건의 소식을 듣고 반가운 나머지 조속히 답장을 달라고 편지를 보냈다. 아래 글은 현건이 보낸 음식물품에 대하여 별도로 적은 내용이다.

---

6 을유년 충무공의 수필 : 후대인이 하단 여백에 기입해 놓은 것이다.

3) 현감역 댁에

현감역 댁에 답장합니다.

어제 비로소 여기(전남 완도)에 부임했습니다. 형님이 계시는 고을(영암)과는 거리가 그다지 멀지 않아 혹 소식을 들을 길이 있을 것이라고 생각했더니, 먼저 보내신 안부편지를 받아보게 되었습니다. 편지를 낸지 비록 오래된 것이긴 하나 그리운 마음은 더욱 새로운데, 하물며 화창한 봄 날씨에 체후를 정양하여 잘 지내신다는 것에는 어떠하겠습니까.

저는 오랫동안 군영에 있어 수염과 머리가 모두 새었으니 훗날 서로 만나도 지난 날의 제 모습을 알아보지 못할 것입니다. 어제 고금도로 진영을 옮겼습니다만,[7] 순천의 왜적들이 백리 사이로 포진하고 있으니 그 우려되는 형상을 어찌 다 말할 수 있겠습니까.

지난 신묘년(1591) 진도에 군수로 나갈 때[8] 도중에 형님 댁에 이르렀는데, 그 후로 매번 서호(영암 승지) 월악산(월출산)의 구름과 숲과 대나무의 경치를 그리워하여 마음이 내달리지 않은 적이 없었습니다. 병란 중에도 세의(世誼)의 돈독한 정을 잊지 않으시고 오로지 사령을 통해 안부편지와 아울러 여러 가지 물품을 보내셨으니, 이는 모두 진중에서 보기 드문 것들입니다. 물론 그 정이 물건에 있는 것은 아니고, 존형의 평소 학문의 공력을 이제 이것으로 볼 수 있으니 깊이 감사할 따름입니다. 일이 매우 번잡하여 대강 여기에 적습니다. 사례를 베풀지 못했습니다.

무술년(1598) 2월 19일 척제 순신 올림.

[玄監役宅 回納 昨纔莅此 貴州不甚相遠 想或有嗣音之道矣 際承先施之問 書出雖久 懷仰益新 況審春和靜養動止珍重者乎 戚弟久在兵間 鬚髮盡白 異

---

7   선조31년(1598) 봄에 진을 고금도로 옮겼다(『잠곡유고』13권 · 이충무공 신도비명).
8   신묘년(1591) 진도 군수에 제수되어 부임하러 가던 도중을 말한다. 그러나 이에 미처 부임하기 전에 전라 좌수사에 발탁되었다. 옥주는 진도의 옛 이름임.

日相對 不辨前日之某耳 昨日移陣于古今島 順天之倭賊 間百里而陣 其所憂慮之狀 何可盡旣 去辛卯出宰沃州時 路至仙庄 每想西湖月岳煙雲樹竹之勝 未嘗不馳神 兵亂之中 不忘世好之篤 專价書問兼送各種 此皆陣中之罕有 情非在物 尊兄平昔學力之功 今此可見 深感而已 極撓草此 不宣謝例 戊戌二月十九日 戚弟舜臣拜]

[해설] 1598년 2월 18일 이순신은 진영을 전남 완도군에 있는 고금도로 옮겼다. 마침 이곳은 평소 절친했던 현건이 사는 영암과 아주 가까웠다. 너무나도 반가운 나머지 현건의 편지를 받은 지는 오래됐지만, 늦게나마 이튿날 현건에게 답장부터 보냈다. 이순신은 전쟁업무에 시달린 자신의 쇠락한 모습을 적어보이며 그리운 심정을 전하였다. 임진왜란 이전에 이순신이 진도군수로 부임하여 나아갈 때 보았던 현건의 빼어난 집 주변 경치는 항시 깊은 추억으로 남아 있었다. 전쟁 중에도 세의(世誼)를 잊지 않고 위문편지와 귀한 물품을 보내준 정은 매우 남다른 것이었다. 늘 그리워 하던 차에 현건의 편지를 받고 그의 문장력을 감상할 수 있는 기회를 얻게 된 것만도 감사한 일이었다.

3
현덕승玄德升에게 보낸 편지

1) 현정랑 댁에

현정랑(玄正郞)[현덕승][9] 댁에서 받으시오. 정읍현감[10]이 편지를 올림.

남쪽으로 내려 온 뒤로 소식이 오랫동안 두절되니 만나서 글 읊고 싶은 생각이 마음속에서 배나 간절했습니다. 흰 이슬이 서리가 되고 국화꽃잎 떨어지는 이 때에, 정양하시는 체후를 신명이 호위하여 만안하시기를 간절히 바랍니다. 저는 날마다 공무를 일삼아 눈살을 펼 겨를조차 없으니 스스로 가엾게 여긴들 어찌하겠습니까.

이곳에 부임한 후 바로 체후를 여쭙고자 했으나 관직에 있는 사람으로서 동분서주하느라 이제야 비로소 문안드리니 부끄럽고 개탄스런 마음 간절할 뿐입니다. 형님께서는 맑은 복록을 누리고 계셔서 반드시 속된 관리들의 으

---

9 현덕승(玄德升, 1564~1627) : 호는 희암(希庵). 문과로 급제하여 선조 때 지평(持平)과 사예(司藝)를 지내고 문장과 필법이 탁월하였다. 충무공 이순신과 왕래한 편지가 현재 아산 현충사에 보관되어 있다. 희암집(希庵集)이 있으며 천안 육현사(□賢祠)에 배향되었다. 난중일기 8책 끝에 이순신의 10대손 이규대의 조부가 영암에 군수로 나갔을 때 충무공의 유묵이 본군의 현씨 집안에 있다는 것을 듣고서 보기를 원했다는 기록이 있다. 이대규는 기문(記文)에서 현씨와 이순신은 도의지교며 척의(戚誼)가 있는 관계라고 했는데, 이로써 인척 관계를 맺은 막역한 사이였던 사실을 알 수 있다.

10 선조 22년(1589)에 이순신이 선전관(宣傳官)으로서 정읍 현감에 제수되었다.

레 있는 행태라고 꾸짖을 것이니 좋은 웃음거리입니다. 변씨가 관아에 와서 인편이 있는 것을 귀 기울여 듣고 편지를 보내니 열어보시면 응당 위안이 될 것입니다. 길이 멀지 않으니 혹 왕림해주시어 산더미 같이 쌓인 회포를 풀어 보지 않으시겠습니까. 의자를 청소하고 기다리겠습니다. 남은 할 말은 많으나 후일의 서신으로 미루고 이만 줄입니다. 형님이 살펴주십시오. 삼가 문후 드리는 글을 올립니다.

기축년(1589)년 9월 19일 척하 이순신 올림.

[玄正郞宅 入納 井邑宰 上候狀

南下之後 聲問久阻 瞻詠(瞻瞻)之懷 倍切于中 白露成霜 黃花落英 伏惟靜養 動止 神衛萬重 仰傃區區之至 戚下日事公務 無暇展眉 自憐奈何 苾此之後 卽欲探問起居之節 而仕宦之人 東西奔遑 今纔修候 還切愧歎耳 執事坐享淸 福 必責以俗吏之例態 好呵好呵 卞從到衛 屬耳聞便 折簡開緘 當慰浣也 道 途不邈 或屈高駕 以闖山積耶 掃榻企企耳 餘萬續候 姑不備 伏惟尊下照 謹 候狀 己丑菊月十九日 戚下 李舜臣拜手]

[이충무공 순신은 자가 여해(汝諧), 본관은 덕수이다. 가정(嘉靖) 을사년(1545)에 태어나 병자년(1576) 무과에 급제하고 수군통제사가 되어[11] 임진왜란 때 왜적을 토벌하였다. 무술년(1598) 11월 19일 날아온 화살에 맞고 졸하다.] 편지 59폭·홍하(술잔) 2개·약포(藥脯)[12] 1개[13]

〈후대인의 기록〉

---

11 1592년 6월 공이 한산도로 진을 옮겨 전라·경상도 두 도를 제압하게 하기를 청하자, 조정에서 허락하여 마침내 수군통제사의 제도를 두어 공으로 하여금 겸하여 거느리게 하니, 통영의 제도가 이로부터 시작되게 되었다.(『잠곡유고』·이충무공신도비명)
12 약포(藥脯) : 고기를 얇게 저미고 생강으로 양념하여 만든 육포.
13 필사본에는 "一□"로 양사에 해당하는 글자가 빠져 있다.

부친은 정(貞), 조부는 백록(百祿)[생원, 참봉(參奉)], 증조부는 거(琚)[문과 급제, 병조참의], 고조부는 효조(孝祖)[봉례(奉禮)], 외조부는 변수림(卞守琳), 아내는 방수진(方守震)이다. 장남은 회(薈)이고 그의 아들은 지백(之白)[첨정(僉正)], 지석(之晳)이다. 차남은 열(荵)이고 그의 양자는 지석(之晳)[정랑(正郎)]이다. 셋째 아들은 면(葂)이다[정유년 적을 만나 아산에서 죽음].

지백(之白)의 양자 광윤(光胤)의 아들은 홍의(弘毅)·홍저(弘著)·홍서(弘緒)·홍건(弘健)·홍유(弘猷)·홍무(弘茂)이다. 지석(之晳)의 장남은 광윤(光胤)이고 차남은 광헌(光憲)으로 그의 양자는 홍유(弘猷)이다. 셋째 아들은 광진(光震)으로 그의 서자(庶子)는 홍수(弘樹)이다. 넷째 아들은 광보(光輔)이고 그의 아들은 홍규(弘規)·홍구(弘矩)이다. 장남은 광우(光宇)이고 차남은 광주(光胄)로 그 아들은 홍택(弘澤)·홍협(弘協)이다. 홍의(弘毅)의 아들은 만상(萬祥)·언상(彦祥)이다. 홍저(弘著)의 아들은 봉상(鳳祥)이고 그 아들은 한필(漢弼)·한익(漢翊)이다. 홍서(弘緒)의 아들은 운상(雲祥)·두상(斗祥)이다.[14]

[해설] 1589년 이순신이 정읍현감에 재직하고 있을 때 인척인 현덕승에게 보낸 편지이다. 그런데 편지 쓴 날짜를 보면 9월 19일로 되어 있는데, 이 때는 실제 전라순찰사 이광(李洸)의 군관으로 있었고, 정읍현감으로 있을 때가 아니다. 11월에 선전관을 겸하고 12월에 비로소 정읍현감이 되었다. 편지 겉봉투에, "정읍 현감이 편지를 올림"이라고 한 것을 보면, 아마도 9월에 쓴 편지를 바로 보내지 못하고 미루다가 정읍현감 재직 시에 발송한 것으로 보인다. 공무로 늘 분주하게 지내느라 편지를 늦게 보낸 것을 매우 송구스럽게 여겼다. 정읍과 가까운 거리에 거주하는 현덕승이 찾아주길 간절히 바라는 심정을 적었다. 하단에 이순신과 가족관계를 적은 내용은 후대인이 기록한 것이다.

---

14 후대 사람이 이순신이 쓴 편지의 여백에 추가 기입해 놓은 것으로 보인다.

2) 현정랑 여탑에

현정랑 여탑에 즉시 들이시오.
잠시 소식이 끊겨 매우 아쉬웠는데, 요즈음 객지의 체후가 편안하시기를 빕니다. 한적한 절의 경치를 유람하시니 즐거워하여 돌아오는 것도 잊으신 건지요. "산이 높아서 하늘과 멀지 않고 강물이 고와서 금방 신선을 만날 듯하네"라고 한 것은 감격함이 대단한 것입니다. 꽃과 버들(봄)의 계절과 단풍과 국화(가을)의 시절 중 어느 때가 가장 좋은지요. 저와 같은 속된 관리는 분주하게 일하느라 함께 구경할 길이 없으니, 지난번 저에게 "신선의 연분이 없다"고 기롱한 것은 참으로 정확한 평론이셨습니다. 정말 우스웠습니다. 얼마 전 조정의 관보를 보니 장동(長洞)의 윤태(尹台)가 이조의 관리가 되었다고 하니, 다행입니다. 남은 할 말은 일이 번잡하여 이만 줄이겠습니다.

[玄正郎 旅榻 卽納 乍阻瞻悵 日間旅候 萬重儀儀 蕭寺遊觀 樂而忘返耶 山高去天不遠 水麗逢仙非久云 感則甚矣 花柳之節 楓菊之辰 何者最好耶 如我俗吏 奔奔役役 無路同賞 向譏我無仙分者 眞確論也 好呵 俄見朝紙 則長洞尹台 爲吏銓幸也 餘撓不宣 卽戚下 舜臣拜]

[해설] 이 글도 이순신이 정읍현감 시절에 현덕승에게 보낸 것이다. 현덕승이 한가롭게 여행하며 아름다운 산수 자연을 구경하는 것을 부러워하였다. 계절에 따라 가끔 경치를 구경하는 것도 필요하지만, 이순신은 시간 내기도 어려울 만큼 항상 공무로 바쁘게 지냈다. 자신에게 현덕승이 신선의 연분이 없다고 기롱한 것은 정확한 평가라며 농담도 하였다. 자연의 경물에 대한 관심으로 마음을 전하는 가운데 서로의 돈독한 정을 느낄 수 있다.

3) 현지평 정안에

현지평(玄持平) 정안(靜案, 책상) 들이시오.

임금님의 병이 회복되심은 신하와 백성들의 경사이니 손뼉치며 축원하는 마음을 어찌 말로 다하겠습니까. 난리로 혼란스런 나머지 그리운 마음 한창 간절한데, 이제 홀연히 사령을 보내시어 월초에 띄운 편지를 받고 급히 펼쳐보니 위안이 되는 마음이 예전보다 더욱 간절했습니다. 하물며 편지에 가득한 말의 뜻이 정중한 것에 있어서는 어떠하겠습니까.

막 서늘한 기운이 들녘에 찾아들었는데, 삼가 정양하는 가운데 기거를 더욱 보중하시기를 바랍니다. 제가 위안이 된다는 말씀은 무어라 형언할지를 모르겠습니다. 저는 괴로운 진중에서 나라의 은혜가 망극하여 품계가 정헌대부에 오르니[15] 감격한 마음 그지없습니다. 삼가 생각건대 호남은 국가의 울타리이니 만약 호남이 없다면 곧 국가가 없는 것입니다. 이런 까닭에 어제 한산도에 나아가 진을 치어 바닷길을 막을 계획을 세웠습니다.

이러한 난리 중에도 옛 정의를 잊지 않고 멀리서 위문편지를 보내시고 아울러 각종 물품도 받으니, 모두 진중의 진귀한 물건으로 깊이 감사하여 마지않습니다. 잘 모르겠지만 어느 날에야 전쟁을 끝마치고 평소 종유(從遊)하던 회포를 실컷 풀 수 있겠습니까. 편지를 쓰려하니 슬픈 마음만이 간절할 뿐입니다. 남은 할 말은 일이 매우 번잡하여 어지럽게 대강 적고 사례를 갖추지 못했습니다. 계사년(1593) 7월 16일 척하 이순신 올림.

[玄持平 靜案 回納 上候康復 臣民之慶 抃祝何言 流離板蕩之餘 懷仰政切 忽此伻來 承拜月初所出書 忙手披讀 慰豁倍切于平昔 況滿紙辭意鄭重者乎 新凉入郊 伏惟靜中起居增重 區區慰釋 不知所喩 戚下積苦兵間 國恩罔極 階陞

---

15 1592년 7월 6일 이순신이 안골포에서 왜적선 40여 척을 물리쳤는데, 이 싸움에서 적군의 머리 250여 급을 베었고, 물에 빠져죽은 적병도 부지기수였으므로, 군의 사기가 크게 진작되었다. 이때 그 공으로 공은 정헌대부에 승진되었다.

正憲 感頌無地 竊想湖南 國家之保障 若無湖南 是無國家 是以昨日進陣于閑山島 以爲遮遏海路之計耳 如此亂離之中 不忘舊誼 遠投慰問 兼受各種之惠 無非陣中之貴物 深感無已 未知何日掃除腥塵 極敍平昔遊從之懷耶 臨紙徒切悒悒耳 餘極撓胡草 不備謝例 癸巳七月十六日 戚下李舜臣 拜手]

[해설] 이순신은 1593년 6월 2차 견내량전투에서 승리를 거두고 7월 15일 진영을 전남 여수본영에서 한산도로 옮겼다. 왜군의 전라도 진격에 대비하여 국가의 요새인 한산도를 지켜 내륙방어에 만전을 기하고자 한 전략이었다. 이러한 전쟁 중에 받은 현덕승의 편지는 자신의 고달픈 심정에 매우 위안이 되었다. 지난해 7월 한산대첩의 전공으로 정헌대부에 승급된 일을 회고하며 곡창지대인 호남수호에 주력하였다. 하루빨리 전쟁을 끝내고 평소 현덕승과 함께 노닐던 회포를 풀고자 하는 염원을 강하게 드러내었다. 진영에서 고달픈 나날을 보내던 이순신에게는 전쟁없는 태평한 시절이 더욱 그리웠던 것이다.

4
이회李薈가 현감역玄監役에게 보낸 편지

[점정(僉正) 이회(李薈)는 충무공의 아들로 융경 정묘년(1567)에 태어났다.]

각별히 고한 것에 답하여 글을 올립니다. 저는 머리를 조아리고 재배드려 말씀드립니다. 지난번에 길 가던 중에 직접 곡하시고 글을 지어 제문과 제물을 갖고 조문해주시니, 애도의 감정이 너무도 극진하셨습니다. 이제 또 위문 편지를 엎드려 받고 부의와 약품도 받으니 슬픔과 감사함이 교차하여 문득 평소에 사랑하신 정을 느꼈습니다.

저는 어둡고 완고(頑固)한데도 죽지 않고 마지못해 세월이 가는 것을 보며 사람들의 돌봐주심에 힘입어 상여를 무사히 빠르게 옮겨왔습니다.[16] 피눈물 흘리고 애가 끊기듯한 심정을 스스로 억제하지 못하겠습니다. 남은 할 말은 많으나 정신이 혼미하여 두서없이 쓰고 갖추지 못했습니다. 삼가 글을 올립니다.

현감역 자리 앞으로.

무술년(1598) 12월 13일 죄인 이회(李薈)가 글을 올림.[17]

---

16 영구를 아산으로 모시고 올 적에는 많은 백성들과 선비들이 울부짖으면서 제사를 올렸는데, 천리에 끊이지 않았다. 기해년 2월에 아산의 빙항(氷項)에 장사지냈다.(충무공신도비)

17 글을 올림[疏上] : 상제가 편지 사연을 다 쓴 후 자기 이름 아래에 쓰는 말.

[李僉正薈 忠武公子 隆慶丁卯生

答別告疏上 薈稽顙再拜言 向於[路]¹⁸中 親自枉哭操文致奠 已極哀感 今又伏承慰問 且蒙賻儀兼受藥物之惠 哀感交至 頓覺平昔眷愛之情 薈冥頑不死 忍見時序 克賴士林之顧護 畢行無事利到 泣血摧腸 無以自抑 餘萬荒迷不次不備 伏惟疏上 玄監役 座前 戊戌十二月 十三日 罪人 李薈 疏上]

[해설] 이순신은 1598년 11월 19일 동틀 무렵 노량해협에서 왜선 200여 척을 분멸시키는 전공을 세우고 전사하였다. 맏아들 이회(李薈)와 조카 이완(李莞)이 임종(臨終)하였고 송희립과 진린 등이 나머지 전투를 마무리 하였다. 12월 4일 영의정에 추증되고 유해를 고금도에 임시 안치했다가 10일 경 아산(牙山) 본가로 옮겨 빈소(殯所)를 차리게 되었다. 3일 후 맏아들 이회는 아산으로 운구하던 중 조문한 현건에게 감사하다는 편지를 전했다. 많은 사림(士林)들의 도움으로 무사히 아산으로 운구해 왔는데, 조문행렬은 아산에까지 끊이지 않았다. 자식으로서 부친에 대한 사랑과 슬픔은 하염없는 피눈물로 표출되어 스스로 가누기조차 힘들었다. 이 편지가 현재까지 남아 있음으로 인해 이순신의 은둔설은 사실무근한 것이 되었다.

---

18 필사본 상태가 훼손되어 잘 보이지 않으나 문맥을 살펴 노(路)자로 추정하였다.

5
이규대李奎大가 이순신의 유묵에 대해 쓴 글

지난날 나의 돌아가신 조부께서 영암에 군수로 나가셨을 때 우리 선조 충무공의 유묵이 본군의 현씨 집안에 있다는 것을 듣고서 내오기를 청하여 감상해보니 과연 선조의 필적이었다. 공께서는 일찍이 그의 선조 현지평(玄持平)과 더불어 도의의 벗을 맺었고 게다가 인척간의 정의(情誼)도 있었기에 이렇게 왕래한 필적이 있었던 것이다. 이에 흠모를 느끼고 추모하여 따로 모본을 만들어서 현씨에게 주고 사례하였다. 그 진본은 집에 간직하여 두었는데, 대관절 그것을 얻게 된 연유에는 절로 기이한 운수가 존재한 것이다. 그 사이에 천지신명이 도왔으니 이는 곧 내 선친의 돈독한 효성이 이루어 낸 바로, 그 보관하여 지킨 책무를 누가 감히 함께 할 수 있으리오. 그런 연유로 오늘날까지 전해지는 것이다.

오호라. 이 불초한 자가 삼백년 후에 태어나서 선조의 심화(心畵)[19]를 받들어 감상해보니, 낯빛이 변하는 것이 마치 선조를 다시 뵌 듯 하였다. 당시의 일을 논해보면 공께서 국가를 위해 왜적을 토벌하셨는데, 방패 손잡이를 잡고

---

19 심화(心畵) : 충무공의 유묵에 남겨진 글을 말함. 글에는 그것을 쓴 사람의 마음이 나타나므로 이르는 말임. 『법언・문신』에 "말은 심성(心聲)이요, 글은 심화(心畵)"라고 하였다.

먹을 갈던[20] 날에도 어기(語氣)가 편안하고 한가로워 친한 교분도 두루 갖추셨기에, 그 사물의 본체가 되는 광대한 정성은 언제나 존재하지 않은 적이 없었다. 삼가 생각건대 우리 한 가문이 보귀한 유묵을 전승하여 지키고 있으니 이보다 더 큰 것은 없는 것이다. 그런데 사가에서 그것을 간직하는 것보다는 종가의 사당에 간직하는 것이 더 나으므로 이제 종가에 바쳐서 본손(本孫)이나 지손(支孫)으로 하여금 모두 함께 영원히 보도록 하여 선조를 우러러 보게 하려는 뜻을 넓히고자 한다고 말할 따름이다.

숭정(崇禎)의 다섯 번째 무자년(1888) 봄 3월 갑자일에 소초인(小肖人) 10세손 부호군 규대(奎大)[21]가 삼가 기록하다.

[昔我王考 出宰靈巖時 聞惟我先祖忠武公遺墨 在於本郡玄氏家 請進奉玩 果是先祖手澤也 公嘗與其先祖玄持平 爲道義之交 加之以戚誼 有此往復筆翰也 於是欽感追慕 別爲模本 以授玄氏 而謝焉 其眞本藏帖于家 盖其所以得之之由 自有異數存乎 其間神明所祐 乃我王考篤孝所致 其保護之責 孰敢與焉哉 故傳到于今日也 嗚呼 不肖生於三百年之後 奉玩先祖心畫 愀然如復見先祖 若夫論其時事 則公爲國家討倭 楯鼻磨墨之日 而辭氣安閒 情交該備 其體物廣大之誠 無乎不在也 竊伏念我一門 傳守寶墨 莫京於此 與其藏之私家 不若藏諸宗家之廟爲愈 故今乃奉納于宗家 俾本支子孫 咸與永瞻 以廣夫瞻仰先祖之意云爾 崇禎五戊子春三月甲子小肖十世孫副護軍 奎大謹記]

---

20 방패 … 갈던[楯鼻磨墨] : 여기서는 이순신이 종군하면서 장계나 문서 등을 작성한 것을 비유한 것이다. "楯鼻磨墨"은 소식(蘇軾)의 시에 나오는 "楯墨"에서 나온 말임. "창을 옆에 차고 시를 짓는 속에 방패와 먹이 어찌 마를 날이 있겠는가(詩成橫槊裏 楯墨何曾乾)"

21 고종실록에 보면, 1869년 처음 선전관에 제수되고 별군직·훈련원 주부·정의 현감 등을 거쳐 1894년 11월을 끝으로 김해 부사에 제수된 기록이 있다.

사진첩

◎ 수영

1. **전라좌수영** – 여수시 군자동 472 소재. 현재는 이 터에 진남관이 남아 있다. 사진 여수시청 ⓒ
2. **전라우수영** – 해남군 문내면 남문길 25-2. 사진은 우수영 남문성벽이다.
3. **경상좌수영** – 부산시 수영구 수영동 229-1 수영공원 소재. 사진은 좌수영 성지이다.
4. **경상우수영** – 거제시 동부면 가배리 산17-1 소재. 가배리 마을 가운데 축조된 가배량성. 사진은 남쪽성곽 일부이다.
5. **충청수영** – 보령시 오천면 충청수영성 내 소재. 사진은 충청 수사의 집무실인 공해관의 출입문이다.

* 이순신묘소·각 수영·5관 5포·선소 사진 ⓒ노승석

◎ 5관 5포

전라좌수영 산하의 5관(官)과 5포(浦).
5관은 행정 고을로서 순천도호부, 보성군, 낙안군, 광양현, 흥양현이고,
5포(浦)는 해안의 수군기지로서 사도진, 여도진, 녹도진, 발포진, 방답진이다.

5관
1. 순천도호부(푸조나무)
2. 보성군(보성읍성)
3. 낙안군(객사)
4. 광양현(성외 팽나무)
5. 흥양현(동헌 존심당)

5포
1. 사도진 – 전남 고흥군 영남면 금사리
2. 여도진 – 고흥군 점암면 여호리
3. 녹도진 – 고흥군 도양읍 봉암리
4. 발포진 – 고흥군 도화면 발포리
5. 방답진 – 여수시 돌산읍 군내리

◎ 선소

임진왜란 당시 조선 수군의 전선을 만든 곳.

1. 여수 – 여수시 시전동
2. 보성(득량) – 보성군 득량면 비봉리
3. 보성(낙안) – 보성군 벌교읍 진석마을
4. 방답 – 여수시 돌산읍 군내리
5. 흥양 – 고흥군 덕흥마을
6. 발포 – 고흥군 도화면 발포리
7. 광양 – 망덕 선소마을
8. 진도 – 진도군 임회면
9. 통제영 – 통영시 통영항
10. 남해 – 남해군 남해읍 선소리
11. 안골포 – 진해시 안골동
12. 변산 – 부안군 진서면

◎ 이순신의 모친이 사용한 솥

| 여수 송현마을 정대수 집안에 전해오던 이순신의 모친이 사용한 솥가마 | 가운데가 훼손되어 큰 구멍이 난 상태다.

임진왜란 중에 이순신은 충청도지방이 전란에 휩싸이자, 모친을 전라좌수영에서 약 20리 떨어진 여수시 시전동 웅천동 송현마을(현 1420-1번지)에 사는 휘하 장수 정대수(丁大水)의 집으로 모셔와 1593년 6월부터 1597년 4월까지 기거하게 하였다. 현재 원래 있었던 정대수의 옛집을 헐고 한옥형태로 복원한 상태다. 현재 이순신의 모친이 사용했던 가마솥과 절구가 남아 있다.

◎ 선생원의 채석장

| 임진년에 이순신이 이봉수를 시켜 돌을 채취한 채석장 | 여수시 율촌면 신풍리 일대 계곡.

    1592년 1월 11일, 이봉수(李鳳壽)가 선생원(先生院)의 돌 뜨는 채석장에 가서 보고 와, "이미 큰 돌 열일곱 덩어리에 구멍을 뚫었다."고 보고했다.(난중일기) 채석장은 여수 신산 마을에 있던 선생원터에서 약 2km 우측 전방 신풍리에 있는 계곡으로, 지금도 이곳에 그 당시에 채석했던 암벽의 돌이 남아 있다. 옛날 전라좌수영을 지을 때 이곳의 돌을 가져다가 축조했다고 한다. 이곳은 지번이 없고 주변이 늪이라서 진입이 어렵다.

◎ 북봉연대

| 이순신이 올라가 본 북봉연대 |

    1592년 2월 4일 동헌에 나가 공무를 본 뒤에 북봉(北峰)의 연대(煙臺)를 쌓은 곳에 오르니, 쌓은 곳이 매우 좋아 전혀 무너질 리가 없었다.(난중일기) 이날 이순신이 북봉연대(北峰烟臺)에 올라 주변을 시찰하였다. 이는 전남 여수시 군자동 산 100번지에 소재하는 종고산(鐘鼓山) 정상에 있는데, 연대는 왜적의 침입을 연기나 햇불로 알리기 위해 최전방에 설치한 시설이다.

◎ 거제 옥포

| 옥포바다 | 거제시 옥포동 6번지 일대

1592년 5월 4일 이순신은 전라좌수영 부하들과 판옥선 24척으로 출동하여 7일 낮 옥포에 도착했다. 사도첨사 김완(金浣)과 여도권관 김인영(金仁英)이 신기전을 쏘아 적이 있음을 알리자, 이순신은 여러 장수들에게 "망동하지 말고 산처럼 침착하고 진중하게 행동하라[勿令妄動 靜重如山]."고 당부하였다. 이윽고 도도 다카도라(藤堂高虎)의 왜선 50여 척 중 26척을 분멸하였다.(옥포해전)

◎ 사천 모자랑포

| 모자랑포 | 사천 송포동 모충공원에서 미룡마을 사이에 해당하는 바다

    1592년 5월 29일 이순신은 수군 23척을 거느리고 원균은 3척으로 연합하여 사천에 출동하니, 선창에 왜선들이 줄지어 정박하고 있었다. 조수가 빠진 상태라서 이순신이 왜적들을 모자랑포 부근으로 유인한 뒤 거북선을 출동시켜 천·지·현·황자의 각 총통을 쏘아 왜선 13척을 분멸했다. 이때 나대용과 이설이 부상을 입고 이순신도 어깨에 관통상을 입었다.(사천해전)

◎ 통영 당포

| 당포 앞바다 | 통영시 산양읍 삼덕리에 소재

    1592년 6월 2일 이순신이 수군 부하들과 함께 26척을 이끌고 당포(唐浦) 선창으로 출동하니, 왜선은 판옥선만한 대선 9척과 중소선 12척이 정박해 있었다. 이에 거북선을 출동시켜 왜적의 층루선 아래로 곧장 돌진하여 용의 입으로 현자 대포를 쏘고 천자, 지자, 대장군전을 쏘아 왜선 21척을 격파하고 일본군 다수를 사살했다.(당포해전)

◎ 남해 왕후박나무

| 왕후박나무 | 남해군 창선면 대벽리 소재

　1592년 6월 2일 당포 해전을 치른 날 저녁에 이순신이 남해 창신도에 유숙했는데, 이때 이 왕후박나무 아래에서 부하들과 휴식했다고 전한다. 장계(당포파왜병장)에 이날 "창신도에 주둔하여 하룻밤을 보냈다(駐泊經夜)"는 기록이 있다. 이 왕후박나무는 수령이 5백여 년이고 키는 9.5m, 나무 둘레가 11m, 가지는 11개로 천연기념물 299호이다.

◎ 고성 속시개

| 고성 당항포 상류에 있는 죽계마을(속시개) | 기생 월이가 그린 지도를 따라간 일본군이 패망한 곳이다.

　　1592년 6월 5일 이순신이 거북선을 출동시켜 원균, 이억기와 함께 51척으로 고성 당항포 두호리의 소소강(召所江)에서 총통을 발사하여 적선 26척을 분멸하고 적군을 다수 사살하였다.(당항포해전) 소소강 부근은 당항포 상류에 있는 죽계마을(속시개)인데 월이가 그린 지도에 속은 일본군이 패망한 곳이다. 이 부근에 일본군의 머리를 쌓아둔 머리개 마을이 있다.(2019년 난중일기 유적편)

◎ 통영 한산

| 한산바다 | 통영시 한산 앞바다

1592년 7월 8일 이순신이 전라좌수영군 24척과 이억기의 전라우수영군 25척, 원균의 경상우수영군 7척을 연합한 56척의 전선으로 견내량으로 출동하였으나 지형이 좁고 암초가 많아 판옥선이 부딪히면 전쟁이 어려운 점을 들어 연안 인근 해상에 주둔한 와키자카 야스하루(脇坂安治) 부대를 한산의 넓은 바다로 유인하여 학익진 진법으로 자자, 현자, 승자총통을 발사하여 왜선 73척중 59척을 모두 분멸했다.(한산도해전)

◎ 부산 절영도

| 절영도 바다 | 부산시 영도구 영도

　이순신이 왜적의 소굴이 된 부산포를 공격하기 위해 원균, 이억기와 함께 74척의 전선을 거느리고 출동하여 1592년 9월 1일 화준구미 · 다대포 · 서평포 · 절영도, 초량목에서 왜선 28척을 분멸하였다. 원균과 이억기와 독전을 약속하고 "적의 소굴을 없애야 간담을 꺾을 수 있다"하니, 정운 · 이언량 · 이순신 · 권준 · 신호가 진격하여 왜선 470척에 천자, 지자 총통, 장군전 등을 발사하여 왜선 백여 척을 분멸하였다.(부산포해전)

◎ 거제 견내량

| 견내량 | 거제시 사등면 덕호리 일대

　한산도에서 9km 북쪽 지점에 있는데 왼쪽은 통영 내륙이 고성으로 이어지고 오른쪽은 거제도로서 일본군이 한산해를 경유하여 거제 북해로 진입할 때 반드시 거치게 되는 해상 통로이다. 이순신이 세운 해상 방어 작전도 바로 이 견내량을 염두에 두고 한 것이고, 진영을 한산도로 옮겨 해로를 차단한다는 것도 바로 견내량의 해로를 말한 것이다.

◎ 저도

| 마산합포구 구산면 구복리 연육교에 있는 저도 |

    1593년 3월 4일 새벽 2시경에 배를 출발시켜 진해 앞바다로 가서 왜선 6척을 뒤쫓아 붙잡아서 분멸하고 저도(猪島)에서 2척을 분멸했다.(난중일기) 월명동에 있는 돝섬을 저도로 보기도 하나 당시 병력과 해전 상황을 볼 때 구산면 연육교에 있는 섬을 저도로 보는 것이 맞는 듯하다.

◎ 여수 어머니 사시던 곳

| 이충무공 어머니 사시던 곳 | 여수시 웅천동 1849번지

　임진왜란 중에 이순신은 충청도 지방이 전란에 휩싸이자, 모친을 전라좌수영에서 약 20리 떨어진 여수 웅천 송현마을에 사는 휘하 장수 정대수(丁大水)의 집으로 모셔와 1593년 6월부터 1597년 4월까지 기거하게 하였다. 정대수는 효성이 극진했고, 이곳은 고음내, 또는 곰내라고도 한다. 이순신은 수시로 조카와 사자들을 이곳에 보내어 모친의 안부를 알아오게 하였다.

◎ 비산도 세포

| 통영 한산 비산도에 있는 세포 |

　　1593년 6월 26일에 견내량 해전을 치른 뒤 이순신은 견내량과 한산도 바다를 고수하기 위해 결사항전을 맹세하고, 7월 10일 이순신은 한산도 끝의 세포(細浦)로 진을 옮긴다.(난중일기) 세포는 통영시 한산면 염호리 비산도 서남쪽에 있는 손깨(細浦) 포구이다.

◎ 통영 한산도

| 한산도 | 통영시 한산면 두억리 소재. 사진 통영시청ⓒ

이순신은 1593년 7월 1일 한산도가 전략상 해상의 요새라고 판단하여 조정의 승인을 받아 15일에 진영을 여기로 옮겼다. 이때 현덕승(玄德升)에게 "호남은 국가의 울타리이니 호남이 없다면 곧 국가가 없는 것입니다. 그러므로 어제 한산도에 진을 치어 바닷길을 막을 계획을 세웠다."는 내용의 편지를 보냈다. 이순신이 3년 7개월 동안 여기에 근무하며 작전을 모의하였다. 한산도 서쪽의 두억 항구(의항(蟻項))에 두을포가 있다.

◎ 통영 통제영 제승당

| 통제영 제승당 | 통영시 한산면 두억리 874

    1593년 8월 이순신이 삼도수군통제사가 되어 삼도(충청·전라·경상)의 수군을 관장하면서 한산도 내에 이순신의 작전 본부인 운주당(運籌堂)이 있었던 터에 1739년 통제사 조경이 유허비와 함께 제승당(制勝堂)을 세웠다. '운주(運籌)'란 "산가지를 놀린다"는 뜻으로 작전 계획을 의미하고, 제승(制勝)은 "승리를 만든다"는 의미이다. 운주당은 한산도 통제영의 작전본부로서 왜선의 진입을 막는데 중요한 해상작전을 계획한 곳이다.

◎ 통영 한산도 수루

| 수루 | 통영 한산도 내 누대

　이순신이 전란 중 한산도에서 삼도수군통제사로 근무할 때 전란 중에 이 수루(戍樓)에 자주 올라 왜군의 동태를 살피고 한산도가(閑山島歌)를 읊으며 우국충정을 드러낸 곳이다. 2017년 12월 노승석이 이순신이 직접 쓴 "수루(戍樓)" 글자를 난중일기에서 집자하고, 문화재 위원회의 승인을 거쳐 수루 현판을 다시 제작했다.《충무공행록》에 나오는 한산도가도 이순신의 친필로 집자하여 수루 네 기둥에 주련으로 설치했다.

◎ 와두

| 남해군 고현면 와두. 만(灣)을 이룬 언머리 일대 |

　　1594년 1월 17일 오후 4시경 이순신이 와두(瓦頭)에 도착했는데, 역풍에 썰물 때라 배를 운행할 수가 없어 닻을 내리고 잠시 쉬었다. 오후 6시경 닻을 올려 노량을 건너갔다.(난중일기) 폭풍이 불 때 이순신은 와두로 전선을 대피시켰다. 와두는 현재 방월 마을에서 방조제까지 약 800m거리 지점에 해당하는데 지금은 모두 매립되었다. 위 사진은 와두의 진입로에 해당하는 곳이다.

◎ 죽도

| 한산도 염호리 산 233번지에 있는 상죽도 |

    1594년 4월 13일 순무어사 서성이 전쟁 연습하는 것을 보고 싶어 하므로 이순신이 죽도(竹島)바다 가운데로 나가서 연습했다.(난중일기) 죽도는 통영시 한산면 염호리에 있는 상죽도(上竹島)인데, 여기에서 시누대가 많이 생산되어 이순신이 이것으로 화살을 많이 만들어 사용하였다. 이 섬의 왼쪽에 있는 작은 섬이 하죽도이다.

◎ 낙안읍성 푸조나무

| 이순신이 심은 낙안의 푸조나무 |

　순천 낙안읍성의 객사 뒤에 있는 푸조나무인데, 임진왜란 당시 이순신이 심은 것이라고 전해오고 있다. 오른쪽의 나무는 바람에 잘려 있고, 왼쪽 나무만 남아 있다.

◎ 사인암

　1594년 7월 20일 이별주 7잔을 마신 뒤 닻줄을 풀고 함께 포구 밖으로 나가 재삼 간절한 뜻을 표하며 전송하는데 마음이 아쉬웠다. 그길로 이억기와 충청 수사(이순신), 순천 부사(권준), 발포 만호(황정록), 사도 첨사(김완)와 같이 사인암(舍人岩)으로 올라가 하루 종일 취하고 이야기하다가 돌아왔다.(난중일기) 사인암(舍人巖)은 통영시 산양읍 영운리 수륙마을 남쪽 해안에 있는 거인 바위(거인암)이다. 바위의 모습이 장군과 같다고 하여 장군 바위라고 한다. 일명 마을을 지키는 바위라 하여 '성주(城主)바위'라 한다.

◎ **진도 남도진성**

| 진도의 남도진성 사진 |

    1595년 8월 2일 우도의 전선을 점고한 뒤에 그대로 남도포(南桃浦) 막사에 머물렀다. 나가서 공무를 보며 충청 수사(선거이)와 함께 이야기했다.(난중일기) 남도포(南桃浦)는 진도군 임회면 남동리에 있고 여기에 남도석성이 있다. 남해에서 서해로 가는 요새지로 가리포진에 속해 있으며, 현재 동서남문과 성터가 일부 남아 있다. 조선초기 왜구를 막기 위해 축조했고 수군만호가 근무하여 남도포 수군만호진성이라고 한다.

◎ 침도

| 사천시 신수동에 있는 신수도, 침도 |

    1595년 8월 21일 저물녘에 사천 땅 침도(針島)에 도착하여 잤다. 밤기운이 몹시 차고 마음이 편하지 않았다.(난중일기) 침도(針島)는 사천시 신수동에 있는 신수도(新樹島)로 추정한다. 멀리서 이 섬을 바라보면 낚시 바늘 모양으로 보이므로 '바늘침(針)'자를 썼다. 삼천포항과 남쪽의 창선도 가운데 바다 사이에 있고 소비포에서 침도까지는 서쪽에서 약 10km이다.

◎ 좌리도

| 이순신이 정박했던 한산도 좌도 |

    1596년 3월 4일 좌수사 이운룡(李雲龍)이 와서 조용히 이야기하다가, 그대로 좌리도(佐里島) 바다 가운데서 함께 잤다. 수시로 땀이 났다.(난중일기) 좌리도는 한산면 창좌리에 있는 좌도(佐島)이다. 섬이 한산도에 인접하고 한산도를 보좌하는 형세를 이루고 있다. 이날 이순신은 소근두를 거쳐 좌도 바다 가운데서 이운룡과 함께 정박하면서 작전을 모의하였다. 소근두 항구에서 좌도의 서좌항까지 약 8백m이다.

◎ 구라량

| 사천시 대방동 각산 일대 해안 |

 1596년 8월 29일, 삼천포 권관과 이곤변(李鯤變)이 술을 가지고 뒤따라 와서 밤늦도록 함께 이야기하고 (망산 아래의) 구라량(仇羅梁)에서 잤다.《난중일기》 구라량은 사천시 대방동 각산(角山) 아래에 있는 해변일대로《대동지지》《진주》), 이순신이 유숙한 곳이다. 이곳에 진영이 있었고, 구라(仇羅)는 늑도(勒島)의 '굴레(勒)'를 한자로 음차한 것이다. 진주에서 60리 지점에 있다.

◎ 통영 통제사길

| 통제사길 바위 | 통영시 도산면 소재

　위 바위가 있는 통영의 통제사길은 조선시대 통제사가 한양을 오갔던 길로 통영에서 고성으로 이어진다. 옛날에는 이 길을 "통영별로", 또는 "통영로"라고 하였다. 이곳이 유일하게 한양으로 가는 길이니, 1597년 2월 26일 이순신이 압송되어 갈 때도 이 길로 갔을 것으로 추정한다. 이 길가에 있는 큰 바위에 "통제사 구현겸 불망비(統制使具鼰兼 不忘碑)"라고 새겨져 있다. 맞은편에 있는 또 다른 바위는 글씨가 모두 마모되어 보이지 않는다.

◎ 경기 오산 독산성

| 독산성 아랫길 | 경기 오산시 지곶동 소재

    독산성(禿山城)은 오산과 수원, 화성을 아우른 높은 구릉에 설치되어 주변을 두루 살필 수 있는 산성이다. 독성산성이라고도 하며 140m거리에 세마대가 있다. 사진은 이순신이 실제 지나간 독산성 아래 지점인데, 이곳은 성안의 지휘소가 있던 남문 아래라고 전해진다. 1597년 4월 4일 이순신이 백의종군 하러 가는 중에 여기에 도착하여 판관 조발(趙撥)을 만나서 함께 술을 마셨다.

◎ **태안 안흥량**

| 안흥량 | 태안군 근흥면 정죽리 앞바다

　여수 웅천동 송현 마을에 기거 중인 이순신의 모친이 이순신이 감옥에 갔다는 소식을 듣고 배를 타고 서해바다로 올라오던 중 1597년 4월 11일 태안 안흥량에서 정박한 후 아산으로 가는 중 배 안에서 사망하였다. 《징비록》에는 이순신의 모친이 감옥에 간 아들을 걱정하다가 심장마비로 사망한 것으로 기록되어 있다. 위의 사진은 모친이 사망한 안흥량 입구이다. 이틀 뒤 13일에 이순신은 종 순화(順花)로부터 모친의 사망소식을 들었다.

◎ 아산 게바위

| 게바위(해암) | 아산시 인주면 해암리 197-2번지

1597년 4월 13일 이순신이 어머니를 맞으러 나간 곳이 바로 이 게바위이다. 그러나 어머니는 싸늘한 시신이 되어 돌아왔다. 게바위 일대는 본래 바닷가에 인접한 포구이었는데, 지금은 매립되어 농지가 되었다. 여기에 있는 바위 모양이 게와 비슷하여 "게바위[蟹巖]"라고 한다. 이 날짜의 《난중일기》에는, "이순신이 어머니의 사망 소식을 듣고 달려나가 가슴을 치고 발을 구르니 하늘의 해조차 캄캄해 보였다. 바로 게바위로 달려가니 배는 벌써 와 있었다. 길에서 바라보며 가슴 찢어지는 비통함을 모두 적을 수가 없었다."고 하였다.

◎ **아산 중방포**

| 중방포 | 아산시 염치읍 중방리 소재

　사진으로 볼 때 멀리 보이는 아산 곡교천의 중간 지점에 있는 둑이 중방포(中方浦)이다. 중방포는 위의 수장골에서 내려오는 강물과 아래의 게바위 앞으로 내려가는 강물이 맞닿는다. 1597년 4월 16일 이순신은 중방포까지 배로 모셔온 어머니의 영구를 상여에 싣고 아산의 본가로 와서 빈소를 차리고 신주를 모셨다. 중방포는 아산만으로 오고가는 배들이 정박하는 선착장이었다.

◎ 아산 금곡

| 금곡 감태기마을 | 아산 배방읍 신흥리 계곡 일대

　이 사진은 당시 선전관 강희증(姜希曾)의 집 부근이며 1597년 4월 19일 이순신이 강정(姜晶)과 강영수(姜永壽)의 조문을 받고 말에 내려 곡을 한 장소로 추정하는 곳이다. 이곳에 강정과 강영수의 후손들이 지금까지 살고 있다. 4월 5일부터 19일까지 이순신이 아산에 머문 15일 동안은 이순신에게 가장 절망적이고 참담한 시기였다. 이때 이순신은 "나라에 충성을 다하고자 하나 죄가 이미 이르렀고, 어버이에게 효도를 하고자 하나 어버이는 돌아가셨네."라고 하였다.《충무공행록》

◎ 찬수강

| 구례군 신촌강변길을 끼로 흐르는 찬수강 |

　　1597년 5월 14일 저물녘 찬수강(粲水江)에 이르러 말에서 내려 걸어서 건너가 구례현의 손인필(孫仁弼)의 집에 가니, 현감(이원춘)이 바로 보러 왔다.(난중일기) 찬수강은 구례군 신촌강변길을 끼로 흐르는 강물로 이순신이 경유한 곳이다. 이곳의 상류를 상찬수, 하류를 하찬수라고 하여 이 일대의 강을 "찬수강" 또는 "잔수강"이라고 한다. 이는 섬진강의 중·상류에 해당한다. 여기에 잔수나루가 있었고 병방산 아래에 잔수역이 있었다.

◎ 하동읍성

| 하동군 고전면 소재, 하동읍성 |

1597년 5월 28일 늦게 출발하여 하동현에 도착하니, 고을 현감(신진(申))이 만난 것을 기뻐하여 성안의 별채로 맞아 대접하여 정성을 다하였다. 그리고 원(원균)이 하는 일에 미친 짓이 많다고 말했다. 날이 저물도록 이야기를 나누었다. 변익성도 왔다.(난중일기) 백의종군기간 중에 이순신이 하동읍성에 하루 유숙하고 갔다.

◎ 삼가현청

| 합천군 금리에 있는 기양루 |

    1597년 6월 2일 늦게 삼가현(三嘉縣)에 도착하니, 현감 박몽득은 이미 백안 산성으로 가서 빈 관사에서 잤다. 고을 사람들이 밥을 지어서 먹게 했으나 먹지 말라고 종들에게 타일렀다.(난중일기) 삼가현은 합천군 삼가면 금리에 있다. 이날 이순신은 삼가현의 관사에서 유숙하였다. 객사인 봉성관(鳳城館)과 정금당(淨襟堂)이 지금은 없어졌고, 동헌터 (금리 63-1번지)에 겹처마 팔작지붕으로 지어진 기양루(岐陽樓)가 남아 있다.

◎ 합천 개연

| 개연 | 합천군 율곡면 문림리 본천천에서 영전교 부근까지 기암절벽을 이룬 산기슭

    개연(介硯)은 "개현(介峴), 견현(犬峴)", 또는 "개벼루·개비리"이라고 부른다. "연(硯)"은 벼랑의 뜻. 황강이 흘러 깊은 연못이 되었고 합천군에서 동쪽 13리에 있다. 벼랑을 따라 잔도(棧道)를 내었는데, 위에는 절벽, 아래에는 깊은 못이 굽어 2, 3리쯤 된다. 시속에 전하는 말에, "이 고을 개가 초계군 개와 서로 통해 다녀서 길이 되었다."고 한다.《신증동국여지승람》

◎ 합천 모여곡

| 모여곡 | 합천 율곡면 매실마을

　모여곡(毛汝谷)은 율곡면 낙민2구 매야실(매실마을)이다. 옛날부터 이 마을에 매화나무와 모개나무가 많아서 매아실, 매곡, 매화, 매야, 모개라고 부른 것이 모여곡이 되었다. 《난중일기》 1597년 6월 5일자에, "이순신이 모여곡에 있는 이어해(李魚海)의 집에 와서 방의 도배를 하였다"고 되어 있는데, 이순신이 실제 우거한 이어해의 집은 모여곡 입구 좌측에 있었다고 한다. 현재 남아 있는 집은 이어해 후손의 집이다.

◎ **숫돌 채석장**

| 합천 매실마을 홰나무숲속 채석장 |

　1597년 6월 9일 숫돌을 채취해 왔는데 연일석(延日石)보다 훨씬 낫다고 한다.(난중일기) 이순신이 숫돌을 캔 곳이 율곡면 매실마을 큰청산골의 홰나무 숲속에 있는데, 현재도 그 채석장이 그대로 남아 있다. 매실마을은 이순신이 백의종군 중에 43일간 유숙한 마을이다.

◎ 무밭

| 합천군 제내리 둔전마을에 있는 무밭 |

    1597년 6월 25일(갑신) 다시 무[菁]를 심도록 하였다.(난중일기) 권율의 지시로 이순신이 무를 재배한 밭이 합천 제내리 둔전마을에 있다. 이곳인 권율의 병영이 있었던 영전리에서 서쪽으로 약 2km지점에 있다.

◎ 산청 동산산성

| 동산산성 | 산청군 신안면 백마산에 있는 산성

동산산성(東山山城)은 산청군 신안면 중촌리에 있는 백마산성으로, 단성현 북쪽 7리(약 3km) 지점에 있다.《신증동국여지승람》1597년 7월 19일 이순신이 칠천량 패전 소식을 듣고 바로 이곳에 올라가서 지형을 살폈는데, 아래에 남강 상류가, 서쪽으로는 단성, 남쪽으로는 적벽산, 동쪽으로는 집현산이 보인다. 현재 산성 위에 깃발을 꽂았던 구멍 난 받침돌과 불에 탄 바위들이 남아 있다. 삼가현에서 동산산성까지 약 20km이다.

◎ 진주 손경례의 집터

| 손경례의 집터 | 진주시 수곡면 원계리 소재

    손경례(孫景禮)는 문무를 겸비한 선비로 자연에서 형들과 강론하며 시를 읊고 생활했는데, 그가 평소 노닐던 섬진강가 정자를 '오룡정(五龍亭)'이라 한다. 1597년 7월 27일 이순신이 진주 수곡면 원계리에 있는 그의 집에서 묵었다. 이순신과 군사대책과 산천의 요새를 논하고 정개산성에서 말을 달리며 원계평(元溪坪)에서 병사를 훈련시켰다. 이곳을 "원계진(元溪陣)", "진배미"라고도 한다. 실제 손경례의 집은 현재 없어졌고 위의 집은 그의 후손이 살던 집이다.

◎ 보성 열선루

| 열선루터 | 보성군 보성읍 보성리 신흥동산 내, 보성군청 사진 ©

열선루(列仙樓)는 객관 북쪽에 있는 옛날의 취음정(翠蔭亭)이다. 군수 신경(申經)이 다시 짓고 지금 이름으로 고쳤다. 이 위치는 보성군 옛 인사동으로 추정하는데 현재 보성군청에 있던 초석 4기가 보성읍성터로 이전되었다. 1597년 8월 15일 이순신이 여기서 박천봉에게 수전을 폐하고 육전을 하라는 유지를 받고 "금신전선 상유십이(今臣戰船尙有十二)"가 적힌 장계를 올렸다. 사진은 최근 복원된 열선루 모습.

◎ 해남 명량

| 명량 | 해남 문내면 학동리, 진도군 군내면 녹진리 사이 해협

　명량(鳴梁, 울돌목)은 서해와 남해의 조수가 좁은 수로를 통해 교차하면서 물살이 빨라 우는 소리가 20리 밖에서도 들린다. 너비 325m, 가장 깊은 곳의 수심 19m, 유속 11.5노트임. 1597년 9월 16일 이순신이 재건한 수군을 거느리어 13척의 전선을 이끌고 133척의 왜선을 우수영 앞으로 유인하여 명량과 양도 부근에서 교전한 결과 왜선 31척을 분멸하였다.(명량대첩)

◎ 신안 어의도

| 신안군 어의도 | ⓒ 신안군청

1597년 9월 17일 어외도(於外島, 신안 어의도)에 이르니 피난선이 무려 3백여 척이 먼저 도착해 있었다. 나주 진사 임선(林), 임환(林), 임업(林 業) 등이 와서 만났다. 우리 수군이 크게 승첩한 것을 알고 서로 다투어 치하하고 또 많은 양식을 가져와 관군에게 주었다.(난중일기) 명량대첩이 끝난 후 이순신이 어의도에 가서 피난선이 와 있는 것을 보고, 의병들의 지원을 받았다.

◎ 군산 고군산도 망주봉

| 고군산도 망주봉 | 군산시 옥도면 선유도리 소재

    1569년 고군산도 진말 앞의 망주봉 기슭에 수군진영이 설치되어 수군절제사가 고창, 부안, 무장, 영광 등의 8개 현의 해상 방어를 관장했고 임진왜란 때 일시 폐쇄되었다. 이순신은 명량해전 이후 정유년 9월 21일부터 10월 3일까지 12일간 여기에 머물러 휴식하고 명량대첩 보고서를 작성하여 조정에 올렸다.

◎ 신안 안편도

| 안편도 | 신안군 안좌도. 사진 신안군청ⓒ

안편도는 밤이면 물의 용솟음치는 소리가 들리기 때문에 발음도라고도 한다. 현재 세 거하는 주민들의 증언과 현지 지형 등을 종합하여 안좌도로 보았다. 1597년 10월 11일 이순신이 안편도 정상에 올라 주변의 형세를 살폈다. 안좌도는 동쪽에는 북쪽의 나주와 영암의 월출산맥과 이어지고, 서쪽에는 비금도가 있고, 남쪽에는 장산도가 있으며, 북쪽에는 팔금도와 암태도, 자은도가 있다. 특히 동쪽에 화원반도와 외달도, 달리도 등이 있다.

◎ 고금도 활터

| 전남 완도 고금도의 활터 사진 |

    1598년 2월 17일 이순신이 보화도에서 고금도로 통제영을 옮겼다. 전남 완도군 고금면 덕동리에 소재한 고금도 정상에는 이순신이 전쟁 중에 활쏘기 연습을 한 활터가 있다. 이곳에는 은행나무가 활터를 지키고 있는데 나무수령이 약 480여년 되었다. 이곳의 인근에 고금도 진터가 있다.

◎ 고흥 절이도

| 절이도 해전지 | 고흥군 금산면 소재 앞바다

    1598년 7월 18(19)일 이순신은 금당도와 거금도 일대로 출동하여 왜선 50여 척을 불살랐다. 이때 송여종 부대가 적의 수급 70급을 베고 명나라 군사는 하나도 베지 못했다. 진린이 발노하자, 이순신은 진린에게 40여 급을 보내고 계금에게 5급을 보냈다. 진린은 이순신은 천하의 대장이라며 선조에게, "이통제는 천하를 경영할 재주와 세운을 만회한 공로가 있다(經天緯地之才와 補天浴日之功)."고 하였다.

◎ 순천 왜교성

| 순천왜교성 | 순천시 해룡면 신성리 소재.(전남도기념물 171호)

    1597년 9월 고니시 유키나가가 공사를 시작하여 축조하고 1만 3천 7백 명의 왜군 병력이 주둔했다. 도쿠가와 이에야스[德川家康]가 일본군에 철수명령을 내리자, 1598년 9월 20일부터 10월 6일까지 조명군은 왜교성을 7회 공격하였다. 그러나 명나라 육군의 소극적인 대응으로 결국 실패했다. 진린과 이순신은 따로 조명연합군을 지휘하여 일본군에 대한 공격을 멈추지 않고 유키나가의 퇴로를 차단하는데 주력했다.

◎ **여수 묘도**

| 묘도 봉수대 | 여수 묘도동 산160 소재

묘도 북쪽으로는 광양이, 동쪽으로는 10km 전망에 관음포가, 남쪽으로는 영취산을 낀 여수가, 서쪽으로는 왜교성이 보인다. 당시 진린이 수군 천여 척을 거느리고 이순신을 선봉으로 삼아 와두·묘도를 경유했는데,《조선이순신전》에는 이곳을 이순신의 출동지로 그 위치와 함께 설명했다. 이로써 묘도(猫島)는 이순신의 주요 작전활동지였음을 알 수 있다.

◎ 백서량

| 여수시 화양면 백야곶 |

　　1598년 11월 9일 진린 도독과 함께 일시에 군대를 움직여서 백서량(白嶼梁)에 가서 진을 쳤다.(난중일기) 백서량은 여수시 화양면 백야곶(힛도, 회또)과 백야도 사이의 해협으로 백야대교 아래에 있다. 이곳은 노량해전 직전에 이순신이 진린과 함께 이끈 조명연합군이 작전한 진지이다.

◎ **남해 노량 관음포**

| 노량 관음포 | 남해군 고현면 차면리 소재

1598년 11월 19일 자정 이순신 부대가 진린과 함께 노량으로 출동하고 새벽 2시경 왜선 5백여 척을 만나 아침까지 큰 격전을 벌였다. 조명군이 장작불을 던져 왜선이 연소되어 관음포 항구로 후퇴하니 날이 이미 새었다. 왜군이 반격하여 조명군들이 육박전을 벌일 때 이순신은 직접 북채를 잡고 먼저 올라가 지휘하여 일본군을 추격하다가 적의 포병들이 배꼬리에 엎드린 채 일제히 쏜 탄환을 맞고 쓰러졌다. 이순신은 눈을 감으며 "전투가 한창 급하니 부디 나의 죽음을 말하지 말라."고 말하고는 운명하였다.

참고문헌

1. 원전자료

이순신의 《난중일기》초고본, 《임진장초》, 《서간첩》, 《이충무공유사》(현충사 소장)

중국 사고전서, 24사(史), 제자백가서. 중국고적 자료.

윤행임·유득공, 《이충무공전서》(규장각 1795)

＿＿＿＿＿＿＿＿, 《이충무공전서》(고전번역원)

이은상, 《이충무공 난중일기》(문교부 1960)

＿＿＿＿, 《난중일기》(현암사 1968)

정탁, 《임진기록》(안동국학진흥원)

＿＿＿, 《임진기록》(국사편찬위원회, 1993)

청류남명(靑柳南冥), 《원문화역 이순신전집》상하(전한국내각 1916)

청류강태랑(靑柳綱太郞), 《이순신전집》《난중일기장》현토(조선연구회 1917)

《난중일기초》, 조선사편수회(국립중앙도서관 1935)

홍기문, 《리순신장군전집》(평양국립출판사 1955)

유향(劉向), 《신서(新序)》, 《송사(宋史)》

2. 사서 및 문집류

《경국대전(經國大典)》·《비변사등록(備邊司謄錄)》
국역《신증동국여지승람》(고전번역원)
국역《조선왕조실록》, 동방미디어

고상안(高尙顔),《태촌집(泰村集)》(고전번역원)
고정헌(高廷憲),《호남절의록(湖南節義錄)》(한국학중앙연구원)
곽재우,《망우집》《용사별록》(고전번역원)
김성일(金誠一),《학봉집(鶴峰集)》(고전번역원)
김세렴(金世濂),《해사록(海槎錄)》(고전번역원)
김육(金堉),《잠곡유록(潛谷遺稿)》(고전번역원)
김정호,《대동지지(大東地志)》(고전번역원)
박종경(朴宗慶),《융원필비(戎垣必備)》(연세대학교도서관)
배흥립,《동포기행록(東圃先生紀行錄)》(국립중앙도서관)
서영보·심상규,《만기요람(萬機要覽)》(고전번역원)
서유구(徐有榘),《산림경제(山林經濟)》(고전번역원)
성해응(成海應),《연경재전집(研經齋全集)》(고전번역원)
송규빈(宋奎斌),《풍천유향(風泉遺響)》(규장각)
신경(申炅),《재조번방지(再造藩邦志)》(고전번역원)
신흠(申欽),《상촌집(象村集)》(고전번역원)
여대로(呂大老),《감호집(鑑湖集)》(고전번역원)
오희문(吳希文),《쇄미록(瑣尾錄)》(국립중앙도서관)
유몽인(柳夢寅),《어우집(於于集)》(고전번역원)
유성룡(柳成龍),《서애집(西厓集)》(고전번역원)
윤선거(尹宣擧),《혼정편록(混定編錄)》(고전번역원)

윤휴(尹鑴), 《백호집(白湖集)》(고전번역원)

이광정(李光庭), 《눌은집(訥隱集)》(고전번역원)

이긍익(李肯翊), 《연려실기술(燃藜室記述)》(고전번역원)

이민성(李民宬), 《경정집(敬亭集)》(고전번역원)

이순인(李純仁), 《고담일고(孤潭逸稿)》(고전번역원)

이이(李珥), 《율곡집(栗谷集)》(국립중앙도서관)

이익(李翊), 《수교집록(受敎輯錄)》(규장각)

이조(李晁), 《동곡실기(桐谷實記)》(규장각)

이춘원(李春元), 《구원집(九畹集)》(고전번역원)

이항복(李恒福), 《백사집(白沙集)》(고전번역원)

정조(正祖), 《해동신감(海東臣鑑)》(한국학중앙연구원)

정탁(鄭琢), 《임진기록(壬辰記錄)》(국사편찬위원회)

정호(鄭澔), 《장암집(丈巖集)》(고전번역원)

조경남(趙慶男), 《난중잡록(亂中雜錄)》(고전번역원)

조응록(趙應祿), 《죽계일기(竹溪日記)》(국사편찬위원회)

조헌(趙憲), 《동환봉사(東還封事)》(고전번역원)

최세진(崔世珍), 《이문집람(吏文輯覽)》(국립중앙도서관)

허균(許筠), 《성소부부고(惺所覆瓿稿)》(고전번역원)

홍가신(洪可臣), 《만전집(晩全集)》(고전번역원)

홍만선(洪萬選), 《산림경제(山林經濟)》(고전번역원)

그 외 각 지방 읍지(邑誌), 규장각, 관·사문서

3. 번역서

김경수,《평역 난중일기》(행복한책읽기, 2004)

《난중일기》(소담출판사, 2001)

《난중일기》(해군본부 1974)

노승석,《이순신의 난중일기완역본》(동아일보사, 2005)

_____,《충무공유사(忠武公遺事)》(현충사, 2008)

_____,《교감완역 난중일기》(민음사, 2010)

_____,《교감원문 난중일기》(여해, 2017)

_____,《난중일기 유적편》(여해, 2019)

_____,《교감완역 난중일기》개정2판(여해, 2019)

설의식,《이순신 수록 난중일기초(亂中日記抄)》(수도문화사 1953)

송찬섭,《난중일기》(서해문집, 2004)

이광수,《이충무공행록》(국사편찬위원회 1931)

이은상,《이충무공전서》상권(충무공기념사업회 1960)

_____,《국역주해 이충무공전서(상하)》(충무공기념사업회 1960)

_____,《난중일기》(현암사 1968)

_____,《난중일기》(대학서림, 동서문화사 1977)

_____,《완역 이충무공전서》상하(성문각 1989)

_____,《난중일기》(현암사 1993).

조성도,《충무공의 난중일기》(해군본부정훈감실 1968)

_____,《이순신일기》(해군본부 1974)

하태웅 영역(英譯),《Nanjung ilgi》(연세대출판부 1977)

北島萬次,《난중일기》Ⅰ·Ⅱ·Ⅲ(일본, 평범사, 2001)

4. 사전류

김성원,《오체자류(五體字類)》(명문당 1983)
《대한한사전》(교학사 1998)
원도우지(圓道祐之),《초서자전》(강당사 1979)
《이십육사대사전》길림인민출판사 1993)
《중문대사전》(중국문화대학 출판부 1993)
유소영,《초서(草書)대자전》(북경도서관출판사 1998)
《통영지명총람》(통영문화원, 2014)
《한국인명자호사전》(계명문화사 1988).
《한국고전용어사전》(세종대왕기념사업회 1971)
《한국땅이름 큰사전》(한글학회 1991)
《한국민족문화대백과사전》(한국정신문화연구원, 2001)
《한국인물대사전》(한국정신문화연구원 1999)
《한국지명총람》(한글학회 1984)
《한국한자어사전》(동양학연구소, 단국대출판부 1995)
《한어대사전》(한어대사전출판사 1990)
적정청미,《행초(行草)대자전》(교육출판사 1992)

5. 단행본 연구서

강신엽,《조선의 무기》(봉명, 2004)
노승석,《임진일기》(이순신연구소, 2007)
_____,《이순신의 승리전략》(여해고전연구소, 2013)
_____,《이순신의 리더십》(여해고전연구소, 2014)

_____,《종합교감 난중일기정본》(여해고전연구소, 2015)

《민족의 등불 충무공이순신》(해군사관학교 1968)

박혜일 외 3인,《이순신의 일기》(서울대 출판부 1998)

_____,《이순신의 일기초》(조광출판인쇄, 2007)

_____,《이순신의 일기》(시와진실 2016)

《성웅이순신 사전(史傳)》(이충무공기념사업회 1960)

시산상칙(柴山尙則),《조선이순신전》(동경, 해행사 1892)

이은상,《이충무공일대기》(국학도서출판부 1946)

이형석,《임진전란사》(한국자치신문사 1974)

《충무공이순신과 현충사》(현충사 1999)

6. 논문

노승석,《난중일기의 교감학(校勘學)적 검토-그 정본화를 위하여》(성균관대학원 한문학과 박사학위 논문, 2009)

_____,〈난중일기를 통해본 이순신의 성정〉(이순신연구논총 9, 2007)

_____,〈난중일기의 서지 및 번역사〉(현충사, 2013)

_____,〈난중일기 초고본과 이본 교감 연구〉(우리한문학회, 2009)

_____,〈명량해전 중 오익창의 의병활동에 대한 고찰〉(호남학연구원, 2012)

_____,〈이순신의 난중일기〉(국가기록원, 2010).

_____,〈충무공, 최후까지 충성을 다하다〉(교보문고, 길위의 인문학, 2013)

박을수,〈이순신의 난중일기 연구〉(순천향어문연구집, 2001)

기타지마 만지,〈난중일기로 본 임진왜란〉(이순신연구소, 2003)

2. 《난중일기》교감 대조표

册次	月日	全書本	亂中日記草	日記抄	교감사항
壬辰	2, 1	出船滄			出船艙
	5, 2		伏兵則山水	伏兵則山水	상하이동부호
	5, 3		約之明曉發行	約以明曉發行	之→以
	5, 29	直至其處	直指同處		指→詣
	6, 2	直到唐浦	直到唐津		津→浦
	6, 3		留宿[水使領舟師懸帆]而來, 將士無不踊躍, 合兵約束, [翌宿]于.	留宿而來, 將士無不踊躍, 合兵約束.	留宿而來, 將士無不踊躍, 合兵約束.
	6, 7	虞候李夢龜	虞候	虞候李夢龜	虞候→虞候李夢龜
	8, 28		□□卜定督出		□□→鎭日
	8, 28		一道搔動		搔→騷
	8, 28		懲發		懲→徵
	8, 28		未分定者,十居七八勢也, 當身現存者收置.		分→本, 勢也→粗也如
癸巳	2, 10		直指熊川		指→詣
	2, 17	有旨	宥旨		宥→有
	2, 18	倭人使者不知其數	倭人不知其數致死	倭人致死不知其數	倭人致死不知其數
	2, 23	自陽花來	自陽花來		陽→楊
	2, 28		張帆直指		指→詣
	32면 2행		□□不固		□□→人心
	32면 12행		□甘內辭緣		□→備
	9, 1		[本道右水使及] 與本道右水使 及慶尙右[水使約]日		與本道右水使及慶尙右水使(約)日
	37면 9행		迄今罪仰罪仰		迄→迨*
	39면 1행		率良鈔		鈔→旅
	39면 11행		敗軍之□後		□→去
	39면 13행		昆陽地中太浦難作, 千家焚蕩搜探爲白如可		昆陽地中太浦難作于* 家, 焚蕩搜探爲白如可.
	40면 2행		□如是		□→有
	40면 8행		□□赴戰		□□→出日
			□欲融雪		□→都急
	43면 5행		前患		前→前患
			不助□		□→佑
	43면 6행		旱氣□斯極		□→至
	46면 10행		□期日		□→約
			□此命		□→至

册次	月日	全書本	亂中日記草	日記抄	교감사항
	51면 7행		各官□□		□□→守令
	51면 12행		□□似可濟事		□□→勢
			□未知		□→伏
	5, 5		銀淸		銀靑
	6, 26	合到赤島	令到赤島		令→合
	6, 29		明聞處		明→叩
	7, 21	同議討賊	同謀討賊		謀→議
	8, 9	可駭可駭	可恠可恠		恠→駭
甲午	1, 14		乞食登退	乞食祭退	登→祭
	1, 22	行肅拜禮	行肅拜		肅拜→肅拜禮
	2, 2	風亂不溫	風形不穩		形→亂
	3, 3	李義得	李義臣	李義得	臣→得
	3, 9	溫房	濕房		濕→溫
	3, 30				三嘉倅高尙顏 以武科別試參試官
				有名文官表薦事來見(태춘집)	補遺
	4, 8			與水使 參試官試取(태춘집)	補遺
	4, 12			旬餘共事從遊之餘 不勝悵黯	
				仍酌別盃而罷	補遺
	5, 16		惟精(政)	精→政	
	6, 5	及唱	及昌	及唱	昌→唱
	6, 15		剪悶剪悶		剪→煎
	6, 18	趙秋年	趙秋年	趙擎	秋年→擎
	6, 22	不堪其苦	不堪其苦		不→不可
	7, 8		宋銓		銓→荃
	7, 19		下筋		筋→節
	7, 25		河天壽		天→千
	8, 20	曉發	晩發		晩→曉
	8, 30	以我爲逗留	以我逗留	以我爲逗留	以我爲逗留
			己決生死		己→已
	9, 22	擧師	擧帥	擧師	帥→師
	9, 27	金忠勇	金忠男		男→勇
	10, 1	火雖未起而滅	火未起而滅	火未起而雖滅	火雖未起而滅
	10, 9	命達	命連(明璉)		命達(連)→明璉
	10, 10		有□		□→憲
	10, 19		促來		促→捉
	11, 8		何詳		詳→祥
	11월 28일이후		增蓋		蓋→盆

册次	月日	全書本	亂中日記草	日記抄	교감사항
	94면 8행	防備策	防備策		備→海
	94면		誰能		誰能→邊無
	101면 3행		四斗四口		口→升
	101면 4행		八十口		口→三
乙未	1, 10			以順川公私禮, 姑留之, 而有頃,	補遺
				招入同坐饋酒之際, 言辭極兇慘	
	1, 12			三更夢先君來敎, 十三日送醮,	補遺
				薈往似有不合, 雖四日送之無妨爲敎,	
				完如平日, 懷想獨坐, 戀淚難禁.	
	1, 14			泗川來云, 新水使宜居怡, 以病呈免,	補遺
				晉州牧裵楔爲之云	
	1, 15			虞候李夢龜及汝弼來, 聞李天柱氏,	補遺
				不意暴逝云, 不勝驚嘆. 千里投人,	
				不見而奄逝, 尤極痛悼.	
	1, 21			乃薈奠雁之日, 心慮如何. 長興佩酒來	補遺
				其京姜亦率來于其府云, 尤可駭也	
	1, 27			因加里浦 聞汝沃兄訃 不勝驚痛	補遺
	2, 9			夢西南間, 赤靑龍掛在一方, 其形屈曲,	補遺
				余獨觀之, 指而使人見之, 人不能見.	
				回首之間, 來入壁間, 因爲畵龍, 吾撫	
				玩移時, 其色形動搖, 可謂奇偉, 多有	
				異祥, 故記之	
	2, 27			吾亦姑息指問備策, 日暮罷歸,	補遺
				其爲形狀, 不可言	
	3, 7			右水使來見, 以鄭元明順天軍官事,	補遺
				辭色甚遽, 可笑.	
	3, 16	姜籤		姜籖	籤→籖
	3, 17	李繼勛		李繼鄭	勛→鄭
	3, 23	開坐基		廣開坐基	廣開坐基
	3, 24			右水使以坐廳改立爲惡, 多費辭報來,	補遺
				可愕可愕	
	4, 3			上樑, 上道里	補遺
	4, 13			大廳畢	補遺
	4, 17	海平場			平→坪
	4, 19			朝書采文, 并菱姪合짬之俱	補遺
	4, 30			朝見元帥啓本及奇李兩人供草,	補遺
				則元師多有無根妄啓之事, 必有	
				失宜之責, 如是而可壓元帥之任乎, 可怪	

册次	月日	全書本	亂中日記草	日記抄	교감사항
	7, 1			明日乃父親辰日, 悲戀懷想, 不覺涕下.	補遺
	8, 5			乃安撫御使通訓大夫, 行司憲府	補遺
				執義兼知製敎, 申湜字叔正, 辛亥	
				生, 本高靈居京云.	
	8, 20			體察到晉州, 欲問軍務事	補遺
	8, 2	彦深			深→源
	8, 22			渡江入主人家, 因到體察下處,	補遺
				則以先到泗川縣宿, 而不爲迎命	
				爲言, 可笑.	
	8, 23			晚聞晉州戰亡將士慰祭之傳,	補遺
				體察招敎日, 先往舡所, 乘船回泊	
				于所非浦云, 故還到舡泊處	
	8, 26			應公事定奪, 夕副使相會穩話	補遺
	9, 12			朴助防來共, 而申助防病不來.	補遺
				彦卿獨留話之際, 言及思立, 因	
				聞右水, 則亂倫敗常云, 極愕極愕.	
				景受何如是發此無理之言耶, 其爲	
				非福, 可想	
	9, 14			忠淸水使及兩助防將, 同朝食.	補遺
	9, 25			四更下舡, 平明到湯子, 食後沐浴	補遺
				上舡. 調理之際, 日當…出.	
	10, 3			乃薈生日, 故酒食備給事, 言及禮房.	補遺
	10, 21			因思立, 聞慶水伯飾諛陷辭, 倚指成	補遺
				文之, 而文之則專不聞之云, 可駭可駭.	
				權水之爲人, 何如是誣妄耶. 晚彌助	
				項僉使成[允(文)]來, 多言權水之無狀.	
	10, 26			以聘忌不坐	補遺
	10, 28			狂風驟雨大作, 二更雷雨有同夏日,	補遺
				變怪至此.	
	11, 1			元兇織答, 則極爲兇譎, 口不可道.	補遺
				欺罔之辭, 有難形狀, 天地間無有	
				如此元之兇妄.	
	11, 2			李守一	守→克
	11, 4			李直長汝沃兄家莩簡來, 則不勝悲慟.	補遺
				卽修答書, 送于莩處, 白粒二斛, 六丈	
				油芚, 四丈油芚與雜物等三端, 亦覓送	
				事敎之.	
	11, 28			是日乃女舅忌, 終日不出.	補遺
	12, 18			入房	補遺

册次	月日	全書本	亂中日記草	日記抄	교감사항
丙申	1, 4			到陣	補遺
	1, 6		吳壽		壽→水
			河天壽		天→千
	1, 7	釜山出來	厓山出來		厓→釜
	1, 29		獨樂射		獨步射
	2, 24		流數		流→縮
			風不止		風不止→風雨不止
	2, 28	問事後卽	問事復卽		復→後
	3, 7		汗流口		口→出
	3, 11		頎田子		頎→欣
	3, 15	徵明		徵→微	
	3, 19		判刺		判→牛
	3, 23		採霍[藿]		霍→藿
			技頭		技→枝
	4, 10		唐虐		虐→瘧
	4, 26		金良看		看→幹
	5, 3	旱氣	早氣		早→旱
			銃筒[二柄]鑄成		二柄→不*
	6, 3		金良看		看→幹
	6, 20	蔣後琓	蔣後琓		琓→琬
	7, 18		判刺		判→牛
	7, 21			論教	論教→誨責
	7, 28		二十三分		三→二
	7, 30		葛沒入來		沒→役*
	8, 2		風遮飛艟		艟→觸
	8, 9	生麻三百	生麻二百		三→二
윤	8, 1	出侍	出侍		侍→待
	9, 11		歲山月		歲→萊
		入來同話, 十二日	入來同話, 歲山月亦來見,		臥無可→
		乙巳, 風雨大作,	酒談向夜而罷, 臥無可		雪無可登途
		晚出登途, 十里許	十二日乙巳, 風雨大作,		
		川邊.	晚出登途.		
	9, 14		女眞卄		卄→共
			女眞卅		卅→共
	79면 1행		丙九日卅		丙九月卅
丁酉I	4, 3	偶到	寓到		寓→偶
	4, 5		樵瘁		樵→憔

册次	月日	全書本	亂中日記草	日記抄	교감사항
	4, 21	偶到	寓到		寓→偶
	4, 24		東西		西→面
	5, 16	明日	明明		明明→明日
	5, 21		一脈		一脈→一陌
	5, 22	裵伯起	襄伯起		襄→裵
	6, 1		眞小荏		小→水
			五未持		未持→牛特
	6, 2		盧淳鎰		淳→錞
	6, 11		剪悶		剪→煎
			興規		規→覘
	6, 17		擺發		發→撥
	7, 3		剪悶剪悶		剪→煎
	7, 12		問好去		問→聞
	8, 8		同府□		□→此
	8, 11		梁山沆		沆→杭
丁酉 II	8, 4	到鴨綠江院, 秣馬, 高山縣監, 以軍人交付事到來	□□送來, 改□來□, 牙家□□鴨綠院, 炊□, (點)之際高山倅崔鐵剛, 以□□(軍人)交付兵使處, □□差來路散云, □□□公多妄	鴨綠江院, 炊點	→軍馬送來, 改□來□牙家, 步到鴨綠院, 炊點之際, 高山倅崔鐵剛, 以軍人交付兵使處, 而□差失路散云, 又言元公多妄.
		高山縣監, 以軍人交付事到來	牙家□□鴨綠院, 炊□, (點)之際高山倅崔鑣剛, 以□□(軍人)交付兵使處, □□差來路散云, □□□公多妄		□牙家, 步到鴨綠院, 炊點之際, 高山倅崔鑣剛, 以軍人交付兵使處, 而□差失路散云, 又言元公多妄.
	8, 5		一境□□	一境已空	□□→已空
	8, 6		□不忍見	慘不忍見	□→慘
			生道□□	生道矣	□□→矣
	8, 8		四頃寂然		頃→顧
	8, 11		梁山沆		沆→杭
	8, 12	增歎	憎嘆		憎→增
	8, 25		虛驚		驚→警
		軍中大定	軍情及定		及→乃
	8, 26		不□模樣	不成模樣	□→成
	9, 14	達磨山	達夜依山	達磨山	夜依→磨
	9, 16	賊船三十隻撞破	賊船三十一隻撞破	撞破賊船三十一隻	撞破賊船三十一隻
	10, 13	增歎	憎嘆		憎→增
	10, 30		蟲穀		蟲→屯*

册次	月日	全書本	亂中日記草	日記抄	교감사항
	11, 11	平山	牙山	平山	牙→平
	11, 22		□持簡至		□→皆
戊戌	7, 24			伏兵將鹿島萬戶宋汝悰, 斂戰船八隻, 遇賊舡十一 隻于折尒島, 全捕六隻, 斬 首六十九級, 賈勇還陣.	補遺
	9, 20	柚島	独島	独島	柚, 独→猫
	11, 8			終日盃酌…爲趣…都督日	補遺
	11, 11	柚島		独島	柚, 独→猫
	11, 14			唐人…從容而受一紅旗環刀 等物[相換]	補遺

(* 박혜일판본)

충무공 이순신 연보

연 도	간지	연령	주 요 사 항
1545(인종 1)	을사	1	3월 8일 자시 서울 건천동(서울 중구 인현동 1가 31-2)에서 출생
1560(인종 16)	경신	15	서울을 떠나 아산 외가로 이사함(15세 이후 추정)
1565(명종 20)	을축	21	보성 군수 방진의 딸과 혼인
1566(명종 21)	병인	22	10월, 무인이 될 것을 결심하고 무예를 배우기 시작함(방진)
1567(명종 22)	정묘	23	2월, 맏아들 회(薈)가 태어남
1571(선조 4)	신미	27	2월, 둘째아들 울(蔚)이 태어남
1572(선조 5)	임신	28	8월, 훈련원 별시 무과시험에 낙방, 낙마실족하여 골절됨
1576(선조 9)	병자	32	2월, 식년 무과 병과 4등 합격 12월, 함경도 동구비보(압록강상류지) 권관이 됨
1577(선조 10)	정축	33	2월, 셋째 아들 염(苒)이 태어남.(후에 면(葂)으로 개명)
1579(선조 12)	기묘	35	2월, 훈련원 봉사가 됨 10월, 충청병사의 군관이 됨
1580(선조 13)	경진	36	7월, 전라좌수영의 발포 만호가 됨
1581(선조 14)	신사	37	12월, 군기 경차관 서익의 모함으로 파직됨
1582(선조 15)	임오	38	5월, 훈련원 봉사로 복직됨
1583(선조 16)	계미	39	7월, 함경도 남병사의 군관이 됨 10월, 건원보(함북 경원내) 권관이 됨 11월, 훈련원 참군으로 승진함 11월 15일 부친이 사망함(향년 73세)
1584(선조 17)	갑신	40	1월, 부친의 부음을 듣고 분상(奔喪)함
1586(선조 19)	병술	42	1월, 사복시 주부가 됨 재직 16일만에 조산보 만호로 이임됨(유성룡 추천)
1587(선조 20)	정해	43	8월, 녹둔도 둔전관 겸임 10월, 이일의 무함으로 파직되어 백의종군함
1588(선조 21)	무자	44	1월, 시전부락 여진족 정벌의 공으로 백의종군이 해제됨

연 도	간지	연령	주 요 사 항
1589(선조 22)	기축	45	1월, 이산해와 정언신이 불차채용에 추천함 　전라관찰사 이광의 군관 겸 전라도 조방장 임명 11월, 선전관 겸임 12월, 정읍현감 임명
1590(선조 23)	경인	46	7월, 고사리진 병마첨절제사로 임명되나 대간의 반대로 무산됨 8월, 만포진첨사로 임명되나 대간의 반대로 정읍현감에 유임됨
1591(선조 24)	신묘	47	2월, 진도군수, 가리포진 첨사에 제수되었다가 전라좌도 수군절제사가 됨. 왜군 침략에 대비, 병기를 정비하고 거북선 제작
1592(선조 25)	임진	48	1월, 설날부터 난중일기를 씀. 본영 및 각 진에서 무예 훈련 2월, 전선을 점검하고 발포·사도·여도·방답진 순시 3월 27일, 거북선에서 대포를 시험하다. 경강선 점검 4월 12일, 거북선에서 지자·현자포를 시험함 4월 14일 묘시, 부산포 우암에서 임진왜란 발생함 4월 27일, 출전명령이 내려짐 5월, 옥포·합포·적진포해전 왜선 44척 격파, 가선대부 승자 29일, 사천해전에 거북선 처음 사용 6월, 당포·당항포·율포해전 왜선 67척 격파, 자헌대부 승자 7월, 견내량·안골포해전에서 왜선 79척을 격파, 정헌대부 승진 9월 1일 부산포해전에서 왜선 백척을 격파하다(정운 전사)
1593(선조 26)	계사	49	2, 3월, 웅포해전을 치름(7차) 5월, 전쟁중에 중단한 일기를 다시 쓰기 시작함. 정철총통 제작 7월 15일 진영을 여수에서 한산도로 옮김 8월 한산도에 삼도수군통제영 창설, 자급책으로 군량 비축함 9월 12일 삼도수군통제사 교서 발부 11월 29일 장계를 올려 진중에 무과 설치를 청함
1594(선조 27)	갑오	50	1월. 본영 격군 742명에게 주연을 베풂 3월, 2차 당항포해전에서 왜선 31척을 격파함 4월, 진중에서 무과 실시. 어영담 병사함 9월 29일에 1차 장문포에서 왜선 2척 분멸함 10월, 1일 영등포의 왜적을 공격함 4일, 2차 장문포해전을 치름
1595(선조 28)	을미	51	1월, 맏아들 회가 혼례를 올림 2월, 원균이 충청병사로 이직하다. 도양 둔전의 벼 분급 5월, 두치·남원 등의 식량 운반. 소금굽는 가마솥 제작 7월, 견내량에 주둔 삼도 수군을 모아 결진함 9월, 충청 수사 선거이에게 시를 주고 송별함

연 도	간지	연령	주 요 사 항
1596(선조 29)	병신	52	1월, 심안둔의 부하 5명 투항하다. 청어를 잡아 군량 5백섬 구함 2월, 흥양둔전의 벼 352섬 수입. 둔전 벼 점검함 4월, 장사를 가장한 부산의 정탐 왜병 4명 효수 5월, 여제를 지냄. 화살대 150개 제작함 7월, 항왜가 광대놀이 함. 명 사신의 배신(陪臣)의 배 3척 보냄 윤8월, 무과시험 실시. 체찰사 이원익과 순회 점검함 10월, 여수 본영에 모친을 모셔와 구경시켜드림 겨울, 고니시 유키나가가 부하 요시라를 시켜 간계를 부림
1597(선조 30)	정유	53	가토 기요마사가 온다는 허위정보에 출동하지 않음. 이산해·김응남 등의 주장으로 압송, 서인과 대간들이 치죄 주장함 2월 26일, 원균의 모함으로 서울로 압송됨 3월 4일, 옥에 갇힘. 옥중에 정사신의 위로편지 받음 4월 1일, 특사되어 백의종군 처분을 받음 4월 3일, 서울을 출발 과천, 오산을 거쳐 아산의 선영에 도착함 4월 11일, 모친상을 당함[향년 83세] 4월 13일, 해암에서 모친의 유해를 영접함 4월 19일, 합천 권율진영을 향해 출발함
			6월 8일, 합천의 도원수 권율의 막하로 들어감 7월 16일, 칠천량해전에서 원균이 죽고 조선 수군이 패망함 8월 3일, 삼도수군통제사에 재임명 교지를 받음 8월 30일, 벽파진에 진영 설치함 9월, 조정이 육전을 명하나 "이제 신에게 아직도 12척의 전선이 있으니 죽을힘을 내어 싸우면 할 수 있다"고 장계함 9월 15일, "必死則生, 必生則死"로 부하에게 독려함 9월 16일, 명량해전에서 13 : 133로 싸워 일본선 31척을 격파하다 10월, 왜적들이 셋째아들 면(葂)을 죽임 29일, 목포 보화도를 진영으로 삼음 12월, 선조가 상중에 소식을 그치고 육식하기를 명함
1598(선조 31)	무술	54	2월 18일, 고금도로 진영을 옮기고 경작하여 군비를 강화함 7월 16일, 명나라 도독 진린과 연합작전을 함 7월 24일, 절이도해전에서 적군의 머리 69급을 진린에게 보냄 10월 2일, 예교성전투가 시작됨 11월, 왜군이 철수하려자 조명연합군이 묘도에서 진지구축 11월 19일, 노량에 왜선이 집결하여 고니시 유키나가 구출작전 　　　　노량해전에서 적탄을 맞고 전사하다. 맏아들 회, 조카 완, 송희립 등이 독전, 왜선 5백 여척과 싸워 2백 여척을 격침시킴 12월 4일 우의정 추증
1599(선조 32)	기해		2월 11일 아산 금성산 선영에 장사 지냄.(두사충 장지 선정)
1600(선조 31)	갑자		이항복의 주청으로 여수에 충민사 건립. 선조의 사액
1603(선조 34)	정묘		정사준 등이 이순신을 추모하기 위해 타루비를 세움
1604(선조 37)	무진		선무공신 1등에 책록되고, 덕풍부원군에 추봉, 좌의정에 추증됨

연 도	간지	연령	주 요 사 항
1606(선조 39)	병오		통영에 충렬사를 건립함(이운룡)
1614(광해 6)	갑인		음봉 어라산으로 15년만에 이장함
1633(인조 11)	계유		남해현령 이정건이 남해 충렬사에 충민공비 세움
1643(인조 21)	계미		'충무(忠武)' 시호가 내려짐
1793(정조 17)	계축		7월 21일 의정부 영의정 추증
1795(정조 19)	을묘		이순신의 문집《이충무공전서》가 간행됨. 이후 6차례 간행
1935	을해		조선사편수회에서 《난중일기초》간행
1959	기해		1월 23일 《난중일기》가 국보 76호로 지정됨
1960	경자		이은상의 《이충무공전서》 국역본 간행
1968	무신		1월 9일, 학생의 제보로 난중일기 절도범 체포, 난중일기 회수 이은상의 《난중일기》(현암사) 번역본 간행
2008	무자		《충무공유사》국역본 간행(현충사) 새로운 일기 32일치 발굴(노승석)
2010	경인		4월, 최초 정본화된 교감완역본 난중일기 간행(민음사)
2013	계사		6월 1955년 홍기문의 최초 한글번역본 난중일기 발굴(노승석) 유네스코 세계기록유산에 난중일기 등재함
2014	갑오		7월, 홍기문의 한글번역본 반영한《증보 교감완역 난중일기》간행
2015	을미		한국문학번역원의 지원으로 《교감완역난중일기》베트남어 간행
2016	병신		12월, 《교감완역 난중일기》개정판 간행(여해) 담종인의 금토패문 발굴함
2019	기해		10월 이순신 유적지 사진 수록《난중일기유적편》간행 11월 《교감완역 난중일기》개정2판 간행(여해)
2021	신축		3월 《신완역 난중일기 교주본》 간행

교감완역 난중일기

3판 1쇄 인쇄 2025년 4월 1일
3판 1쇄 발행 2025년 4월 10일

지은이   이순신
옮긴이   노승석
펴낸이   盧承奭
교 정   여해연구소 학술팀
펴낸곳   도서출판 여해

등 록   2012년 9월 4일
번 호   제25100-2012-000025호
주 소   서울 종로구 자하문로 97-16 1층
팩 스   02) 3675-3412
전 화   02) 999-5556

ⓒ 노승석, 2025
ISBN 979-11-973782-7-0 (03900)

이 책의 내용과 사진에 대해 복제하는 행위를 일체 금합니다.
도서출판 여해는 여해고전연구소의 소속사입니다.